Gouvernance et acteurs de développement dans la région de Butembo en République démocratique du Congo

Collection « Études africaines »

dirigée par Denis Pryen et son équipe

Forte de plus de mille titres publiés à ce jour, la collection « Études africaines » fait peau neuve. Elle présentera toujours les essais généraux qui ont fait son succès, mais se déclinera désormais également par séries thématiques : droit, économie, politique, sociologie, etc.

Dernières parutions

MAFIKIRI TSONGO Angélus, Gouvernance et acteurs de développement dans la région de Butembo en République démocratique du Congo, 2021.
Mylène DANGLADES, Babou DIÈNE et Denis Assane DIOUF (dir.), *L'esclavage en mots/maux et en images,* 2021.
Benjamin KAGINA SENGA, *Quelle protection pour les enfants déplacés et refugies non accompagnés en République démocratique du Congo ?,* 2021.
Christian ROCHE, *Les pionniers des indépendances africaines face à leur destin. Colonies françaises d'Afrique noire et territoires de l'océan Indien,* 2021.
Emmanuel KABONGO MALU, *La critique de la raison scientifique égypto-africaine chez Cheikh Anta Diop*, 2021.
NIAMKEY-KOFFI, *Philosophie, culture et développement. De l'esthétique nègre à l'impensé philosophique des langues*, 2021.
Amadou Lamine NDIAYE, *Julius Nyerere et l'édification d'une nation africaine. Ujamaa : panafricanisme et socialisme*, 2021
César MAWANZI NDOMBE, *Jean-Marc Ela. L'humanisme de la raison critique au coeur d'une pensée politique*, 2021.
Moustapha SOUMAHORO (dir.), *Agriculture, pêche et développement local en Afrique subsaharienne*, 2021.
Simon NGONO, *Médias audiovisuels et tolérance administrative au Cameroun. Enjeux communicationnels et logique d'acteur*, 2021.
Phidias AHADI SENGE MILEMBA, *Mouvements citoyens africains. Creuset de l'éveil civique et briseurs de l'ordre néolibéral ?*, 2021.

Sous la direction de
MAFIKIRI TSONGO Angélus

Gouvernance et acteurs de développement dans la région de Butembo en République démocratique du Congo

L'Harmattan

5-7, rue de l'École-Polytechnique – 75005 Paris
www.editions-harmattan.fr
ISBN : 978-2-343-22378-0
EAN : 9782343223780

Sommaire

Avant-propos

Mafikiri Tsongo Angélus

Depuis la décolonisation, plusieurs chercheurs s'interrogent encore sur le niveau de développement de nouvelles nations africaines soumises à la modernisation considérée comme une voie obligée pour améliorer le bien-être de nouvelles populations ayant accédé à l'indépendance. La théorie de la modernisation a toujours considéré le développement comme un mode opératoire pour transférer le progrès vers la majorité de l'humanité, qui n'en bénéficie pas encore (Peemans J.-P., 2002 : 8). Le développement se confond avec une vision modernisatrice du monde, fondée sur l'industrialisation, la croissance économique, l'accumulation des biens, le commerce international, etc. Malgré la complexification de la conception modernisatrice du développement et son enrichissement par d'autres paradigmes – développement humain, protection sociale, globalisation, mondialisation comme moteur de développement de l'économie mondiale, développement durable, politique d'ajustement structurel, interdépendance entre l'économie, l'écologie et le développement social –cette vision n'a pas produit les résultats attendus. Au contraire, on a observé dans certaines parties de l'humanité – spécialement en Afrique – une aggravation de la pauvreté et un accroissement important des inégalités dans les villes et dans les campagnes, le chômage de masse face à une faible capacité de création d'emplois structurés, les mauvaises conditions de travail aussi bien dans les entreprises privées que dans les entreprises publiques. Cette situation a conduit au développement d'une économie alternative dans des couches populaires pauvres, à la suite de la quasi-disparition de l'action régulatrice de l'État et inspirée des valeurs culturelles et anthropologiques locales basées sur la confiance mutuelle. Il s'estensuivi la prolifération des unités de production informelle, ne présentant ni un caractère « traditionnel » ni un caractère « moderne », mais le combinant avec les éléments socio-économiques et culturels. La réussite de ces activités informelles est liée à leur créativité, à leur volonté d'entreprendre, à leur sens des affaires, à leur opportunisme. Les petites et moyennes entreprises informelles contribuent actuellement à la survie de la masse populaire démunie, développent un esprit de suivisme et cherchent surtout à imiter l'activité du voisin. Le secteur des petites et très petites entreprises constitue un « secteur de refuge » de la population défavorisée, étant donné la facilité d'y accéder.

Ces unités de production informelle intègrent le genre dans les activités économiques comme la restauration populaire dominée par les femmes et encadrent des mineurs, des jeunes défavorisés et démunis qui exercent de nombreuses activités de taille modeste les épargnant de toute tentation de vol, de vagabondage, de recrutement par des milices très florissantes dans la région. Il n'y a aucune initiative de l'État pour encourager ces unités de production informelle à devenir formelles. Celles-ci évoluent dans le temps et dans l'espace, en fonction de la dynamique populaire et de l'engagement de la population dans la transformation du milieu.

La dynamique de ces unités de production informelle a permis l'amélioration du niveau de vie des populations dans certaines agglomérations de l'est de la République démocratique du Congo, précisément dans la région de Butembo, et malgré la quasi-absence d'un investissement public depuis son élévation au statut de ville.

L'amélioration du bien-être circonscrit est liée en grande partie à la dynamique des acteurs régionaux qui se sont investis dans la réalisation des actions de développement dans divers secteurs de l'économie locale. Ces acteurs sont indispensables dans l'impulsion du changement et de la transformation du milieu, dans la mesure où ils interviennent dans la mobilisation des ressources territoriales humaines, matérielles et immatérielles, nécessaire au développement économique et social. Chaque acteur intervient avec ses moyens dans un domaine spécifique, limité dans un espace donné et pour une période déterminée. Ce comportement des acteurs reste déterminant dans l'exploitation et la transformation des ressources au profit des populations locales.

La prospérité dans la région économique de Butembo est liée à plusieurs autres éléments, notamment son histoire, ses activités agricoles, son commerce, sa position géographique à proximité de la frontière ougandaise, le développement des activités formelles et informelles d'import et export de matières précieuses contre des produits manufacturés ainsi que les valeurs culturelles et anthropologiques locales.

La dynamique de développement de cette région est spécialement déterminée par certains facteurs particuliers analysés dans cette étude, notamment le comportement et l'imagination des acteurs économiques, sociaux, politiques, culturels, la gouvernance partagée particulièrement dans des communautés locales, l'expansion des institutions financières locales, des microfinances, des caisses sociales, des tontines, des coopératives financières, etc. fournissant des capitaux, la construction des partenariats entre les hommes d'affaires locaux et les investisseurs étrangers de l'Asie du Sud-Est et du Moyen-Orient, de l'Europe, de l'Afrique du Sud, de l'Ouganda et du Kenya, l'exploitation du capital relationnel traditionnel dans les activités économiques comme le commerce, les innovations technologiques locales pour l'amélioration de l'habitat, la formation du capital humain – formation sur le tas dans le métier de construction et dans l'entretien des routes ou en agriculture – adapté aux besoins locaux.

Le recours aux sources de financement hybrides et complémentaires mobilisées par différents acteurs a permis le développement d'une économie multiforme avec une composante informelle importante qui a été analysée dans les études sur des unités de production informelle et sur la création et la reproduction du travail informel dans la région de Butembo. Plusieurs types de capitaux sont utilisés dans cette économie, notamment le capital social. Ce dernier a permis le développement de nouvelles formes de solidarité économiques, sociales – protection sociale de proximité en cas d'un sinistre comme les funérailles – et l'émergence de l'auto-prise en charge pour faire face à la survie économique, dans un environnement en crise. D'autres formes de capitaux intervenants sont également analysées comme les nouvelles formes de capital financier, fournis par les différentes institutions de microfinances qui octroient des crédits aux plus pauvres, le capital humain constitué à partir de l'organisation des formations sur le tas dans plusieurs domaines techniques dans des métiers de construction, par exemple, le capital foncier étant l'élément majeur dans la constitution locale de la richesse et ayant une valeur anthropologique particulière.

D'une manière particulière, l'acquisition du capital financier pour entreprendre les actions de développement est difficile. Cette situation a conduit à un comportement particulier des acteurs qui recourent à plusieurs mécanismes pour obtenir des fonds d'investissement à travers les crédits ou les systèmes de solidarité comme les mutuelles, les mutualités, les caisses sociales, les usuriers, les communautés locales, les églises locales, les associations locales de développement, etc.

La région est caractérisée par une gouvernance économique libérale et un esprit d'entreprise généralisé surtout dans le domaine du commerce local, laissant l'acteur développant de petites initiatives de survie dans le secteur informel peu contrôlé par le pouvoir public. Cette gouvernance découle plus de l'incapacité de l'État à contrôler certains secteurs clés – commerce de proximité et de rue, restauration populaire ambulante et domestique, construction urbaine, agriculture – de la vie économique locale. C'est ainsi que les acteurs privés (individuel ou institutionnel…) sont au centre de développement et de l'amélioration du bien-être local dans la région de Butembo durant la période postcoloniale.

Présentation des auteurs

Kamate Siviri Alfred
Professionnel du secteur de la microfinance, Kamate enseigne depuis plus de 10 ans à l'Institut supérieur pédagogique Muhangi/Butembo et à l'Université catholique de Graben. Il est titulaire d'un diplôme d'étude approfondie en économie et prépare actuellement une thèse de doctorat en économie du développement. Ses recherches actuelles portent sur le risque et l'efficacité de la gestion en microfinance, la finance numérique, la transformation numérique, l'acceptation des technologies de l'information. Dans cet ouvrage, il analyse les différents déterminants d'octroi des crédits et les risques encourus par les sociétés de microfinance locales.

Kambasu Kasula Florent
Économiste de développement, enseignant-chercheur à l'Université catholique du Graben et directeur dans une organisation non gouvernementale internationale, Kasula centre ses recherches sur le processus de constitution d'un capital humain à travers l'organisation des formations sur le tas par les ONG, les entreprises et les associations dans plusieurs secteurs économiques, spécialement celui de la construction. Dans cet ouvrage, il s'intéresse sur la place des femmes dans le secteur du bâtiment.

Mbusa Kizito Gaucher
Politologue, enseignant et chercheur à la Faculté des Sciences Sociale, Politique et Administrative de l'Université catholique du Graben, Mbusa analyse les effets d'une gouvernance reposant sur un pouvoir partagé entre les institutions politiques provinciales et les logiques communautaristes en utilisant un cas particulier des élections provinciales au Nord-Kivu en République démocratique du Congo.

Mukirania Kahambu
Économiste, professeure à l'Université catholique du Graben, Mukirania analyse les incidences des pratiques solidaires locales, sur le bien-être des populations locales illustré par le cas de l'organisation des funérailles dans la région de Butembo.

Musubao Kivuyirwa Kennedy
Économiste rural, enseignant à la Faculté des Sciences Économiques et de Gestion de l'Université catholique de Graben, Musubao analyse le mécanisme de création et de prolifération du travail informel dans les communautés localesanimées par le dynamisme entrepreneurial, l'imitation des initiatives créatives et les effets de solidarité se traduisant par la mise en commun des moyens indispensables au développement local.

Muyisa Musubao Moïse
Juriste, expert dans les organisations non gouvernementales internationales, chef de travaux, Muyisa est enseignant à la Faculté de Droit de l'Université catholique du Graben.

Mafikiri Tsongo Angélus
Économiste, professeur à l'Université catholique du Graben, Mafikirianalyse le rôle des acteurs dans l'impulsion du changement et dans la mobilisation des ressources territoriales – humaines, matérielles et immatérielles – indispensable à la dynamique de développement économique et social de la région économique de Butembo. Dans un deuxième article, il explique le processus de création, de fonctionnement des unités de production informelle et leur impact sur le développement de Butembo.

Analyse des acteurs et des modes de financement de développement de la région de Butembo en République démocratique du Congo

Mafikiri Tsongo Angélus

Résumé

L'acteur joue un rôle important dans l'impulsion du changement dans la mesure où il intervient dans la mobilisation des ressources territoriales – humaines, matérielles et immatérielles – indispensables à la dynamique de développement économique et social. C'est ainsi que cet article étudie les différents acteurs impliqués dans le développement de la région économique de Butembo. Dans un premier temps, il identifie les différents acteurs en recourant aux techniques basées sur la périodisation et analyse leurs rôles dans le développement de cette région et leurs stratégies pour une intervention efficace dans le milieu. En deuxième lieu, l'article analyse les différents mécanismes de mobilisation des ressources indispensables pour la réalisation des actions en recourant au système d'hybridation des ressources – appel à plusieurs sources de financement complémentaires – par l'entremise des contrats de partenariat entre acteurs pour la réalisation des actions de développement.

Mots-clés : acteur, stratégie, développement, financement, ressources, partenariat.

Abstract

The actor plays an important role in the impulsion of change since they intervene in the territorial resources mobilization (human, material and immaterial) indispensable to the dynamics of social and economic development. That is why this article studies the different actors involved in the development of Butembo economic region. In the first time, it identifies the different actors in referring to the techniques based on the periodization and analyse their roles in the development of this region and their strategies for an efficient intervention in the area. In the second time, the article analyses the different mechanisms indispensable resources mobilization for the realization of actions in referring to the system of hybridation of resources (call to several sources of complementary financing) by mediation of partnerships contracts among actors for the realization of development actions.

Keywords: actors, strategy, development, financing, partnerships.

1. Introduction générale

Dans le contexte actuel, le développement n'est possible que par une prise de conscience de niveau de dégradation de la qualité de la vie de la population et par une réorganisation générale d'un cadre de la production des biens par les acteurs. Ces derniers comprennent des individus et des groupes sociaux ou étatiques qui interviennent dans des actions où ils se sentent impliqués dans la réalisation des objectifs visés (Debuyst, F., 2001 : 117). Pour améliorer le bien-être des populations, les actions à entreprendre doivent être diversifiées sur le territoire et concernées plusieurs domaines notamment économique, social, politique, technologique, culturel. Les résultats de ces actions en termes de développement ne vont dépendre que de la qualité des acteurs et de leur capacité à induire un véritable changement dans la société. Le changement est considéré dans ce cas comme une rupture entre un existant obsolète et un futur synonyme de progrès (Autissier, A., et Moutot, J.-M. ; 2010 : 6). Ce changement doit créer une nouvelle situation induisant des améliorations dans la société par l'adhésion des acteurs concernés et par toute la population. Il s'agit d'un changement qui conduit à une transformation des pratiques quotidiennes, des outils utilisés, de l'organisation, du savoir-faire et du savoir-être des acteurs comme base de toute action, des stratégies à utiliser pour des finalités claires et du système de valeur. Les facteurs de ce changement peuvent être internes ou externes, en fonction de la manière dont les transformations sont mises en place par les acteurs. Ce changement ne peut conduire qu'à un développement s'il est le fruit des efforts animés, orientés et appuyés par les différents secteurs de la vie local – individuel et collectif, privé et public. Les acteurs agissent dans les différents secteurs en procédant à la mobilisation des ressources.

Dans ce cadre, l'action collective des acteurs dans la transformation du milieu résulte d'un effort commun et rationnel pour atteindre des buts d'amélioration du bien-être de toute la société. Cet effort se concrétise à travers l'organisation et la mobilisation des ressources. Cette dernière peut revêtir plusieurs formes, notamment individuelles, collectives, communautaires, des réseaux, en fonction des actions à réaliser. Elle concerne des ressources propres et étrangères, formelles et informelles, matérielles et immatérielles. L'engagement des acteurs dans cette mobilisation augmente la chance de réussite de la réalisation et induit une dynamique dans les actions de développement. Le comportement des acteurs en face des problèmes locaux permet de voir le niveau de leur responsabilité et leur capacité de répondre aux besoins locaux. L'acteur est au centre de toute action de développement dont la réalisation dépend de l'importance de la disponibilité et de l'allocation des ressources matérielles et symboliques. Ce sont souvent des personnes disposant de plus de ressources qui se mobilisent facilement.

La crise multisectorielle – économique, sociale, politique, culturelle – que traverse la partie Est de la République démocratique du Congo est le symbole de la crise des élites et de l'acteur, moteur du développement dans toute société moderne. La pauvreté et la misère sont perceptibles et se manifestent par l'insatisfaction des besoins fondamentaux, la détérioration des infrastructures économiques et sociales de base, le faible accès aux services de base, la détérioration de la qualité de la vie dans tout le milieu et sur les pans entiers de la société, l'insécurité généralisée, la culture d'impunité, la généralisation de la corruption, l'injustice sociale et l'exclusion. Ces problèmes ne sont que le reflet de la défaillance de l'acteur étatique qui, depuis la décolonisation, n'est plus capable d'assurer ses différentes fonctions de base. Pour pallier ces faiblesses, plusieurs autres acteurs sont apparus pour répondre aux besoins fondamentaux non satisfaits en développant des initiatives privées, individuelles, communautaires ou collectives. Parmi ces acteurs, on peut citer les organisations non gouvernementales locales et étrangères, les confessions religieuses, les communautés de base, les entreprises privées et publiques, les organisations de droits humains, les institutions régionales et internationales ainsi que d'autres organisations et groupements locaux formels et informels devant initier ou intervenir dans les actions de développement. Dans cet article, on se pose la question de savoir comment ces différents acteurs privés contribuent au développement dans la ville de Butembo. Comment leurs actions sont organisées et financées et quels seraient les éléments qui ont conduit à leur diversification ?

Au regard des problèmes liés aux acteurs et des différentes questions posées, on peut supposer que les acteurs privés seraient actuellement le moteur de développement local et de sa dynamique indispensable dans la lutte contre la pauvreté. Le financement des actions de développement dans la ville de Butembo est assuré à la fois par des ressources collectées auprès des privés, du public – services de l'État et les entités administratives décentralisées du milieu d'étude –, des institutions étrangères – Organisations non gouvernementales internationales, coopérations bilatérales et multilatérales, institutions financières, étrangères, etc.

Pour répondre à ces différentes questions, cette étude s'est fixé des objectifs suivants :

- Identifier et analyser le rôle des différents acteurs intervenant dans le développement local et leurs stratégies d'intervention pour atteindre un niveau d'efficacité acceptable ;
- Analyser le mécanisme de financement des acteurs et les facteurs déterminants de leur diversification. Ce sont des actions qui promeuvent l'amélioration des conditions de vie de la population locale et contribuent à la promotion et à la défense des droits de l'homme ainsi qu'à la consolidation de la paix dans le milieu.

Pour vérifier si le comportement des acteurs locaux est à la base du développement dans la région économique de Butembo, on va utiliser la démarche inductive et recourir aux approches socio-historiques pour voir leur action dans le temps, aux approches analytiques pour décrire leur action et leur effet sur le bien-être des populations et aux approches systémiques pour analyser des interactions entre acteurs.

Ce travail est construit autour de trois points importants, à savoir l'identification des acteurs et de leur rôle dans le développement de milieu d'étude, l'analyse des interactions entre des acteurs autour des enjeux du développement, l'inventaire des mécanismes de financement et l'étude de leur effet sur l'efficacité des acteurs et la dynamique du développement local.

2. Contexte historique et essai d'identification des acteurs

Le développement et l'évolution historique de la région économique de Butembo se réalisent dans un contexte précolonial dominé par les acteurs traditionnels et par un environnement colonial particulier caractérisé par la recherche de contrôle de la société locale, l'imposition de nouvelles règles et le changement dans les économies locales.

Pendant la période précoloniale, la région de Butembo est dominée par l'ethnie nande ou yira, originaire de l'ancien royaume de Kitara en Ouganda et dont une partie est arrivée dans cette zone entre le XIIe et le XVIIIe siècle (Moeller, A.,1936 : 378 et Mashaury, K.-T., 1982 : 3-

8). À leur arrivée dans la région, les populations nande ont rencontré d'autres peuples considérés comme les premiers occupants – pygmées Mbuti, Père, Mbuba, Pakombe –, qui, à la longue, se sont assimilés à eux. Les Nande étaient des agriculteurs qui avaient à la fois l'esprit d'ouverture et la maîtrise des outils en fer qui leur permettaient de dominer des espaces plus importants pour l'agriculture (Vyakuno, K., 2006 : 166).

Avec le temps, il est observé une véritable explosion démographique expliquée à la fois par les conditions climatiques propices (Gourou, P., 1955 : 294-296), par la protection naturelle des massifs montagneux permettant de limiter des razzias des arabisés, par un habitant dispersé groupé autour de la famille, à la conception locale autour de la maternité considérant un enfant comme une richesse et non comme une dépense. Cette région est dominée par des économies traditionnelles et relationnelles basées sur les échanges organisés sous forme de troc entre les groupes. Les échanges se développent autour du commerce du sel importé de Katwe en Ouganda (Mtoto, K. M., 1975 : 10-11) et des autres produits locaux – produits agricoles, des biens culturels et de l'artisanat. Le grand centre de négoce de l'époque est le village de Lusando, à quelques kilomètres du centre de la ville actuelle de Butembo, lieu de résidence de l'ancien chef des Yora – un sous clan des Baswagha. La société précoloniale locale est hiérarchisée : à la tête avec un monarque appelé « Mwami » assisté par des notables « bakama » administrant chacun un territoire spécifique ou un secteur particulier – une terre – et qui avaient sous leur pouvoir des vassaux « basoki » qui faisaient exploiter les terres par des hommes sans terre, appelés « baghunda ». Ces derniers devaient s'acquitter d'une redevance annuelle pour avoir le droit d'usage, c'est-à-dire de jouissance des fruits de la terre (Mafikiri, T., 1994 : 101). Ce pouvoir coutumier encourageait l'esprit d'initiative privée qui a été à la base de la recherche du lucre dans la communauté, du développement des échanges et du commerce à la recherche d'un profit (Kasay, K. L. 1988 : 77-78). Cette société n'a pas de monnaie et tout se fait par troc.

2.1. Essai d'identification et d'analyse des rôles des acteurs

Dans ce travail, on considère comme acteur de développement toute personne ou institution contribuant à l'amélioration du bien-être des populations locales en ajustant son comportement à ceux des autres, en fonction de ses capacités et de ses atouts. L'acteur intervient dans le cadre d'une rationalité limitée (Herbert, S., 1997 : 11) où l'individu ayant un comportement rationnel intervient dans une situation où il ne dispose pas de toute l'information. Il étudie l'ensemble des possibilités pour choisir à la fin une solution raisonnable dans une situation d'incertitude. Le comportement de l'acteur évolue dans le temps en fonction de l'objectif du moment et de la maîtrise de certains éléments composant l'incertitude du contexte. Dans ce travail, on regroupe les acteurs suivant trois périodes importantes qui marquent l'évolution politique et économique de la République démocratique du Congo, à savoir la période précoloniale, la période de la colonisation belge et enfin la période postcoloniale. Pour chaque période, deux groupes d'acteurs sont souvent mis en exergue : les acteurs locaux et les acteurs étrangers.

2.1.1. Acteurs précoloniaux

Plusieurs acteurs vont intervenir dans le développement du territoire précolonial sur lequel va s'établir l'actuelle région économique de Butembo. On peut identifier des acteurs locaux et des acteurs étrangers.

Les acteurs locaux de développement comprennent plusieurs catégories d'intervenants, à savoir :

- La classe dirigeante – le roi et sa cour – qui joue un rôle dans l'économie locale en garantissant la sécurité et la protection des sujets et de leurs biens.
- Les notables « bakama » qui s'occupent de la gestion de la terre, ressource principale locale et source de richesse dans la société traditionnelle (Bergmans, L., 1973 : 30). Ils jouent un rôle important dans la société, car ils régulent l'accès à la terre malgré son caractère inaliénable et s'occupent de la collecte des redevances dont une partie est reversée au monarque. Ils constituent la base de la stabilité du territoire car ils sont en relation directe avec les exploitants paysans.
- Les agriculteurs sont des acteurs importants dans cette période caractérisée par une économie dominée par le secteur primaire. Les biens agricoles constituent la grande partie de la production locale. C'est autour desquels que s'organisent des échanges sous forme de troc, des dons, etc.

- Les artisans qui comprennent des forgerons qui fabriquent les outils agricoles et les matériels de guerre. Ils jouent un rôle très important dans cette société primitive et font partie de la cour royale. Il y a aussi les potiers pour la fabrication des pots en terre cuite, des cruches pour conserver l'eau et les boissons, des bols en bois, des calebasses, etc. Des fabricants de vannes, de nattes, de paniers, de mortiers en bois, de corbeilles s'ajoutent à la liste des artisans naguère reconnus pour la dextérité de leurs bras.

- Les guérisseurs jouent un rôle dans la société précoloniale où il n'existe pas de médecine moderne. Ils procurent des soins à tous les membres de la communauté. Ils recourent aux puissances invisibles pour neutraliser ou contrecarrer les desseins maléfiques des sorciers et peuvent prescrire des interdits à leurs patients. Ils connaissent l'évolution de la santé de sa clientèle et son mode de vie ainsi que ses problèmes familiaux. Ils ont le don de révéler la volonté des habitants du monde invisible, de prédire l'avenir ou de dire ce qui se passe dans le cœur du patient (Waswandi, A., 1981 : 50-62). D'une manière générale, le guérisseur ou féticheur soigne par des amulettes – objets doués d'un pouvoir surnaturel, qui émanent d'un esprit ou d'un ancêtre et jouent un rôle de protection pour les patients. Ces objets permettent de repousser les influences néfastes provenant du sorcier, soit pour s'attirer l'influence bienveillante de Dieu, des esprits ou des ancêtres. Ce guérisseur, qui a un degré supérieur de connaissance lui permettant d'interpréter l'origine des difficultés des autres, prescrit des remèdes : il est un médiateur entre les mauvais esprits et l'individu. Dans cette catégorie, il faut ranger des sages-femmes pour les accouchements et les sorciers utilisés pour encadrer les troupes à la guerre.

- Les commerçants et négociants qui importent et commercialisent le sel, les produits de la forge – houes, lances, serpettes, haches, couteaux – les biens alimentaires, les animaux domestiques, les articles en céramique, les tissus traditionnels fabriqués à partir des écorces d'arbre, etc. Dans ce cadre, l'échange répond aux besoins locaux.

- D'autres acteurs locaux peuvent être signalés : des chasseurs, des pêcheurs, des danseurs, des sacrificateurs, des guerriers traditionnels *–E'vihokohoko* ou hommes léopards –, des courtiers du roi, des porteurs, des juges de la cour royale, des esclaves, des éducateurs traditionnels, des sages hommes ou femmes, etc.

À côté des acteurs locaux, on peut identifier des acteurs externes.

Les esclavagistes arabes et des arabisés sont impliqués dans la traite des Noirs, qui sera difficile dans cette région compte tenu de sa configuration montagneuse constituant une barrière aux négriers. À cela, il faut ajouter la résistance guerrière des populations locales, qui a rendu difficile la colonisation de cette partie du territoire congolais. Ces esclavagistes ont développé un réseau de commerce d'ivoire et des articles de traite qui facilitait le troc avec les populations locales. C'est ainsi que les Nande ont également participé à ce réseau échangeant des tissus indigo contre l'ivoire. On observe que les haches en fer et les pièces métalliques ont souvent servi de monnaie de référence pour les différents échanges.

Les étrangers ougandais ont développé le commerce de sel et d'huile de palme avec les populations nande. Le marché de Katale dominé par le commerce du sel et des biens alimentaires – poissons, biens agricoles, etc. – était au cœur de l'expansion de ce commerce frontalier entre l'Ouganda actuel et la région du Bunande (Kambalume *et alii*, 2003 : 36). Cette activité ne présentait qu'une infime partie de l'économie locale dominée par les activités agricoles d'autosubsistance.

Durant cette période, des actions de développement sont limitées à la mise au point des éléments favorisant l'expansion du commerce local du sel et des biens alimentaires et centrés au développement des actions garantissant le bon voisinage et la protection des biens et des personnes des razzias des esclavagistes. Elle est caractérisée par la multiplication des trafics et des luttes d'influence entre les acteurs autour d'une économie d'autosubsistance basée sur la cueillette, la chasse, l'agriculture et l'artisanat. Comme le précise Jean-Luc Vellut (1981 : 37-38), la région ne connaît pas un véritable marché de travail, et la situation précoloniale est dominée par des processus aux effets économiques et sociaux limités et fondamentalement différents.

2.1.2. Acteurs de développement à l'époque coloniale

La colonisation du Congo se réalise en deux étapes importantes : d'abord, la création de l'État indépendant du Congo sur des territoires constitués grâce à des centaines de traités signés avec les chefs coutumiers autochtones afin de faire prévaloir à la communauté internationale l'existence de facto d'une confédération des États africains libres sous la souveraineté de Léopold II et l'appui diplomatique des États-Unis d'Amérique et de l'Allemagne ; ensuite, l'annexion du Congo au Royaume de Belgique en 1908. Dans la réalisation de son objectif principal de la mise en valeur du vaste territoire du Congo et de l'exploitation de ses richesses au profit de la métropole, l'État colonial belge met en place deux modèles d'exploitation des ressources naturelles en fonction des réalités politiques du milieu – soumission rapide au colonisateur ou résistance indigène – et des circonstances économiques – méfiance ou engouement des compagnies financières belges et étrangères. C'est ainsi que se créent un système de monopole d'exploitation commerciale des produits de la colonie et un autre système de monopole pour la prospection et l'exploitation des ressources minières et autres. Ce système a permis une exploitation du territoire congolais que Maurice Robert[1] qualifie de deux ensembles naturels aux potentialités distinctes : un district minier et un district agricole – la cuvette congolaise regorgeant des ressources provenant de caoutchouc, des palmistes, de la gomme de copal, de l'ivoire. Ces politiques de monopole sont très autoritaires et soutenues par les trois axes de l'intervention coloniale – politique, encadrement administratif et économique. Il en résulte la création des terres vacantes, c'est-à-dire terres non effectivement occupées par les indigènes et des terres domaniales appartenant à l'État. Ces différentes terres sont attribuées pour une certaine période aux sociétés concessionnaires créées avec l'aide des autorités coloniales ou de la couronne. C'est dans ce contexte particulier qu'interviennent plusieurs acteurs dans l'exploitation de la colonie, à savoir les acteurs étatiques, les acteurs privés dont les compagnies coloniales, les églises – spécialement l'Église catholique –, les acteurs coutumiers, etc.

Les acteurs étatiques comprennent l'État colonial et la Communauté internationale de l'époque, qui soutient les actions de Léopold II et de la métropole dans la mise en valeur du territoire congolais.

---

[1] En 1934,Maurice Robert précise dans son ouvrage intitulé *L'Afrique centrale*, à la page 6, que le district minier constitué de gîtes minéraux distribués en amas parfois énormes s'étend sur le pourtour du bassin du Congo à partir des plateaux de l'Uélé jusqu'aux plateaux du Kivu, du Maniema, du Katanga.

A. **L'État colonial** est constitué de tous les services coloniaux opérant dans la colonie – administration, la force publique, etc. Il joue un rôle primordial dans l'organisation de l'exploitation de la colonie au profit de la métropole et des indigènes. Il investit les premières ressources dans l'aménagement du vaste territoire congolais en priorisant la mise en place des infrastructures de base – routes, chemin de fer et voies navigables reliant les zones considérées comme potentiellement riches et facilitant le transfert des richesses vers la métropole –, le maintien de la sécurité sur le territoire – la chasse aux esclavagistes, la soumission des chefs locaux rebelles –, la mobilisation à travers le dispositif des travaux forcés et l'obligation d'améliorer les conditions matérielles et morales des indigènes. À côté de la recherche de la structuration économique et sociale, se développe également l'organisation politique et administrative du territoire colonisé. C'est dans ce cadre d'organisation du territoire que se développent, aux alentours de nouvelles villes européennes coloniales, des populations indigènes qui échappent au contrôle des coutumiers et de l'autorité coloniale. Ces populations sont regroupées dans des « Centres Extra-Coutumiers[2] » conformément au décret du 23 novembre 1931 et puis organisées en « Cités Indigènes » créées par l'ordonnance législative du 20 juillet 1945.

Les fonctionnaires de l'État travaillant dans l'administration publique coloniale vont jouer un rôle primordial dans l'organisation et la mobilisation des ressources locales – matérielles, humaines, etc. – indispensables pour la mise en valeur du territoire. Ils vont intervenir dans tous les domaines jugés prioritaires pour la colonie : l'agriculture, la création des infrastructures de base comme les routes, la construction des centres – gîtes – de transit pour un contrôle administratif et assurer une bonne collaboration avec les pouvoirs coutumiers locaux, dans le maintien de la sécurité dans tous les coins de la colonie et spécialement dans la région de Butembo où la colonisation n'a été acceptée que tardivement.

---

[2] Butembo est au départ un Centre Extra-Coutumier qui regroupe plusieurs villages localisés entre le site de transit européen de MGL et le Centre Coutumier de Lusando abritant des autorités coutumières locales ainsi que le gîte du chef coutumier « Kiyora » et des fonctionnaires de l'État colonial.

B. Le Comité national du Kivu (CNKi) fut créé en 1928 par l'État colonial pour s'occuper de l'exploitation minière et foncière dans les régions du Kivu. Ce Comité national du Kivu s'est vu confier la gestion des terres appartenant au domaine privé de la colonie, sous réserve d'application de l'article 15 de la Charte coloniale.

Un décret du 21 mai 1930 fixa les limites du domaine sur lequel le Comité national du Kivu était appelé à exercer son activité. Ce domaine qui s'étendait sur environ 11,8 millions d'hectares[3] couvrait l'entièreté du district du Kivu de l'époque, augmenté des territoires de Lubero et de la Semliki (Mafikiri, 1994 : 183).

Les réformes de 1933 et 1935 confiaient d'autres missions au Comité national du Kivu notamment l'étude des blocs dans lesquels il exerçait ses droits fonciers en vue du développement de l'agriculture et de la colonisation agricole européenne, l'aménagement des terres les mieux appropriées pour l'établissement des colons, la gestion des terres vacantes ainsi que leur mise en valeur, la prospection et l'exploitation, des carrières et de mines situées dans son domaine foncier. Ces réformes ont mis un accent particulier sur l'exploitation minière et forestière, et le comité devenait une société ordinaire à capitaux mixtes – l'État et privés – et à but lucratif, mais tout en conservant sans contrepartie certaines attributions de l'État, à savoir la gestion des terres jusqu'à la fin de la période coloniale. Il comprenait plusieurs filiales intervenant dans la gestion du patrimoine foncier notamment. La Société Auxiliaire Agricole du Kivu gère 24 500 hectares de terres dont 4 000 destinés à des cultures de rapport, 20 000 à l'élevage et 500 aux installations industrielles et commerciales. La Société immobilière du Kivu était propriétaire de 2 000 hectares situés aux environs de Bukavu et d'Uvira. Elle s'occupait de la construction de nombreuses mines, la Société immobilière et industrielle de l'Afrique possédait en pleine propriété une concession d'une superficie de 623 hectares en bordure du lac Kivu pour des cultures de rapport – caféier en âge divers –. La Compagnie Immobilière du Nord-Kivu s'occupait spécialement de la mise en vente des parcelles à destination résidentielle, commerciale ou encore à l'usage de petites industries et commerces dans la ville de Goma et la cité de Rutshuru et autres centres du Nord-Kivu.

[3] Les archives des services agricoles du Kivu (Goma et Bukavu) nous ont permis d'analyser et de déterminer les superficies occupées et exploitées par les sociétés privées filiales au Comité national du Kivu.

C. Les **compagnies privées à charte** furent créées sous l'instigation du colonisateur, et les privés recevaient des terres pour prospection et exploitation agricole, forestière et minière. Ces sociétés étaient obligées de remettre au pouvoir concédant une participation au capital. C'est dans ce cadre que se crée la Compagnie des Chemins de fer du Congo Supérieur aux Grands Lacs Africains (CFL) avec l'aide des capitaux mobilisés par l'homme d'affaires français Édouard Empain. Cette compagnie à charte disposait des pouvoirs élargis – pouvoir de concession et de prospection minière[4]– sur un territoire immense pour l'inciter à construire des lignes de chemin de fer de l'est du Congo. Plus tard, la CFL s'associa à la Société Internationale Forestière et Minière du Congo, une autre compagnie à charte, pour créer en 1923 la Minière des Grands Lacs (MGL) à qui on accorda une concession foncière importante dans la région du Nord-Kivu en partie dans les territoires de Lubero, de Beni, riche en or alluvionnaire et en quartz aurifère – dans plusieurs rivières de la région – en étain, en wolframite, en platine, en zircon dans la vallée de la Semuliki – en colombo tantalite, en tungstène et autres minerais rares. Le site principal de cette nouvelle société est localisé à Butembo en 1928, lieu de transit entre les zones d'exploitation minière – Etaetu, Manguredjipa, Teturi, Bela, Lutungulu, Muhanga, Lota – et les zones administratives proches de Lubero et de Beni. L'installation du bureau central de la MGL coïncide avec l'ouverture des axes routiers Lubero-Beni-Irumu en 1928 et de la route Butembo-Manguredjipa en 1932. Par ces aménagements routiers, Butembo devenait une première zone de recrutement de main-d'œuvre locale pour l'exploitation minière dans la région, compte tenu de la forte densité des populations dans les chefferies locales et de la collaboration des chefs locaux. Par l'arrêté n° 221/180 du 12 septembre 1958, Butembo devient une entité administrative autonome et l'État colonial va continuer à être un acteur majeur dans le développement de ce Centre en facilitant l'emploi aux jeunes qui iraient travailler dans les activités d'exploitation coloniale – mines, traçage des routes, main-d'œuvre dans les

[4] Certains auteurs comme JOYE, P. et LEWIN, R. (1961 : 31) précisent que ce pouvoir de concession et de prospection minière a permis à la société CFL d'octroyer plusieurs permis de prospection et d'exploitation aux autres sociétés de petite taille.

plantations coloniales, les exploitations des colons commerçants, l'hôtellerie, etc.

D. **Lescompagnies financières étrangères** s'impliquent dans le financement des activités dans la colonie – exploitation minière, constructions, activités agricoles, construction des infrastructures, commerce et transport, etc. Ce financement concerne tous les acteurs travaillant dans la colonie belge.

E. **L'Église catholique** va également jouer un rôle dans le développement, suivant les spécificités d'une région (Vellut, J. L., 1981 :16). Elle est très active dans la région de Butembo et acquiert des domaines fonciers qu'elle exploite avec l'aide de ses adeptes. Elle intervient dans la socialisation, l'évangélisation, l'éducation de la main-d'œuvre pour acquérir un esprit de discipline, de travail, de respect de la hiérarchie coloniale. L'église s'occupe de l'encadrement des masses populaires, de la construction des écoles, des églises, des institutions de santé et s'investit dans les autres actions sociales. Les actions de l'Église catholique sont complétées par celles, des autres confessions religieuses – chez les protestants, spécialement la Communauté Baptiste au Centre de l'Afrique, la Communauté des Églises Baptistes au Congo-Est, la Communauté des adventistes du Septième Jour, les kimbanguistes et les Églises protestantes non fédérées plus tard.

F. Les **privés** interviennent nombreux dans les activités coloniales dans la région de Butembo. Il s'agit des sociétés privées coloniales dans l'agro-industrie-huilerie, savonnerie, scieries, des compagnies commerciales fournissant des services publics, Regideso pour l'eau et l'électricité, Vicicongo pour le transport régional, d'autres réseaux de transport, des sociétés privées, comme Sedec pour les produits manufacturés et Cophaco pour les produits pharmaceutiques.

G. Les **colons** sont des étrangers planteurs, artisans, commerçants, des forestiers, industriels, rentiers et autres personnes exerçant un métier libéral et installées dans le Kivu.

Ces Européens pouvaient également obtenir des terres dans le domaine foncier géré par le Comité national du Kivu et pouvaient d'une manière informelle acheter des terrains aux chefs coutumiers traditionnels. Pour les terres attribuées par le Comité national du Kivu, une certaine mise en valeur était exigée avant tout achat. Cette mise en valeur était souvent accompagnée d'un bon système de crédit à travers la société de crédits au colonat, le Fonds Temporaire de Crédit Agricole, ainsi que le Centre de Formation à la Ferme-école pour colons à Mushweshwe. Dans la plupart des cas, les colons s'installaient sur les meilleures terres situées souvent à proximité des voies de communication. Le colonat a été considéré par les autorités coloniales comme un facteur idéal de mise en valeur des territoires, mais aussi comme un instrument sûr d'occupation définitive des terres. Tous ces éléments montrent que la colonisation du Kivu montagneux s'est faite suivant un modèle fermier de développement agricole.

Les colons étrangers ont été très nombreux dans la région de Butembo et ont créé plusieurs fermes, étant donné un climat de montagne qui permet la pratique de plusieurs cultures européennes – choux, oignons, pommes de terre et autres cultures tempérées, etc. Plus de 188 plantations de petite taille sont inventoriées dans cette région avant l'Indépendance. On assiste alors à la transformation de l'économie de subsistance locale en une économie où les échanges monétaires deviennent dominants. Ceux-ci vont contribuer à la production des vivres indispensables pour nourrir des travailleurs de la MGL et ceux œuvrant dans des zones minières. La MGL avait une cantine qui assurait l'approvisionnement de ses travailleurs et de la population indigène en produits de première nécessité.

H. Les commerçants étrangers, de nationalités différentes – des Grecs, des Belges, des Français, des Anglais, des Indiens, des Pakistanais – vont s'installer à Butembo, soit en créant une société, soit en travaillant dans une institution locale. Les installations de commerce sont facilitées après l'achèvement des tronçons routiers permettant la mobilité des biens.

À part les étrangers qui interviennent d'une manière ou d'une autre dans la province du Kivu et dans la région de Butembo, on peut également identifier plusieurs acteurs locaux, notamment les autorités coutumières locales, les paysans et habitants des villages avoisinant le Centre Extra-Coutumier de Butembo.

I. Les autorités coutumières comprennent les responsables traditionnels de la chefferie et leur entourage, les chefs de Groupements et des Localités, les notables locaux, les *Bakama* chargés de la gestion quotidienne et locale du territoire et des terres. Rappelons que toute la vie sociale est organisée autour de la vie agraire et que les classes sociales sont déterminées d'après la possession des terres. On peut distinguer à l'intérieur de cette catégorie quatre types d'acteurs principaux : le chef coutumier « Mwami », les notables « Bakama », les paysans ayant une certaine maîtrise foncière « Basoki » et des paysans sans aucune propriété de terre « Bayira ou Baghunda ».

Le chef coutumier « Mwami » appartenant à la famille régnante détient, de par la coutume, tous les droits fonciers : il peut céder la terre à titre plus ou moins précaire ou permanent à ses sujets et clients. C'est l'acteur qui a le plus de pouvoir, et il est en quelque sorte le propriétaire de tous les droits fonciers de la communauté traditionnelle. C'est lui qui représente la communauté locale auprès des institutions extérieures. Il a joué un rôle très important dans l'expropriation des terres paysannes pour l'installation des colons.

Les notables coutumiers « Bakama » constituent la noblesse traditionnelle et sont de deux catégories : nobles fonciers, d'une part, et notables politiques qui n'avaient pas le pouvoir d'octroyer des terres aux colons, d'autre part.

Les paysans « Basoki » ont une maîtrise foncière traditionnelle leur permettant de prêter également des terres aux autres agriculteurs. Dans ce groupe, il y a beaucoup d'éleveurs dont les terres sont souvent obtenues des notables.

J. **Les paysans ne disposant d'aucune maîtrise foncière** sur la terre ou ne sont pas de véritables clients. Ils forment certes l'acteur social le plus important par leur nombre et du point de vue des terres cultivées, mais n'ont aucune autonomie foncière.

Tous ces éléments montrent que le chef traditionnel « Mwami » est détenteur de tous les pouvoirs politiques et fonciers, et, dans cet ensemble complexe et solide, chacun se situe par rapport à une autorité immédiate. À l'exception du « Mwami », tout le monde est vassal de quelqu'un sur le plan foncier et client de quelqu'un sur le plan politique.

K. Les paysannats sont des groupements de paysans qui devaient permettre aux indigènes africains d'accéder à la propriété individuelle et de jouir de la liberté économique. Dans le Plan décennal 1949, l'État colonial considère que le paysannat est une forme d'organisation de l'économie rurale dans laquelle, avec le concours des pouvoirs publics, des groupes de familles indigènes mettent systématiquement en valeur et exploitent rationnellement pour leur compte des terres où elles s'établissent à demeure. Plus de quinze paysannats ont été installés dans la seule région montagneuse du Kivu pendant la période coloniale. Ils occupaient souvent de grandes superficies de terres qui étaient partagées entre les différents membres du groupement paysan. Dans ce paysannat, coexistent deux types de lotissements agricoles, individuels et collectifs.

Brasseur, J. P. (1953 : 200-296), Staner, P. (1955 : 467-558) et Corbisier, F. (1953 : 6-15) décrivent leur organisation, leur fonctionnement et leurs différents objectifs – agricole, social, économique, politique et administratif – pour freiner l'exode rural vers les centres urbains, exode provoqué par les travaux obligatoires auxquels seuls les villageois étaient astreints, doublé d'une crainte d'une population flottante dans les centres. Le paysannat était également le moyen de contrôler la main-d'œuvre et de grouper la population de manière à libérer le maximum de terres qui devaient être affectées aux colons européens.

Tous ces acteurs n'agissent pas d'une manière isolée. Ils sont en relation entre eux pour arriver à exploiter correctement la colonie au profit de la métropole. Les différentes interrelations entre les acteurs coloniaux sont renseignées dans la figure ci-après.

Figure 1 : Interrelation entre les acteurs pour le développement de la colonie

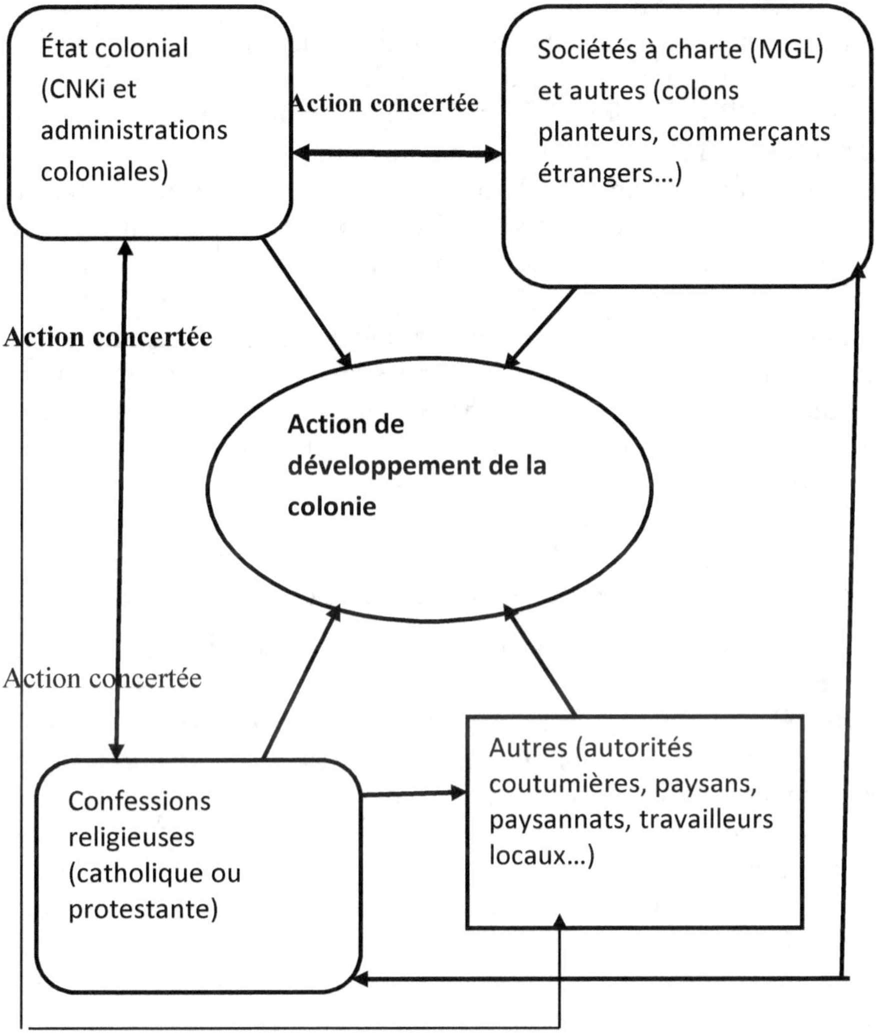

Ce schéma montre que trois acteurs ont été importants dans la mise en valeur du territoire colonial belge. Il s'agit d'abord des compagnies à charte, comme la Compagnie des Chemins de fer du Congo Supérieur aux Grands Lacs Africains (CFL), la FORMINIÈRE, la Minière de Grands Lacs (MGL), la Société Minière de la Tele, la Société Forestière et Commerciale du Congo, la Vicicongo, etc. Il s'agit ensuite de l'État colonial (CNKi) représentant le Royaume de Belgique et l'administration coloniale ainsi que des confessions religieuses, principalement l'Église catholique très influente pendant cette période. Chacun des trois avait un rôle particulier, à savoir l'État colonial pour administrer les populations indigènes, les sociétés privées à participation mixte, publique et mixte – ou pouvoirs concédants – et l'Église catholique aidant dans le contrôle des populations à travers plusieurs missions. Les populations ne constituent pas un acteur important dans le développement de la colonie. Elles sont considérées comme des outils au service des trois principaux acteurs précités. L'État colonial cherche à organiser les populations – paysannat, groupement en village, en centre extra-coutumier – dans le seul but de les contrôler pour les utiliser rationnellement dans la réalisation de l'œuvre coloniale au Congo.

Cette période est marquée par plusieurs actions de l'État colonial qui cherche à contrôler le territoire pour en exploiter les richesses (Pourtier R. ; 1989 : 292-293), la mise en valeur du territoire basée en premier lieu sur l'exploitation des ressources naturelles, et spécialement minières, avec des investissements orientés vers la production des matières premières – minières et agricoles –, la concentration des activités productives chez un petit nombre des financiers, la recherche de l'exploitation rationnelle de la main-d'œuvre locale – mines et agriculture – et la déstabilisation de la paysannerie de façon à libérer les terres pour les colons et les sociétés, le découragement de la formation d'un capital local ou de l'émergence d'une classe moyenne congolaise. Tous ces grands principes coloniaux ont été appliqués dans la région de Butembo par les différents acteurs coloniaux – MGL, CNKi, les colons – et auraient eu un impact négatif sur les comportements des acteurs postcoloniaux.

2.1.3. Acteurs pendant la période postcoloniale

Malgré l'accession à l'Indépendance politique le 30 juin 1960, la République démocratique du Congo reste dépendante économiquement des acteurs externes pendant la période postcoloniale. On observe une dissociation du pouvoir dans son ensemble, entre un pouvoir politique transféré à l'élite locale mal préparée et un pouvoir économique qui reste dans les mains des étrangers – anciens colonisateurs –, seuls détenteurs des facteurs de production stratégique comme le capital financier, la technologie et la capacité de management ou de gestion des activités économiques.

Les premières années de l'Indépendance sont caractérisées par une véritable confusion créée par cette élite politico-administrative qui se transforme en querelles d'influence, en tensions et conflits entre personnes, en rébellions intra-province et inter-province, en tentatives de sécessions de certaines régions de la jeune République démocratique du Congo. La dissociation de pouvoir politique dominé par la nouvelle élite nationale et de pouvoir économique aux mains des étrangers crée des tensions justifiées par le fait que les nationaux voulaient conquérir l'indépendance économique. Compte tenu de leur position d'infériorité économique, il existait aussi au niveau national une collusion entre les intérêts des étrangers avec ceux de nouveaux maîtres des pouvoirs publics (Coméliaux, C., 1965 : 67). Le coup d'État de Mobutu le 24 novembre 1965, soutenu par les milieux économiques et politiques étrangers, n'est que l'aboutissement de cette tension continue et qui s'expliquerait comme la tentative de mettre fin au désordre. Ce nouveau régime dictatorial se donne comme objectif principal l'indépendance économique traduite par la recherche de la possession à tout prix de moyens de production disponibles dans le pays et une véritable transformation profonde de l'économie nationale en vue du développement (Mpekesa Bongoy, 1974 : 288). Cette politique économique avait comme objectifs fondamentaux le développement territorial équilibré – respect des équilibres régionaux et création de pôle économique de Kisangani à côté de ceux de Kinshasa et de Lubumbashi –, l'ouverture vers l'extérieur, le respect de l'initiative privée et la promotion des entrepreneurs nationaux (Mbeka Makosso, 1972 : 220-221).

Malgré ces différentes intentions politiques, on assiste à un désordre économique et les anciens acteurs économiques dans certaines régions du pays comme la MGL sont dissouts ou transformés en compagnies locales comme la Société Minière et Industrielle du Kivu (SOMINKI), et le centre comme celui de Butembo ne survit que grâce aux initiatives locales.

Actuellement, Butembo est une ville avec des rues pavées, des magasins remplis des biens de première nécessité, locaux et étrangers, de nombreuses institutions financières bancaires et non bancaires, une nouvelle société d'électrification fournissant de l'énergie à plus de 20 % de la population, à côté des panneaux solaires qui alimentent plus de 60 % de la population, des centrales hydroélectriques privées ou appartenant aux associations locales, des travaux de construction dans plusieurs endroits de la ville montrant un certain dynamisme économique. Cette situation s'explique par plusieurs éléments naturels comme la proximité de la frontière ougandaise favorisant les échanges avec l'extérieur, les conditions climatiques favorables au développement de l'agriculture et de l'élevage permettant de produire des biens de zones tempérées demandés dans d'autres parties de la République démocratique du Congo. À cela s'ajoutent des facteurs sociologiques et ethniques : la région de Butembo est habitée à 90 % par une même ethnie nande avec des forts liens de parenté et une confiance mutuelle entre les membres qui favorise le développement commercial. L'accumulation des richesses à travers l'économie informelle et de la débrouille (MacGaffey, J. 1987 :114) ainsi que les réseaux économiques transfrontaliers – trafic de minerais, fraude frontalière des biens manufacturés, de la papaïne, du café et du poisson – ont permis la constitution d'un capital important pour le développement des activités commerciales. Les biens en provenance de Butembo ont également alimenté en produits manufacturés et alimentaires l'ancienne Province orientale spécialement dans l'Ituri et les régions frontalières de Sud Soudan – Juba – (Vwakyanakazi, M., 1991 : 56-60) et une partie de l'Ouganda – Arua, Nebbi – avec contrepartie en général de l'or, du diamant provenant de l'exploitation artisanale de minerais.

Plusieurs acteurs ont été impliqués dans le développement de la région de Butembo. Il s'agit des acteurs externes, des acteurs privés formels, des acteurs informels et des acteurs étatiques.

A. Les acteurs étatiques

Plusieurs acteurs étatiques sont intervenus dans le développement de la ville de Butembo. L'action de l'État a toujours été marginale dans cette ville développée par les populations locales. L'État a contribué à l'organisation administrative et à la construction de certaines infrastructures de voiries urbaines, au maintien de sécurité des personnes et de leurs biens, à l'installation de nouveaux services...

1° Les entités administratives décentralisées

Les entités administratives décentralisées financent également des actions de développement sur leur territoire respectif. Ces actions sont financées par les budgets réguliers ou dans le cadre de partenariat avec les autres acteurs locaux. La province du Nord-Kivu intervient dans le développement de la ville de Butembo en infrastructures routières, en construction des écoles ou des hôpitaux, dans l'hydraulique rurale, etc.

2° Les entreprises de financement du développement

D'autres acteurs étatiques peuvent être signalés, notamment les entreprises de financement comme la société financière de développement. Celle-ci est intervenue dans le financement des activités de développement dans la région en termes d'acquisition de moyens de transport, de commerce, etc. La Banque de Crédit Agricole a également financé les investissements agricoles et agro-industriels.

3° Le Fonds de Promotion Industrielle

Le **Fonds de Promotion Industrielle** a financé plusieurs petites agro-industries locales – savonnerie, huilerie, textile, brasserie –, des industries de fabrication des produits semi-finis, d'intégration industrielle, de petites et moyennes entreprises commerciales. Ces différentes interventions se réalisent sous forme de prêts à court, moyen et long terme, de prises de participation, de bonifications d'intérêt, de subventions...

4° Le fonds social

Le **fonds social** est un des acteurs étatiques qui interviennent dans le financement du développement des Entités administratives décentralisées que sont la ville de Butembo, les communes urbaines. Il étend son action aux chefferies se trouvant dans la périphérie de la ville de Butembo, aux organisations non gouvernementales locales (ONGD) et aux groupements locaux. Il est devenu un acteur incontournable dans l'action de l'État à la base.

C'est aussi un moyen de mobilisation des fonds locaux pour le développement, étant donné que les bénéficiaires doivent contribuer au moins à 10 % des coûts – en nature ou en espèce – des actions soutenues pour leur permettre de s'approprier l'action. Souvent, les communautés de base, du reste pauvres, apportent une contribution en nature comme du sable, du moellon, des briques pour la construction des infrastructures : bref, des biens pouvant être produits localement.

5° LeBureau Central de Coordination

Un autre acteur étatique est le Bureau Central de Coordination qui intervient dans le financement de la réhabilitation ou de la construction des écoles. Celles-ci se trouvent souvent dans un état lamentable : pour la seule année 2017, la construction de six écoles se chiffre à 480 000 dollars américains.

B. Acteurs privés formels

Les acteurs privés sont constitués des entreprises privées locales et internationales, de la chambre de commerce local (FEC), des institutions de microfinances, des coopératives, des institutions bancaires locales et des institutions financières non bancaires, des associations locales reconnues (ONG), des universités, des confessions religieuses, etc.

1° Les confessions religieuses

La faillite de l'État a poussé les confessions religieuses à s'engager aux côtés des populations locales pour contribuer à la satisfaction des besoins fondamentaux de base : éducation de base, soins de santé, fourniture de l'eau, et plusieurs confessions religieuses sont aussi actives dans le développement économique et social – entretien des routes, construction des infrastructures hospitalières, commerce, transport populaire – et se sont engagées dans une évangélisation de développement communautaire de leurs fidèles. Les confessions sont encore présentes dans la promotion de la culture des droits de l'homme et de la paix, dans la conscientisation et l'éducation civique des adeptes, et, même dans la protection de l'environnement, avec la vulgarisation de l'encyclique « Laudato si » sur la sauvegarde de la maison commune basée sur un nouveau paradigme de l'écologie intégrale. Parmi les confessions religieuses, on peut citer l'Église catholique, les Églises protestantes (CBCA), les Organisations non gouvernementales confessionnelles, les Églises de Réveil, la Confession musulmane, les Églises pentecôtistes et les communautés vivantes de base. Les églises utilisent souvent des associations confessionnelles comme outils d'intervention spécialement dans les domaines précités. Mais dans d'autres activités comme l'agriculture, les tractations marchandes, elles encouragent la participation des populations au développement socioéconomique de la région de Butembo (Musongora Syasaka, E., 2014 : 194-195). Par exemple, l'Église catholique exerce quelques activités commerciales pour assurer son autofinancement et contribuer au développement dans cette région de Butembo. Il s'agit notamment d'une fabrique de briques de Lwamiso à Butembo, d'une menuiserie de Bunyuka qui produit et vend des meubles, d'une mini-usine de production et de vente des vins par les sœurs orantes, des restaurants-bars et de la mise en location des bâtiments de commerce comme les bâtiments situés à côté du Sanctuaire Saint-François d'Assise de Kaghundura. L'Église catholique travaille en partenariat avec plusieurs organisations étrangères comme le Diocèse de Noto en Italie, Missio, Misereor, Fonds pour la consolidation de la paix d'Allemagne, Œuvres pontificales missionnaires, Caritas Norvège, Caritas Australie…

Les différentes confessions religieuses ont bénéficié de l'appui financier ou technique de la FEC et des autres acteurs internes (État, chefs coutumiers et terriens, des organisations non gouvernementales locales, populations bénéficiaires…) ou extérieurs (organisations non gouvernementales étrangères…).

2° Les opérateurs économiques

Les **opérateurs économiques** sont regroupés dans la Fédération des Entreprises du Congo (FEC) Agence de Butembo et ont toujours été actifs dans le développement local. Ils sont intervenus dans la construction des infrastructures – les écoles, la voirie urbaine, les hôpitaux – et le financement de la sécurité locale en soutenant des forces de sécurité, le développement du commerce local, l'habitat, etc. Ils agissent souvent en interaction avec les confessions religieuses. La FEC dispose également d'une forte capacité de mobilisation de ses membres et des autres acteurs pour la réalisation des actions de développement à caractère collectif et communautaire.

Durant les deux premières décennies de l'après-indépendance, les hommes d'affaires locaux sont actifs dans le transport et la commercialisation des produits agricoles entre la région de Butembo et la région de Kisangani. Certains produits vivriers comme la pomme de terre, le haricot, les légumes divers pouvaient être transportés et vendus à Kinshasa. Ces activités ont permis l'accumulation du capital qui sera utilisé pour développer le commerce des biens manufacturés en provenance du Moyen-Orient et de l'Asie du Sud-Est en passant par l'Afrique de l'Est au Kenya par le port de Mombasa et puis à travers l'Ouganda. Ce type de commerce fait de Butembo un lieu d'entrée des biens importés et de transit de ces biens vers les autres villes de la République démocratique du Congo : Kisangani, Bukavu, Goma, Mbandaka, Lisala, Buta, Isiro, Bunia, Kinshasa, etc. À cela, il faut ajouter le commerce illicite des minerais – or, diamant, coltan, cassitérite – avec les pays frontaliers – Ouganda, Rwanda, Burundi – qui permet aux hommes d'affaires locaux d'accumuler des capitaux, d'ouvrir des boutiques de biens manufacturés, de dynamiser l'entrepreneuriat local, de s'impliquer aussi dans le développement de la ville, notamment la construction des infrastructures publiques : bâtiments de la mairie, des communes, des hôpitaux, des écoles, etc.

Certains commerçants ou citoyens de la ville de Butembo en accointance avec des hommes politiques locaux et nationaux ont également acquis des biens du genre de plantations agricoles, d'agro-industries comme ILACO-Butuhe, de magasins des biens manufacturés, etc., au moment de la nationalisation – zaïrianisation –, par le régime de Mobutu, des biens des étrangers en 1973. Par cette opération de zaïrianisation, l'État avait comme objectif de déployer sans délai une classe entrepreneuriale nationale dotée d'un capital privé, prélevé sur les anciennes classes moyennes coloniales (Mwanalessa, K., 1973 : 91). C'est ainsi que l'État reprenait toutes les activités agro-industrielles – les plantations, les élevages, les fermes, les carrières des pierres précieuses – et allait les confier soit aux nationaux – privés, agents de l'administration, des politiciens – soit les grouper pour constituer des offices nationaux. Le petit commerce serait exclusivement repris par les privés qui avaient des moyens (Kalala, T., 1974 : 40-44). De nouveaux acteurs allaient ainsi apparaître sur la scène économique et politique locale pour favoriser l'accumulation du patrimoine dans tous les secteurs de l'économie : foncier, capital financier, habitat, etc.

Pendant la rébellion de 1998 à 2004, on observe des relations économiques informelles entre certains hommes d'affaires et les autorités rebelles qui ont favorisé le commerce informel transfrontalier : C'est en fait un arrangement de préfinancement des rebelles contre la réduction de droits de douane aux commerçants sous la forme d'un développement d'une taxation informelle et l'exploitation des ressources naturelles (Raeymaekers, T., 2004 : 66-73). La rente de la guerre et de commerce informel a permis l'enrichissement des commissionnaires politiques des rebelles et le développement de certaines infrastructures dans la ville de Butembo.

C. Les organisations non gouvernementales

Plus d'une centaine d'associations sont enregistrées officiellement à la mairie de Butembo et dans les communes[1] mais ce sont plus de cinq cents associations de base et groupements des populations non reconnues par l'État qui s'activent dans la société locale. Toutes ces institutions contribuent au développement de la région de Butembo. Organisées et impliquées dans plusieurs pratiques solidaires, elles interviennent dans tous les domaines de développement : la santé, la protection sociale pour couvrir les frais de santé – mutuelles et mutualités – et des frais funéraires *–ovughuma* et *silwamughuma–* (Mukirania, K., 2019), l'assainissement et l'hygiène, l'acquisition de l'eau potable, la formation professionnelle et l'alphabétisation, l'agriculture urbaine et l'élevage, l'autogestion, le genre, la formation de leadership local et le droit de l'homme, l'environnement, l'artisanat – forge, menuiserie. Ces organisations sont à la base de plusieurs innovations techniques et sociales dans la région. Les différents modèles de diffusion d'innovations, mis en place dans cette ville, sont une source d'inspiration pour un développement collectif et plus généralisé (Laperche, B. 2008 : 12-13). C'est le cas, dans le domaine de l'habitat où les organisations non gouvernementales locales ont popularisé l'usage de la presse à briques personnelle qui a permis aux populations les plus démunies d'avoir un habitat digne en termes de construction des maisons en matériaux durables.

Les organisations non gouvernementales ont amélioré le secteur de la communication par l'installation des radios communautaires – 33 radios dans la ville de Butembo –, l'implantation de plusieurs centres informatiques et l'amélioration de l'information grâce à la formation à l'ordinateur et à l'utilisation de l'Internet, des réseaux sociaux, etc. Elles sont également impliquées dans la construction et la gestion des marchés locaux, la construction de la paix, la mobilisation de

[1]Rapport de mairie de la ville de Butembo, 2017, qui reprend toutes les activités entreprises par les autorités de la ville et de différentes communes composant la ville.

l'épargne locale, le soutien aux syndicats populaires et aux associations locales de droit de la personne humaine, etc.

D. Les institutions financières

Il y a lieu d'épingler les banques et les institutions financières non bancaires. Plus de cinq banques sont implantées à Butembo : BCDC, RAWBANK, FNBANK, TMB, CADECO. Elles interviennent dans le développement des activités commerciales (import-export, création des usines, l'habitat, l'acquisition des moyens de transport, etc.). Les institutions financières non bancaires sont constituées d'institutions de microcrédits (IMF) dont le rôle principal est la collecte d'épargnes et l'octroi de crédits à toutes les couches de la population (Boyé, S., Hajdenberg, J. et Poursat, C., 2009 : 272-273).

La CODEFI, l'une des coopératives financières célèbres dans la ville de Butembo, favorise l'accès des gagne-petit aux crédits, leur permettant de faire face aux problèmes quotidiens et d'investir dans des actions privées plus structurelles. Plus de cinquante millions de dollars de crédit sont accordés à des milliers de personnes chaque année par des microfinances implantées dans la ville de Butembo. C'est un véritable outil de développement étant donné que l'une de ses fonctions principales est d'accorder des crédits aux pauvres exclus du système financier traditionnel. Le portefeuille de crédit doit ainsi être surveillé et entretenu afin de le conserver sain, dans le respect de tous les critères de qualité, définis par la Banque centrale et les autorités de contrôle. À défaut de quoi, les retards et les défauts de remboursement menaceraient la viabilité et la pérennité des institutions de microcrédit ; mais aussi les emprunteurs seraient surendettés (Kamate, S. A., 2018).

Comme le précise Bédécarrats Florent (2013 :21), la microfinance reste un outil au service du développement, tout en restant ancrée dans le secteur marchand, brouillant du fait des distinctions traditionnelles établies entre le politique et l'économique, le public et le privé, le commercial et le social. Toutefois, ces institutions de microfinances de la ville de Butembo doivent faire face à plusieurs défis dont les plus pertinents se résument dans la fragilité des structures de microfinance face aux différents types de risques. Elles évoluent dans un environnement économique intérieur caractérisé par le ralentissement de la croissance où le risque crédit semble croître avec le niveau des opérations.

E. Les acteurs informels

Les acteurs informels comprennent plusieurs catégories d'acteurs très diversifiés. On peut citer les mutuelles et mutualités, les tontines financières et sociales, les caisses de solidarité, les associations et groupements de fait, les privés, les comités de développement, « vughuma » local, la Caritas, les intervenants ponctuels, les artisans locaux : fabricants des presses à briques, à huile, des turbines ainsi que les groupements villageois, les clubs, etc.

En prenant seulement le cas des tontines, on constate que ces dernières se différencient en fonction de plusieurs éléments comme le quartier, le marché, la profession, l'origine, les circonstances événementielles, etc. Chaque catégorie joue un rôle spécifique en fonction des participants. D'une manière générale, la tontine permet une triple accumulation : accumulation de l'argent permettant de satisfaire les besoins financiers des membres participants, accumulation du capital social élargissant les relations des participants dans la société avec des relations d'échanges plus importantes et la culture de la réciprocité et accumulation de travail en commun accroissant ainsi l'expérience des participants dans divers domaines de la vie sociale et de l'autogestion du groupe. Les tontines ont permis à plusieurs personnes de disposer des capitaux nécessaires pour investir dans le commerce et d'autres activités plus lucratives.

Il existe aussi d'autres mécanismes informels intervenant dans les actions de développement en ville de Butembo, notamment les prêts chez les commerçants usuriers. Il s'agit de ce qui est communément appelé « Banque Lambert ». Les hommes d'affaires possédant des liquidités prêtent celles-ci aux demandeurs de financement à des taux mensuels très exorbitants qui avoisinent 25 %. Ce marché se porte bien et vole au secours de ceux qui ont un besoin urgent de liquidités en vue d'effectuer des opérations comme le dédouanement des marchandises, l'exportation du café, du quinquina, du cacao, etc. Il existe d'autres multitudes d'acteurs qui interviennent dans plusieurs secteurs de l'économie locale comme des vendeurs de rue, des artisans locaux, des acteurs intervenant dans les secteurs de l'habitat, des bombeurs, des charretiers, etc.

Tous les acteurs privés et informels peuvent se structurer en plateforme ou en réseau conjoncturel ou structurel dans leurs secteurs spécifiques pour constituer un nouveau contrepoids, comme le soulignent Heimans Jeremy et Henry Tims (2019 : 254-256), parce que disposant d'une véritable capacité de mobilisation des acteurs influents et des populations pour des actions d'utilité générale. On peut à propos citer la plateforme des taximen, de moto et voiture (ATAMOV) qui joue un rôle majeur dans la mobilité des populations à Butembo et qui mobilise ses membres en cas d'atteinte à leurs droits : agression d'un membre en service, tracasseries administratives et policières, etc.

F. Acteurs externes

Après l'indépendance, plusieurs autres acteurs étrangers sont intervenus dans les actions de développement dans la région de Butembo. Ces acteurs fournissent des fonds pour assister les populations locales dans plusieurs domaines : formation professionnelle et éducation, agriculture, santé, adduction d'eau, environnement – foresterie, reboisement, protection de la nature, spécialement les parcs et les réserves protégées –, énergie et électricité, aménagement et voirie urbaine. Certains expatriés privés ont également investi dans le commerce local et installé plusieurs boutiques, parfois en partenariat avec les nationaux. Parmi les différents acteurs, on peut signaler les organisations non gouvernementales internationales – FERT France, Agritera hollandais, Caritas internationale, OXFAM, CBM, VSF –, les institutions et agences internationales – fonds européen de développement (FED), USAID, PNUD, IDA UNICEF, OMS –, Universités du Nord, et des pays du Nord – Belgique, France, Allemagne, USA, Australie – qui interviennent dans le cadre de la coopération interétatique. Il y a aussi des privés étrangers, comme des Chinois, qui travaillent en partenariat avec certains hommes d'affaires. Des institutions privées du Nord, comme le Diocèse de Noto, travaillent en partenariat avec le diocèse de Butembo-Beni. Des banques et sociétés étrangères ainsi que des institutions financières internationales (Banque mondiale (BM), Banque Africaine de Développement (BAD)), apportent leur assistance au développement de la ville de Butembo.

2.2. Interaction des acteurs de développement

Les interactions entre acteurs du développement de la région de Butembo sont multiples suite à la complexité des comportements liés aux objectifs de chacun. La richesse des interactions qui lient les nombreux acteurs publics et privés, étrangers, nationaux et locaux concernés par le développement local offre ainsi une bonne illustration des interrelations horizontales et verticales des acteurs impliqués dans le développement de Butembo. Les interactions entre acteurs, pour aboutir à une action réussie de développement, exigent au préalable une bonne concertation entre les participants qui doivent être correctement informés et d'une manière équitable sur les objectifs visés. Ils sont accompagnés d'une communication convaincante et indispensable pour une mobilisation des acteurs autour de l'action. Dans la majorité des cas, les interactions sont efficaces pour des actions à utilité générale, collective et communautaire. Pendant la période postcoloniale et à la suite de la déliquescence de l'État, incapable de remplir ses différentes fonctions régaliennes, plusieurs acteurs sont apparus à la fois sur la scène politique et économique pour arriver à réaliser des actions de développement communautaire et collectif. Ces interactions se sont réalisées entre les blocs d'acteurs en présence, à savoir les acteurs externes, les acteurs étatiques, les acteurs locaux informels et les acteurs privés. Leurs interrelations autour d'une action de développement dans la région de Butembo sont représentées dans le schéma ci-après.

Figure 2 : Interaction entre les acteurs postcoloniaux dans une action de développement

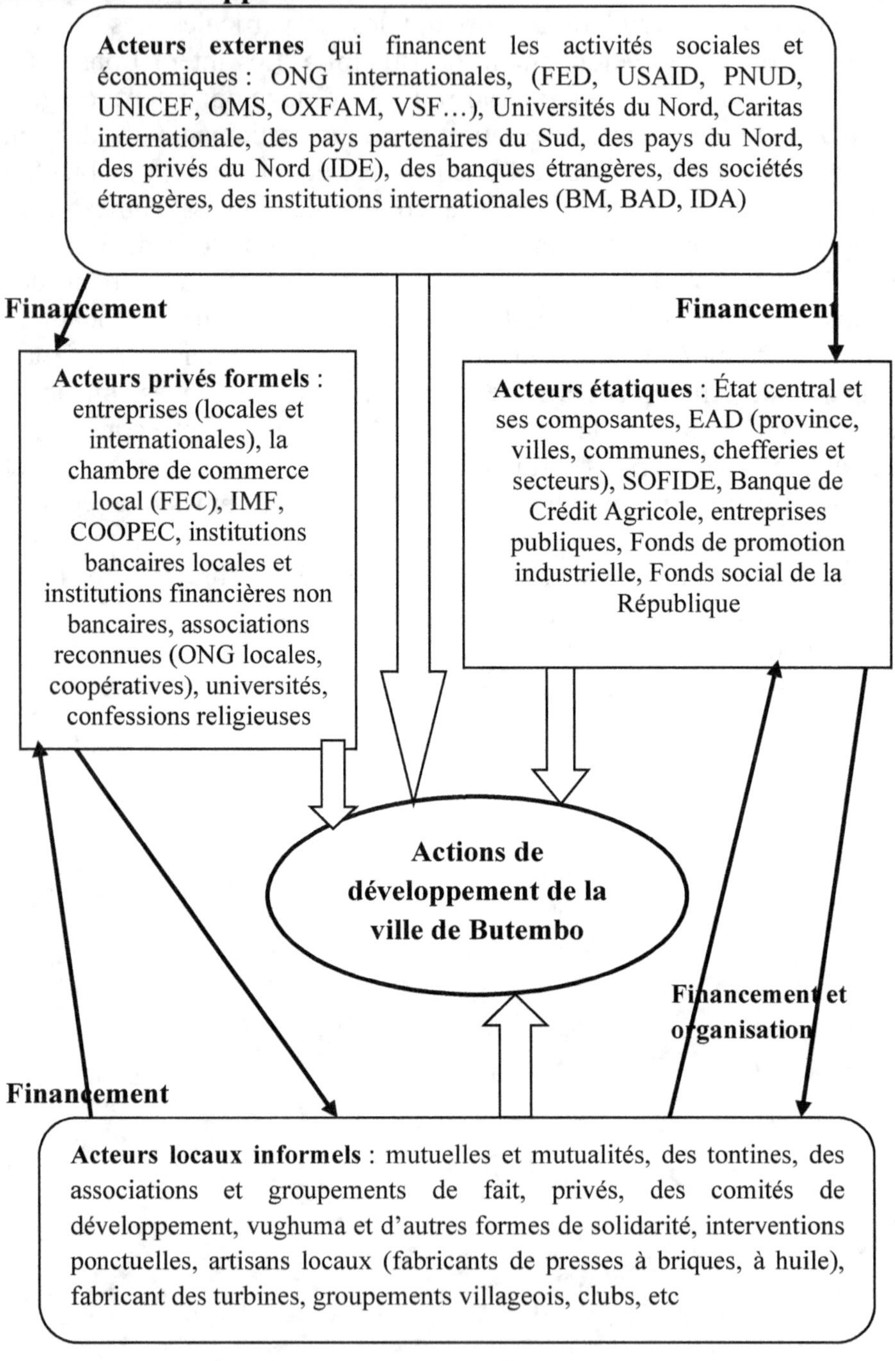

La réalisation d'une action de développement exige le concours de plusieurs acteurs qui agissent en synergie et en interaction dans la recherche de la satisfaction d'un besoin commun et/ou individuel. Chaque acteur y trouve un avantage personnel. Chaque action répond au besoin des autres membres de la communauté, par effet collectif. Ainsi, l'aménagement d'une rue satisfait individuellement les habitants de la rue mais également améliore la mobilité de tout passant et des usagers de cette rue quelle que soit son habitation.

Dans le cas de la ville de Butembo, on observe une interaction entre acteurs autour de certaines actions de développement. Dans celles-ci, les acteurs étatiques – la mairie, les communes et les quartiers – peuvent s'impliquer par la livraison facile des autorisations administratives ou les moyens financiers ; les acteurs privés fournissent des fonds ainsi que les moyens humains et s'impliquent dans les lobbies d'obtention des moyens complémentaires. Les acteurs externes, étrangers ou nationaux, peuvent venir en appui en fournissant des fonds et une expertise nécessaire à la réalisation de l'action. Dans la majorité des cas, des acteurs contribuent en nature en fournissant soit des services, soit des biens exigés pour la réalisation de l'action. Chaque acteur, quel que soit son niveau, contribue à l'action et y trouve son compte. Il se crée ainsi un équilibre social stable, car chaque acteur bénéficie du système et travaille à son amélioration. Il en résulte une situation gagnant-gagnant où tous les acteurs rentrent dans un jeu répété, en somme positif, une stabilité sociale obtenue d'une manière endogène et un apprentissage mutuel de travail d'ensemble, d'autogestion et d'auto-responsabilité.

3. Acteurs et mécanismes de financement du développement

Le financement du développement dépend des types d'acteurs en présence, de son intérêt, du type d'action, de l'outil à utiliser et de la capacité de l'intervenant. C'est ainsi que certains acteurs vont intervenir dans une action et non dans une autre.

3.1. Sources de financement

D'une façon générale, les actions sont financées par des ressources diverses. Dans la réalisation des actions de développement, on observe une véritable hybridation des ressources détenues par les différentes parties prenantes. Plusieurs actions sont des initiatives solidaires qui sont créées grâce à l'impulsion volontaire des acteurs. L'hybridation permet une meilleure mobilisation des ressources matérielles et immatérielles au profit de l'action à réaliser. Deux types de ressources peuvent être identifiés : il s'agit des ressources locales et des ressources étrangères.

Les ressources locales sont nombreuses et comprennent le travail bénévole des personnes impliquées dans l'action ou des bénéficiaires potentiels, l'apport des salariés supportés localement, les fonds propres, le patrimoine mobilier ou immobilier utilisé dans le cadre de l'action, les services rendus issus des relations sociales des membres ou des réseaux communautaires dans lesquels ils sont impliqués et facilitent la réalisation de l'action. D'autres ressources locales peuvent provenir des privés locaux extérieurs à l'action – entreprises locales, des associations locales –, des confessions religieuses et de l'État – Fonds Social de la République – avec ses différentes composantes – entités administratives décentralisées – comme pour l'asphaltage de certains tronçons de la ville avec l'aide du gouvernement provincial : tel est le cas pour l'ancienne Rue Kinshasa devenue Rue Kahongya Julien et sur la Rue d'Ambiance devenue Rue Paluku Denis.

Les ressources étrangères comprennent l'investissement direct étranger comme les entreprises belges impliquées dans l'électrification de la ville de Butembo à travers ENK (Énergie du Nord-Kivu) et Virunga SPRL ou ICCN, les entreprises chinoises qui travaillent en partenariat avec certaines entreprises locales impliquées dans l'import et export, l'aide étrangère obtenue à travers les coopérations bilatérales et les partenariats avec les entreprises étrangères comme « Sinohydro » qui est intervenue dans l'asphaltage du Boulevard du Président au centre de la ville de Butembo, les organisations non gouvernementales qui travaillent en partenariat avec les associations locales intervenant dans le domaine social et économique, les confessions religieuses étrangères, etc.

Tableau 1 : Sources de financement

Sources de financement	Types ou description
Locales	- Fonds propres - Bénévolat - Salariés locaux - Patrimoine mobilier ou immobilier mis à la disposition de l'action
Locales externes à l'action	- Privés locaux : entreprises, des réseaux des commerçants locaux, des associations, des mécènes, des confessions religieuses - État et ses différentes composantes : entités administratives décentralisées : province, ville, communes, chefferies - Des entreprises étatiques et paraétatiques - Des fondations étatiques comme Fonds social de la République - Des institutions financières, bancaires et non bancaires
Étranger	- Investissement direct étranger : exemple d'entreprises belges qui interviennent dans l'électrification de la ville - Produits de la coopération bilatérale comme le contrat chinois-RDC exécuté par le groupe Sinohydro[6] et multilatéral - Organisations non gouvernementales dans le cadre de la coopération privée internationale - Confessions religieuses étrangères - États étrangers

Sources : Enquête du terrain

Chaque initiative de développement peut être financée par une ou plusieurs sources qui interviennent d'une manière complémentaire ou dans un cadre d'un contrat précis de collaboration. L'hybridation des

[6] Sinohydro est une entreprise étatique chinoise de construction intervenant en Afrique, en Asie, en Europe. Elle est intervenue dans la ville de Butembo pour l'asphaltage de sept kilomètres du boulevard du Président, principale rue commerçante de la ville. Cette intervention s'inscrit dans le cadre du contrat signé entre la République populaire de Chine et la République démocratique du Congo.

ressources accroît l'efficacité de l'intervention, car cela permet l'utilisation à la fois des ressources marchandes et non marchandes, des ressources locales et étrangères, des fonds privés et publics. Elle facilite la collaboration entre acteurs à travers différents partenariats publics-privés ou privés-privés indispensables pour l'efficacité de l'intervention.

3.2. L'État

L'État et ses différentes composantes locales interviennent dans le financement de développement par le biais des instruments de finances publiques, spécialement le budget d'investissement. Il s'agit principalement des entités administratives décentralisées comme la mairie, les communes urbaines et les chefferies environnantes de la Ville. L'État intervient également dans le développement en accordant certaines autorisations pour la réalisation, par les autres acteurs, des infrastructures de base lors de la construction des bâtiments et de l'aménagement des voiries urbaines, etc. Le gouvernement, provincial et national, intervient également pour asphalter les rues urbaines, la construction des écoles, la mobilisation des populations pour des actions de développement à finalité collective, la fourniture de l'électricité en partenariat avec les privés, etc.

Les dépenses d'investissement servent à l'acquisition des biens durables publics en ville de Butembo. Celle-ci mobilise des fonds à partir des actes générateurs de recettes dont elle est bénéficiaire[7].

En ville de Butembo, les fonds proviennent essentiellement des recettes rétrocédées par la province et par le gouvernement central et les taxes spécifiques à la Ville. Toutes les recettes rétrocédées sont affectées à l'exécution des travaux d'investissement : construction, réhabilitation et réfection des ouvrages et édifices de l'État.

3.3. Le secteur privé

L'intervention du privé dans le financement du développement local est fonction du type d'acteurs, de ses capacités, de sa connaissance du milieu et de ses intérêts éventuels. Dans le secteur privé, on considère les confessions religieuses – Église catholique, Églises protestantes, églises de réveil –, les opérateurs économiques locaux et étrangers.

---

[7] Pour plus de précision, il faut lire avec attention le *Journal officiel* de la RD Congo N° spécial du 27 février 2013.

Les stratégies d'interventions des églises dans le financement du développement varient en fonction de la confession religieuse.

3.3.1. L'Église catholique

L'Église catholique mobilise les fonds destinés aux actions de développement en utilisant plusieurs pratiques. L'on note la mobilisation populaire des fidèles de l'Église catholique en cas d'exécution d'un projet de réalisation d'une infrastructure locale à finalité communautaire. Dans ce cas, plusieurs stratégies de mobilisation des fonds sont mises au point, notamment le *« Arambe »*,un slogan kenyan qui invite la population au travail et l'équivalent de ce que les Congolais appellent « *Salongo* ». Ce concept permet de récolter les fonds des chrétiens pour financer les travaux de construction des églises, des hôpitaux, des écoles, de sanctuaire (exemple, celui de Kaghuntura). En deuxième lieu, on a le *système d'« enveloppe*[8] *»* ou de « faire-part » pour contribution à la réalisation d'une action. La troisième possibilité est celle de recourir au système *« Kitume*[9] *»* consistant à participer individuellement aux travaux collectifs de la paroisse ou pour la paroisse dont la rémunération versée à la caisse cette dernière.

À ces différentes stratégies locales, il convient d'ajouter d'autres plus classiques : le paiement régulier à l'Église des offrandes à la messe et la dîme, officiellement le dixième de leur revenu comme l'exige la Bible[10], contre livraison d'une preuve sous forme d'un timbre ; l'organisation des activités à caractère commercial par la mise en location des bâtiments de commerce – bâtiments situés à côté du

---

[8] Ce système a été mis au point par l'Église catholique pour récolter les fonds auprès des chrétiens en leur remettant des enveloppes. Celles-ci contiennent généralement un faire-part avec un message biblique qui incite à la libéralité. Ce système est utilisé dans toutes les paroisses de l'Église catholique pour constituer des fonds nécessaires à tel ou tel autre projet de développement de la paroisse. Les autres confessions religieuses commencent aussi à y recourir.

[9] Celles-ci consistent à rendre service pour le compte de l'Église. Les chrétiens sont appelés à participer aux travaux collectifs dont la rémunération est versée dans la caisse de la paroisse. À titre d'illustration, les chrétiens participent aux travaux de coulage du béton, de construction des maisons, etc. Les fonds issus de ces travaux collectifs servent à financer les travaux de construction des dispensaires, des sources d'eau potable, des salles polyvalentes, des presbytères, des églises, des sanctuaires, etc.

[10] Pour plus de précisions, lire avec attention Lévitique 27 : 30-32, Malachie 3 : 10.

Sanctuaire de *Kaghundura* ; la mise en location des salles de fête, comme celle du Symposium International pour la paix en Afrique (SYPA) et celle de la Catéchèse de Butembo dont les gains tirés contribuent au financement des projets pour améliorer le bien-être de la population ; les dons en provenance de l'Église sœur du Nord.

3.3.2. Les Églises protestantes

Les Églises protestantes procèdent à des mobilisations populaires des adeptes lors des campagnes d'évangélisation pour acquérir des fonds nécessaires pour financer les actions de développement et pour le fonctionnement quotidien des paroisses. Comme chez les catholiques, les dîmes et les offrandes collectées lors des cultes, le *treizième sabbat* pour l'église adventiste, sont renforcées par les dons des Églises protestantes du Nord (luthériens allemands à travers l'organisation VEM). Les Églises pentecôtistes et celles de réveil reçoivent des subventions en provenance des États-Unis d'Amérique.

3.3.3. Les opérateurs économiques

Les commerçants et hommes d'affaires regroupés dans la Fédération des Entrepreneurs du Congo Agence de Butembo financent plusieurs actions de développement en utilisant les cotisations des membres, les cotisations dites « université[11] » et les taxes prélevées sur les importations par des opérateurs économiques[12].

Les hommes d'affaires locaux jouent un rôle important dans le développement de la région de Butembo. Ils sont impliqués dans presque la totalité des actions de développement. Ils financent même les frais relatifs à la sécurité en fournissant le carburant pour les unités militaires en ville de Butembo – police, armée nationale, service de sécurité, police de frontières – afin de leur faciliter les patrouilles

[11] Il s'agit d'une taxe instituée par l'organisation patronale locale (FEC) sur le container de marchandises importées déchargées en ville de Butembo. Les fonds ainsi récoltés ont servi au financement des universités et institutions privées de l'enseignement supérieur.

[12] C'est une taxe perçue sur des marchandises importées ou exportées par les opérateurs économiques de Butembo. Le taux de taxation dépend de la nature des biens en transaction. Les fonds perçus sont destinés au financement des travaux ayant trait aux infrastructures locales, comme des routes, des bâtiments administratifs, etc.

diurnes et nocturnes, des appuis en termes de vivres, de communication, etc. Ils financent aussi les infrastructures comme celles de la mairie, des monuments, de certains bâtiments des universités locales et des églises, l'entretien des routes de desserte agricole pour un meilleur approvisionnement de la Ville en vivres, et la collecte des fonds pour la contribution des Opérateurs économiques aux Initiatives de Développement Local (COIDEL) qui devrait servir à l'asphaltage des rues, à la construction d'un aéroport local et à l'électrification complète de la ville de Butembo. Les commerçants interviennent aussi dans l'éducation de base comme la construction des écoles primaires et secondaires, l'octroi des bourses d'excellence aux écoliers et élèves excellents. Ils appuient en outre des structures de santé comme l'Hôpital Matanda, l'Hôpital de Katwa ainsi que de nombreux postes et centres de santé.

La FEC intervient sous diverses formes, soit en espèce par le déblocage des fonds nécessaires ou de sa quote-part pour le projet, soit en nature par l'octroi direct des services et/ou des biens physiques pour la réalisation de l'action de développement, comme des sacs de ciment, des fers à béton, du moellon, soit sous forme de lobbying réalisé auprès des bailleurs de fonds éventuels locaux ou étrangers, soit en partenariat avec d'autres acteurs. Elle joue un rôle important dans la ville de Butembo : les membres créent des entreprises qui emploient des milliers de personnes et soutiennent des micro-entrepreneurs dans la ville de Butembo. Elle s'implique dans la défense des commerçants, en exigeant une imposition équitable et conforme à la règlementation, en luttant contre la corruption parmi ses membres, en soutenant des membres en cas d'emprisonnement, de deuil ou d'autres évènements malheureux.

3.3.4. Les mécanismes des organisations non gouvernementales

La majorité des organisations non gouvernementales interviennent avec des financements extérieurs provenant des organisations non gouvernementales partenaires des pays développés du Nord. Leur contribution locale est presque insignifiante en termes de services et de biens physiques pour la réalisation de l'action. Cette intervention extérieure se réalise suivant le domaine du bailleur de fonds. C'est ainsi que dans le domaine de droits de l'homme et de la paix, les organisations étrangères comme NED, INTERPEACE, COSI, FDHM, OSISA, CMC, 11.11.11 sont actives auprès des organisations locales comme le CEJA et le GADHOP. Dans le domaine de la santé et de l'assainissement, on observe les interventions de l'OMS, du FED, de l'OXFAM, du PNUD, des MSF, de la VSF auprès du CEPROSSAN, des hôpitaux locaux et d'autres structures sanitaires. Plusieurs autres organismes étrangers comme FERT, KIYO, USAID, CCFD, OXFAM, UE, FAO, BCCO interviennent auprès du CEFADES Université ; tandis qu'AGRITERA, CCFD, UE et VECO le font auprès du SYDIP ; et OXFAM, CSA, VECO, MF pour le financement de la LOFEPACO. Il existe d'autres intervenants privés ou publics du Nord qui jouent aussi un rôle dans le développement économique et social de la région de Butembo.

Les contributions locales proviennent des cotisations des membres ou de petites activités d'autofinancement des organisations locales. Tel est le cas du CEFADES, du SYDIP et de la LOFEPACO. Ces dernières organisations ont développé une série d'activités génératrices de revenus. La LOFEPACO est active dans le domaine de la production des jus de fruits, de l'élevage et de la commercialisation des produits d'élevage comme les poulets, les lapins, etc. Pour le SYDIP, l'autofinancement provient de la vente des produits agricoles des membres et de ses groupements paysans. Le CEFADES met à location ses matériels roulants et ses immobiliers, comme la Salle de la Paix.

Certaines organisations étrangères sont directement implantées à Butembo comme VSF-Belgique et OXFAM-Grande-Bretagne. Les deux reçoivent des fonds de l'Union européenne et des ministères des Affaires étrangères de leurs pays respectifs.

Les organisations non gouvernementales recourent également à l'emprunt pour financer certaines activités de développement. Ces crédits sont contractés auprès des banques, des coopératives et des IMF qui accordent des emprunts aux personnes physiques et morales pour soutenir leurs activités visant le développement dans la ville de Butembo.

Les renseignements sur les mécanismes de financement du développement par les différents acteurs sont résumés dans le tableau ci-après.

Tableau 2. Mécanismes de financement des actions de développement

Acteurs	Mécanismes utilisés	Observations
État	• Budget d'investissement de la ville • Contribution des coopérations étrangères • Mobilisation populaire « salongo »	• Faible budget d'investissement et difficilement affecté en intégralité • Approche projet adopté par la majorité de coopérations étrangères ne donne pas des résultats fiables et durables
Organisations non gouvernementales locales	• Cotisations des membres • Fourniture des services et des biens physiques • Fonds étrangers provenant des partenaires	• Les ONG locales : de petite taille, très dispersées dont l'efficacité des actions dépend des fonds reçus de l'étranger • Manque de synergie, dans les interventions, pousse au gaspillage
Hommes d'affaires locaux (FEC-Butembo)	• Cotisation des membres • Taxes de développement pour l'éducation, l'université (COIDEL) • Cotisations spéciales pour une action particulière • Contribution en nature : services, biens, etc.	• Intervention pour protéger leurs intérêts • Cotisations posant souvent un problème pour faire adhérer les membres • Les contributions en nature, appréciées par les hommes d'affaires
Confessions religieuses	• Dîme et offrande • « Kitume » et « arambe » • Système enveloppe • Activités commerciales	• Confessions religieuses, très actives avec des actions plus

Acteurs	Mécanismes utilisés	Observations
	organisées par la confession religieuse • Dons des Églises sœurs du Nord	efficaces • Confusion entre les actions de développement et d'évangélisation • Activités commerciales déroutant certains adeptes catholiques qui ne comprennent pas que l'église doit réaliser des bénéfices, contrairement à l'enseignement sur la pauvreté chrétienne
Étrangers	• Coopération bilatérale et/ou multilatérale de la Belgique, l'Union européenne avec FED, OMS et des ONG du Nord comme OXFAM, AGRITERA, CCFD, UE, VECO • Dons des privés étrangers	• Coopération publique sans résultats palpables dans la Ville • Seules perceptibles auprès des populations, les actions des ONG étrangères
Autres : privés locaux, acteurs informels, etc.	• Services, biens physiques, cotisations • Mobilisations populaires	• Très nombreux mais dont les actions sont diffuses et moins efficaces • Capacité de mobilisation forte à travers les différents réseaux informels

Source : Enquêtes du terrain

Ce tableau montre clairement que le développement de la ville de Butembo est d'abord porté par les acteurs locaux, spécialement les hommes d'affaires qui interviennent dans plusieurs domaines tels que l'éducation, la santé, les infrastructures, la sécurité, la politique et utilisent plusieurs mécanismes pour récolter des fonds destinés au financement des actions par la cotisation, le lobbying, la taxation des membres, etc. Face à l'inaction de l'État, les hommes d'affaires de Butembo ont compris qu'ils devaient prendre en charge le développement de leur ville. Ils ont développé plusieurs mécanismes de financement pour booster davantage le développement local.

Il est à souligner également le rôle actif des confessions religieuses qui disposent des réseaux locaux puissants, capables de mobiliser les populations et efficaces pour l'exécution des actions spécifiques. Les acteurs informels souvent anonymes et très nombreux travaillant dans des micro-entreprises interviennent dans presque tous les secteurs de développement de la région de Butembo. Ils vont du transport indépendant utilisant une trottinette des vendeuses de chaussures usagées, en passant par un restaurateur ambulant. Ils comprennent plusieurs catégories d'acteurs qui jouent un rôle dans la dynamique du développement de la Ville. Ces acteurs recourent aux fonds propres ou aux fonds provenant des instruments de solidarité locale.

L'État utilisant son budget d'investissement souvent modique, les ONG locales recourant aux cotisations des membres et aux fonds produits par le partenariat interviennent dans des domaines spécifiques comme celui de la construction des infrastructures, de la formation professionnelle et de l'appui aux organisations locales.

À part la présence des acteurs dynamiques, le développement de la région de Butembo est également favorisé par d'autres facteurs comme la position géographique de la Ville à proximité de la frontière ougandaise. Cela favorise des échanges avec les pays voisins – Ouganda et Kenya –, l'esprit d'entreprise des hommes d'affaires, l'ouverture des chefs coutumiers du groupement Buyora à encourager l'expansion commerciale, le statut ambigu de Butembo depuis l'époque coloniale : centre de transit, centre extra-coutumier, cité et enfin une Ville. Celle-ci a développé une conscience collective des populations étant donné l'absence des actions économiques de l'État. Elle s'est alors appuyée sur ses spécificités : l'histoire de la Ville, la presque homogénéité de la population locale appartenant à une même ethnie, l'esprit collectif d'entreprise, la présence de certains leaders charismatiques ayant mobilisé la population autour de la problématique du développement local, le développement de l'agriculture dont les revenus constituent le premier capital pour se lancer dans les activités de commerce, la présence d'un capital immatériel important basé sur la confiance mutuelle qui nourrit les relations commerciales.

Ce qui est étonnant dans cette Ville est que tout le monde cherche à exercer des activités commerciales, quel que soit le métier de départ – médecin, maçon, cuisinier, infirmier, etc. C'est ainsi que l'on constate facilement que dans la région, le commerce est l'apanage de presque toute la population, sans tenir compte de l'âge et de sexe. Du plus petit au plus grand, chacun exerce une petite activité commerciale au regard de ses moyens. C'est ainsi que les enfants et les jeunes sont vendeurs à la sauvette de sachets, de beignets, etc. Pour nouer les deux bouts du mois, les fonctionnaires de l'État comme les enseignants eux-mêmes ou leurs épouses effectuent de petites activités commerciales de vente de produits vivriers. L'esprit d'initiative et le dynamisme de la population locale ont fait de Butembo un grand centre économique dans le Grand Nord de la province du Nord-Kivu.

4. Diversité des acteurs et des actions pour le développement

Le développement de la région de Butembo est facilité par la mobilisation dans le temps des intervenants en fonction des enjeux collectifs et individuels du moment. Comme évoqué dans les points précédents, la multiplicité des acteurs dans la réalisation d'une initiative de développement est bénéfique dans la mesure où elle s'inscrit dans une logique d'accumulation positive qui favorise le changement économique et social de la région. La réalisation des actions de développement en interaction entre les acteurs constitue à la fois un enrichissement individuel mais aussi collectif car elle permet de transformer en profondeur les relations entre les personnes, les modes de travail et de coopération et la manière de créer des richesses. Il en découle une sorte d'intelligence collective résultant de nouveaux liens dans la communauté où chaque individu profite de la diversité des compétences, de la création de nouvelles valeurs immatérielles – solidarité renforcée, altérité, de nouvelles formes de coopération, de l'augmentation de la résilience dans l'organisation (Derumier, J.-P., 2019 : 64-68).

Malgré cette vision générale plus coopérative, on observe également un phénomène de domination cyclique de certains acteurs en fonction des périodes – triade dominante État, Église catholique, Sociétés à charte pendant la période coloniale : l'État, les confessions religieuses et les hommes d'affaires pendant la période postcoloniale – et qui contribuent à la transformation du milieu. D'autres acteurs apparaissent également déterminants en fonction du contexte, du territoire, du moment, de type de compétence exigée et de bénéficiaires, de regroupement local, de l'ampleur de l'action, de la finalité poursuivie, etc.

La prospérité économique de la région a été marquée par la diversité des acteurs et la diversification des activités dans le temps. Au départ, la région de Butembo est réputée pour ses activités agricoles et la commercialisation des produits agricoles et alimentaires locaux – pomme de terre, légumes tempérés, haricot, café pour l'exportation – et des commerces de proximité tenus par des étrangers – belges, grecs, indiens, français. Quelques années après l'indépendance, la région connaît des mutations économiques. L'économie locale est basée sur la « rente de transit » de personnel local et étranger travaillant dans les mines, les plantations agricoles des régions environnantes et le commerce des biens agricoles et alimentaires. La faiblesse des investissements coloniaux dans la Ville et l'indifférence du nouvel État indépendant, les coutumes locales stimulent la population locale à la culture de l'auto-prise à charge et facilitent la mobilisation des acteurs dans la réalisation des actions collectives ou à utilité générale. Après l'indépendance, Butembo devient un centre commercial avec l'expansion du commerce interrégional, le développement des filières légales et illégales d'exportation des matières précieuses – or, diamant, cassitérite, coltan –, des produits agricoles – café, thé, quinquina, pyrèthre –, d'importation des biens manufacturés des pays voisins, du Moyen-Orient et de l'Asie du Sud-Est. Ces activités économiques et sociales sont portées par de nouveaux acteurs animés d'un esprit local de « mimétisme de concurrence » permettant la duplication des initiatives individuelles réussies par plusieurs acteurs : par exemple, la création d'une usine de fabrication de la mousse par un commerçant est directement imitée par d'autres. Ce comportement permet de créer l'emploi et une concurrence au profit du consommateur. Il en découle une diversification des intervenants dans les actions de développement de la région de Butembo. Cette diversité des acteurs de développement s'explique par plusieurs éléments inventoriés dans les lignes ci-après.

La dynamique de la démographie de la Ville est alimentée en grande partie par l'exode rural à la suite de l'insécurité dans les zones rurales et les conflits fonciers créant des tensions entre les personnes et poussent celles-ci à migrer vers les zones urbaines plus rassurantes. À ce dernier élément, il convient d'ajouter l'extension de l'agglomération urbaine de Butembo (voir photo ci-après) sur plusieurs villages environnants naguère occupés par des agriculteurs et des artisans – forgerons, tisserands, des casseurs de pierres, des fabricants des briques et des tuiles, etc.

Figure : Dynamique de la construction de la ville

La recherche d'emploi pousse plusieurs personnes habitant des zones rurales caractérisées par une situation d'extrême pauvreté à chercher à créer leur propre emploi ou à accepter n'importe quel travail pour survivre en ville, avec comme objectif principal d'aspirer à un niveau de vie meilleur et avec la présence des écoles, des hôpitaux, l'accès aux services de base, etc. Ces personnes pratiquent plusieurs métiers comme laveurs de voitures, vendeuses ambulantes, chanteuses de rue ou dans des orchestres locaux et dans les chorales locales, locataires de chaises pour les fêtes et les funérailles, tailleurs ambulants, cordonniers, bouchers, réparateurs des pneus, coiffeurs, vendeurs d'œufs, réparateurs de parapluies et de casseroles, vendeurs ambulants de boissons et d'ananas épluchés, charbonniers, cuisiniers, peseurs d'hommes, vendeurs de pagnes et de tissus usagés, vendeurs d'aphrodisiaques « ngongolio », vendeurs de boissons fortement alcoolisées « vitololo », jardiniers, etc.

La prolifération des milices dans la région, notamment les groupes armés locaux « Maï-Maï », se singularise par l'existence de plusieurs milices hétéroclites locales, sans une coordination claire et dont les alliances sont conjoncturelles (Willame, J.-C., 2010 : 53-55). Ces milices recrutent des jeunes, créent l'insécurité dans les campagnes et entraînent un mouvement des populations vers la ville de Butembo. Elles agissent souvent en intelligence avec les rebelles étrangers ou avec les exploitants artisanaux de minerais ou les trafiquants d'autres ressources naturelles, les enfants de la rue, etc. Cette situation a favorisé l'émergence de nouveaux métiers comme des gardiens armés et non armés, des bergers d'insécurité, des « coupeurs » de route, des porteurs, des « passeurs » de minerais, des commissionnaires en douane, des éclaireurs, des transporteurs anonymes, des nettoyeurs de rivières, des creuseurs de sable, des videurs de toilettes, etc.

Le développement des technologies de l'information fait émerger d'autres types d'acteurs et de nouveaux métiers liés à l'usage de nouveaux systèmes de communication – Internet et les réseaux sociaux. Plus d'une centaine de centres informatiques sont installés dans la ville de Butembo qui utilise un personnel qualifié dans la robotisation et le développement des activités liées à l'intelligence artificielle.

L'apparition de nouvelles confessions religieuses dans le milieu (églises de réveil, les témoins de Jehovah, les églises locales…) et le développement de catholicisme jouent à la fois le rôle spirituel, politique, économique et social – développement des CEV, des Caritas et autres institutions de proximité comme les caisses sociales déterminantes pour le développement des activités de la base. C'est ainsi que plusieurs métiers liés aux confessions religieuses sont apparus comme les pasteurs et évangélisateurs de rue, les porteurs de la Communion aux malades, les gestionnaires de la caisse de mort dans le quartier ou « silwamughuma ».

Pendant la guerre, le développement des activités informelles a permis à la classe commerçante de la région de Butembo de préserver leurs intérêts économiques. Une relation ambigüe s'est instaurée entre les nouveaux acteurs – les rebelles militarisés ou miliciens locaux et étrangers – et les acteurs traditionnels. Dans ce cas, de nouvelles formes d'interaction sociale et économique (Duffield, M., 2001), s'observent entre les réseaux politiques de rebelles (concevoir, administrer les territoires conquis et planifier la guerre), les élites commerçantes – pour financer la guerre – et les officiers – protection physique par voie de combat, car chaque groupe essaie de tirer le maximum possible de la situation de désordre politique. Ces mêmes acteurs sont toujours actifs sur terrain, mais sous des formes différentes en fonction du contexte, de la circonstance et de l'intérêt visé. Chacun de ces acteurs joue son rôle dans les réseaux de commerce clandestin des ressources de la région. Certains de ces nouveaux acteurs militaires appelés « seigneurs de guerre » (Willame, J.-C., 2010 ; Pourtier, R., 2009) contrôlent des carrés miniers ou des régions entières où ils exploitent des mines, de bois, etc. pour alimenter les fonds de guerre et acheter des armes auprès des parrains étrangers.

Les nouvelles activités sont liées à l'urbanisation et au développement de la ville de Butembo, en commençant par celle des techniciens du domaine de l'énergie électrique : importateurs de panneaux solaires et leurs réparateurs, techniciens d'agro-industries – savonnerie, tannerie – et de transformation de l'artisanat local, techniciens dans le métier de construction – fabricants de briques, de tuiles, techniciens de la tôle, maçons, charpentiers, carreleurs, peintres, ferrailleurs, ferronniers, etc. Le domaine de la santé et celui de la restauration voient l'apparition des restaurants populaires et des restaurants de rue, voire clandestins. La mise en place d'un système d'abonnement dans des restaurants concourt à l'émergence de ceux-ci. Des courtiers de commerce, d'assurance, des vendeurs de rue et d'autres petits métiers comme laveurs des voitures, tôliers-peintre, des coiffeurs, cuisiniers, jardiniers, tailleurs, vendeurs ambulants, blanchisseurs, vendeurs de viandes, vendeuses de fourrages, charbonniers, mécaniciens-auto, moto, vélo, libraires par terre, vendeurs de chaussures et d'habits usagers, vendeurs d'œufs, vendeuses de pagnes, pompeurs de pneus volent au secours de petites gens en détresse dans cette société en pleine transformation.

Les nouveaux acteurs liés aux organisations non gouvernementales locales ou internationales participent aussi à cette nouvelle dynamique locale. Il s'agit entre autres des techniciens et courtiers de développement, des gestionnaires de projets dans des agences de développement, développés par les bailleurs étrangers.

On constate que la diversité des acteurs est expliquée par la diversification des activités économiques liées à l'évolution économique, sociale et culturelle de la ville et à son ouverture vers l'extérieur et par l'état permanent de guerre entretenu par les milices locales et étrangères – ADF-NALU, des FDLR – qui s'incrustent dans le circuit économique et sécuritaire (Kahindo Muke, C. , 2016 : 72-75). Les populations cherchent toujours le mieux-être en se créant de l'emploi à travers de nombreuses micro-entreprises dans une région où l'État ne joue pas correctement son rôle. L'initiative personnelle ou communautaire guidée par la prise de conscience populaire de transformer le milieu au profit de ses habitants reste le premier moteur de développement de cette région. Cette situation s'observe dans la réalisation des actions de développement à finalité collective et communautaire.

Conclusion

Le développement a toujours été un enjeu majeur pour les habitants de la ville de Butembo, surtout avec l'indifférence totale des pouvoirs étatiques depuis sa création. La population a toujours été animée par l'esprit de transformer la région et d'en faire un véritable pôle de développement dans la province du Nord-Kivu et même à l'est de la République démocratique du Congo. Depuis la création de la ville, en commençant par la colonisation, la population locale et ses différentes composantes sont toujours en première ligne pour contribuer d'une manière ou d'une autre à la transformation économique et sociale de leur milieu. Même avec l'aide des acteurs externes, cette population s'est toujours approprié le développement de la ville en entreprenant plusieurs actions autonomes ou en partenariat interne ou avec des acteurs externes dans tous les domaines : commerce, agriculture, agro-industrie, santé, éducation, etc.

Avec la quasi-absence de l'État dans le développement, sont apparus des entrepreneurs sociaux et de nouveaux modèles de création des richesses, de développement des services de protection sociale de proximité, portés par des individus animés d'un esprit de changement du milieu (Bornstein, D., 2005 : 15-17). Ces individus super-motivés ont créé des structures associatives qui répondent mieux aux aspirations populaires dans tous les secteurs de la société comme celui des droits de l'homme, négligé auparavant.

Les chefs coutumiers locaux, c'est-à-dire ceux du Groupement Buyora ont joué un rôle déterminant par l'esprit d'ouverture aux autres, par la facilitation de l'implantation des investisseurs étrangers – anciens colons agricoles, des commerçants étrangers comme des Grecs, des Belges, etc. –, par l'octroi des terres pour les projets d'utilité générale : écoles publiques et privées, hôpitaux, confessions religieuses spécialement catholiques, mobilisation de la population à toutes les actions de développement, entretien de la ville à travers les opérations de salongo et des obligations en termes de propreté collective, etc. Les manifestations de changement en termes de bien-être sont perceptibles dans la ville de Butembo dans plusieurs domaines : plus de 50 % des maisons en matériaux durables suite à l'adoption de l'innovation de la presse de briques qui permet à chaque personne de fabriquer ses matériaux de construction – briques et tuiles –, un niveau de sécurité alimentaire acceptable avec au minimum deux repas par jour pour chaque habitant, des hôpitaux et centres sanitaires. Des maisons de commerce sont partout très achalandées à côté des activités commerciales de rue et informelles. L'accès à l'eau est possible grâce à la société publique et assure le service d'alimentation privée à plus de 70 % de la population. L'enseignement supérieur et universitaire est présent dans le milieu (8 universités dont 5 privées et 23 instituts supérieurs). Il y a 22 écoles maternelles, plus de 315 écoles secondaires et autres institutions de formation pratique et en alternance. Durant les trois dernières décennies, d'autres actions de développement ont été réalisées dans plusieurs domaines par les acteurs locaux ou en partenariat avec les acteurs externes. Ces différentes actions sont financées par de diverses sources notamment :

a) les fonds propres des bénéficiaires et de différents acteurs individuels, collectifs ou communautaires, associatifs animés par l'esprit de la transformation du milieu ;

b) les confessions religieuses – spécialement l'Église catholique et protestante – qui sont très actives dans le financement des actions sociales souvent en partenariat avec des églises sœurs du Nord ou avec des partenaires internationaux qui sont des confessions réputées fiables en termes de gestion des ressources ;

c) des interventions étatiques par le canal de ses composantes locales – mairie de Butembo, communes –, provinciales et nationales. Ils interviennent souvent dans les projets d'infrastructures et à travers le fonds social de la République. Leurs interventions restent limitées ;

d) l'aide étrangère par le canal de plusieurs organisations non gouvernementales œuvrant dans la ville de Butembo et d'autres coopérations internationales – OMS actuellement pour lutter contre Ebola, Covid-19, FED, FAO ;

e) les privés – hommes d'affaires à travers leurs organisations locales FEC – qui interviennent régulièrement dans le développement à travers plusieurs actions, même dans le maintien de la sécurité de la ville ;

f) les lobbies locaux – hommes politiques, élites religieuses, groupes d'intellectuels, certains membres de la FEC, Société civile locale, les groupes de pression comme la véranda Muchanga, le parlement debout de Furu – jouent un rôle important dans la mobilisation des populations pour la réalisation de certaines actions communautaires ;

g) les réseaux informels puissants qui se sont constitués dans plusieurs domaines de la vie locale et qui jouent un rôle dans le développement de la ville. Par exemple, on observe un réseau de taxis motos qui joue un rôle crucial pour la mobilité dans la ville, le réseau de fabricants et vendeurs de la bière ;

h) le mode de gouvernance collective de la ville, couplé à un contrôle social de proximité, a permis une participation de la population au financement des actions de développement dans la ville. Dans chaque quartier de la ville, on retrouve plusieurs organisations des jeunes – unions des jeunes – qui jouent un rôle dans la diffusion de l'information et de la mobilisation des personnes en cas de nécessité.

En fait, le développement de la ville de Butembo n'est que la résultante de l'intervention de plusieurs acteurs dont les actions ne sont pas souvent coordonnées mais concourent positivement à la transformation sociale et économique du milieu. L'esprit du mimétisme et de concurrence qui est très poussé permet une émulation au sein de la société. Le développement de Butembo attire l'attention de tout observateur averti. Sans pour autant bénéficier d'un appui substantiel de la part de l'État, la ville de Butembo connaît une amélioration notoire dans certains secteurs de l'économie comme l'habitat ainsi qu'une augmentation des infrastructures de base.

Bibliographie

AUTISSIER, A. et MOUTOT, J.-M, *Méthode de conduite du changement. Diagnostic, Accompagnement, Pilotage*, Éditions Dunod, Paris, 2010, 246 p.

BEDECARRATS, F., *La Microfinance. Entre utilité sociale et rentabilité financière*, L'Harmattan, Paris, 2013, 256 p.

BERGMANS L., *Les Wanande*, tome 1. *Histoire des Baswagha*, Butembo, Éditions Assomption Butembo-Beni, 1970.

BERGMANS, L., *Les Wanande*, tome 3. *Une peuplade aux pieds des Monts de la Lune. La famille ancestrale*, Éditions Assomption Butembo-Beni, 1973.

BORNSTEIN, D., *Comment changer le monde. Les entrepreneurs sociaux et le pouvoir des idées nouvelles*, La Découverte, Paris, 2005, 299 p.

BOYE, S., HAJDENBERG, J. et POURSAT, C., *Le guide de la Microfinance. Microcrédit et épargne pour le développement*, Éditions d'Organisation, Paris, 2009, 368 p.

BRASSEUR, J. P. « Les paysannats indigènes de la province du Kivu », in *Problèmes d'Afrique centrale*, n° 21, 3e trimestre, 1953, p. 200-206.

CORBISIER, F. « La propriété foncière et le paysannat indigène d'origine Barega », in *Problèmes d'Afrique centrale*, 1er trimestre, 1953, p. 6-15.

CROZIER, M. et E. FRIEDBERG, *L'acteur et le système*, Paris, Seuil, 1977, 508 p.

DEBUYS, F., *Acteurs, stratégies et logiques d'action*, Louvain-la-Neuve, 2001, 117 p.

DÉCRET n° 009/2002 du 5 février 2002 portant création et statuts d'un établissement public dénommé « Fonds Social de la République démocratique du Congo », en sigle « FSRDC » tel que modifié et complété par le décret n° 05/063 du 22 juillet 2005.

DE ROSNAY, J., *Le macroscope. Vers une vision globale*, Éditions du Seuil, Paris, 1975, 343 p.

DERUMIER, J.-P., *Territoires : Lieux de vie. Redonner le pouvoir aux citoyens*, Éditions Libre & Solidaire, Paris, 2019, 335 p.

DUFFIELD, M., *Global Governance and the New Wars. The Merging of Development and Security*, London, New York, Zed Book, 2001.

HEIMANS, J. et TIMS, H., *Nouveau contrepouvoir. Convaincre, mobiliser et réussir dans notre monde hyper connecté*. Éditions Plon, Paris, 2019, 447 p.

GARDIN, L., *Les initiatives solidaires. La réciprocité face au marché et à l'État*, Éditions Érès, Paris, 2006, 190 p.

GOUROU, P., « La densité de la population rurale au Congo belge ». Coll. des Mémoires publiés par l'Académie royale belge des Sciences coloniales, in *Cahier d'Outre-mer*, n° 3, nouvelle série, t. I, fasc. 2, 8e année, juillet-septembre 1955, p. 294-296.

HERBERT, S., "Theories of Decision-Making in Economics and Behavioral Science", *American Economic Review*, 49, 1959, n° 1, p. 253-283.

HERBERT, S., "A Behavioral Model of Rational Choice", *Quaterly Journal of Economics*, 69, 1955, p. 99-118.

HERBERT, S., *Models of bounded rationality: Empirically grounded economic reason* (vol. 3), Cambridge, MA: The MIT Press, 1997.

JOYE, P. et LEWIN, R., *Les trusts au Congo*, Bruxelles, Société populaire d'Éditions, 1961, 318 p.

KAKULE, M., KAMBALUME, K., et KIVETE, M., *Identité culturelle dans la dynamique du développement communautaire*, Louvain-la-Neuve, Academia-Bruylant, 2003, 325 p.

KALALA, T., « Possibilités et moyens financiers du secteur privé national face aux mesures du 30 novembre 1973 », Kinshasa, UNAZA, in *Revue Africaine de Développement*, vol. I, n° 2, 1974, p. 41-44.

KAMATE, S., *Déterminants d'octroi de crédit et leurs risques dans le secteur de microfinance en ville de Butembo. Piste de solution aux risques collectifs.* Mémoire de DEA, Université catholique du Graben, Butembo, 2018, 114 p., inédit.

KANE, A. *Tontines, caisses de solidarité et banquiers ambulants. Univers des pratiques financières informelles en Afrique et en milieu immigré africain en France*,L'Harmattan, Études africaines, 2010, 250 p.

KASAY, K. L., « Le Kivu, une région éclatée ; un problème de transport ou de régionalisation », in *Zaïre-Afrique* 22 (1982), n° 166, p. 353-356.

KASAY, K. L., *Dynamisme démo-géographique et mise en valeur de l'espace en milieu équatorial d'altitude : cas de pays nande au Kivu septentrional, Zaïre*, Thèse de doctorat, Université Nationale du Zaïre, Campus de Lubumbashi, 1988, 404 p.

LAPERCHE, B. (dir.), *L'innovation pour le développement. Enjeux globaux et opportunités locales*, Karthala, Paris, 2008, 247 p.

MacGaffey, J., *Entrepreneurs and Parasites. The struggle of Indigenous Capitalism in Zaïre*, Cambridge University Press, 1987, 241 p.

MAFIKIRI, T. A., « Mouvement de population, accès à la terre et question de nationalité au Kivu », *in* MATHIEU, P., LAURENT, P.-J., et WILLAME, J.-C. (dir.), *Démocratie, enjeux fonciers et pratiques locales en Afrique*, Cahiers Africains, n°s 23-24, Paris, L'Harmattan, 1996, p. 180-201.

MAFIKIRI, T. A., *Problématique d'accès à la terre dans les systèmes d'exploitation agricole des régions montagneuses du Nord-Kivu (Zaïre)*, Thèse de doctorat, Université Catholique du Graben, Louvain-la-Neuve, 1994, 402 p.

MASHAURY, K. T., « Qui sont les Yira : *Nande* ou Kondjo ? Histoire d'une perte d'identité », in *Zaïre-Afrique*, 1982.

MASHAURY, K. T., Organisation étatique des Yira et son origine in « *la civilisation ancienne des peuples de Grands Lacs* », 1981, p. 160-172.

MBEKA MAKOSSO, « Les projets et réalisations de développement économique en cours dans le pays », in *Zaïre-Afrique* (Économie et culture-Vie sociale), Kinshasa, 1972, n° 85, p. 287-302.

MOELLER, A., *Les grandes lignes des migrations bantoues de la Province orientale du Congo belge*, Bruxelles, 1936, 580 p.

MPKESA BONGOY, « Politique économique au Zaïre », in *Zaïre-Afrique* (Économie et culture-Vie sociale), n° 85, Kinshasa, p. 287-302.

MTOTO, K. M (1975 : 10-11), *Évolution du commerce dans le centre de Butembo (1928-1958).* Mémoire, Institut Supérieur Pédagogique de Bukavu, Bukavu, 1975.

MUKIRANIA, K., *Pratiques solidaires « ovughuma et silwamughuma » et protection sociale funéraire dans la région de Butembo (Est de la République démocratique du Congo)*,Thèse de doctorat, Université catholique de Louvain, Louvain-la-Neuve, 2019.

MUSONGORA, S., *Associations confessionnelles et dynamiques de développement local. Analyse des pratiques marchandes et financières à l'est de la République démocratique du Congo*,Thèse de doctorat, Université catholique de Louvain, Louvain-la-Neuve, 2014, 330 p.

MWANALESSA, K., « Stabilisation des entreprises zaïrianisées et radicalisées », in *Zaïre Afrique* (Économie et culture-Vie sociale), Kinshasa, 1976, n° 102, p. 89-98.

RAEYMAAEKERS, T., « L'économie politique de Beni-Lubero », *in* VLASSENROOT, K., et RAEYMAAEKERS, T., *Conflit et transformation sociale à l'est de la République démocratique du Congo*, Academia Press, Gent, 2004, p. 59-78.

ROBERT, M., *L'Afrique centrale*, Paris, Armand Colin, 1934, 215 p.

FRANÇOIS, *Lettre encyclique LAUDATO si sur la sauvegarde de la maison commune*, Rome, 2015.

STANER. P., « Les paysannats indigènes du Congo belge et du Rwanda-Urundi », in *Bulletin agricole du Congo belge*, vol. XLVI, n° 3, 1955, p. 467-558.

STAUNE, J., *L'intelligence collective, clé du monde de demain. Changeons le travail pour changer la société*, Éditions l'Observatoire, Paris, 2019, 319 p.

TISSERENC, P., *Les politiques de développement local. Collectivités territoriales*, Economica, Paris, 2002, 231 p.

VELLUT, J.-L., *Les bassins miniers de l'ancien Congo belge : Essai d'histoire économique et sociale (1900-1960)*,Bruxelles, Centre d'Étude et de Documentation Africaines, Les Cahiers du CEDAF, N° 7/1981, Bruxelles, 1981, série 2 (Histoire), p. 37-38.

VWAKYANAKAZI, M., "Import and export in Second Economy in North Kivu", *in* MACGAFFEY, *The real economy of Zaire: the contribution of smuggling & other unofficial activities to national wealth.* London: James Currey Philadelphia: University of Pennsylvania Press, 1991, p. 43-71.

VLASSENROOT, K., et RAEYMAAEKERS, T., *Conflit et transformation sociale à l'est de la République démocratique du Congo*, Gent, Academia Press, 2004, 231 p.

VYAKUNO, K., *Pression anthropologique et aménagement rationnel des hautes terres de Lubero en R.D.C. Rapports entre sociétés et milieu physique dans une montagne équatoriale*, Thèse de doctorat, Université de Toulouse. Le MIRIAL, mars 2006.

WASWANDI, A., *Dieu-Nyamuhanga chez les Nande du Zaïre. Essaie de Christologie africaine dans ses rapports avec l'Évangélisation*, tome 1, Thèse de doctorat, Faculté de Théologie de Lyon, 1981, 227 p.

WILLAME, J.-C., *La guerre du Kivu. Vue de la salle climatisée et de la véranda*, GRIP, 297-298, 2010, 171 p.

Gouvernance provinciale au Nord-Kivu. Entre républicanisation et logiques communautaristes

Mbusa Kizito Gaucher

Résumé

La démocratie qui puise dans la pensée libérale promeut un individu affranchi des liens sociaux et communautaires dans lesquels il était enserré. Dans la Constitution de 2006, le Constituant congolais a levé l'option libérale. À l'effet de sa matérialisation, des élections ont été organisées au niveau national et provincial.

Au niveau provincial, palier qui nous intéresse présentement, la gouvernance qui s'installe à l'issue des élections organisées est teintée des ressorts républicains reposant sur un pouvoir partagé plutôt illusoire entre les institutions politiques provinciales et un pouvoir accessible sur mesure d'une part et, d'autre part, des logiques communautaristes de cooptation et de partage des postes ministériels.

Mots-clés : démocratie, gouvernance provinciale, élections, républicanisation, communautariste.

Abstract

The democracy which rises in the liberal thought promotes an individual stamped of social and community relations in which it was enclosed. In the Constitution of 2006, the Congolese constituent has raised the liberal option. In fact of its materialization, elections were organized at the national and provincial level.

At the provincial level, the governance which these elections are tinkled of republican resilience reposing on an illusive power shared between provincial political institutions and an accessible power rather feet some on the one part and, on the other part, communitarist logics of cooptation and sharing ministerial posts.

Keywords: Democracy, provincial governance, elections, republicanization, communatarist.

Introduction

Suivant Daniel Gaxie, « l'histoire d'un peuple, à partir du moment où il possède des institutions démocratiques, est celle d'une succession de choix » (Gaxie, D., 1978 : 9) des meilleurs ou des capables censés conduire la destinée de ce peuple. Or, ce choix est parfois dicté par des pesanteurs ou des impératifs contraires aux principes de la méritocratie qui sous-tendent le système démocratique et républicain.

La pensée libérale sur laquelle repose la démocratie fonde un individu affranchi des tutelles traditionnelles pour vivre sa liberté dans toute sa plénitude. C'est un tournant décisif dans lequel le centre de gravité n'est plus des lois supérieures – le service de dieu, de l'État, de la famille –, mais ce centre devient l'individu. Ce dernier devient le but et la norme de toute chose. C'est l'individualisme. Il est une doctrine en rupture avec la pensée communautariste. Selon celle-ci, dès sa naissance, l'individu est absorbé dans un tissu de liens et de relations de dépendance – famille, clan, caste, ethnie –, qui vont présider à sa destinée. La pensée individualiste vient briser ces liens communautaires dans lesquels l'individu était inséré. Ainsi, qu'il naisse esclave ou noble, serf ou chevalier, intouchable ou membre des hautes castes, l'individu est assujetti à des finalités qui le dépassent.

Dans un contexte tout à fait autre, la République démocratique du Congo s'est dotée d'institutions démocratiques telles que prescrites dans la Constitution de 2006. À trois occasions, les Congolais ont été appelés à opérer des choix politiques lors du Référendum de décembre 2005, des Élections nationales de 2006, 2011 et 2018 et, en deux occasions, les Élections provinciales ont été organisées en 2007, en 2018 et en 2019 pour le territoire de Beni et les villes de Beni et de Butembo dans le Nord-Kivu et le territoire de Yumbi dans le Maindombe pour des raisons sécuritaires et sanitaires évoquées par la Centrale électorale de la RD Congo[1].

La pose du principe d'élection comme mode de désignation des gouvernants vise à corriger les inégalités créées par des pratiques non

[1] Dans ces circonscriptions électorales, les élections furent reportées au mois de mars 2019 par la CENI dans son annonce du 26 décembre 2019 pour des raisons sécuritaires et sanitaires. Cf. www.jeuneafrique.com, consultée le 8 août 2019.

démocratiques de désignation des animateurs ayant été d'usage pendant plus de deux décennies. L'insertion du principe d'élection dans la Constitution de 2006 répond ainsi aux exigences de participation et d'insertion des citoyens dans la vie publique. Les pratiques non démocratiques, ayant eu cours en Afrique en général et en République démocratique du Congo en particulier, étaient justifiées par le souci de construction de la nation et de son développement. Ces deux dernières préoccupations figuraient en première ligne parmi les objectifs majeurs et principaux que les régimes postcoloniaux s'étaient assignés au point de méconnaître les réalités ante-États dont parle Nzereka Mughendi (2017 : 4-16). Pour la même raison, Mobutu avait instauré un système politique unanimiste fondé sur la centralisation et le monopartisme[2].

Par ailleurs, la réforme politico-juridique posée dans la Constitution qui institue trois niveaux autonomes de gouvernance est une réponse au défi lié à l'immensité de l'État et au « tout État » fustigé par l'approche de « moins d'État ». En 2015, l'article 2 de la Constitution susmentionnée a été rendu effectif. À cette date, en effet, la République démocratique du Congo passe de onze à vingt-six provinces, et ce, conformément à la Constitution de 2006 en son article 2 (JORDC, 2011 : 6). À tous ces différents niveaux d'exercice du pouvoir politique, cette réforme procède en effet en une redistribution des cartes de pouvoir entre forces sociopolitiques.

Au niveau provincial, comme c'est de cela qu'il est question ici, cette redistribution des cartes répondrait aux impératifs républicains définis dans les textes fondateurs et aux pesanteurs sociopolitiques diverses et parfois contradictoires, au regard des objectifs républicains. Au fait, la mise en place des institutions provinciales ainsi que leurs animateurs auraient donné lieu à une compétition qui débouche sur les combinaisons variables et contradictoires d'attribution des postes aussi bien électifs que nominatifs. Les facteurs partisans et/ou communautaires sont évoqués et reconfigurent les espaces politiques provinciaux entre acteurs qui se battent pour accaparer des ressources et des moyens politiques provinciaux pour des fins sécuritaires et socio-économiques (TabinLissendjaBahama, 2017 : 1-24). Dans leur *Working paper*, Pierre Englebert, Alma Bezares Calderon et Lisa

---

[2] En rapport avec le système partisan, tout Zaïrois était, bon gré malgré, membre du Mouvement Populaire de la Révolution, principe traduit en lingala par « Olingaolinga te oza na katiya MPR ».

Jenéobservent la *« Provincial tribalisation »* dans les provinces issues du découpage de 2015 :*« Three years down the road, this process, known as decoupage, has led to a dramatic but as yet largely unexplored reconfiguration of the role of ethnicity in Congo's political system »* (Englebert, P., Bezares Calderon, A. et Jené, L., 2018 : 1).

La mise en place des institutions provinciales et les pratiques politiques qui en découlent donnent lieu à une gouvernance marquée par un ensemble de principes et pratiques composites au regard des valeurs démocratiques qui sous-tendent la Constitution susvisée. D'un côté, on se ravise des valeurs d'inspiration républicaine, couchées dans ce texte fondateur, et de l'autre, des ressorts ou pratiques communautaristes présentes dans les pratiques politiques provinciales[3].

Dans cette étude, il est question d'analyser la gouvernance provinciale au Nord-Kivu en s'appesantissant sur le fonctionnement des institutions politiques de la province. Ces Institutions font penser à un réceptacle dans lequel le mouvement de concaténation se réalise entre différentes forces sociopolitiques qui se disputent le contrôle de ces institutions. Le mouvement qui découle des actions de ces acteurs recommande la construction d'une gouvernance fondée sur les logiques républicaines d'une part et, d'autre part, sur celles teintées de communautarisme, voire de tribalisme. Les pratiques politiques des gouvernants de cette province portent la ou les marques de ces fondamentaux. Les populations ou mieux les communautés numériquement majoritaires accaparent l'essentiel des postes électifs et non électifs. C'est ce qui est traduit par le concept exploratoire de « communautarisation » des postes. Par ailleurs, la recherche de l'équilibre entre communautés dicte les pratiques politiques acceptées par les acteurs de définitions des postes « communautaires ». Dans cette tentative de compréhension de la gouvernance provinciale, il

---

[3] Ces pratiques ne sont pas typiques à la République démocratique du Congo et encore moins à la province du Nord-Kivu. Les normes pratiques ou les savoirs locaux sont d'usage également ailleurs en Afrique. Cf. Thomas HervéMboa Nkoudou, « Stratégies de valorisation des savoirs locaux africains : questions et enjeux liés à l'usage du numérique au Cameroun », *Éthique publique* [en ligne], vol. 17, n° 2 | 2015, mis en ligne le 6 mai 2016, consulté le 27 septembre 2019. URL : http://journals.openedition.org/ethiquepublique/2343 ; DOI : 10.4000/ethiquepublique.2343.

s'agit de tenter d'exploiter ou d'explorer les concepts de « républicanisation » politique provinciale et « communautarisation » politique.

En effet, la démocratie en tant que variable de circonstance et indépendante, impulse des changements profonds dans le système en ce qui concerne la nature et l'origine du pouvoir de l'État d'une part et, d'autre part, les rapports entre l'État et les individus titulaires de droits et sujets d'obligations. La démocratie dans son aspect libéral promeut l'individualisation du citoyen au sein de la société. Or, on constate que le poids des groupements infranationaux sur les individus et sur les institutions, ou ce que Jean-François Bayart appelle « l'ombre de l'ethnicité » (Bayart, J. F., 2006 : 66-118), demeure une variante lourde que le « pré-Léviathan » (NzerekaMughendi, N., 2017 : 4-16) peine à transcender. Alors que le Bénin est de plain-pied dans le processus de démocratisation, Richard Banégas observe un des phénomènes les plus marquants du Renouveau démocratique, à savoir le retour en force des structures monarchiques et celles du *vodùn* sur le devant de la scène. Il écrit à propos :*Encouragées par une active politique gouvernementale de « revalorisation des culturelles nationales », celles-ci profitent de la nouvelle conjoncture pour se repositionner dans l'espace public pluraliste et regagner de l'influence* (Banégas, R., 2003 : 309).

Ces considérations posent la problématique des rapports État-société, le premier acteur immanent transcendant le deuxième acteur (Timsit, G.,1987 : lire introduction). Le mouvement de concaténation de ces forces induit aux rapports qui ne sont toujours pas harmonieux. Là où le premier prétend revendiquer le monopole de la violence et de la législation à toutes les populations installées sur son territoire (Dortier, J.-F., 2008 : 207), les sociétés infra-étatiques « non capturées » (Hyden, G., 1985 : 93) se battent pour survivre face à l'hégémonie du Léviathan hobbesien.

Cette problématique alimente encore des débats et des études fouillées qui se penchent sur et pour sa compréhension.

Dans son ouvrage portant sur *L'État en Afrique. La politique du ventre*, Jean-François Bayart interroge l'historicité propre de l'État en Afrique et insinue l'ombre de l'ethnicité qui joue un rôle dans le processus de construction de l'État sur le continent africain. L'ethnicité participe par la conscience d'appartenance et par sa production par certains acteurs à cet effort de construction de l'État africain inégal entre « petits » et « grands » (Bayart, J.-F., 2006 : 66-118). La reproduction inégale dont parle Jean-François Bayart est relevée également au niveau régional ou local. À ce propos, Pierre Englebert et Emmanuel Kasongo évoquent le « paradoxe des réformes de décentralisation en RD Congo » (Englebert, P. et Kasongo, E., 2014 : 51-63) et Jean Rodin constate le « sacre des notables » (Rodin, J., 1985 : 45).

S'intéressant à ce thème de gouvernance provinciale, Pierre Englebert, Alma Bezares Calderon et Lisa Jené focalisent leur attention sur les transformations sociopolitiques résultant du découpage territorial de 2015 en République démocratique du Congo. Après analyse, ils se rendent compte des changements ou transformations que connaissent les provinces issues du découpage. Ces provinces connaissent une certaine homogénéisation, la domination de certains groupes qui accaparent l'essentiel des postes électifs et non électifs contrairement aux pratiques antérieures à la réforme. Ces pratiques réactualisent, au niveau provincial, les problèmes d'autochtones et de non-autochtones.

Muhindo Malonga T. s'intéresse à la crise de légitimité en République démocratique du Congo. S'appuyant sur une méthodologie variée, il interroge la dualité politique gouvernant et gouvernés, du reste critiquable au regard de la sociologie politique. Il constate un paradoxe politique entre aspirations républicaines et attaches monarchiques des populations africaines en général et en RD Congo en particulier (Muhindo Malonga, T., 2016 : 345-376).

Cette étude souligne suffisamment les transformations sociopolitiques que subissent les Institutions politiques dans les provinces issues du découpage de 2015. Toutefois, elle se passe de la gouvernance dans les anciennes provinces n'ayant pas connu de démembrement.

Dans une approche fonctionnaliste, analytique et comparative, NisséNzerekaMughendi et Paul-RobainNamegabe (NzerekaMughendi, N. et Namegabe, P. R., 2015 : 1-48) planchent sur la gouvernance provinciale au Nord-Kivu et au Sud-Kivu entre 2007 et 2014. Ils interrogent et analysent les rapports entre les Institutions provinciales, les réformes de la justice et de la police. À la fin de leur étude, ils relèvent que les Institutions politiques dans ces deux provinces s'acquittent généralement de leur tâche. Ils notent cependant la lassitude des députés dans la production des rapports individuels des vacances parlementaires. Ils notent également la conjonction entre la représentation politique et la représentation géographique. Ils se rendent compte aussi que les groupes politiquement et démographiquement importants ont et gardent une emprise sur ces Institutions. Ces groupes s'emparent en effet de l'essentiel des postes politiques provinciaux.

Par ailleurs, la limite demeure néanmoins l'échelle, un outil indispensable pour mesurer ou comparer les prestations ou les activités de ces Institutions. Concernant les réformes dans le secteur de la justice et de la police, ce secteur de la gouvernance a bénéficié de la sollicitude de nombreux partenaires internationaux au regard des domaines d'intérêt de chaque partenaire.

Au-delà de cette étude, du reste, intéressante, le présent papier s'attache à comprendre les ressorts de la gouvernance provinciale au Nord-Kivu en soulignant la coexistence des valeurs d'inspiration républicaines et des attaches communautaristes.

Giorgio Blundo (Blundo, G., 1998 : 1-21), s'intéresse aux logiques de gestion publique dans la décentralisation sénégalaise. Il constate que contrairement aux attentes et aux objectifs assignés à la décentralisation par nombre d'auteurs, celle-ci débouche sur une participation factionnelle et non intégrale alors que les différents acteurs se trouvant dans une incertitude due à la polarisation des centres de décision et aux lieux de production ou de captage des ressources, recourent à la stratégie de l'ubiquité réticulaire qui consiste, pour les acteurs, à appartenir à plusieurs réseaux à la fois.

Richard Banégas analyse la démocratisation au Bénin et pointe du doigt l'appropriation de la démocratie « à pas de caméléon » pendant le moment de transition et les imaginaires politiques que se font les Béninois du changement impulsé par les réformes politiques entreprises avec le Président Matthieu Kérékou qui a su conserver son pouvoir – ce qui lui a valu le nom de « Caméléon » – et ce, aux dépens de Nicéphore Soglo (Banégas, R., 2003 : 13, 479-481).

Pour expliquer les changements politiques intervenus par la démocratisation, l'auteur explore la piste d'une révolution passive démocratique se situant ainsi au centre de la concaténation des forces conservatrices et sociales. Dans le même temps, les citoyens peaufinent des imaginaires politiques qui consistent à se servir avant que les élus ne se servent suivant la logique de la politique du ventre, chère à Jean-François Bayart (Bayart, J.-F., 2006 : 423). Cette stratégie consiste en la domestication de la démocratie par des acteurs et particulièrement pour les électeurs à trouver leur compte dans la formule « Le vote, le ventreet la vertu » (Banégas, R., 2003 : 423 et s.).

Pour réaliser cette étude, l'approche empirique appuyée par des entretiens est d'un grand intérêt. La technique documentaire et l'observation libre rendent possible la collecte des matériaux nécessaires à analyser.

Par ailleurs, les modèles constructivistes (Dortier, J.-F., 2008 : 111-112) ainsi que la théorie de jeux (Dortier, J.-F., 2008 : 370-374) guident l'explication afin de comprendre et justifier la construction de la gouvernance au Nord-Kivu ainsi que les mobiles et/ou les comportements des acteurs provinciaux.

Hormis l'introduction et la conclusion, cette étude est structurée en deux points. Dans un premier temps, la description et l'analyse portent sur les logiques de républicanisation et, dans un second moment, sur les pratiques de communautarisation de la gouvernance provinciale au Nord-Kivu.

1. Logique de *républicanisation* de la gouvernance politique provinciale

Parmi les causes des guerres récurrentes en République démocratique du Congo, des analystes et politiques pointent du doigt l'absence de l'implication ou de la participation des populations à la chose publique. Durant trois décennies, la désignation des animateurs des institutions politiques a été l'œuvre des gouvernants qui les désignaient par des procédés non démocratiques. Or, la source de légitimité l'est, en ce vingtième siècle, par voie d'élection. Conscient du rôle politique que joue cette pratique de sélection des gouvernants, le Constituant de la République démocratique du Congo consacre le principe en ces termes : *La souveraineté nationale appartient au peuple. Tout pouvoir émane du peuple qui l'exerce directement par voie de référendum ou d'élections et indirectement par ses représentants* (JORDC, 2011 : 7).

Le fondement de la souveraineté ainsi posée implique la participation et l'interdiction d'un groupe ou d'un individu de s'en attribuer le fondement et l'exercice. Le fondement et l'exercice reviennent ainsi

« à tous les Congolais de deux sexes, âgés de dix-huit ans révolus et jouissant de leurs droits civiques et politiques » (JORDC, 2011 : 7).

Ces valeurs fondatrices de la République sont *erga omnes*. Elles sont obligatoires et applicables à tous les citoyens et à tous les niveaux de la gouvernance, tels que définis par la Constitution en vigueur en RD Congo. Cette Constitution fonde un régime politique où le pouvoir est accessible et partagé. Ce pouvoir est accessible et par conséquent non confisqué par une poignée d'individus. Cette accessibilité sous-tend que tout individu ou citoyen, qui prétend à un poste ou à une fonction politique élective, doit se soumettre à un exercice démocratique compétitif au bout duquel il est déclaré élu (ou pas) par un service ou un organisme habilité. Loin d'être béate, l'accessibilité au pouvoir constitutionnellement reconnue aux citoyens reste néanmoins assortie d'un régime de conditions qui le rend sur mesure. Par ailleurs, le partage du pouvoir constitutionnalisé vise à éviter son aspect corruptible. Cette marge de manœuvre pour lutter contre l'aspect corrosif du pouvoir se trouve réduite par les facteurs institutionnels et conjoncturels.

1.1. Un pouvoir partagé plutôt illusoire

Conformément à la Constitution de la RD Congo, le pouvoir politique provincial est exercé par deux institutions, à savoir l'Assemblée provinciale et le gouvernement provincial.

L'Assemblée provinciale est l'organe délibérant de la province. En principe, elle a la prééminence par rapport à l'Exécutif provincial. Les clauses consacrées dans la Constitution sus invoquée l'attestent. Elle assure la fonction législative provinciale. En effet, c'est elle qui délibère dans le domaine des compétences réservées à la province. C'est encore elle qui contrôle le gouvernement provincial ainsi que les services publics provinciaux et locaux. Elle statue par voie d'édit et dispose des moyens de pression et de contrôle propres sur le gouvernement provincial. Cependant, la fonction législative et de contrôle connaît des infléchissements ou des intrusions du gouvernement provincial qui cherche à s'assurer le contrôle de ce pouvoir, voire de son inféodation à lui.

En ce qui concerne la production législative, celle-ci demeure concurrente, car l'initiative appartient aussi bien aux députés, aux membres du gouvernement qu'aux citoyens. Par ailleurs, la quasi-totalité des matières législatives proviennent du gouvernement provincial sous forme des projets d'édits. Les propositions d'édits restent infimes, voire inexistantes. La production législative de l'Assemblée provinciale est constituée de projets d'édits budgétaires. Les Institutions provinciales n'interviennent, pas ou moins, dans les autres matières relevant pourtant de leurs compétences. Et sur une période de onze ans, dix-neuf projets d'édits ont été soumis et examinés à l'Assemblée provinciale du Nord-Kivu. Sur les dix-neuf, dix-huit concernent le budget et proviennent de l'Exécutif et une proposition relative aux rapports entre les chefs coutumiers, les chefs terriens et les exploitants agricoles en matière de gestion des terres coutumières en province du Nord-Kivu (NzerekaMughendi, N., 2015 : 130-132). Tous ces projets d'édits ont été adoptés pendant la première législature qui, faute d'élections organisées, a duré dix ans.

Le deuxième infléchissement touche la fonction de contrôle. Pour exercer cette fonction, l'Assemblée provinciale du Nord-Kivu a fait usage de dix-neuf interpellations (Rapport du ministère des Relations avec le Parlement,2008 : 134-137), quatre-vingt-dix motions (Rapport du ministère des Relations avec le Parlement,2010 : 138-161), tous de portée très limitée, car se soldant soit par rejet, soit par la prise d'acte, soit par l'assurance d'alerter l'Exécutif par le Bureau de l'assemblée. En outre, les députés provinciaux du Nord-Kivu ont utilisé les questions orales avec débat, écrites et questions d'actualité. Là aussi, la portée reste très limitée, sauf quelques questions transformées en interpellations (NzerekaMughendi, 2015 : 162-189).

L'Assemblée provinciale a recouru à la Commission d'enquête et aux auditions en commission pour assurer le contrôle du gouvernement provincial et des services locaux. En dépit du recours à ces moyens, l'on remarque pendant dix ans, la stabilité du pouvoir exécutif du Nord-Kivu. Des raisons sont bien à chercher dans l'inféodation de l'Assemblée provinciale et l'appartenance du chef de l'Exécutif à la famille politique du chef de l'Exécutif national. Ce dernier déploie parfois des moyens pour museler l'Assemblée provinciale. À deux reprises, cette institution a été fermée sur ordre du ministère de l'Intérieur du gouvernement central.

En face de l'Assemblée, la province a un gouvernement. Ce dernier est l'Exécutif. Le gouvernement provincial est composé d'un gouverneur, d'un vice-gouverneur et des ministres provinciaux. Le gouverneur ainsi que le vice-gouverneur sont élus au suffrage indirect au sein ou en dehors de l'Assemblée provinciale par les députés pour un mandat de cinq ans une fois renouvelable. Ce sont eux qui gèrent quotidiennement tous les services publics provinciaux. En revanche, les ministres sont des personnalités politiques nommées par le chef de l'Exécutif provincial. Avant d'entrer en fonction, ils sont présentés devant l'Assemblée provinciale pour approbation de la composition. Celle-ci tient compte du principe de représentativité provinciale. Ce principe veut que l'équipe gouvernementale soit constituée en tenant compte des forces sociales et politiques importantes qui constituent la province du Nord-Kivu ainsi que de la représentation territoriale ou géographique, condition substantielle d'un équilibre et d'une stabilité sociopolitique.

1.2. Un pouvoir accessible sur mesure

Rendre un pouvoir accessible revient à poser des conditions ou des principes qui assurent ou permettent de lutter contre la confiscation des postes par un groupe d'individus ou une coterie immuable. Il s'agit ici de faire valoir le principe d'égalité devant les avantages offerts par l'État pour compenser, bien sûr, l'égalité à laquelle sont soumis les citoyens devant les charges publiques. Le principe sacro-saint qui fait du pouvoir une chose sacrée et inaccessible est mis en branle par les principes fondateurs de la République et de la démocratie. Dans un régime politique inspiré de ces valeurs, les conditions exigées pour être électeurs ou pour être éligibles rendent compte de la préoccupation d'assurer la liberté et l'égalité des citoyens. Loin d'être béate, l'ouverture politique « accordée » aux citoyens masque, à peine, le sens caché dont parle Daniel Gaxie (Gaxie, D., 1978 : 9-31). Pour cet auteur, l'activité citoyenne est liée au degré de compétence politique, ou du moins, à l'idée que le citoyen s'en fait (Gaxie, D., 1978 : 9-31). Il s'agit là des conditions les plus variées définies dans les Constitutions et les lois ou non pour limiter cette ouverture ou participation. Ainsi, des considérations juridiques, sociales, économiques ou financières sont posées.

Relativement à ces considérations, les textes constitutionnel et législatif de la RD Congo instituent le suffrage direct et/ou indirect comme mode de désignation des élus par les citoyens et l'élection du gouverneur et du vice-gouverneur par les députés provinciaux. En substance, l'article 196 stipule : « Les provinces sont organisées conformément aux principes énoncés à l'article 3 de la présente

Constitution » (JORDC, 2011 : 61). L'article 3 auquel réfère le Constituant consacre évidemment les principes clés d'organisation des provinces, notamment la gestion des provinces par des organes locaux propres (JORDC, 2015 : 7) qui sont, pour les provinces, l'Assemblée provinciale et le gouvernement provincial. Les membres de ces deux organes sont élus au suffrage direct et indirect.

L'Assemblée provinciale est composée des députés provinciaux élus dans les circonscriptions à l'intérieur des provinces au suffrage universel direct et secret, exception faite des députés cooptés. Ces derniers font l'objet d'analyse un peu plus loin. Sans être un suffrage universel, ce suffrage est en réalité restreint à une catégorie répondant aux conditions expressément posées. Au fait, les textes constitutionnel et législatif posent un système de filtrage de l'opinion. Il s'agit d'une série des conditions de forme et de fond que tout candidat doit remplir pour prétendre à la compétition politique. Ainsi, tout candidat à la députation provinciale doit impérativement répondre aux conditions de forme et de fond précisées dans les Lois électorales de 2006, 2011, 2015 et 2017.

Le premier palier de conditions est d'être électeur. Au regard des Lois électorales susmentionnées, le citoyen doit être identifié et enrôlé par l'organisme électoral et doit figurer sur les listes électorales. Il doit détenir la nationalité congolaise. Il doit par ailleurs être âgé d'au moins dix-huit ans. Le candidat à l'élection est aussi tenu de faire la déclaration de candidature (JORDC, 2015 : 19) qui précise son appartenance politique ou non. La Loi institue également la possibilité des candidatures indépendantes. La Loi électorale de 2015 astreint, par ailleurs, le candidat au paiement de 500 000 francs congolais et au niveau d'instruction de niveau supérieur ou universitaire.

En plus, pour l'élection du gouverneur et du vice-gouverneur, l'article 162 précise les conditions à remplir pour accéder à ces postes. Ils sont élus, pour un mandat de cinq ans renouvelable une fois, par les députés provinciaux au sein ou en dehors de l'Assemblée provinciale (JORDC, 2015 : 62). Comme pour les candidats députés, les candidats gouverneur et vice-gouverneur doivent être électeurs, faire une déclaration de candidature à ce poste en tant que membre d'un parti ou d'un regroupement politique ou encore comme indépendant. Les candidats sont tenus au paiement de la caution, non remboursable, de 2 500 000,00 francs congolais qui limitent les ambitions. Ces différentes restrictions, notamment celles relatives au niveau d'études et à la capacité financière refrènent les ambitions. Il s'agit des mécanismes de filtrages de l'opinion au sens que lui donne[4]. Ces conditions fixées par le législateur limitent ainsi les ambitions politiques de certains citoyens à briguer un mandat politique. Si au départ, la démocratie est en principe une forme de gouvernement « du peuple par le peuple et pour le peuple », elle est pourtant, par essence, par la force des contextes et des conjonctures fluctuants, un gouvernement de choix et de sélection du plus grand nombre, voire d'un petit groupe de citoyens supposés sensés pour conduire le destin du grand nombre.

Dans un pays où le taux d'analphabètes est élevé, la condition du niveau d'études réduit la proportion des candidats aux postes pour lesquels elle doit être remplie. La condition financière a soulevé le tôlé lors de la discussion de la Loi au niveau du Parlement. Les parlementaires de l'opposition, du moins une proportion importante, estiment que c'est un frein aux opposants qui ne disposent pas de moyens, contrairement aux députés de la majorité qui ont géré et qui gèrent la finance nationale.

Cependant, pour la majorité politique actuelle, ces sommes renfloueraient les caisses de l'État afin de répondre aux exigences de la Commission Électorale Nationale Indépendante (CENI) et à la politique du gouvernement national de financer les élections par ses ressources propres.

Quoi qu'il en soit, l'opposition soupçonnait la stratégie de la majorité présidentielle de mettre à l'écart des candidats moins nantis de l'opposition et d'empêcher ceux-ci de rentrer dans la compétition, faute de paiement de la caution exigée dans la Loi une fois votée. En fait, la caution est passée au quadruple, soit de 125 000 francs congolais à 500 000 francs congolais pour les candidats députés et au double, soit de 1 250 000 francs congolais pour 2 500 000 francs congolais pour les candidats gouverneur et vice-gouverneur.

---

[4] Les théoriciens du système représentatif ne sont pas des auteurs démocrates comme on pourrait l'entendre aujourd'hui. Ils revendiquaient la démocratie, mais en éloignant le peuple, qui serait soi-disant incompétent (mépris du peuple). La famille de pensée libérale qui a construit le cadre de référence des démocraties représentatives est hostile au peuple. C'est le cas de Montesquieu qui a été un des premiers à dire qu'il fallait se méfier du peuple. James Madison, quatrième président américain, parlait de « corps choisi de citoyen » pour « épurer l'esprit public ».

Au niveau provincial, la gouvernance démocratique consacrée par la Constitution de 2006, telle que modifiée par les lois subséquentes, pose les principes d'un pouvoir partagé entre deux institutions provinciales jouissant chacune d'une relative autonomie d'une part et, d'autre part, pose des valeurs démocratiques soucieuses de promouvoir une large participation politique, notamment les principes d'éligibilité aux différents postes électifs. Toutefois, cette ouverture reste restreinte eu égard aux conditions définies dans les textes susvisés. Les inégalités socio-économiques et culturelles structurent ou mieux consacrent *in fine* ce que Daniel Gaxie appelle « ségrégation politique » (Gaxie, D.,1978 : 9-31).

Par ailleurs, la domestication de la démocratie donne lieu à des pratiques non recommandables du point de vue des principes démocratiques. C'est ce dont il est question dans le point ci-dessous. La gouvernance provinciale emprunte en fait les pratiques d'usage dans des régimes autoritaires, totalitaires. Il s'agit spécifiquement des logiques de « tribalisation » et de cooptation qui sont en contradiction avec les principes démocratiques, mais qui ont une fonctionnalité réelle dans le contexte. Ces pratiques semblent insérer la gouvernance provinciale dans une logique communautaire alors que la démocratie plaiderait pour une « individualisation » poussée dans les rapports.

2. Ressort communautariste de partage de responsabilité politique au Nord-Kivu

Le communautarisme est un mouvement de pensée né aux États-Unis dans les années 1980 (Dortier, J.-F., 2008 : 100). Il est à l'antipode de l'individualisme excessif de la société américaine. En lisant D. Alcaud et L. Bouvet, l'on note que le communautarisme cherche à remettre en cause les déterminants culturels du libéralisme coupable, à ses yeux, d'indifférence à l'égard des communautés constituées qui résident dans sa sphère d'influence (Alcaud, D. et Bouvet, L., 2004 : 34).

Les protagonistes de ce mouvement égrènent des griefs portés contre les sociétés modernes, notamment de laisser se dissoudre les liens sociaux et se perdre l'identité, de permettre le développement de l'individualisme et l'égoïsme sans frein, de vouloir construire la société à partir d'un individu supposé libre, rationnel et calculateur (Dortier, J.-F., 2008 : 100-101). Or, l'homme ou la femme sont toujours le produit d'une culture et d'un milieu, et ont besoin de s'inscrire dans une communauté. Samuel P. Huntington en fait le constat (Huntington, P. S., 1997 : 11). Cet auteur fait savoir le changement opéré par les peuples pour définir leur identité (Huntington, P. S., 1997 : 11). Depuis la fin de la guerre froide, les peuples « se mobilisent derrière les drapeaux et d'autres symboles d'une identité culturelle nouvelle » (Huntington, P. S., 1997 : 11).

C'est pourquoi les communautaristes proposent de rendre la vie et le pouvoir aux communautés « organiques » de la société (Dortier, J.-F., 2008 : 100-101).

Pour une certaine proportion, la gouvernance provinciale au Nord-Kivu est teintée de cette pratique, pas seulement comme procédant d'un tribaliste qui veut gagner pour sa tribu ou son clan, mais les cadres formels de la République et de la province instituent des pratiques aux couleurs « communautaristes ». En 2007, des arrangements évitant la concentration des pouvoirs par une communauté avaient été trouvés[5]. Les élections des députés provinciaux, des membres du Bureau de l'Assemblée provinciale de mars 2019 et celles du gouverneur de la province du Nord-Kivu du 30 mai 2009 tiendraient, dans une large proportion, aux arrangements précités. Ainsi, les arrangements sociopolitiques convenus en 2007 lors de la mise en place des premières institutions provinciales à Goma veulent que la présidence de l'Assemblée provinciale et le poste de gouverneur de province ne soient pas détenus par des membres d'une seule et même communauté. Par ailleurs, et au sein de la même communauté, la même « prudence » politique contre les velléités absolutistes du pouvoir serait de mise[6].

Pour une grande partie, le *real politics*de partage et/ou d'attribution des postes politiques à l'Assemblée provinciale et au gouvernement au Nord-Kivu procède de la logique communautariste ou tribale.

[5] Lors de son séjour à Butembo au courant du mois de mai 2020, l'ancien Président de l'Assemblée provinciale du Nord-Kivu, Honorable Simisi Zabuloni, se souvient de ce compromis trouvé à l'époque et qui est encore de mise pour éviter l'accaparement de tous ces postes par une seule Communauté.

[6]À la veille des élections provinciales et des candidats gouverneurs au Nord-Kivu, des rencontres entre forces sociopolitiques avaient eu lieu afin de réfléchir sur le profil d'un député et d'un gouverneur du Nord-Kivu. C'est le cas de la rencontre du 14 mars 2019 à Butembo réunissant les délégations de Nyanga, Hunde, Nande.

2.1. Logique de cooptation des chefs coutumiers

Dans une démocratie, le principe des principes pour l'occupation des postes électifs reste l'élection. Et l'Assemblée ou le Parlement constitue le symbole emblématique de participation dans un tel système ou régime. L'Assemblée joue un rôle éminemment politique. Elle assure la représentation des citoyens ou du peuple. Or, dans ce même type de système ou de régime, l'on se réfère parfois aux principes foncièrement antidémocratiques. C'est le cas de la cooptation à laquelle on recourt pour sélectionner certains animateurs au sein des Assemblées pourtant élues.

La cooptation, du latin *cooptatio*, est un mécanisme ou un mode de désignation par lequel les membres ou gouvernants actuels choisissent les nouveaux membres, ceux-ci succéderont à ceux-là. Parlà, elle est différente des autres modes de choix qui sont le tirage au sort ou l'élection, ou encore les cas dans lesquels les membres appartiennent à une élite ou à une aristocratie.

La Constitution de la République démocratique du Congo institue la désignation par cooptation au sein des Assemblées provinciales. Ainsi, le Constituant fait de cette instance politique un lieu ou une arène dans laquelle des légitimités contradictoires coexistent. Les députés cooptés siègent aux côtés de ceux élus au sein de ces Assemblées. L'article 197, alinéa 4 pose le principe en ces termes :*Ils [les députés provinciaux] sont élus au suffrage universel direct ou cooptés pour un mandat de cinq ans renouvelable* (JORDC, 2011 : 61). L'option politique levée en faveur des chefs coutumiers tiendrait à la préoccupation du Constituant de prendre en compte la voix et le regard de ces autorités au sein des Assemblées provinciales parce qu'elles exercent une forte influence sur des vastes étendues de la République et sur les populations qui y habitent. En ce qui concerne le nombre de députés cooptés, l'alinéa 5 précise celui-ci. Il ne peut dépasser le 10e des membres qui composent l'Assemblée provinciale (JORDC, 2011 : 61).

Se fondant sur les considérations constitutionnelles, l'Assemblée provinciale du Nord-Kivu compte 42 députés pour la législature passée et 48 députés pour la législature en cours, dont 4 cooptés[7]parmi les chefs coutumiers. Il s'agit des Bami Bahati KaembeMaphumo de Masisi, de KabutwaDjumaIsombya de Walikale, de Kahindo Nzanzu Bonane de Lubero et de MassaliKapupa Liévin de Beni cooptés lors de la plénière de la Session extraordinaire de l'Assemblée provinciale du 8 janvier 2006. La Session extraordinaire de l'Assemblée provinciale du Nord-Kivu présidée par un bureau provisoire, avait procédé à la validation des mandats de 44 députés élus et la cooptation de 4 chefs coutumiers. Pour ce dernier cas, il s'agit des Bami Le bon Bazima Bakungu de Nyiragongo, de Nicolas Kalinda Kibangha de Masisi, de Roger SaaMbili Bamkoka de Beni Territoire et de Sondoli Shabani Mukosasenge de Lubero.

Or, les chefferies traditionnelles à la tête desquelles trônent ces autorités représentent d'abord et avant tout « la valeur culturelle d'un village, d'une tribu ou d'une ethnie »[8]. Ce qui contrarie l'objectif officiel de l'État postcolonial qui ambitionne de bâtir une nation (NachMback, C., 2000 : 83 ; Perrot, C.-H. et Fauvelle-Aymar, 2003). Les autorités traditionnelles, même dans les monarchies démocratiques où le monarque est héréditaire même si ses pouvoirs sont honorifiques, se montrent par ailleurs bien réfractaires à l'idée du

---

[7] La Commission électorale nationale indépendante (CENI) a annoncé, ce mardi 29 janvier, que l'opération de cooptation des chefs coutumiers aux assemblées provinciales s'effectuera du 28 janvier au 11 février prochain.
Le processus de cooptation des chefs coutumiers se déroule en deux principales étapes, à savoir : la présélection des chefs coutumiers par territoire et la désignation des candidats chefs coutumiers au niveau provincial. S'agissant de la première étape, le chef d'antenne de la CENI réunit en assemblée tous les chefs coutumiers du territoire, afin de présélectionner les candidats à coopter. Aucun chef coutumier ne peut être coopté au cours de deux législatures successives. Pour ce faire, le bureau de l'assemblée chargée de la présélection procédera à la vérification des mandats ainsi que la carte d'électeur de chacun des chefs coutumiers. Ensuite, il reviendra aux chefs coutumiers présélectionnésde se choisir eux-mêmes, par consensus, leur représentant du territoire. Le candidat chef coutumier est présélectionné avec ses deux suppléants chefs coutumiers, en tenant compte de la représentativité de la femme. Lors de la deuxième étape, celle devant aboutir à la désignation des chefs coutumiers au niveau provincial, le secrétaire exécutif provincial de la CENI réunit au chef-lieu de la province, tous les chefs coutumiers présélectionnés au niveau territorial avec leurs suppléants afin de désigner les chefs coutumiers candidats députés provinciaux. Les candidats seront désignés dans l'ordre des voix obtenues jusqu'à la concurrence des sièges à pourvoir.

[8] Il faut noter cependant que cette assertion n'est en rien une négation d'une nation multiculturelle.

suffrage universel et aux principes élémentaires des droits de l'Homme qui excluent les privilèges de naissance et de sang au profit de l'égalité et de la libre compétition des citoyens (NachMback, C., 2000 : 112). Au fait, le chef de chefferie est désigné conformément à la coutume. C'est l'essentiel de l'article 207 alinéa 1er de la Constitution congolaise en vigueur qui stipule : *L'autorité coutumière est reconnue. Et cette autorité coutumière*,poursuit l'alinéa 2 de cet article,*est dévolue conformément à la coutume*, à condition, évidemment, qu'elle ne soit pas contraire à la Constitution, à la loi, à l'ordre public et aux bonnes mœurs.

Sans pour autant verser dans le débat, du reste vivant dans la vie politique congolaise entre les abolitionnistes et les conservateurs de l'« ordreancien » traditionnel régnant (MambiTunga-Bau, H., 2010 :16 ; Boshab, E., 2007 : 280), les autorités coutumières disposent d'une légitimité non électorale ancrée dont se servent les politiques congolais pour assouvir leurs fins politiciennes (MambiTunga-Bau, H.,2010 :16 ; Boshab, E., 2007 : 280 ; Isango Idi Wanzila, D., 1992 : 155 ; Ouedraogo Hubert, M. G., 2006/1 : 9-29). Ces autorités ne disposant pas d'une légitimité électorale sont par ailleurs des partenaires importants et incontournables du développement socio-économique des populations sous leur emprise sur des vastes étendues, bénéficiant d'une relative autonomie de gestion politico-administrative (NachMback, C., 2003 : 112). Les proportions des populations vivant dans les milieux ruraux, terroirs des autorités coutumières en Afrique,sont de l'ordre de 72 %. C'est d'ailleurs ce que Muhindo Malonga T. avance, dans un autre contexte quand il écrit : *[...], elles [les populations] restent localement attachées à leurs chefs coutumiers aux allures de monarques de droit divin et ancestral* (Muhindo Malonga, T., 2016 : 256-278).

Partant de ce fait, la construction et/ou la refondation de l'État et sa gestion sans le concours de cet acteur buteraient à une certaine résistance de la part de ces organisations politiques coutumières au travers des autorités détentrices de l'autorité traditionnelle qui trônent sur elles. Jusqu'à l'heure, les expériences qui ont cherché à saborder ces organisations ont fait marche arrière[9].

[9] La plupart des régimes marxistesafricains qui considéraient ces organisations ainsi que leurs autorités comme relevant des forces féodales à supprimer à petit feu ou brutalement. Les cas du Zaïre sous le règne de Mobutu et du Bénin sous Matthieu Kérékou sont illustratifs.

2.2. Logique communautariste de partage des postes

La configuration sociopolitique des institutions politiques provinciales offre une photographie suffisamment fidèle des forces politiques et communautaires en présence au Nord-Kivu.

L'enregistrement des résultats des élections provinciales témoigne en fait d'un vote partisancommunautaire, à l'issue desquelles les partis politiques les plus divers et les communautés, ethnies, tribus ont gagné des sièges à l'Assemblée provinciale et à l'Exécutif provinciaux.

2.2.1. Configuration sociopolitique de l'Assemblée provinciale du Nord-Kivu

Au Nord-Kivu, la composition de l'Assemblée provinciale a présenté, à ses débuts, une configuration politique qui tient bien évidemment aux deux considérations ou poids des formations ou regroupements politiques rentrés dans la compétition en 2007 d'une part et, d'autre part, l'origine sociologique du candidat.

Ainsi, la configuration politique de l'Assemblée « nord-kivutienne » se présente comme ci-dessous.

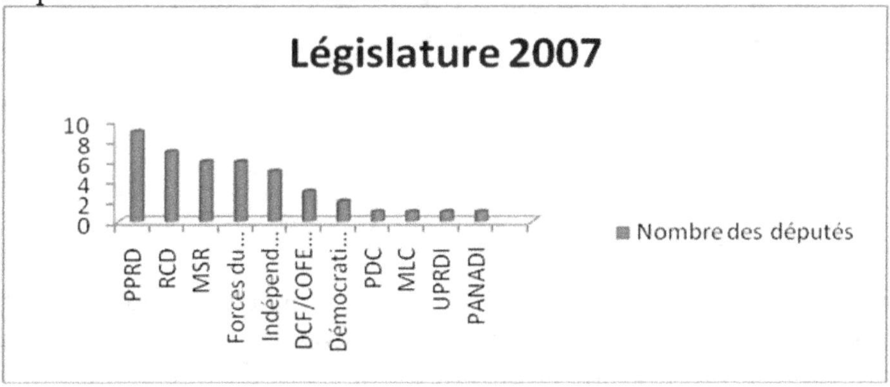

Source : Enquêtes durant les mois de mars et d'avril 2018

La configuration politique du départ donnait 9 députés pour le PPRD, 7 députés pour le Rassemblement Congolais pour la Démocratie, 6 députés pour le Mouvement Social pour le Renouveau, 6 pour les Forces du Renouveau, 5 pour les Indépendants, 3 pour la Démocratie Chrétienne Fédéraliste/Convention des Fédéralistes Démocrates Chrétiens, 2 pour la Démocratie Chrétienne, et 1 pour chacun des formations politiques Parti Démocrate-Chrétien (PDC), Mouvement de Libération du Congo, Union du Peuple pour la République et le Développement Intégral (UPRDI) et Parti des Nationalistes pour le Développement Intégral (PANADI).

Mais depuis, l'Assemblée a connu des dynamiques répondant aux impératifs intra et extra-politiques. Pour besoin de survie et/ou de maintien politique, des députés ont été caractérisés par la transhumance politique pour besoin d'« ubiquité réticulaire » dont parle Georgio Blundo (Blundo, G., 1998 : 1-21). Cette mobilité politique a entraîné la présence des formations politiques qui, au départ, n'étaient pas présentes au sein de l'Assemblée. C'est le cas du Bloc Uni pour la Reconstruction du Congo, parti cher à Julien PalukuKahongya, de l'Union des Congolais Patriotes de Eugène Serufuli et l'Union pour la Nation Congolaise de Vital Kamerhe.

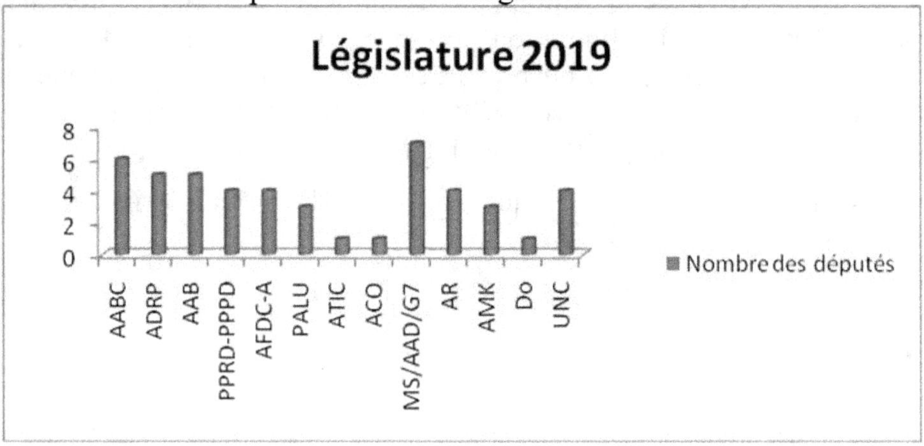

Source : Enquêtes durant le mois d'août 2019

En 2019, les élections provinciales ont été organisées au mois de mars. Sur les 48 députés que compte l'Assemblée provinciale, l'on a observé une recomposition des rapports de forces politiques qui s'expliquerait par la rentrée dans la compétition de nouvelles forces politiques, notamment le Bloc Uni pour la Renaissance et l'Émergence du Congo (BUREC) et le Mouvement Social (MS) ainsi que la clause du seuil de représentativité insérée dans la loi électorale de 2018 ayant entraîné des gros regroupements politiques en trois grands pôles : Front Commun pour le Congo avec 60 %, LAMUKA disposant de 32 % et Cap pour le Changement ayant 8 %.

Sur le plan administratif, le Nord-Kivu est subdivisé en trois villes qui sont Goma, Butembo et Beni et six territoires, à savoir Beni, Lubero,

Rutshuru, Masisi, Walikale et Nyiragongo. Ces subdivisions administratives constituent des circonscriptions électorales pour l'élection des députés. Ces entités sont peuplées des groupements humains plus homogènes qu'hétérogènes qu'on peut regrouper en trois composantes ou groupes selon la zone d'installation :

a) la zone de Beni et de Lubero qui englobe les villes de Beni et de Butembo ainsi que les territoires de Beni et de Lubero est la plus dense démographiquement et politiquement en termes des sièges ; cette zone est majoritairement peuplée des Nande, l'ethnie majoritaire dans la province ;

b) le rayon géographique de Rutshuru occupé majoritairement par les Banyarwanda et ;

c) la zone de Goma-Masisi-Walikale et Nyiragongo plus hétérogène que les deux précédentes ; elle est constituée principalement des groupes Hunde, Tembo, Banyarwanda de Masisi et Nyanga.

Les résultats des élections des députés portent effectivement les stigmates de cette composition ou configuration sociologique. Il faut aussi prendre en considération le nombre d'enrôlés dans les circonscriptions électorales dans ces milieux. Les résultats de ces élections ont été comme un simple enregistrement de ce poids démographique et d'enrôlés au point que l'on peut avancer l'affirmation selon laquelle, toute chose restant égale par ailleurs, plus un groupe ethnique est démographiquement plus important et a plus d'enrôlés que les autres, plus il a des députés. Car les alliances entre les individus ou groupes humains de la même zone seraient aussi plus faciles que celles entre les individus ou groupes humains des zones différentes. Ainsi, le Nande, le Hutu, le Nyanga, le Hunde se trouvant dans la zone dont il n'est pas originaire s'allierait facilement au Nande, au Hutu, au Nyanga ou au Hunde se trouvant dans le rayon géographique d'accueil ou « d'emprunt ». Les liens d'appartenance ethnique sont, dans ces rapports, plus mécaniques qu'organiques au point où le dicton *« sikirimokikirukinekyenyu »* ou *« owoko'munduakendishaulwa »*[10]valent leur pesant d'or.

En outre, la zone de Beni et Luberopossède deux villes, contrairement aux deux autres zones. La présence de ces deux villes dans ce rayon géographique offre un autre avantage politique. Ainsi sur 42 députés,

[10] On tolère les fautes commises par les siens.

la zone de Beni et Lubero concentre 22 députés ; la zone de Rutshuru en a 6 alors que l'axe Goma, Masisi, Walikale et Nyiragongo compte 14députés. Il sied d'insister sur le cas des députés Simisi Nzala Zabulon du Mouvement Social pour le Renouveau (MSR) et KunemutumbaMbakwa Samuel, du Parti du Peuple pour la Reconstruction et le Développement (PPRD), tous originaires de la zone Beni et Lubero, mais élus dans la circonscription électorale de Rutshuru.
Voici, ci-dessous, la composition par zone géographique ou circonscription des députés provinciaux.

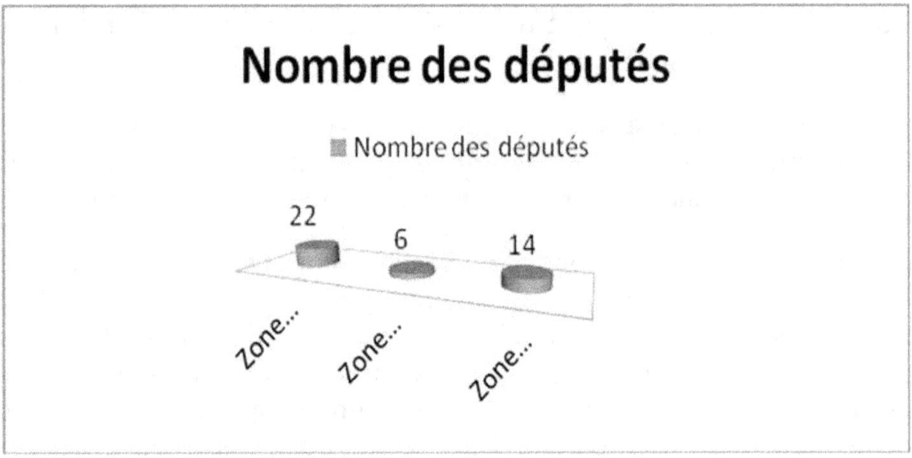

Source : Enquêtes par WhatsApp au mois de mars et avril 2019

En plus du député Nzala Zabulon Simisi (Nande) élu dans la circonscription de Rusthuru, la zone de Beni et Lubero renferme plus de la moitié des députés (22) alors que celle de Goma-Walikale-Masisi-Nyiragongo dispose de 14 et celle de Rusthuru ferme la marche avec 6 députés. La combinaison des facteurs sociopolitiques qui définissaient la composition de l'Assemblée provinciale préfigurait l'origine des futurs locateurs de l'Exécutif provincial. Mais à ce niveau des élections, le jeu d'alliance devait être minutieusement réfléchi pour constituer le ticket gouverneur-vice-gouverneur. À la veille des élections de ceux-ci, trois scenarii possibles étaient en vue. Le premier ticket était constitué de Julien Paluku (Nande) gouverneur, BariyangaRutuye Léon (Hutu), président de l'Assemblée provinciale ; la deuxième composition était faite de Jean-Chrysostome Vahamwiti (Nande), gouverneur et Bariyanga (Hutu), président de l'Assemblée provinciale ; la troisième voie était celle de Eugène Serefuli (Hutu), gouverneur, Kayisavira (Nande), président de l'Assemblée provinciale. À l'issue des élections, c'est le ticket Julien PalukuKahongya-Feller LutahitsirwaMulwahali qui remporta le scrutin, respectivement ressortissants de la zone de Beni et Lubero et de Goma-Walikale-Masisi-Nyiragongo. Et à l'Assemblée provinciale, BariyangaRutuye Léon (Hutu) fut élu président. Par ailleurs, la composition du Bureau de l'Assemblée provinciale n'échappe point à ce ressort communautaire. Le référent communautaire s'en sort comme le plus grand commun facteur dictant l'attribution des postes. Lors de la Session extraordinaire de décembre 2006, le Bureau provisoire de l'Assemblée provinciale était composé, au regard de l'article 15 de la Loi sur la libre administration des provinces (JORDC, 2008 : 8) d'un Président, le doyen en âge, l'honorable Simisi Nzala Zabulon et de deux membres les moins âgés, à savoir les honorables Muhindo NzangiButondo et MuteueleMoromoro. Les deux premiers sont Nandes alors que le troisième est Kumu de Nyiragongo.

Lors de la même Session extraordinaire, le bureau définitif de l'Assemblée provinciale qui avait été constitué tenait compte du poids politique et des communautés afin d'assurer la stabilité de la province. Ainsi, la logique politique de distribution des postes serait qu'une communauté ne peut avoir à la fois l'Exécutif et la présidence de l'Assemblée provinciale. Se fondant sur ce principe ou logique mutuellement accepté par les acteurs politiques provinciaux, le Bureau provisoire de l'Assemblée provinciale est constitué des personnes ci-après :

- Président de l'Assemblée provinciale : Léon BariyangaRutuye, Démocratie Fédéraliste Chrétienne-Convention des Fédéralistes pour la Démocratie Chrétienne (COFEDEC), territoire de Rutshuru (Hutu) ;
- Vice-président : Jean BaumbiliaMukinti, Mouvement Social pour le Renouveau (MSR), territoire de Beni (Mbuba/Nande) ;
- Rapporteur : Gilbert Kalinda, Parti du Peuple pour la Reconstruction et le Développement (PPRD), territoire de Walikale/Nyanga (Nyanga) ;
- Rapporteur adjoint : MuteuleMoromoro, PPRD, territoire de Nyiragongo/Kumu (Kumu) ;
- Questeur : Felly Kananga, Démocratie Chrétienne (DC), territoire de Beni (Nande) (la seule femme députée provinciale).

Mais MuteueleMoromoro et Felly Kananga vont être remplacés respectivement par Jules Hakizumwami de Rutshuru et par KayisaveraMbake de Lubero.

Comme on peut le constater, les territoires de Lubero et de Masisi ne sont pas représentés. Le gouverneur de province Julien Paluku Kaghongya vient de Lubero et le vice-gouverneur, Feller Lutaichirwa, de Masisi. Face à lui, Julien Paluku Kahongya, candidat indépendant, avait Jean-Chrysostome Vahamwiti, candidat de la majorité présidentielle. Le candidat gouverneur Julien Paluku Kahongya avait présenté sa candidature en indépendant pour, selon lui, *fédérer toutes les tendances* (Paluku Kahongya, J., 2016 : 55), ce qui, dans une proportion importante, lui valut sa victoire.

Mais cette force fédératrice connaîtra, quelque temps après, des limites causées par la manipulation des fibres ethniques dans le Kivu. L'exemple le plus patent est l'opposition entre le gouverneur Julien PalukuKahongya et Enoch RuberangaSebineza. Enoch Sebineza, députéhonoraire et Président national Shekama/Banyamulenge, dans un communiqué datant du 6 août 2014, accuse le gouverneur de province de *comportement ethnique* de *type racial* pour d'une part avoir exclu *unilatéralement de la réunion de Goma pour son appartenance ethnique Monsieur Manassé Ruhimba dit Muller, membre éminent de notre communauté (Banyamulenge)[...]* (PalukuKahongya, J., 2016 : 630) et avoir *refusé à un autre membre de la communauté banyamulenge, après la déroute du 23, de réintégrer son poste d'administrateur adjoint à Rutshuru pour encore son appartenance à ladite communauté* (PalukuKahongya, J., 2016 : 631).

Le droit de réplique à ce communiqué ne s'était pas fait attendre. Le 7 août de la même année, PalukuKahongya J. réagit au comportement ethniste lui attribué devant la presse, évacuant, sur base des faits, toutes les allégations formulées à son encontre : *Le Nord-Kivu, une province dont les sensibilités ethniques dépassent certaines limites, serait aujourd'hui, [...], une jungle, si en ma qualité de gouverneur de province, j'étais ethniciste du type racial. Je me suis toujours battu, bec et ongles, et ce, depuis mon élection à la tête de cette province, pour la cohabitation pacifique entre communautés* (PalukuKahongya, J., 2016 : 630-631).

Ces communications orageuses illustrent bien d'une part la persistance des méfiances entre les communautés nande et hutu et banyamulenge au lendemain des guerres qui ont déchiré cette province et, d'autre part, les limites des institutions démocratiques provinciales à juguler ces sursauts communautaristes.

La même fibre politico-communautaire avait orienté l'élection des Sénateurs. Ainsi, BalikwishaNyonyo/Nande-Beni (Forces du Renouveau), Venant Tshipasa/Nande-Lubero, Démocratie Chrétienne Fédéraliste/Convention des Fédéralistes pour la Démocratie Chrétienne (DCF/COOFEDEC), Mwangachucu/Tutsi (sans parti politique connu à l'époque) et HamuliKitsa/Hunde de Masisi et du PPRD avaient été élus par les députés.

Les élections de 2019 viennent conforter cette pesanteur communautariste dans la gouvernance provinciale du Nord-Kivu. Comme pour la législature passée, et ce, en rapport avec la notion de représentation proportionnelle, les zones géographiques à fortes démographies sont plus représentées que celles à moyens ou faibles poids socio-démo-politiques. Au fait, sur 48 députés, la zone de Beni et Lubero, y compris les villes de Beni et de Butembo, totalise 24, la zone de Rutshuru 7 et l'axe Goma (4), Walikale (2), Masisi (8) et Nyiragongo (3) réalise 17. Il est à noter par ailleurs que dans des circonscriptions de Rutshuru et de Goma, un Nande avait été élu. Ainsi suivant les logiques[11] démographique, communautariste et politique, les députés nande sont au nombre de 26. C'est ce qui ressort du graphique ci-dessous.

[11] Les Nande sont démographiquement les plus nombreux. Il en est de même du nombre d'électeurs. Ces deux éléments leur accordent un avantage politique évident en ce qui concerne le partage des postes au niveau provincial.

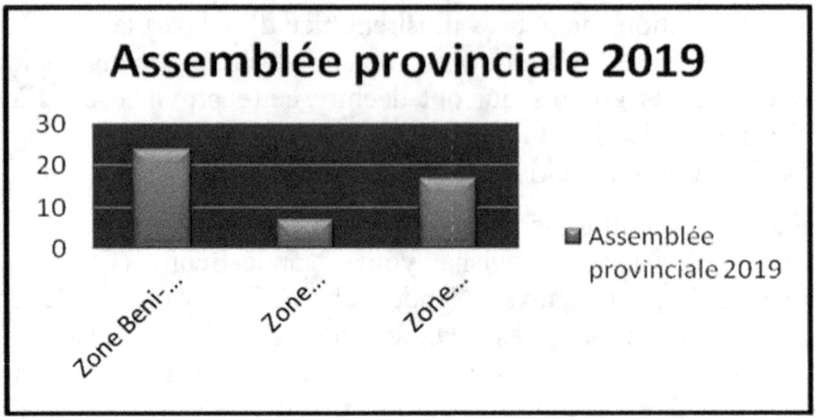

Source : Enquêtes par WhatsApp au cours du mois d'août 2019

Au niveau du Bureau de l'Assemblée provinciale, le même souci d'équilibre sociopolitique a présidé à la désignation de ses membres. Le bureau élu le 14 mai 2019 est constitué de :

- Président : Robert HabinshutiSeninga du PPRD, Hutu de Masisi ;
- Vice-président : Jean Paul Lumbulumbu Mutanava du Parti Libéral pour le Développement (PLD), Nande de Lubero ;
- Rapporteur : Adèle BazizaneMaheshe de Convention des Progressistes pour la République (CPR), Kumu de Nyiragongo ;
- Questeur : Romain KaurwaBazungu, CPR, de Masisi.

La composition sociopolitique de l'Assemblée provinciale ainsi que l'entente tacite de non-cumul des postes électifs au sein des institutions politiques provinciales déterminaient le ticket gagnant à la tête de l'exécutif provincial. À ce poste, plusieurs tickets étaient en lice, à savoir pour « Ensemble deux tickets » celui de Eric-Kamabu (Nande ; Alternance pour la République) –MukandirwaWetemwami Charles (Hunde) ; et celui de Muhindo NzangiButondo (Nande ; Groupe des 7 ; Mouvement Social) – Bahunga Malira Alexis (Hunde de Groupe des 7) et pour le Front Commun pour la République constitué du couple Nzanzu Kasivita Carly,Bloc Uni pour la Reconstruction et l'Émergence du Congo (BUREC) – Marie LumooKahombo (Hunde). Tous ces candidats s'étaient présentés comme indépendants, le ticket NzangiButondo. La stratégie consistait à se présenter comme candidat « rassembleur » et espérer conquérir les voix des députés de tout bord. À l'issue de la compétition, le ticket Nzanzu Kasivita Carly-LumooKahombo Marie remporta le poste de gouverneur et vice-gouverneur.

2.2.2. Logique de répartition des postes ministériels

Le Collège exécutif provincial est composé d'un gouverneur, d'un vice-gouverneur et des ministres. La Loi fixe le nombre et le critère de recrutement. Par ailleurs, la répartition des postes ministériels répond aussi à d'autres considérations politiques, notamment le poids politique des partis ou regroupements politiques au sein de l'Assemblée provinciale, et aux considérations communautaires.

La Constitution de 2006 ainsi que la Loi n° 08/012 du 31 juillet 2008 portant principes fondamentaux relatifs à la libre administration des provinces donnent des indications claires en rapport avec le nombre de ministres provinciaux et les critères de recrutement de ces ministres. En ce qui concerne la taille, les textes susvisés la fixentà dix alors que le recrutement tient compte de la représentativité provinciale et du genre. Quand bien même ces textes ne précisent point ce qu'on entend par représentativité provinciale, les textes cachent, à peine, le référent ethnique ou communautaire. En lisant l'article 1er alinéa 9 qui stipule que*les autres langues du pays font partie du patrimoine culturel congolais dont l'État assure la protection* (JORDC, 2011 : 6), l'on se rend compte de cette référence aux communautés ou ethnies dans la pratique politique au Nord-Kivu. D'aucuns estiment d'ailleurs que *ce ne sont pas les partis politiques qui dirigent la province, ce sont les communautés*. Et le gouverneur de la province du Nord-Kivu d'enfoncer le clou en reconnaissant le rôle de suppléance du communautarisme en ces termes : *Au déficit de la notion des partis politiques, supplée le communautarisme. Ce sont les chefs des communautés qui jouent, dans certaines circonstances, les rôles des partis politiques* (Kahindo Muhesi, A., 2013 : 31).

Pour Julien PalukuKahongya, sans marge de manœuvre, inscrit sa vision en ces termes :*Condamnés à vivre ensemble, nous n'avons qu'un choix : unir nos forces pour forger un destin commun, nouveau pacte de cohabitation pacifique et de solidarité entre les communautés, pour une croissance économique et sociale partagée* (PalukuKahongya, J., 2016 : 44).

L'interprétation qu'on fait de la démocratie et de sa domestication semble plaider pour sa communautarisation ou son ethnicisation dont la finalité serait, aux dires des officiels provinciaux, la recherche des équilibres sociopolitiques pour assurer la stabilité des institutions politiques provinciales. C'est en substance que le gouverneur de la province du Nord-Kivu révèle cette pratique politique en ces termes : *Quand je forme mon gouvernement, je tiens compte du poids des partis politiques au sein de l'Assemblée provinciale mais aussi de l'influence démographique des groupes ethniques du Nord-Kivu. Ces deux composantes se réduisent en une formule simple : la majorité politique et la majorité ethnique. La survie des institutions politiques provinciales dépend de la compréhension de ces éléments. Ce calcul, d'ailleurs une obligation constitutionnelle en son article 90, est à opérer nécessairement pour la stabilité des institutions politiques provinciales* (Kahindo Muhesi, A., 2013 : 251).

Le principe d'une*large union provinciale veut que l'équipe gouvernementale comprenne d'une part des ministres ressortissant de tous les Territoires de la province, indépendamment du taux de représentativité de chaque circonscription électorale à l'Assemblée provinciale* (PalukuKahongya, J., 2016 : 540).

Se fondant sur ce principe directeur, la composition des équipes gouvernementales de l'Exécutif provincial porte ses marques sociopolitiques. Le principe de représentativité est, de ce fait, un pilier important pour la fondation d'un système de gouvernance stable. À titre illustratif, cet équilibre ressort dans la composition de la première équipe gouvernementale constituée par le gouverneur de la province, Julien PalukuKahongya (PalukuKahongya, J., 2016 : 63). Cette équipe était constituée de Charles Kasereka Kalwahe, membre du PPRD et ressortissant du territoire de Beni (Nande) ; de Batahiha Bushoki du MSR de Masisi (Hunde) ; de MuteteMundenga du MSR et venant du territoire de Lubero (Nande) ; de MahaliKitsade Walikale et de la Démocratie Chrétienne Fédéraliste-Convention des Fédéralistes pour la Démocratie Chrétienne (DCF-COFEDEC), (Hunde) ; de Pierre Kabandadu Rassemblement Congolais pour la Démocratie/Bonne Gouvernance (RCD) ; de Aimable Bafakulera, Hutu de Masisi, du Parti des Nationalistes pour le Développement Intégral (PANADI) ; de JumaBalikwisha des Forces du Renouveau, natif du territoire de Beni (Nande) ; de Dr Valérien Mbalutwirandi, expert recommandé par la corporation des Médecins (Nande) ; de Mme Félicité Kalume, Kano du territoire de Nyiragongo et militante du PPRD ; et de Jacques Rumashana, Hutu de Rutshuru, PPRDégalement.

Les principes qui dictent la mise en place d'une équipe gouvernementale sont, entre autres, l'équilibre géopolitique de la province, la cohésion sociale, la représentativité territoriale, la représentativité de la femme. Pour la formation de l'équipe gouvernementale, l'autorité exécutive de la province enregistre d'abord les forces politiques en présence et leur poids politique respectif au sein de l'Assemblée. Elle demande ensuite aux formations ou groupements politiques de lui donner, suivant le poids politique respectif, un ou des noms. Enfin, sur base de critères définis – origine sociopolitique, niveau d'études, tribu –, les ministères sont attribués. Au regard de la configuration politique actuelle de l'Assemblée provinciale, le Parti du Peuple pour la Reconstruction et le Développement a plus de députés. Par voie de conséquence, il a 3 ministres ; il est suivi du Mouvement Social pour le Renouveau, puis du Rassemblement Congolais pour la Démocratie/Union des Congolais pour les Progrès (UCP) et des Forces du Renouveau.

Ce même fil conducteur semble avoir joué pour la désignation des membres de l'équipe gouvernementale du gouverneur Nzanzu Kasivita Charly. Le gouverneur a signé l'Arrêté n° 001/447/CAB/GP-NK/2019 du 20 août 2019 portant nomination des ministres provinciaux du Nord-Kivu. L'équipe est composée de 10 ministres triés du point de vue sociopolitique. Il s'agit de SebishimboRubuga Jean-Bosco, Hutu de Masisi du parti politique Alliance des Démocrates pour le Développement Intégral (ADDI) ; de Kamuha Musubao David, Nande, du PPRD puis BUREC ; de Muhindo MbululiPalia Rodriguez, Nande, de la Convention des Fédéralistes pour la Démocratie Chrétienne (DCF-COFEDEC) ; de SebagishaRubera Joseph, pour le compte de la Communauté Tutsi ; de Fatuma Hassan Sheila, Kano, territoire de Nyiragongo, élue sur la liste Alliance pour les Actions Citoyennes (AAAC) ; de RuyangeNjongo Jean, Hutu de Rutshuru pour le quota de l'UCP ; de Luanda Kamala Prisca, Hunde de Masisi pour l'UNC ; de Kambale Lufungula Robert, du territoire de Beni pour le PPRD ; de Kakule Kanyere Moïse, Nande pour le RCD-K/ML et de UwakoKabano Pélagie, Hutu de Rutshuru pour le compte du Parti Révolutionnaire Congolais (PARECO).Dans la composition du gouvernement provincial du Nord-Kivu, l'intrusion de Kinshasa dans la nomination ou la désignation des membres de l'exécutif provincial se limiterait au rappel du respect des normes nationales en vigueur. Cependant, on peut noter la pratique de recommandations faites par les autorités nationales auprès de l'autorité exécutive provinciale. La dernière en date est celle du Président national de l'Union pour la Nation Congolaise au gouverneur du Nord-Kivu la veille de la sortie de son équipe gouvernementale. Dans cette lettre datant du 19 août 2019 portant numéro 0018/PN/UNC/VK/CL/2019, Vital Kamerhe, président de l'UNC et directeur de Cabinet du président de la République – il ne s'en prévaut pas dans la note –, recommande pour un poste au sein de son gouvernement, Madame Luanda Kamala Prisca, cadre brillante du caucus Nord-Kivu de son parti. Dans l'arrêté provincial n° 01/447/CAB/GP-NK/2019 du 20 août 2019 portant nomination des ministres provinciaux du Nord-Kivu, la recommandée est nommée au poste de ministre provincial de l'Éducation, Poste et Télécommunications, Initiation aux Nouvelles Technologies de l'Information, Sports et Loisirs.

Cette variable n'offusque en rien le ressort tribal. C'est dans ce sens que Magloire Paluku[12], de Kivu 1, estime que la composition du gouvernement Kasivita 1 tient, entre autres, à la fidélité de ses amis, des amis de ses amis, aux recommandés des partis politiques, aux groupes ethniques, aux notables des territoires, à des femmes et à des jeunes. Ce facteur intervient également pour empêcher la concentration des postes ministériels entre les membres d'une seule communauté ou ethnie démographiquement et politiquement importante, et ce, au détriment de petites et moyennes communautés ou ethnies.

La combinaison de ces deux facteurs tiendrait au souci ultime de maintenir l'équilibre sociopolitique dans une province en proie aux conflits dont l'arrière-fond serait ethnique.

Quoiqu'il en soit, le recours aux référents sociopolitiques ci-dessus dans la formation de l'équipe gouvernementale provinciale a comme conséquence la sous-représentation, voire l'exclusion, de petites communautés et de petits partis politiques. Et là est une des limites du principe majoritaire sur lequel repose le régime démocratique. La solution viendrait de la « consocio-démocratie » en recourant au

[12] Un billet de Magloire Paluku lu dans le groupe WhatsApp « Club des Amis de l'Abbé Malumalu », le 20/8/2019.

principe de représentation proportionnelle dégressive. La Constitution de 2006 ainsi que la Loi sur la Libre administration des provinces mentionnée ci-haut consacrent le principe de représentativité, sans malheureusement en préciser le contour. C'est dans la pratique politique que le flou qui entoure ce concept est précis. La représentativité est fondée sur l'intégration des zones géographiques (territoires et villes), le groupe ethnique, le référent partisan et, quelque peu, des corporations et/ou personnalités. Ainsi au Nord-Kivu, la pratique politique provinciale, jusqu'à cette deuxième législature, a comme fil d'Ariane d'assurer la représentation d'un plus grand nombre de communautés au sein des institutions politiques provinciales du Nord-Kivu pour les raisons susvisées. La composition des équipes gouvernementales susmentionnées en est une illustration. Un premier pas est posé en faveur de ces communautés au niveau des Entités territoriales décentralisées. La loi électorale de 2006 de la République démocratique du Congo, telle que modifiée à ce jour, prend en compte ce problème en ce qui concerne la représentation au sein des Conseils, organes délibérants des Entités territoriales décentralisées en milieu rural.

Conclusion

La mise sur pied des institutions politiques provinciales ainsi que l'élection et/ou la désignation de leurs membres résultent de la conjugaison des principes parfois contradictoires au regard des valeurs que prônent la démocratie et la République. Les pratiques politiques observées portent à la fois la marque de l'individualisation prônée par la pensée libérale et l'insertion de cet individu *libre* dans sa communauté.

La Constitution et les Lois subséquentes fondent un régime démocratique et républicain. Les institutions politiques de la province du Nord-Kivu s'en inspirent. C'est notamment le partage des pouvoirs entre deux institutions provinciales d'une part et, d'autre part, l'effort de rendre ce pouvoir accessible par des mécanismes démocratiques d'élections des animateurs de ces organes politiques. Loin d'être béates, les conditions définies pour être éligibles permettent de sélectionner au sein du peuple les quelques citoyens supposés « *capables pour conduire les affaires publiques jugées complexes aux petits esprits et, limitent, voire bloquent par ailleurs la montée des masses hostiles aux intérêts de la minorité gouvernante* ».

Elles s'en éloignent aussi quand elles empruntent des pratiques de partage des postes fondées sur des référents communautaires et ethniques. Certains éléments sont contenus dans les textes fondateurs, alors que d'autres résultent de la praxis politique dont l'objectif serait de prendre en considération les réalités sociologiques. La Constitution ainsi que la Loi relative à la libre administration des provinces de juillet 2008 consacrent la cooptation des chefs coutumiers au sein des Assemblées provinciales. Cette disposition, quand bien même soucieuse de prendre en considération le rôle et l'importance des autorités coutumières, enfreint le principe d'égalité entre les citoyens dans un système démocratique, car ces postes, le 1/10 des membres des Assemblées, reviennent seulement à ces autorités. Aussi, la pratique politique en cours plaide-t-elle pour la répartition des postes suivant le poids politique et communautaire. Ainsi, les postes de président de l'Assemblée provinciale et de gouverneur ne peuvent être détenus par une même communauté ou ethnie. Par ailleurs, l'attribution des postes ministériels répond à une combinaison des facteurs politiques et communautaires et/ou ethniques.

Au bout du compte, la gouvernance provinciale porte, première piste explorée, les stigmates républicains et communautaires ou ethniques au motif que la combinaison de ces deux facteurs assurerait l'équilibre entre les forces politiques et sociales et la stabilité de la province. Autrement dit, dans certaines circonstances, l'application stricte du principe majoritaire dans un contexte multiethnique, comme c'est le cas de la province du Nord-Kivu, contiendrait un germe de déstabilisation. Le modelage de ce principe – principe majoritaire – assorti de la représentation proportionnelle dégressive assurerait la représentation, pas de tous les groupes établis sur cet espace provincial, mais au moins de plus grand nombre de groupes au sein des organes délibérant et exécutif.

La deuxième piste porterait sur la capacité des organes provinciaux, notamment exécutif, à fournir des services publics substantiels à l'ensemble des entités que cette province comprend. Il s'agit pour ces organes de mettre au point un programme d'actions à réaliser et à localiser dans ces entités.

La troisième piste consisterait à l'organisation des élections locales afin de soulager la pression faitesur les institutions provinciales par divers acteurs individuels – nombre des candidatures, nombre des postes, le volume des honoraires et les réclamations pour des augmentations… – et collectifs (les partis politiques, groupes de pression, les communautés…). La rente démocratique (Bayart J.-F., 2006 : p. 281.) et les stratégies de son captage – des ressources et/ou richesses provinciales – qu'offre la régionalisation semblent desserrer l'étau sur les organes centraux. La même rente démocratique produirait les mêmes effets entre le niveau provincial et le niveau des Entités territoriales décentralisées.

Bibliographie

Textes constitutionnel, légal et rapports officiels

JORDC, « La Constitution de la République démocratique du Congo », in *JORDC*, 52[e]année, numéro spécial, Kinshasa, 5 février 2011.

JORDC, *Loi n° 15/001 du 12 février 2015 modifiant et complétant la Loi n° 06/006 du 9 mars 2006 portant organisation des élections présidentielles, législatives, provinciales, urbaines, municipales et locales telle que modifiée par la loi n° 11/003 du 25 juin 2011*, 56e année, numéro spécial, Kinshasa, le 17 février 2015, p. 19.

JORDC, *Loi portant principes fondamentaux relatifs à la libre administration des provinces*, Kinshasa, juillet 2008.

MINISTÈRE DES RELATIONS AVEC LE PARLEMENT, *Rapport de l'Atelier d'Étude de Conformité à la Constitution et à la Législation Nationale des Édits Provinciaux*, Cercle Elaïs, Kinshasa du 8 au 18 décembre 2015.

Ouvrages

BANÉGAS, R., *La démocratie à pas de caméléon. Transition et imaginaires politiques au Bénin*, Paris, Karthala, 1992.

BAYART, J.-F., *L'État en Afrique. La politique du ventre*,Paris, Fayard, 2006.

BOSHAB, E., *Pouvoir et droit coutumiers à l'épreuve du temps*, Louvain-la-Neuve, Academia-Bruylant, 2007.

DE CERTEAU, M., « L'Invention du quotidien », vol. I, *Arts de faire*, Paris, Gallimard, 1990.

GAXIE, D., *Le Cens caché. Inégalités culturelles et ségrégation politique*,Paris, Seuil, 1978.

HUNTINGTON, P. S., *Le choc des civilisations*,Paris, Odile Jacob, 1997.

KAHINDO MUHESI, A., *Démocratie et gouvernance provinciale en République démocratique du Congo. Expérience des provinces Orientale et du Nord-Kivu*, Bruxelles, EUE, 2018.

PALUKU KAHONGYA, J., *Le Nord-Kivu entre démocratie et guerres. Éléments des mémoires de Julien PalukuKahongya*, T1, Kinshasa, Médiaspaul, décembre 2016.

MAMBI TUNGA-BAU H., *Pouvoir traditionnel et pouvoir d'État en R.D. Congo*, Kinshasa, Médiaspaul, 2010.

NACHMBACK, C., *Démocratisation et décentralisation : Genèse et dynamiques comparées à des processus de décentralisation en Afrique subsaharienne*,Paris, Karthala, 2003.

NZEREKA MUGHENDI, N. et NAMEGABE, P.-R., *Gouvernance provinciale au Nord-Kivu et au Sud-Kivu entre 2007 et 2014. Rapports entre Institutions provinciales, réformes de la justice et de la police*, Dossier, Pole Institute, avril 2015.

PERROT, Cl.-H. et FAUVELLE-AYMAR, F.-X. (dir.), *Le retour des rois, les autorités traditionnelles et l'État en Afrique contemporaine*, Paris, Karthala, 2003.

TIMSIT, G., *Administrations et États, une étude comparée*, Paris, PUF, 1987.

RODIN, J., *Le sacre des notables. La France en décentralisation*, Paris, Fayard, 1985.

Articles

BAYART, J.-F., « La démocratie à l'épreuve de la tradition en Afrique subsaharienne », *Pouvoirs*, 2009/2, n° 129, p. 27-44.

ENGLEBERT, P., BEZARES ALMA and JENE, L., "Provincial tribalisation. The transformation of ethnic representativeness under decentralization in the DR Congo", *Working paper*, July, 2018.

ENGLEBERT, P. et KASONGO, E., « Essor provincial et asphyxie locale : paradoxe des réformes de décentralisation en RD Congo, *in MRAC*, 2014.

BLUNDO, G., « Logiques de Gestion publique dans la décentralisation sénégalaise : Participation factionnelle et ubiquité réticulaire », Bulletin de l'APAD [en ligne], 15 | 1998, mis en ligne le 20 décembre 2006.

ISANGO IDI WANZILA, D., « La présence des chefs coutumiers dans l'administration territoriale au Zaïre : quelle opportunité ? », in *Zaïre-Afrique*, n° 263, mars 1992, p. 155.

KASONIA KIRARAHUMU, A., « Emplois publics et ethnicité dans la ville de Goma » in *Revue de l'IRSA*, n° 19, décembre 2013,p. 29-47.31.

MUHINDO MALONGA, T., « Crise de légitimité en République démocratique du Congo : Entre aspirations républicaines et attaches monarchiques », in *Parcours et Initiatives*, n° 16, février 2016, p. 256-278.

MOMO, B., « L'inaccessibilité de la chefferie traditionnelle à la rationalisation juridique, in *Lex Lata*, n° 22, janvier 1996.

NACHMBACK, C., « La chefferie traditionnelle au Cameroun : ambiguïtés juridiques et dérives politiques, in *AfricaDevelopment*, vol. XXV, N°s 3 &4, 2000.

NZEREKA MUGHENDI, N., « L'Anté-État : la République démocratique du Congo face à ses problèmes sécuritaires », in *Parcours et Initiatives*, n° 18, décembre 2017, p. 4-16.

OUEDRAOGO M. G., H., « Décentralisation et pouvoirs traditionnels : le paradoxe des légitimités locales », *Mondes en développement*, 2006/1 n° 133, p. 9-29. DOI : 10.3917/med.133.0009.

TABIN LISSENDJA BAHAMA, « Conflits armés et fragilité de l'autorité étatique au Nord-Kivu en République démocratique du Congo », in *European Scientific Journal*, February, 2017, vol. 13, n° 5, p. 1-24.

MBOA NKOUDOU T., H., « Stratégies de valorisation des savoirs locaux africains : questions et enjeux liés à l'usage du numérique au Cameroun », *Éthique publique* [en ligne], vol. 17, n° 2 | 2015, mis en ligne le 6 mai 2016, consulté le 27 septembre 2019. URL : http://journals.openedition.org/ethiquepublique/2343 ; DOI : 10.4000/éthiquepublique.

Dictionnaires spécialisés

DORTIER, J.-F. (dir. de), *Le Dictionnaire des sciences humaines*, Paris, Seuil, 2008.

ALCAUD, D. et BOUVET, L., *Dictionnaire de sciences politiques et sociales*, Paris, Sirey, Éd. Dalloz, 2004.

AKOUN, A. et ANSART, P. (sous la dir. de), *Dictionnaire de sociologie*, Paris, Seuil, 1999.

Webographie

www.jeuneafrique.com

www.radiokapi.net

Les métiers du bâtiment
Auto-exclusion ou discrimination basée sur le genre ? Cas de la ville de Butembo

Kambasu Kasula Florent*

Résumé

La ville de Butembo est en pleine construction ces derniers jours. Les immeubles de toute qualité y émergent au quotidien, et les intervenants sur les chantiers se comptent en milliers, chacun selon sa spécialité d'après les métiers du bâtiment. Cependant, il s'avère que la plupart sont des hommesde sorte que la question fondamentale reste de savoir pourquoi la présence féminine est quasiabsente. S'agit-il d'une auto-exclusion par les femmes elles-mêmes ou d'une ségrégation professionnelle basée sur le genre ? Cet article essaie d'analyser cette situation en vérifiant les raisons pour lesquelles les femmes sont moins nombreuses sur le chantier pour conclure finalement sur une division sexuelle du travail de construction, qui a des soubassements même anthropologiques dans la culture nande.

Mots-clés : Métiers du bâtiment, Maçonnerie, Auto-exclusion, Discrimination, Femmes

Abstract

The city of Butembo is under construction in recent days. Buildings of every quality are emerging on a daily basis and the workers on the construction sites are in thousands each according to their specialty according to the building trades. However, it turns out that most are men that the fundamental question remains to know why the female presence is almost absent. Is it self-exclusion by women themselves or discrimination in work based on sex? This article tries to analyze this situation by checking the reasons why women are less numerous on the construction

---

* Détenteur d'un diplôme d'études approfondies en économie, Florent Kambasu Kasula est chercheur et enseignant - chef de travaux à la Faculté des sciences économiques et gestion de l'Université catholique du Graben, Butembo, en République démocratique du Congo. Mail : florentkasula@gmail.com, Tél. : 00 243 998384568. Son thème de recherche doctorale en cours s'oriente vers les pratiques des apprentissages professionnels dans les métiers du bâtiment et particulièrement les apprentissages sur le tas en maçonnerie (la formation locale de capital humain).

site to finally conclude on a sexual division of construction work that has even anthropological foundations in the Nande culture.

Keywords: Building trades, Masonry, Self-exclusion, Discrimination, Women

Introduction

Bien que les emplois deviennent de plus en plus mixtes, il est aussi évident qu'hommes et femmes n'ont toujours pas exercé les mêmes métiers. En sus, la ségrégation professionnelle a toujours existé et persistera encore longtemps. C'est dans cette optique que les études des métiers professionnelstiennent généralementcompte de certaines variables se référant aux caractéristiques sociodémographiques des pratiquants. Celles-ci affectent différents rapports etexpliquent parfois certains comportements des individus au sein de la société et de la vie professionnelle. À titre illustratif, au niveau social, certaines variables sont relatives à l'état matrimonial, à la scolarité, etc. À ce propos, l'âge et le sexe figurent parmi les caractéristiques innées à tout groupe démographique. Caractéristiques naturelles et de base, elles conditionnent le rapport sexuel dont tout être humain n'est que le résultat. L'âge est une donnée importante pour l'étude de la qualité d'une opération, et essentielle pour l'analyse dans la mesure où les caractéristiques des populations masculine et féminine sont généralement différentes. C'est dans cette optique qu'il est aussi affirmé que*la classification de la population par sexe occupe une place importante dans les études démographiques, pour le fait qu'elle affecte aussi bien la vie sociale qu'économique que les modèles culturels* (REDDAF, S.A. : 6). De ce qui précède, cet article vérifie la dimension sexe dans l'exercice des métiers du bâtiment en ville de Butembo. En effet, par une simple observation, il s'avère que la population féminine est quasiabsente dans les métiers du bâtiment en ville de Butembo et de manière particulière dans la maçonnerie. La question primordiale qui sous-tend cette recherche est de savoir s'il s'agit d'une auto-exclusion ou alors d'une discrimination basée sur le sexe ou mieux le genre.

La question liée au sexe fait concrètement référence à la notion de ségrégation professionnelle, c'est-à-dire la tendance des hommes et des femmes à exercer des métiers différents ; leur tendance à se répartir les métiers selon le genre de sorte que dans certains métiers se trouvent principalement des hommes, tel est le cas des métiers de construction. Il est vrai, en effet, qu'au cours des temps, les hommes et les femmes n'ont pas toujours occupé les mêmes emplois. C'est pourquoi certains sont traités d'emplois masculins pendant que d'autres sont considérés comme essentiellement féminins. Il en est des métiers également. Les raisons de cette ségrégation professionnelle sont dues à plusieurs facteurs parmi lesquels, selon Séverine Lemière et Rachel Silvera (2014 : 126), figure la « ségrégation éducative » en amont du marché du travail, pour 60 %. En effet, écrivent-elles : *même si les femmes sont plus diplômées que les hommes, elles s'orientent encore dans les filières littéraires et tertiaires alors que les hommes se dirigent davantage vers les filières scientifiques et techniques. Les choix d'orientation reposent encore sur des stéréotypes portés par des acteurs pluriels : la famille, les jeunes eux-mêmes, le système éducatif, etc.*

De ce qui précède, il s'ensuit que cette question de ségrégation professionnelle n'est pas nouvelle. Elle a déjà fait l'objet de plusieurs études[1] de sorte que *certaines et certains peuvent avoir l'impression que le débat sur l'égalité entre les femmes et les hommes est dépassé, que nous sommes dans une société où l'égalité est acquise et que, si des différences subsistent, elles relèvent de choix personnels* (Cornet, A., 2014 : 53). La présente recherche essaie de vérifier cette ségrégation en partant des métiers du bâtiment et de manière particulière la maçonnerie. Mais, il s'avère que toutes les études antérieures semblent conclure sur une note selon laquelle un dispositif apparemment neutre peut en effet participer au renforcement ou au maintien des discriminations et inégalités entre femmes et hommes. Comme l'expliquent Marie-Cécile Naves et Vanessa Wisnia-Weill (2013 : 25) tels que cités par Séverine Lemière (2014 : 231), *les écarts dans les parcours sociaux, familiaux et professionnels des hommes et des femmes ne peuvent être la simple résultante de préférences individuelles déterminant, par exemple, les choix de carrière, de métiers et de conciliation entre vie privée et vie professionnelle. Ils témoignent aussi d'un clivage historiquement construit entre sphère privée (du côté des femmes) et sphère publique (du côté des hommes),*

[1] À titre indicatif, lire, par exemple, les différents articles de la revue *La Découverte*, « Regards croisés sur l'économie », 2014/2, n° 15.

*et d'une prise en compte implicitement hiérarchique des hommes et des femmes, fondée sur la différence sexuelle.*Les politiques publiques véhiculent, reproduisent et alimentent ces rôles sociaux différenciés entre femmes et hommes.

Partant, la question du sexe ou, mieux, du genre dans l'accès à l'emploi occupe depuis un certain temps une place primordiale dans les recherches et les discussions internationales. Cette problématique de l'égalité des sexes face au travail est toujours d'actualité et reste encore au cœur du débat public[2]. Incluant plusieurs aspects et devenue multidimensionnelle, cette question dite « du genre » se pose avec grande acuité et fait même l'objet d'une des préoccupations majeures des gouvernements sur la représentativité des sexes dans les diverses institutions, tant au niveau national que mondial, à travers les programmes relatifs aux indicateurs de développement durable comme les Objectifs du Millénaire pour le Développement (OMD) ou les Objectifs de Développement Durable (ODD). Dans cette optique, la République démocratique du Congo – pour marquer son point fort – , attribue au genre une dimension constitutionnelle et l'inscrit au niveau des droits civils et politiques des citoyens lorsqu'on peut lire que*les pouvoirs publics veillent à l'élimination de toute forme de discrimination à l'égard de la femme et assurent la protection et la promotion de ses droits [...]*[3]. Or, il s'avère que malgré ces efforts, certains métiers restent encore essentiellement masculins. Qu'est-ce qui expliquerait cet état des choses en parlant surtout des métiers du bâtiment ?

Les métiers du bâtiment constituent encore un grand labyrinthe dont Dédale ne saurait même en déterminer les contours compte tenu de leur complexité. C'est ce qui fait qu'ils soient mal connus et que peut-être beaucoup de personnes s'en détournent. Curieusement, les scientifiques en font autant. En effet, écrit Nicolas Jounin (2006 : 12),*le bâtiment est longtemps resté un secteur obscur, mal connu, vite catalogué comme archaïque ; en tout cas, un secteur dont les transformations n'étaient pas suffisamment flagrantes pour justifier*

---

[2] De nos jours, en RD Congo, au sujet du travail des femmes, la discrimination liée à l'autorisation maritale semble s'estomper. Cette autorisation n'influence en rien le contrat du travail. En effet, le législateur n'en dit rien dans le nouveau Code du travail même si le Code de la famille semble maintenir cette disposition.

[3]*Constitution de la République démocratique du Congo du 18 février 2006*,article 14.

l'attention de recherches sociologiques longtemps focalisées sur l'industrialisation. Pourtant, ce secteur reste très convoité de sorte qu'il intéresse actuellement plusieurs jeunes, voire des adultes. Son importance tient également au fait qu'il est*partout, un secteur stratégique transversal. Véritable pilier économique au niveau mondial, il est porteur d'emploi et d'acquis patrimoniaux, il reflète les cultures et les identités, tout en étant intrinsèquement lié aux questions de bien-être, de confort, de salubrité et d'espérance de vie. Les services de base (logement, santé et éducation) et la plupart des autres secteurs (agriculture, élevage, pêche, artisanat, industrie, etc.) dépendent directement des infrastructures physiques qui les abritent* (Hardy, M., 2017 : 17).

Qu'en est-il concrètement de l'implication des femmes dans ce secteur en milieu de Butembo ?En d'autres termes, la question de notre recherche consiste à découvrir les facteurs explicatifs de la ségrégation professionnelle dans les métiers du bâtiment en région de Butembo.

De prime abord, il est une vérité évidente que les femmes sont insuffisantes en nombre dans les métiers du bâtiment sur le chantier bien qu'elles puissent intervenir dans d'autres travaux liés au bâtiment comme l'extraction du sable. Ensuite, plusieurs n'ont même pas envie de s'y intéresser. De ce fait, il serait probable d'affirmer que loin d'insinuer une discrimination basée sur le sexe, il s'agirait plutôt d'une auto-exclusion de la femme elle-même. Mais qu'est-ce qui serait à l'origine de cette auto-exclusion ? L'objectif principal de cette étude est d'expliquer de manière simple les raisons pour lesquelles les femmes ou mieux les filles ne trouvent pas d'intérêt dans les métiers du bâtiment en ville de Butembo. Hormis l'introduction, la démarche méthodologique et la conclusion, cet article s'articule autour de cinq pointsclés et privilégie les méthodes quantitatives et qualitatives d'analyse des faits.

1. La démarche méthodologique

Les réflexions de cette étude se situent dans un cadre d'une recherche en cours auprès des maçons portant sur les pratiques des apprentissages professionnels sur les chantiers. Comme certaines caractéristiques sociodémographiques y sont prises en compte, l'article traite uniquement de la dimension sexe, c'est-à-dire de la présence des femmes sur les chantiers. Pour vérifier les allégations ci-haut formulées, plusieurs enquêtes sont en train d'être réalisées auprès de plusieurs acteurs intervenant dans les métiers du bâtiment et auprès d'autres acteurs pouvant y trouver un intérêt. Si une enquête est menée auprès des maçons œuvrant sur des chantiers, d'autres le sont auprès des entreprises qui utilisent des ouvriers sur les chantiers. Également, pour le cas précis de cet article, un questionnaire spécifique a été administré auprès des élèves du secondaire, en année terminale des options relatives au bâtiment et auprès de quelques élèves finalistes du primaire devant s'inscrire au secondaire. Les paragraphes ci-dessous donnent les avis des uns et des autres sur les métiers du bâtiment, particulièrement la maçonnerie.

Le questionnaire adressé aux finalistes du primaire et du secondaire visait le niveau d'attractivité des métiers du bâtiment pour les jeunes mais aussi et surtout l'intérêt qu'ils portent envers la maçonnerie. Au niveau du primaire, un nombre égal entre filles et garçons a été pris en compte,à raison de 20 individus par groupe, dans quatre écoles primaires différentes fonctionnant à proximité des écoles secondaires qui organisent les options du bâtiment. Quant à ceux du secondaire, tous les finalistes de trois écoles ciblées étaientconcernés. Toutefois, seulement 86 finalistes soit 68 % sur les 126 attendus dont 16 filles ont été disponibles pour répondre au questionnaire.

Cette étude se focalise sur des données tant quantitatives que qualitatives. En effet, pour récolter les différentes données, un questionnaire à questions ouvertes et fermées a été administré aux finalistes filles de l'école primaire et aux finalistes garçons et filles de trois écoles secondaires. Très court, il a porté sur le sexe, l'option qu'ils préfèrent étudier au secondaire ou à l'université, le métier du bâtiment de préférence, les raisons de la préférence de ce métier, la possibilité d'étudier ou non la maçonnerie et les raisons y afférentes pour chaque option. Aussi, l'observation directe au niveau de 72 chantiers nous a-t-elle mis en contact avec les ouvriers du bâtiment intervenant au niveau des chantiers, tous métiers et tous sexes confondus. De même, les contacts directs avec huit entreprises de construction ont mis à notre disposition les statistiques des ouvriers qu'elles utilisent dans divers chantiers par secteur d'activité, en dehors des statistiques de leur personnel. Toutes les enquêtes ont été réalisées pendant les mois d'octobre 2018 à janvier 2019.Pour traiter les différentes données, le logiciel Sphinx Primo et l'application Microsoft Excelont été utilisés.

Cette étude ne relève pas d'une réflexion anthropologique ni ethnographique bien qu'elle recoure à certaines données ayant trait à ces sciences.

2. Notions sur la ségrégation professionnelle

La ségrégation professionnelle traduit le phénomène selon lequel certains emplois semblent réservés à une catégorie donnée ou à un sexe, et qu'on parle alors d'emplois féminisés ou masculinisés. Il est vrai que les hommes et les femmes n'ont pas toujours occupé les mêmes emplois, et cela, à la suite de certains facteurs. Bien que certains pensent qu'elle caractérise fortement la situation des pays en développement du fait du faible niveau d'instruction des femmes, il faut reconnaître, avec l'OECD (2008), que *la ségrégation professionnelle est un phénomène universel, qui n'est pas moins marqué dans les pays où le niveau d'instruction des femmes est plus élevé : la très forte féminisation de l'enseignement supérieur a certes limité la ségrégation verticale mais elle n'a en rien atténué la forte ségrégation horizontale des filières* (Duru-Bellat,M., 2014 : 96). De ce qui précède, il ressort qu'on peut distinguer deux types de ségrégation professionnelle : celle verticale et celle horizontale.

La ségrégation verticale est la sous-représentation des femmes en haut de l'échelle sociale. Celle-ci s'explique généralement par leur faible niveau de formation scolaire, voire professionnelle. Elle justifie, en effet, le fait que les femmes ont longtemps été discriminées au niveau de la scolarité. Cependant, elle est considérée comme horizontale, dans la mesure où, malgré les stratégies et politiques de massification scolaire dont les filles sont les grandes bénéficiaires, celles-ci s'orientent plus vers des études générales que vers les formations techniques et professionnelles, de sorte que certaines spécialités paraissent alors sexuées. Ce qui a des impacts dans l'insertion professionnelle des filles.

La ségrégation professionnelle peut s'expliquer par plusieurs facteurs dont au premier rang desquels figure l'école, tel que cela ressort de l'explication de la différence entre ségrégations verticale et horizontale. C'est d'ailleurs l'objet de la recherche de Marie Duru-Bellat citée ci-haut lorsqu'elle écrit : *L'école, premier vecteur de la ségrégation professionnelle*. Elle résume son article en quelques mots

(Duru-Bellat, M., 2014 : 86) : *Alors que les taux d'activité et les taux de scolarisation féminins ont connu une hausse spectaculaire en un demi-siècle, la mixité des emplois et des filières de formation est très loin d'avoir progressé proportionnellement. Le texte explore le rôle de l'école dans la reproduction de la ségrégation professionnelle. Certes, l'élévation du niveau d'instruction des filles a réduit la ségrégation verticale, mais la socialisation scolaire tend à entretenir la ségrégation horizontale, entre filières, en entérinant le partage entre disciplines masculines et féminines. De plus, la ségrégation qui existe dans le monde du travail est elle-même anticipée par les jeunes, de même que le fonctionnement de la famille qui entraîne des contraintes spécifiques, encore aujourd'hui, sur les choix des jeunes filles. Au total, le rôle propre de l'école, par rapport à ces anticipations réalistes apparaît plus modeste que ce qui est volontiers imaginé.*

Ce raisonnement est soutenu par d'autres auteurs comme Séverine Lemière et Rachel Silvera (2014 : 126-128) qui le reconnaissent et placent en premier lieu la ségrégation éducative en amont du marché du travail. À ce facteur, s'ajouteà l'entrée sur le marché du travail,les processus d'appariement sur le marché du travail et dont l'exemple du contrat d'apprentissage est révélateur. En effet, Kergoät(2010) montre que les écarts constatés entre filles et garçons sont plus importants en apprentissage qu'en formation initiale : *l'apprentissage renforce les effets opérés par la division sexuelle du travail au sein de l'enseignement supérieur : encore moins de femmes dans les spécialités masculines, encore moins d'hommes dans les spécialités féminines.*

Les conditions et l'organisation des emplois – exigences de disponibilité, conditions de travail et pénibilité – sont également des facteurs contribuant à la ségrégation professionnelle. Enfin, différents travaux montrent que les salariés eux-mêmes ont tendance à rejeter la participation des femmes – et inversement des hommes – dans une profession sexuée, par exemple, des femmes chez les chirurgiens (Zolezio, 2009) ou des hommes chez les sages-femmes (Charrier, 2007).

De ce qui précède, il en ressort que certains métiers sont alors féminisés pendant que d'autres sont masculinisés. À titre illustratif, selon l'ordre croissant des effectifs des femmes, d'après Séverine Lemière et Rachel Silvera (2014 : 123, 124), les principales professions féminisées sont bien connues : aides à domicile, aides ménagères, assistantes maternelles, agents d'entretien, enseignants, les secrétaires, les employés de maison, les aides-soignants, les infirmiers, les sages-femmes, les employés de la comptabilité, les employés administratifs d'entreprise, les vendeurs, les employés administratifs de la fonction publique. Parmi lesmétiers comptant peu de femmes figurent les agriculteurs, les éleveurs, les sylviculteurs, les bûcherons, les ingénieurs de l'informatique, les ouvriers qualifiés de la manutention, l'armée, la police, les pompiers, les conducteurs de véhicules, les techniciens et agents de maîtrise de la maintenance, les techniciens et agents de maîtrise des Bâtiments et Travaux Publics (BTP), les ouvriers qualifiés du second œuvre du bâtiment, les ouvriers qualifiés du gros œuvre du bâtiment.

Les derniers métiers évoqués ci-haut démontrent en quelque sorte les métiers du bâtiment illustrant bien la ségrégation professionnelle avec une prédominance masculine. Certes, les raisons peuvent se ramener à l'un ou l'autre facteur déjà évoqué ci-haut, tout en retenant que les exigences et les conditions de travail peuvent jouer un rôle prépondérant. C'est ce que nous essayons de vérifier dans les paragraphes qui suivent.

3. Aperçu général sur les métiers du bâtiment

Le secteur de la construction figure parmi ceux dont les activités sont de plus en plus florissantes dans la région de Butembo. Employant un grand nombre d'acteurs, il regroupe le secteur des BTP. Ses différents demandeurs sont les entreprises publiques et privées, les administrations, les particuliers, etc. En très grande expansion, ce secteur accompagne la politique de développement des infrastructures de santé, les écoles, les logements des particuliers, la voirie urbaine et périurbaine, etc. Ses effets sont aussi perceptibles dans l'économie locale par la création des emplois, l'accroissement des importations des matériaux de construction, la croissance des entreprises de construction et bureaux d'études ou ateliers d'architecture, la création de multiples corporations des intervenants dans le secteur, etc. La plupart d'acteurs y œuvrent dans l'informel.

Attractifs et porteurs, les métiers du bâtiment sont généralement classés conformément à la réalisation d'un chantier. D'après une étude coordonnée par Jean-Paul Gehin, la segmentation la plus forte, connue par tous, présente les métiers du bâtiment sous forme d'une pyramide plaçant en bas la maçonnerie et les activités de charpente et de couverture qui lui sont souvent associées et au sommet l'électricité, la plomberie et le chauffage ; en position intermédiaire, dans un ordre d'ailleurs discuté, la menuiserie, la peinture, la plâtrerie, le carrelage, la métallerie. Cette hiérarchie, liée au rapport aux intempéries et à la pénibilité physique des métiers, est âprement discutée en particulier par ceux qui occupent une position basse. Sont avancés d'autres aspects des métiers comme la noblesse des matériaux – la pierre, le bois –, la passion, la technicité, l'autonomie au travail… (Gehin, J.-P., 2005 : 11). À cet ensemble, on peut ajouter indistinctement la décoration, la fabrication des meubles, les dessins d'architecture et d'arpentage, la fabrication des tuiles et de terrazzo, le tuyautage, la fabrication des blocs et bétonnage, l'usinage du bois, la pulvérisation, la taillerie pour les rideaux, etc. Il faut toutefois retenir que le métier de référence dans la construction demeure celui du maçon. Les autres lui sont comme complémentaires.

À côté de ce classement des métiers du bâtiment selon Jean-Paul Gehin, la classification de Stéphanie Gallioz peut être évoquée. Elle les classe selon l'utilisation de la force physique. En effet, dans son étude relative à la force physique et la féminisation des métiers du bâtiment, elle reconnaît que plusieurs personnes sont unanimement d'accord que les métiers du chantier restent physiquement difficiles, mais certains d'entre eux, comme la peinture, semblent l'être moins. Ainsi, ont-ils tendance à classer les corps de métiers du bâtiment en fonction de la plus ou moins forte utilisation supposée de la force physique. *Du plus au moins, nous trouvons : la maçonnerie, la taille de pierre, la couverture, la plomberie, la menuiserie, l'électricité et la peinture*, mais aussi le charpentier, le carreleur, le plâtrier, le serrurier, le vitrier, etc. (Gallioz, S., 2006 : 106).

Les métiers du bâtiment peuvent également être classés par gros œuvre et second œuvre. Par gros œuvre, il faut entendre toutes les activités relatives aux fondations, aux murs et à la toiture, à l'opposé du second œuvre qui concerne l'ensemble des activités d'achèvement d'une construction. Ainsi, dans le gros œuvre, nous trouvons des métiers comme la maçonnerie et la plâtrerie mais aussi la taille de pierre ou le revêtement de sols et de murs.

PourScarieNivyintizo (1995 : 5), le secteur du BTP se subdivise en trois sous-secteurs : le gros œuvre, le second œuvre et les travaux publics. Représentant environ 40 % de l'activité de construction du bâtiment, le gros œuvre désigne l'activité qui consiste à bâtir la structure même du bâtiment. Le second œuvre regroupe les activités liées à la mise en place des équipements et aux finitions. Les travaux publics, quant à eux, correspondent au travail de génie civil.

Une autre classification des métiers du bâtiment tient compte des étapes du chantier et distingue trois grands moments : avant, pendant et après (ONISEP, 2009 : 2). Avant le chantier se retrouvent deux phases : commerciale et étude. Pendant le chantier, c'est la réalisation de l'ouvrage sur le chantier et à l'intérieur du chantier. Après le chantier, c'est la réception des travaux. À chaque étape interviennent des acteurs spécifiques exerçant l'une ou l'autre métier relatif au bâtiment.

Schéma illustratif des métiers de la construction

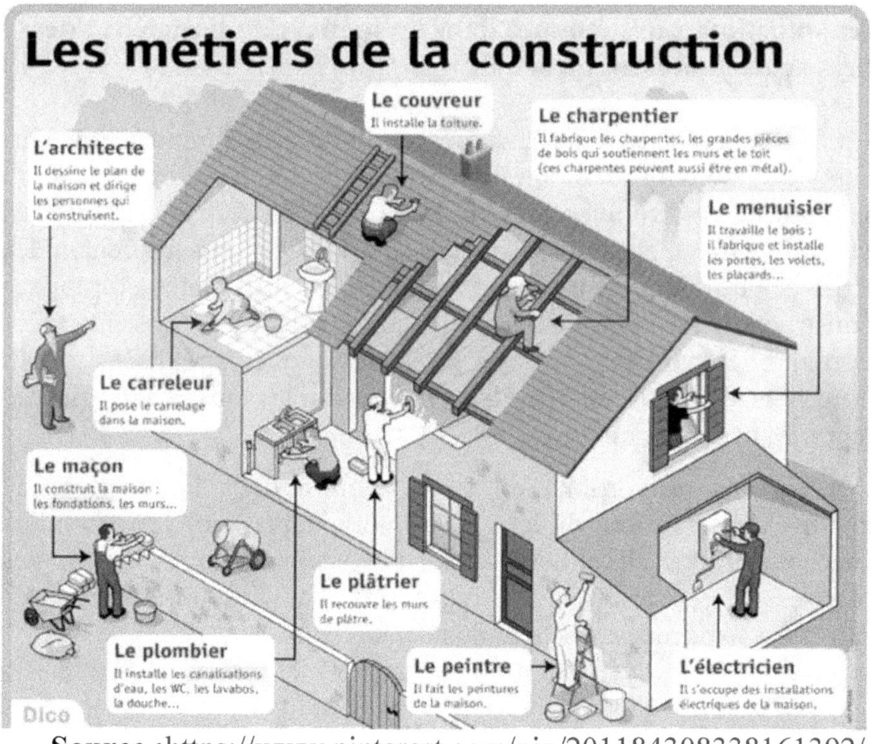

Source :https://www.pinterest.com/pin/201184308338161392/

La présente étude ne revient pas sur cette classification, car elle s'en réfère moins. Toutefois, elle s'intéresse au sentiment de préférence qu'a la jeunesse envers les métiers du bâtiment et, de manière générale, la maçonnerie. Bien que les maçons soient nombreux en ville, dans les métiers du bâtiment, la maçonnerie est restée un secteur obscur. Système dans un système, il est mal connu et le peu que plusieurs personnes retiennent de lui est que c'est un métier archaïque, très fatigant et exigeant beaucoup plus de saleté.*Aux dires de plusieurs professionnels du secteur*, écrivent Isa Aldeghi et Valérie Cohen-Scali (2005 : 42), *la maçonnerie-gros œuvre apparaît comme le métier le moins prestigieux*. Ces caractéristiques font que beaucoup s'en méfient et s'en écartent comme d'une guigne. Les transformations, dans son exercice, n'ayant pas été trop flagrantes dans le temps, justifient le manque d'attention que les scientifiques, et de manière particulière, les sociologues y accordent. La plupart des études y afférentes sont du domaine architectural. Cela expliquerait même la division du travail qui s'y observe, lorsqu'on peut constater que c'est un métier essentiellement masculin.

4. Des statistiques des femmes dans les métiers du bâtiment : des métiers se déclinant au masculin

Les premiers constats sur la représentativité des femmes dans les métiers du bâtiment démontrent combien ceux-ci se déclinent au masculin, c'est-à-dire avec une prédominance du sexe masculin. Ces constats découlent clairement du tableau 1 ci-dessous reprenant les effectifs des ouvriers du bâtiment associés aux différentes entreprises de construction ou intervenant réellement sur les chantiers. Données de terrain, elles ont été fournies à partir des enquêtes réalisées auprès des ouvriers du bâtiment sur les chantiers mais aussi à partir des entreprises de construction.

Pour saisir les proportions du sexe féminin dans les métiers du bâtiment, l'observation directe des intervenants sur les chantiers éclaire nos propos. Il en est de même des statistiques issues des entreprises de construction. La représentativité des femmes sur les chantiers est exprimée dans le tableau ci-dessous :

Tableau 1. Effectifs des ouvriers du bâtiment dans les entreprises de construction et sur les chantiers

	Données des entreprises				Données des chantiers enquêtés			
Catégories / Sexe	M	F	Total	Pourcentage	M	F	Total	%
Aides-maçons	129	44	173	37	441	84	525	31
Maçons	73	1	74	16	321	9	330	19
Menuisiers / Charpentiers	35	0	35	8	222	0	222	13
Coffreurs	36	0	36	8	168	0	168	10
Ferrailleurs	32	0	32	7	117	0	117	7
Plombiers	20	3	23	5	93	0	93	5
Électriciens	26	4	30	6	108	0	108	6
Peintres	34	2	36	8	87	0	87	5
Carreleurs	24	2	26	6	60	3	63	4
Total	409	56	465	100	1617	96	1713	100
Pourcentage	88	12	100		94	6	100	

Source : Nos enquêtes

De ce tableau, il en ressort que les entreprises de construction emploient à peine 12 % des femmes contre 6 % qui ont été réellement rencontrées sur les chantiers visités.Les hommes y sont majoritaires en raison de 88 % et 94 %. Ce qui confirme encore le fait que les hommes sont plus nombreux que les femmes sur les chantiers et dans les métiers du bâtiment.

Les données ci-haut présentées ont été soumises à un test statistique de comparaison des proportions. L'intervalle de confiance pour la proportion des données des entreprises démontre que la proportion des femmes dans l'ensemble de la population des travailleurs des métiers de bâtiments retrouvés dans les entreprises est comprise entre 8,29 % et 15,71 %. Quant aux données des travailleurs retrouvés sur les chantiers, la proportion des femmes dans la population est située entre 4,05 % et 7,95 %. Ainsi, le test de comparaison des proportions donne un Z_c = 3,1 supérieur à Z_{th} = 1,6449. Ce qui permet de rejeter l'hypothèse nulle en concluant que la proportion des femmes répertoriées par les entreprises est supérieure à celle des femmes rencontrées sur les chantiers. En effet, $f_1 = 0{,}12$ (entreprise) > $f_2 = 0{,}06$ (chantier). Toutefois comparées aux proportions des hommes, ces deux proportions sont trop faibles. Et il y a lieu de conclure que les femmes s'intéressent moins aux métiers du bâtiment par rapport à leurs homologues hommes.C'est ce qui apparaît même sur l'image ci-dessous où, pour une équipe de 60 ouvriers recrutés pour couler un béton, on retrouve 7 femmes soit 11,7 % dont 5 dans la file de manutention et 2 à la cuisine.

Figure 1. Ouvriers sur un chantier en train de couler un béton

Source : Photo prise le 24 septembre 2020 au chantier de l'auditoire des anciens de l'UCG au site universitaire

Des éléments ci-haut présentés et expliqués, il en ressort que les métiers du bâtiment sont basés sur une ségrégation professionnelle liée à la prédominance du sexe masculin. En d'autres termes, ils se construisent sur une division sexuée du travail comme qui écrirait qu'ils sont « un investissement en capital humain en fonction des sexes ». En effet, en traitant plus particulièrement des différences d'investissement parental des pères et des mères dans les études et l'orientation professionnelle des fils et des filles ainsi que leurs effets respectifssur le devenir de leurs enfants, on constate que les transferts intergénérationnels dans la famille font l'objet d'une répartitiondes tâches entre ses membres, qui met en jeu, comme la plupart des activitésfamiliales, les différenciations sociales entre sexes et entre générations(Attias-Donfut, Cl., Barnay, Th., 2002 : 840).

Pour vérifier la même situation de l'emploi des femmes dans les métiers du bâtiment, une attention a été portée aussi aux femmes employées par certaines entreprises de construction ou bureaux d'étude telle que le démontre le tableau ci-dessous.

Tableau 2. Répartitions des travailleurs dans les entreprises de construction selon le sexe

	Masculin	Féminin	Nombre des travailleurs	Pourcentage femmes par entreprise
BCCO	15	5	20	25,0
BEATEC	23	5	28	17,9
BEACDE	11	3	14	21,4
BECNK	12	4	16	25,0
CASI	12	3	15	20,0
CIC	12	4	16	25,0
ETHAGEC	16	5	20	25,0
FIACO	16	6	22	27,3
MBOSAC	12	4	18	22,2
SIGEC	18	6	24	25,0
SIMAC	12	4	16	25,0
Total	162	47	209	22,5
Pourcentage	77,5	22,5	100	

Source : Nos enquêtes

Les données de ce tableau démontrent que les femmes représentent 22,5 % de l'ensemble des travailleurs dans les entreprises de construction. Si cette situation des femmes semble s'améliorer par rapport à celle des femmes intervenant sur les chantiers, c'est puisque la plupart des femmes occupent des fonctions d'administration au niveau de la caisse, de la comptabilité et/ou du secrétariat. Quant à celles qui sont impliquées dans les activités du chantier, elles sont encore moins nombreuses. En effet, le tableau 1 a démontré que les femmes sont moins nombreuses parmi les travailleurs du bâtiment.La situation est encore plus chaotique quant à celles qui sont impliquées dans la supervision des travaux sur les chantiers. Car, pour le devenir, le niveau scolaire ou académique en métiers du bâtiment compte pour beaucoup. Or, il s'avère que les filles élèves ont de l'aversion envers les métiers du bâtiment et les étudient le moins possible, tant à l'école secondaire qu'au niveau supérieur et/ou universitaire. C'est ce qui ressort, à titre illustratif des statistiques des étudiants de quelques institutions supérieures et universitaires en ville de Butembo.

Tableau 3. Statistiques des étudiants dans quelques institutions de l'ESU en ville de Butembo

Institution	Nombre d'hommes	Nombre de femmes	Total	Pourcentage des femmes
IBTP (passim)	1 169	35	1204	2,9 %
ENACTI (2007 – 2018)	84	3	87	3,4 %
ULD (2008-2019)	168	1	169	0,6 %
ISPT-M (1994-2000)	1 899	51	1950	2,6 %
Total	3 320	90	3410	2,6 %

Source. Nos enquêtes

* IBTP : Institut supérieur des Bâtiments et Travaux Publics (quelques années seulement ont été disponibles mais de 1993 à 2019, on compte + 9 200 inscrits), ENACTI : École Nationale de Cadastre et Titres Immobiliers, ULD : Université Libre de Développement, ISPT : Institut Supérieur Pédagogique et Technique – Muhangi

Au regard de ce tableau, les proportions de la population estudiantine féminine dans les métiers du bâtiment sont moins considérables et ne représentent que presque 2,6 %[4]. Vivant dans une société du savoir et basée sur la connaissance, *le diplôme est devenu de plus en plus central pour l'accès à l'emploi et on sait les enjeux majeurs qu'il représente pour la vie économique et sociale* (Attias-Donfut, Cl., Barnay, Th., 2002 : 840). Et s'il y existe un nombre très limité de finalistes ou d'étudiants féminins dans les métiers du bâtiment, il appert que très peu de femmes peuvent intervenir sur le chantier comme « superviseur » des travaux et donc comme architecte et/ou ingénieur. Ce qui confirme les propos de l'architecte Aimé Mututi Mahamba pour qui, bien que les statistiques ne soient pas trop fiables, la ville de Butembo compte, en 2020, 16 architectes dont une

[4]La situation pourrait se présenter autrement si nous accédions à toutes les statistiques de l'IBTP.

femme.Toutefois, deux autres filles qui ont fini déjà le premier cycle d'architecture sont actives dont l'une au Service Urbain de l'Urbanisme. En outre, trois autres sont actuellement en première licence[5].Par ce rythme, petit à petit, les femmes devraient être encouragées à s'inscrire dans les métiers du bâtiment.

5. Des facteurs de la ségrégation professionnelle des femmes dans les métiers du bâtiment : auto-exclusion, discrimination ou division sexuelle du travail ?

Les données présentées ci-haut démontrent que les femmes sont les moins représentées sur les chantiers et même dans le secteur du bâtiment. Les raisons étant nombreuses, les principales activités dans lesquelles elles interviennent expliquent aisément si elles sont ou non réellement discriminées. Ainsi, est-il question de présenter dans cette section les différents facteurs qui peuvent se résumer en quelques traits dont : a) l'orientation scolaire basée sur le genre ;b) la pénibilité des métiers du bâtiment et le stéréotype du « masculin fort » ;c) la faible attractivité du métier ;d) le regard défavorable de la société sur les femmes-maçons ;e) une discrimination enracinée dans la tradition de l'initiation sexo-spécifique dans la culture nande.

5.1. L'orientation scolaire basée sur le genre : une aversion de la maçonnerie pour les jeunes finalistes

Un questionnaire a été adressé aux jeunes élèves finalistes du primaire et du secondaire sur les options qu'ils voudraient aborder au supérieur ou à l'université. Approche liée à l'attractivité du métier, l'objectif était de vérifier leur préférence par rapport aux métiers du bâtiment. Certes, dans la plupart des cas, en région de Butembo, certains enfants ne sont pas suivis par leurs parents dans le choix des filières d'études, la proposition étant souvent laissée à l'enfant d'après les facilités qu'il croit avoir pour affronter telle ou telle filière d'études ou alors par un suivisme de certains de ses camarades. L'attention ayant porté sur le bâtiment, à la question de savoir quel métier l'élève préfère s'il n'avait pas d'autres choix pour les études, plusieurs domaines différents ont été proposés : la maçonnerie, la menuiserie, l'électricité, le carrelage, la plomberie, la charpenterie, le ferraillage, la peinture, la plâtrerie, le

[5]Message Whatsapp du 13 février 2020.

décor, le placage. Les différents résultats se présentent de la manière ci-dessous.

Sur un effectif total de 20 filles du primaire, seulement 15 %, soit 3 filles affirment qu'elles peuvent faire la construction au secondaire contre 35 % de leurs homologues garçons.Pour tous ces jeunes, la maçonnerie figure parmi les secteurs les moins attrayants tous sexes confondus bien que les garçons y manifestent quand même un intérêt. Les métiers les plus sélectionnés par les filles sont dans l'ordre d'importance l'électricité, la peinture, le décor et la plâtrerie mais aussi la plomberie et le carrelage. Toutefois, une fille a évoqué la maçonnerie et une autre la menuiserie. Parmi les raisons de préférence, la plupart évoquent la facilité à exécuter ces activités sans beaucoup de fatigue et avec moins des risques. Quant aux garçons, le choix a été plus porté vers la maçonnerie, la menuiserie, la charpenterie, l'électricité, le ferraillage et le carrelage. Les principales raisons évoquées sont l'accès facile à l'emploi immédiat, le gain rapide et immédiat de l'argent.

Lorsqu'on observe les différentes orientations au secondaire, la plupart des filles sont, en effet, majoritairement inscrites dans les options de pédagogie générale, en secrétariat, en section commerciale, et plusieurs sont à l'Institut Technique Médical. Les options techniques relatives à la construction, à l'agriculture et élevage, à la mécanique et électricité, etc. accueillent majoritairement les garçons. Ce qui explique alors leur quasi-absence professionnelle dans les métiers du bâtiment et particulièrement en maçonnerie. En effet, à la question de savoir « pourquoi s'intéresser aux différences de métiers entre hommes et femmes ? », Thomas Breda (2014 : 100) écrit que *le fait que les hommes restent largement majoritaires dans les métiers scientifiques et techniques (ingénierie, informatique, etc.) constitue l'une des distinctions les plus persistantes entre emplois féminin et masculin. Si depuis l'après-guerre les femmes ont largement investi le marché du travail, force est de constater qu'elles n'exercent pas en général les mêmes métiers que leurs homologues masculins*.

Il s'avère donc que les élèves filles excluent la possibilité pour une femme d'exercer la maçonnerie. Pour elles, la maçonnerie exige plus de force physique du fait des outils et des matériaux qu'elle utilise comme les moellons. Elle comporte aussi beaucoup de risque surtout lors de l'élévation des murs lorsqu'il faut monter sur les échafaudages. C'est ce que confirme également Stéphanie Gallioz (2007 : 38) lorsqu'elle reconnaît que la maçonnerie, qui reste encore la figure de référence du bâtiment, apparaît en effet peu adaptée aux femmes. Ce métier demande une force physique indéniable, même si certaines mutations techniques – notamment dans les matériaux utilisés et les procédés de construction – ont fait évoluer ce dernier vers la sollicitation d'une moins grande robustesse.

Pour vérifier ces allégations, un regard porté sur la formation formelle dans les métiers du bâtiment prouve que la majorité des élèves sont des garçons. À titre illustratif, les données du tableau 3 le prouvent largement avec celles issues de trois écoles enquêtées dans la ville de Butembo organisant les formations aux métiers du bâtiment dont l'électricité. Sur un effectif de 126 élèves finalistes, seulement 16 soit 12,7 % sont des filles. Parmi les 5 ayant répondu à notre questionnaire, seulement 2 pensent qu'elles peuvent étudier la maçonnerie, car les femmes y sont rares, et cela leur permettrait d'avoir encore une plus grande considération que leurs pairs masculins une fois qu'elles se qualifiaient en maçonnerie comme elles feraient l'exception. Car, comme l'écrit Stéphanie Gallioz (2006 : 101), *les femmes qui exercent directement sur les chantiers ou dans les ateliers apparaissent toujours comme des exceptions*. C'est dans cette optique qu'une des filles maçons rencontrées sur le chantier a déclaré que la plupart de ses collègues ne l'acceptent pas encore comme telle, voire les responsables des chantiers, les ingénieurs ou les propriétaires des chantiers. En d'autres termes, pour travailler dans les métiers sur le chantier, il faut de la force physique. Ce qui ne semble pas être inscrit dans la génétique féminine. C'est ainsi que Stéphanie Gallioz (2006 : 102) conclut son raisonnement par un syllogisme socratique : *les métiers de chantier requièrent de la force physique ; or, les femmes n'ont pas de force physique, du moins, elles sont moins fortes que les hommes ; donc, les femmes ne peuvent travailler dans ces métiers.* Ce qui explique en d'autres mots, le deuxième facteur explicatif de l'exclusion des femmes liées à la pénibilité des métiers du bâtiment.

5.2. La pénibilité des métiers du bâtiment et le stéréotype du « masculin fort »

Poursuivant la même logique de raisonnement, le sexe figure parmi les différents facteurs personnels ou sociaux qui interviennent souvent pour influencer l'élaboration des intentions d'orientation et d'insertion professionnelle. Ainsi, pour Duru-Bellat (1991 : 257-267),*les filles anticipent les difficultés d'insertion professionnelle qu'elles pourraient rencontrer dans certains secteurs professionnels et font des compromis.*C'est dans cette optique que plusieurs filles interlocutrices ont justement affirmé qu'elles ne préfèrent pas la maçonnerie et la plupart des métiers du bâtiment du fait des risques qu'ils comportent et qui touchent à l'intégrité physique, voire morale et psychosomatique de l'individu. Si la force physique est exigée, même celles qui sont déjà reconnues comme maçons ont des difficultés à accéder à l'emploi, car plusieurs entrepreneurs, maîtres d'ouvrage doutent de leurs capacités, d'après leurs témoignages ou également, certaines sont exposées à des harcèlements sexuels sur le chantier lorsque des fois, les ingénieurs, les contremaîtres, voire les autres collègues de service, veulent abuser d'elles. Et il s'avère d'ailleurs que la plupart des aides-maçons de sexe féminin sur le chantier sont des copines des maîtres.

Des éléments du point précédent, il en ressort que le choix des filles est guidé par la force physique à mettre en œuvre dans l'exercice du métier alors que celui des garçons est guidé par des considérations purement économiques, l'accès à l'emploi et les perspectives d'emploi en très court terme. Ainsi, pour Stéphanie Gallioz (2007 : 33), *dans les représentations de tout un chacun, les métiers de chantier apparaissent particulièrement inaccessibles aux femmes du fait de leur pénibilité. [...] Dans le secteur du bâtiment, le critère de pénibilité du travail est construit principalement autour du recours à la force physique. De fait, celle-ci reste dans le bâtiment un élément structurant de l'identité sexuée de la main-d'œuvre. Le genre du bâtiment est masculin, et cela, parce que les conditions d'exercice du travail y sont déclarées et construites comme physiquement pénibles.* Dans cette perspective, lorsque les femmes entrevoient la pénibilité dans le travail ou alors le risque, elles préfèrent s'en exclure le plutôt que de s'y engager et d'y faire face.

Le tableau 1 relatif aux intervenants sur le chantier démontre que les femmes sont majoritairement aides-maçons en raison de 27 % pour les entreprises et 31 % sur les chantiers.Sur les chantiers, la plupart des femmes interviennent plus comme aides-maçons dans la manutention des briques, le puisement de l'eau pour des chantiers n'ayant pas un accès facile à une source d'approvisionnement en eau. Dans d'autres cas, elles sont utilisées à la cuisine. Rarement, elles s'occupent du malaxage du mortier ou du tamisage du sable, et le plus rarement possible, elles sont des maçons comme le prouvent les enquêtes réalisées auprès des maçons ayant appris le métier sur les chantiers. Elles interviennent aussi, en très faible proportion, comme plombiers, électriciens, peintres, carreleurs. Ces types de métiers figurent parmi ceux souvent nommés les métiers les moins lourds où les intervenants sont appelés les professionnels de la finition. Malheureusement, la plupart des femmes sont encore utilisées ici comme aides. Ce qui confirme la thèse de Stéphanie Gallioz pour qui les métiers du bâtiment se conjuguent au masculin.*Avec un peu moins de 10 % de femmes, le bâtiment est un secteur qui se conjugue essentiellement au masculin* (Gallioz, S., 2006 : 97). *La force identitaire de ce secteur, construit comme un espace sexuellement masculin, ne surprend pas vraiment car nombreux sont ceux qui se représentent le bâtiment comme secteur aux conditions de travail physiquement difficiles, et de ce fait, ne pouvant admettre que de manière exceptionnelle les femmes* (Gallioz, S., 2007 : 31).

Les femmes qui exercent directement sur les chantiers ou dans les ateliers de construction apparaissent toujours ainsi comme des exceptions. Partant du postulat de la pénibilité des travaux du bâtiment expliquant par ailleurs l'exclusion ou mieux l'inaptitude des femmes, les rares qui y interviennent sont employées dans les tâches légères et des fois secondaires. Elles interviennent dans le puisement de l'eau comme aides-maçons, dans la cuisine pour préparer la nourriture. En d'autres termes, le nombre d'hommes largement supérieur à celui des femmes s'explique par le fait que ce métier exige beaucoup plus d'énergie dans son exercice avec une batterie de risques. Lorsque des femmes se retrouvent sur le chantier, elles sont soumises à la division sexuelle du travail dictée par une division fonctionnelle du travail. Les hommes sont attachés aux travaux les plus lourds qui sont les plus productifs et les femmes aux travaux légers moins productifs. Ce qui dicte également le niveau de rémunération : sur les chantiers, les femmes sont moins rémunérées par rapport à leurs homologues hommes. Le cas illustratif est celui qui se rapporte à la figure ci-haut des travaux du béton. Les femmes sont dans la file indienne de transport du béton et à la cuisine. Aucune ne se retrouve au lieu du malaxage ou parmi les spécialistes du bétonnage. Or, la rémunération est fonction du rôle joué dans les travaux, ceux de la file et les cuisinières étant rémunérés pour 5 $ la journée contre 10 $ des autres.

5.3. La faible attractivité du métier

Il n'est nul doute que les bâtiments figurent parmi les secteurs les plus attractifs en termes d'emploi. Mais ceci n'est pas autant vérifié lorsqu'il faut distinguer les ouvriers par sexe en constatant que les hommes y sont plus nombreux que les femmes, tel qu'il ressort des tableaux 1 et 3 plus haut présentés. Les raisons évoquées, bien qu'étant de divers ordres, prouvent que ces métiers sont moins attractifs pour les femmes. Non seulement, la ségrégation éducative y joue un rôle important, mais l'exigence de la force physique ou leur pénibilité et le regard défavorable de la société sur les femmes-maçons interviennent pour une large part. Traitant de la non-attractivité, de manière générale, Isa Aldeghi et Valérie Cohen-Scali (2005 : 16) notent qu'*aujourd'hui, le bâtiment demeure un secteur professionnel doté d'une trèsmauvaise image auprès des jeunes : il compte parmi les secteurs professionnels les moins attractifs.Les jeunes formés dans le bâtiment ont souvent été orientés contre leur gré dans ces formations, àcause d'un niveau scolaire jugé trop faible ou d'un comportement perçu comme peu adapté à la scolarisation classique.*

Notre question de départ était de savoir si dans les métiers du bâtiment, on peut parler d'auto-exclusion ou de discrimination basées sur le genre. Les données recueillies de différentes personnes contactées révèlent les raisons exactes qui expliquent la quasi-absence des femmes dans les métiers du bâtiment sur les chantiers. Raisons bien nobles, il s'avère pourtant bien clair que les femmes voudraient se retrouver sur les chantiers et exercer les métiers comme leurs homologues hommes. En nous référant aux considérations des jeunes finalistes par rapport aux métiers du bâtiment, il y a lieu d'affirmer dans un premier moment qu'il s'agit d'une auto-exclusion. En effet, à la question de savoir pourquoi elles ne peuvent pas étudier la maçonnerie, certaines affirment volontiers qu'il s'agit tout simplement d'un métier propre aux hommes. Malheureusement, lorsqu'on veut savoir le pourquoi d'un métier propre aux hommes, elles évoquent la force physique qu'exigent le métier et la saleté liée aux matériaux d'usage et principalement le mortier. Ainsi, une fille a-t-elle affirmé de manière sarcastique que « les maçons sont des hommes puisque sur les chantiers, on ne voit que les hommes qui construisent, les femmes puisant de l'eau et organisant la cuisine ».

Ce raisonnement pousse à évoquer le concept d'auto-exclusion et non d'une exclusion. En effet, nul n'est inemployable dans la maçonnerie, sauf si on n'a pas les aptitudes requises pour exercer ce métier. Ces aptitudes peuvent être alors à l'origine de l'exclusion de certaines personnes de l'emploi salarié. C'est dans cette optique que le droit du travail évoque la capacité de contracter, en distinguant le capable absolu et le capable relatif. Il est fait, dans le premier cas, allusion aux personnes âgées d'au moins 18 ans, alors que dans le second, ce sont les mineurs âgés de 15 ans et les étrangers où leur capacité est conditionnée par des dérogations du tribunal de paix ou la loi nationale en matière de travail des étrangers. Partant de la capacité, sont exclues généralement du travail les personnes ci-après : les mineurs, les personnes handicapées ne pouvant pas travailler et les personnes âgées. Toutefois, face à la dualisation de la société et du marché du travail, certains facteurs conditionnent la vulnérabilité et donc l'exclusion du travail : le sexe, l'âge, la scolarité, l'origine sociale, la maladie et les handicaps. Cependant, il paraît que dans certains cas, au lieu de parler d'exclusion, il paraît plus logique de parler d'auto-exclusion. Car, se basant sur ces facteurs, certaines personnes tombent dans l'absence de confiance en soi, en leurs propres mérites et capacités ; et la perte de l'estime en soi pour exercer un travail. Ces derniers caractérisent les sans-emploi. Ce qui sous-tend le raisonnement des jeunes finalistes filles enquêtées. Elles se sous-estiment pour exercer la maçonnerie autant que leurs homologues garçons.

5.4. Le regard défavorable de la société sur les femmes-maçons

Les investigations auprès des intervenants dans les métiers du bâtiment, et plus particulièrement chez les maçons, prouvent que les quelques femmes qui exercent la maçonnerie sont butées à certaines difficultés spécifiques. À côté des sollicitations sexuelles auxquelles elles sont exposées et qui les obligent à se désintéresser du métier, elles sont confrontées au refus de certains propriétaires des chantiers ou ingénieurs de les considérer comme des maçons au même titre que les hommes. Et lorsque ces derniers les emploient, ils ont tendance à ne pas les utiliser et/ou les rémunérer comme des vrais maçons. Ce qui explique d'un côté la faible employabilité des femmes-maçons mais aussi la précarité de leurs revenus, avec les conséquences fâcheuses qui en découlent. Cette attitude explique la discrimination statistique dont souffrent les femmes-maçons. En effet, *la discrimination statistique consiste pour l'essentiel à s'appuyer sur une statistique de groupe pour juger de la qualité d'un des membres de ce groupe* (Parodi, M., 2010 : 64). Une information sur un groupe sert à évaluer le cas d'un individu. En d'autres termes, les présupposés que les femmes sont faibles et qu'elles ne peuvent pas exercer la maçonnerie jouent négativement pour leur employabilité et fondent le doute sur les capacités d'exercer des femmes-maçons dans la construction. En effet, il ne s'agit pas de rejeter la candidature de la femme-maçon par le fait de son appartenance au genre féminin, ce qui serait une discrimination négative. Mais cette discrimination statistique, explique l'auteur, *consiste à rejeter un individu en raison de défauts qu'on lui prête parce que les membres de son groupe d'appartenance sont supposés – à tort ou à raison – avoir souvent ces défauts* (Parodi, M, 2010 : 64).

Dans les théories du capital humain, la théorie de la discrimination économique sur le marché du travail s'apparente à la théorie économique du filtre et du signal. Si initialement, le développement de cette théorie tel qu'il ressort des travaux de Phelps, elle consistait à expliquer les différences de gains entre race et sexe, ce modèle s'est étendu à l'analyse économique de l'éducation. S'appuyant sur une discrimination statistique, dans un environnement de l'imperfection de l'information sur les caractéristiques des candidats à l'embauche (Havet, N. et Sofer, C., 2002 : 94), les employeurs pensent que les travailleurs les plus éduqués sont les plus productifs. Ainsi, les emplois les plus rémunérés seront réservés aux travailleurs les plus formés. En d'autres termes, un niveau d'instruction bas correspond à des emplois moins rémunérés car les détenteurs sont considérés comme n'ayant pas les qualités nécessaires pour produire. Ainsi, d'après Maxime Parodi (2010, 64) lorsqu'il reconnaît que *Contrairement à la discrimination négative, il ne s'agit donc pas de rejeter purement et simplement quelqu'un en raison de son appartenance. Le rejet est motivé par un raisonnement conduisant à penser que tel candidat n'est probablement pas le meilleur possible.*Partant de cettemême discrimination, certaines formations (oudiplômes) paraissent plus payantes que d'autres comme le reconnaît le CEDEFOP (2012: 27), *"Employees that are of higher ability may wish to distinguish themselves to employers by obtaining an appropriate signal that is costly for lower ability individuals to acquire".*

La discrimination dont sont victimes les femmes-maçons relève plus de la sociologie, de l'anthropologie et de la psychologie que de l'économie. Il s'agit d'un traitement inégal sur base d'un critère non pertinent économiquement qui est le genre. Pour la théorie économique, écrit Cléo Chassonnery-Zaïgouche (2012 : 2), la discrimination est le résultat d'un comportement qui ne se fonde pas sur des critères économiques –comme les prix ou la productivité marginale. Par essence, la discrimination s'oppose donc à un comportement économique « normal »– un comportement maximisateur en vue d'un objectif d'utilité ou de profit. Ainsi, la discrimination est efficace économiquement lorsque certains critères peuvent intervenir comme la profitabilité de l'employeur ou la productivité des individus. C'est une autre façon d'expliquer la discrimination statistique.

En référence aux contributions d'Arrow sur la discrimination, on peut donc affirmer que les femmes-maçons sont victimes de la discrimination statistique. Arrow (1973 : 25) construit son modèle sur trois hypothèses :

a) les employeurs doivent être capables de distinguer les individus en fonction de leur appartenance à un groupe ;
b) déterminer la productivité des individus est coûteux ;
c) les employeurs doivent avoir un « préjugé » sur la distribution de la productivité entre les groupes – ou du moins « une vague idée ».

La discrimination statistique est donc basée sur l'efficacité du travail. Ainsi donc, en tenant compte de la théorie du capital humain, les travailleurs issus du rang de ceux dont le niveau d'instruction est inférieur correspondent à des salaires inférieurs. De ce fait, il y a « discrimination statistique » lorsque les employeurs utilisent une « projection » de la productivité d'un groupe, fondée sur un préjugé personnel, un jugement né de l'expérience ou un raisonnement statistique pour embaucher ou évaluer un individu. Ainsi, il existe une interprétation alternative à la discrimination : « [le phénomène] peut être vu comme le miroir (as reflecting) non pas de préférences mais de perceptions de la réalité » (Arrow, 1973 : 24, cité par Chassonnery – Zaïgouche, 2002 :5). Si les employeurs ont « l'idée préconçue » que les travailleurs issus du groupe A ont une productivité inférieure aux travailleurs issus de B, ils s'attendent à les employer à des salaires inférieurs. C'est ce dont sont victimes la plupart des femmes-maçons. Cette attitude explique en grande partie la précarité des rémunérations des femmes-maçons qui font qu'à la longue, les aides-maçons filles qui sont déjà impliquées dans la dynamique d'apprentissage se dérobent de la maçonnerie pour d'autres métiers ou qui, pour augmenter leurs revenus, s'adonnent à la débauche auprès de leurs collègues maçons. *L'éloignement du marché du travail est l'un de principaux facteurs de pauvreté et d'exclusion, l'emploi étant à l'inverse un puissant facteur d'inclusion et de reconnaissance sociale. La participation du plus grand nombre au marché de l'emploi est également un facteur de croissance, de résorption des inégalités et d'amélioration de la situation des finances publiques* (Barbaroux, C. et De Foucauld,J.-B., 2012 : 3).

Quant à la rémunération, certaines théories relatives à l'investissement dans le capital humain reconnaissent que le niveau de rémunération dans une entreprise est proportionnel au niveau de scolarité du travailleur. En d'autres termes, plus le travailleur détient un diplôme de niveau supérieur, plus sa rémunération tend vers la hausse. En d'autres termes, en se donnant aux études, le travailleur renonce à un revenu immédiat qu'il obtient dans le futur en accédant à un emploi décent, dans un poste rémunérateur. La classification des postes dans plusieurs entreprises dicte également le niveau de rémunération de l'agent qui occupe le poste. Dans notre recherche en cours, pour maîtriser la maçonnerie, nous essayons de classifier quelques étapes clés à parcourir. On cite, par exemple,

a) les ouvriers tous travaux ;
b) la spécialisation dans le malaxage ;
c) la spécialisation dans la maçonnerie du moellon et des briques ;
d) l'apprentissage pour l'implantation des portes et fenêtres ;
e) le crépissage et l'exécution sous pavement ;
f) le finissage des allèges, les portes, les chapes et les autres éléments ;
g) la fixation des portes et encadrement, etc.

Or, il se pourrait que la plupart des femmes interviennent dans celles qui sont à la base. Elles sont plus utilisées comme tous travaux ou mieux dans le malaxage. Aussi, restent-elles au bas de l'échelle de sorte que leur traitement dépend finalement de leur implication et de leurs compétences dans les activités du chantier.

En se référant à certains auteurs, Julie Thomas affirme que *de manière pérenne, l'ordre de genre attribue aux femmes l'esthétique, le soin ou le « monde des choses humaines »* (Durkheim, 1990), *aux hommes la force physique, « la » technique et plus généralement « les choses matérielles »* (Benelli et Modak, 2010 ; Tabet, 1998) (Thomas, J., 2013 : 53). Ainsi donc, il y a lieu d'affirmer que la maçonnerie est un métier essentiellement masculin. Même dans la langue française, le mot est toujours employé au masculin, qu'on parle généralement de « femme-maçon » en lieu et place de « maçonne ». En d'autres termes, en maçonnerie, la compétence professionnelle est pensée au masculin et est conditionnée par certaines qualités corporelles considérées intrinsèquement masculines, telles la vigueur, la force, l'endurance.

Dans la même perspective, en portant un regard sur les préférences des filles quant aux métiers du bâtiment, comme elles ont horreur de la maçonnerie, leurs choix portent essentiellement sur l'électricité, la peinture, le décor et la plâtrerie. Ce que Stéphanie Gallioz qualifie de métiers de l'esthétique. Ce qui ressort d'ailleurs des statistiques des employées des entreprises de construction où sur un effectif total de 36 femmes, 13 soit 36 %, contre 23 aides-maçons soit 64 %, œuvrent dans la plomberie, l'électricité, le carrelage et la peinture. En d'autres termes, bien que, dans l'absolu, les femmes soient peu nombreuses dans les métiers de chantier, elles restent enfermées dans certaines branches d'activité du bâtiment, comme celles de la peinture et de l'aménagement-finition. Ainsi, dans le bâtiment, il se retrouve une sorte de division sexuelle du travail relativement classique. Aux femmes, écrit Guilbert (1966) cité par Stéphanie Gallioz (2007 : 36), les travaux de minutie désignés comme simples et répétitifs, aux hommes ceux qui requièrent force physique, sens de la technique et une moins grande sédentarité. De ce fait, les métiers du bâtiment qui apparaissent adaptés aux femmes sont ceux qui conjuguent à la fois faible pénibilité physique par l'usage modéré d'outillage et/ou de matériaux requérant de la force physique et technique peu développée par l'usage d'outils simples et peu encombrants.

5.5. Une discrimination enracinée dans la tradition de l'initiation sexo-spécifique dans la culture nande

La triple interrogation d'analyse en titre de cette section – auto-exclusion, discrimination et division sexuelle du travail – démontre que la dimension de force physique joue un rôle capital dans la ségrégation professionnelle en métiers du bâtiment.

Mais ceci n'est-il pas un stéréotype de ceux qui qualifient la femme de sexe faible ? Dans la plupart des cultures africaines, voire occidentales, la femme est longtemps restée exclue du processus de production. C'est dans cette logique que nous voulons vérifier son rôle dans la construction d'une maison dans la société traditionnelle *nande*. Pourquoi le peuple *nande* ? Parce que cette étude se mène dans la région de Beni-Butembo, principalement la ville de Butembo, habitée à plus de 90 % par les « *Nande* ».Région habitée par plusieurs groupes ethniques, le plus important numériquement est celui des *Nande*, appelés aussi *Yira* que les autres semblent s'identifier en eux. En effet,*les Nande sont devenus en réalité les occupants effectifs de la région à telle enseigne que toutes ces tribus y repérées– même avant – aujourd'hui ne se reconnaissent qu'en tant que peuple nande* (Katembo Vikanza, P., 2011 : 36). D'après Timothy Raeymaekers, du fait de son dynamisme, Butembo est considérée comme la *capitale commerciale des Nande, [...]. Les bâtiments administratifs sont recouverts de toitures scintillantes, et des travaux de construction ont lieu à différents endroits de la ville*(Raeymaekers, T., 2004 : 62). Cette érection de nouveaux bâtiments, dans presque tous les quartiers, est presque chaque jour.

Sociologiquement et anthropologiquement parlant, dans la société traditionnelle *nande*, la construction de la maison n'était pas réservée uniquement aux hommes. Les enfants ou jeunes comme les femmes ou les hommes, voire les vieillards, avaient chacun son travail même si les tâches les plus lourdes revenaient aux hommes. Commençant par les plus vieux, compte tenu du poids de l'âge et de leur fragilité, leur rôle était essentiellement orienté vers l'architecture de la maison, la direction des travaux, compte tenu de leur expérience. Parfois, ils intervenaient activement lors de l'implantation de la maison, l'orientation des portes par rapport aux quatre points cardinaux en se référant essentiellement aux lever et coucher du soleil et de la lune. Pris au même titre que les ingénieurs et architectes de nos jours, ils contrôlaient la qualité des travaux et suivaient l'évolution de la construction de l'ouvrage. C'est ainsi que, par moments, ils pouvaient demander de détruire une partie et de la refaire. C'est parmi les vieux que se retrouvait également le « constructeur » (*« Omuhimbi »*) du village qui initiait les plus jeunes à l'art de construire.

Les hommes virils, jeunes garçons et adultes, sont les ouvriers et les acteurs clés de la construction de la maison. Impliqués dans l'implantation en soutien aux vieux et/ou au « constructeur » du village, leurs tâches sont multiformes. Ils déblaient le terrain de construction. Ils préparent les trous devant recevoir les poutres de l'élévation des murs. Ils préparent les matériaux de construction, découpent les arbres et les roseaux, les transportent sur leurs épaules et leur tête jusqu'au chantier, quelle que soit la distance, arrachent ou rasent la paille, préparent la boue pour le revêtement des murs. Ils construisent enfin la maison en élevant les murs, en posant la charpente, la toiture et la paille ; ils fixent le plafond. Ce sont des véritables maçons, charpentiers, menuisiers, en empruntant le vocabulaire actuel des métiers du bâtiment. Ils s'occupent du gros œuvre et même du second œuvre. Toutefois, la fixation des portes et fenêtres relevait généralement au sage « constructeur » du village aidé par des apprentis.

Dans ces différents travaux, les femmes et les enfants y jouaient aussi un rôle important. En effet, du fait de leurs tâches quotidiennes au ménage, les femmes appuyaient les hommes dans leurs tâches comme des aides-ouvriers en compagnie des jeunes enfants. Ainsi, par exemple, elles transportaient la paille, puisaient de l'eau pour la préparation de la nourriture et le malaxage de la boue d'enduit du mur. Elles préparaient et servaient la nourriture aux autres ouvriers. Elles pouvaient aider au malaxage de la boue, à l'enduitdes murs. Mais également, elles pouvaient exécuter certains chants d'encouragement aux constructeurs. À leur suite, les jeunes enfants ayant déjà un âge de participer aux travaux, à partir surtout de 9 ans, pouvaient s'occuper de quelques travaux dont le ravitaillement en matériaux légers selon le besoin, comme les cordes et les sticks des bois, l'approvisionnement en bois de chauffage pour les femmes à la cuisine, ou alors la construction de certains endroits de l'ouvrage sur indication des vieux et/ou des hommes, comme tenir les roseaux. Cela était une occasion aussi d'observer comment leurs parents travaillent pour qu'ils apprennent aussi le métier. Car, chez les Yira comme en Afrique traditionnelle d'ailleurs, la meilleure façon d'apprendre le métier est l'observation et le mimétisme des actes et mouvements du maître d'apprentissage.*L'enfant apprend en écoutant, en observant, en volant le savoir. Il apprend en silence et ce n'est qu'après le rituel de l'initiation qu'il sera autorisé à poser des questions. [...]. Le modèle de développement cognitif traditionnel est analogique, c'est-à-dire global, utile, instantané, aléatoire. L'abstraction est suggérée par des images codées : signes, couleurs, associations (lion et force) et les contes, proverbes et devinettes prennent une place importante dans la représentation de l'objet* (Fourniol, J., 2004 : 15).

Il n'est pas si saugrenu de le rappeler aussi en exergue que, pendant ce moment, les très jeunes enfants et les autres personnes très âgées étaient aussi aux alentours, car ils devaient participer, à la fin de l'activité, au partage du repas de clôture. En effet, dans la culture yira, les travaux communautaires de grande envergure se concluent généralement par un repas festif communautaireoù tout le village est convié.

Bien qu'il ne retrace pas exactement toutes les étapes et dimensions socio-anthropologiques liées à la construction d'une maison chez les *Yira* et le rôle joué par chacun, ce paragraphe a l'avantage de revenir sur la place de la femme dans le bâtiment. De manière générale, il lui est réservé des travaux légers d'aide-constructeur, et c'est cette fonction qu'elle semble assumer encore de nos jours dans les métiers du bâtiment. Cette dimension socio-anthropologique de la division du travail dans la construction peut être associée aussi au rite d'initiation yira. En effet, d'après certaines sources, dans la culture nande, il n'existe pas, à proprement parler, de rite d'initiation pour les jeunes filles comme il en existe pour les jeunes gens. En effet, chez les filles, l'initiation était essentiellement liée à la conception ou à la préparation à la maternité de la jeune épouse et ne pouvait commencer comme telle que lorsque cette dernière accuse la suspension de ses règles ou lorsque sa grossesse devenait manifeste. Cependant, chez les garçons, l'initiation commençait dès le jeune âge et avait pour objectif principal de le préparer à la vie future comme responsable du ménage.

Si l'initiation était limitée chez les filles, cela devait avoir de l'impact même sur leur formation professionnelle et leur éducation. Car, *dans la culture traditionnelle africaine, éducation et initiation étaient généralement liées étroitement. L'initiation traditionnelle fait partie des méthodes de l'éducation traditionnelle africaine. De toutes les méthodes pratiquées, les milieux initiatiques considèrent l'initiation comme la méthode supérieure de l'éducation et de la formation de la jeunesse* (Bini, B., 2016 : 152).

En d'autres termes, l'initiation peut être appréhendée comme ce que l'éducation traditionnelle africaine a de vraiment spécifique et de meilleur en matière d'éducation et de formation professionnelle. Lors de l'initiation, le but ultime est de former les adolescents aux différents types de rapports sociaux, et à développer leur intelligence. Les épreuves auxquelles sont soumis les adolescents ont comme finalité ultime d'amener l'initié à prendre conscience de grandes orientations de la vie d'un homme adulte. L'initiation façonnait ainsi le caractère et éduquait à l'endurance lors des épreuves physiques ou morales. Dans cette formation à la vie adulte, *chaque épreuve de l'initiation masculine exprime un mode d'être et un type de rapports sociaux et intellectuels d'un adulte par rapport à l'enfant. Elle est un moyen traditionnel de prise de conscience des orientations d'un homme adulte* (Guigbile, D. et Erny, P., 2002 : 132). La grande initiation masculine *Olusumba* est ainsi une école d'apprentissage à la vie sociale, et à la vie culturelle *Nande*. Et si donc cette initiation a exclu volontairement les jeunes filles, que faut-il pour qu'elles soient impliquées de nos jours dans les travaux qui exigent endurance et abnégation, face à la pénibilité des tâches comme les métiers du bâtiment et, de manière spéciale, la maçonnerie ?

6. Pour une féminisation des métiers du bâtiment

Face aux différents facteurs qui expliquent la ségrégation professionnelle dans les métiers du bâtiment comme des métiers « masculinisés », il est important de penser des mécanismes pour les« féminiser » afin qu'ils deviennent des métiers mixtes. En effet, « si l'exclusion des jeunes femmes des secteurs typiquement masculins semble se confirmer à long terme, c'est dû au fait que les logiques traditionnelles et exclusives du monde domestique tendent à se reproduire dans l'univers professionnel » (Imdorf, C., 2013 : 67). Ainsi, pour favoriser la mixité professionnelle dans ces métiers, certaines politiques de développement devraient être mises en place qui puissent agir sur les facteurs qui en excluent les femmes. Il s'agit, à titre illustratif, d'inscrire plus de femmes dans les filières scolaires des métiers du bâtiment, de promouvoir la diversité des métiers du bâtiment, pour sortir de l'image de « travaux pénibles » et les rendre plus attractifsen partant surtout des innovations techniques et technologiques, de valoriser plus objectivement le travail des femmes travaillant dans le bâtiment et d'agir sur les schèmes et poids culturels pour valoriser la femme dans la société.

Les écrits de Stéphanie Gallioz militent déjà pour une féminisation des entreprises du bâtiment malgré la force physique qui caractérise les métiers du bâtiment (Gallioz, S.,2006 et 2007). En effet, à partir d'un large travail d'enquête de terrain, Stéphanie Gallioz dresse un double constat de l'intégration progressive, mais encore faible (9,7 %), de femmes parmi les ouvriers du bâtiment. D'une part, les stéréotypes de sexe comme la fragilité physique et une moindre aptitude aux tâches techniques participent d'une forte présence des femmes dans les métiers peu techniques et souvent moins « nobles », d'autre part, les hommes se chargent souvent des tâches les plus difficiles au sein d'un métier. Ce dernier constat amène l'auteur à suggérer que la féminisation pourrait remettre en cause les stéréotypes de sexe dans le bâtiment, car elle pousse les hommes à réclamer une égalité face aux tâches les plus pénibles.

En militant pour l'intégration des femmes dans les métiers du bâtiment, elles pourraient apporter de nouvelles pratiques dans les méthodes de travail et donner une autre image des métiers, compte tenu de leur rigueur dans le travail et leur souci des impératifs de sécurité. Car, d'après certains témoignages des femmes, il se pourrait qu'être une femme sur un chantier présente des avantages. Les clients sont chaleureux et pensent qu'elle travaille plus soigneusement (ONISEP, 2009 : 10). À ce propos, il faut aller au-delà des stéréotypes de sexe qui sont à la source de la construction du secteur du bâtiment comme un bastion masculin, avec des prétextes comme la force physique et la fragilité féminine. Un autre élément consiste à s'appuyer sur les innovations, l'amélioration des conditions de travail et les avancées techniques et technologiques qui ont marqué le secteur du bâtiment en le rendant de moins en moins rude et rustique. Mais également, il faudrait s'appuyer sur une division du travail *a priori* favorable aux femmes. En d'autres termes, dans l'arsenal des métiers du bâtiment, il s'avère important de répertorier ceux qui peuvent être favorables aux femmes comme la peinture, le décor, la vitrerie, les installations thermiques, la plomberie, etc.

Certes, ces métiers remettent à jour l'argument de la force physique et la fragilité de la femme. Mais ils ont l'avantage qu'ils peuvent déjà émuler son esprit pour leur apprentissage et, par ricochet, pour s'insérer sur le marché du travail et de l'emploi. Car, en effet, la motivation compte pour beaucoup. Et on ne peut apprendre facilement un métier et l'exercer valablement et avec enthousiasme que si, à la base, il y a la volonté et la motivation. Cette dernière est entretenue par les atouts personnels et l'intérêt futur, avec l'espoir de gagner quelque chose. En d'autres termes, c'est la valeur ajoutée attendue d'un métier qui motive son apprentissage.

De ce qui précède, la féminisation des métiers du bâtiment, et plus particulièrement la maçonnerie, ne passe pas plus facilement par la mixité de l'emploi. Ce qui se bute aux stéréotypes d'exclusion de la femme. Dans un premier temps, il est important d'y créer une première ségrégation professionnelle pour y attirer les femmes. En d'autres termes, il s'agit de créer en maçonnerie et dans les métiers du bâtiment en général des filières féminines. Ces dernières doivent tenir compte en premier lieu des stéréotypes du métier pour faciliter l'entrée des femmes dans la maçonnerie. Ce qui permettrait de les intéresser dans l'espoir qu'elles y trouveront goût avec le temps jusqu'à s'impliquer dans tous les autres métiers sans aucune réticence ni difficulté.

Les femmes doivent garder à l'esprit que tous les métiers sont égaux et ouverts à tous les individus. Également, que*nul n'est inemployable et chacun a le devoir de travailler et le droit d'obtenir un emploi* (Barbaroux, C. et De Foucauld, J.-B., 2012 : 3) dans tous les domaines et les métiers de son choix. S'en auto-exclure diminue les chances de compétitivité sur le marché de l'emploi. C'est dans cette perspective que les femmes devraient prendre courage pour apprendre et s'insérer dans la quasi-totalité des métiers du bâtiment. Car apprendre un métier a une dimension ontologique et traduit l'appartenance à la communauté comme l'écrit Jackie Fourniol (2004 : 16) : *Apprendre un métier au village ou dans le bled, c'est avant tout marquer sa volonté de faire partie d'une communauté ethnique, intellectuelle et affective. Le métier est utile au groupe, à sa vie et à sa survie.*

Toutefois, pour une bonne féminisation des métiers du bâtiment, un travail capital s'impose. Il s'agit en premier lieu d'identifier les vrais motifs qui freinent la participation des femmes à ces métiers. En deuxième lieu, l'implication des femmes-leaders ou encore des femmes œuvrant déjà dans ces métiers doit être capitalisée pour sensibiliser leurs homologues à leur emboiter le pas. Il s'agit de passer d'une décrispation mentale qui associe certains métiers à certains sexes par une sensibilisation impliquant tant les hommes que les femmes, car les hommes ont souvent tendance à discriminer les femmes sur les chantiers. À propos, en traitant de la réparation automobile lorsque les entreprises formatrices ont tendance à recruter selon le genre, Christian Imdorf (2013 : 67) pense que « les jeunes femmes devraient faire preuve, du point de vue de l'entreprise, pour réussir le processus de candidature et, plus généralement, la formation suivie dans le secteur typiquement masculin : le fait d'être conscientes de ce qu'est le "monde masculin" de l'entreprise ; l'envie et la volonté de s'intégrer ; le pouvoir de persuasion ; la stabilité psychique et la résistance ; des compétences professionnelles au-dessus de la moyenne et le soutien éventuel des parents ».

Dans l'entretemps, une autre tâche consiste à démontrer que tous les métiers du bâtiment sont porteurs. Certes, la présence des femmes dans presque tous les métiers du bâtiment est petit à petit effective. Mais elles trouvent que certains métiers sont plus porteurs que d'autres. Ainsi, par exemple, la serrurerie-métallerie et la peinture sont les deux métiers les plus demandés par les femmes. Viennent ensuite l'électricité, la plomberie et le chauffage. Les moins demandés sont la menuiserie et surtout la maçonnerie. Curieusement, au lieu que la créativité et la rentabilité –ou gain monétaire immédiat – orientent le choix, le motif le plus prononcé reste toujours la légèreté des travaux et l'usage de moins de force physique.

Conclusion

Les interventions de la femme dans les métiers du bâtiment restent encore limitées dans la région de Butembo. Les recherches menées ont mis en jeu trois principaux concepts : la discrimination basée sur le genre ou l'exclusion, l'auto-exclusion et la division du travail basée sur le genre. L'analyse des résultats a démontré qu'on ne peut parler valablement d'une discrimination basée sur le genre bien qu'une discrimination statistique des femmes s'observe. Celle-ci est basée sur les préjugés entretenus autour des femmes qu'elles sont inaptes à exercer dans le bâtiment. Elle peut être facilement déboulonnée par une volonté des uns et des autres en valorisant le travail de la femme ou mieux par l'engagement de la femme à fournir le meilleur d'elle-même dans les métiers du bâtiment. Également, parmi d'autres arguments qui concourent pour l'insertion de la femme dans les métiers du bâtiment figurent leurs compétences en situation de travail liées à leur responsabilité, rationalité et leur adaptabilité ou esprit d'équipe dans un univers essentiellement masculin.

En revanche, partant de certaines considérations et attitudes vis-à-vis des métiers, on assiste d'abord à une division basée sur le genre dans le travail sur le bâtiment. Ayant une dimension socio-anthropologique, celle-ci se traduit facilement et à la longue par une auto-exclusion de la femme des métiers du bâtiment. Pour voiler cette attitude, les femmes se fondent sur les stéréotypes qui instituent les métiers du bâtiment en un bastion masculin : la lourdeur des travaux, l'exigence de la force physique et la fragilité de la femme. Si elles peuvent s'impliquer dans certains métiers comme ceux qualifiés de moins lourds, les femmes se spécialisent plus comme des professionnels de finition. Ceci peut être lié à la dimension sociale qui associe à la femme l'esthétique. Suite donc à cette minutie féminine, les femmes semblent se voir ainsi confier des travaux considérés comme « nobles » dans la hiérarchie des fonctions, c'est-à-dire les moins pénibles et les plus visibles aux yeux des clients. Et c'est ce qui explique l'abandon quasi total de la maçonnerie comme elle relève des métiers « sales » et très lourds.

En définitive, ce qui est vrai est que « les métiers du bâtiment sont difficiles ». Mais c'est en bravant et en cassant les stéréotypes qui les entourent que la femme peut valablement les exercer comme l'homme. Les métiers ont évolué et les innovations techniques et technologiques actuelles en ont amélioré les conditions de travail. La recherche du développement durable dans le bâtiment y implique plus de technicité, de polyvalence et de compétences qui offrent des opportunités aux femmes de s'y délecter comme les hommes. Toutefois, la détermination, le courage et la motivation sont des leviers de vitesse, car l'expérience a démontré que certaines femmes qui travaillent sur les chantiers, nonobstant les stigmatisations dont elles sont victimes, exercent leur métier avec plus de fierté que leurs homologues hommes. Malheureusement, et c'est le vrai bémol, lorsque la femme s'engage dans des travaux lourds, ce sont surtout les femmes qui considèrent qu'elle est d'une force virile et qu'elle travaille « comme un homme » et lorsque c'est un homme qui paraît fébrile, elles concluent qu'il est « comme une femme ». En effet, *la femme voudrait qu'on dise qu'elle est d'une force virile et non féminine pour prouver son ingéniosité. [...]. Si vous la considérez toujours dans cet état, vous piétinerez. Car la femme n'est pas un âne, une brute, un lourdaud, un couillon, un poltron, un couard, un flottant, un impotent* (Kasula, Fl., 2016 : 50-52).En d'autres termes, le processus de féminisation de métiers du bâtiment n'est pas si facile et aisé. Très récent et encore marginal, le chemin à parcourir est encore long et plein d'embûches basées d'un côté sur la méfiance, l'hostilité et le dénigrement des hommes et de l'autre sur l'auto-exclusion, l'auto-discrimination et la résignation des femmes. Ainsi, le rôle de chacun est d'accompagner tous les acteurs pour braver ces stéréotypes et cette trouille.

Bibliographie

ALDEGHI,I. et COHEN-SCALI, V., *Orientation et professionnalisation des jeunes dans le secteur du bâtiment,* CREDOC, Paris, 2005.

ARROW KENNETH, J., "The Theory of Discrimination", *in* Orley C. Ashenfelter et Albert Rees, eds., *Discrimination in Labor Markets*, Princeton : Princeton University Press, 1973, p. 1-33.

ATTIAS-DONFUT, Cl. Et THOMAS BARNAY, T., « Investissement en capital humain en fonction des sexes », in *Revue économique* 2002/4 (vol. 53), p. 839-861.

BARBAROUX,C. et DE FOUCAULD, J.-B., « Un droit au parcours accompagné vers l'emploi. Pour réduire le nombre de personnes exposées à la pauvreté »,Conférence contre la pauvreté et pour l'inclusion sociale, 25 novembre 2012.

BINI, B. « Initiation traditionnelle africaine et vivre ensemble : pistes pour un renouveau éthique aujourd'hui, in *Cadernos do CEAS*, Salvador, n. 236, 2016, p. 150-169.

BREDA, Th.,« Pourquoi y a-t-il si peu de femmes en science ? », in *La Découverte : « Regards croisés sur l'économie »*, 2014/2, n° 15, p. 99-116.

CEDEFOP, *Skill mismatch: The role of the enterprise*, Luxembourg: Publications Office of the European Union, 2012.

CHASSONNERY-ZAÏGOUCHE, Cl.,« "L'économie des discriminations" peut-elle se passer d'une "philosophie économique des discriminations ?" ». Documents de travail du Centre d'Économie de la Sorbonne 2012.68 – ISSN : 1955-611X. 2012. <halshs-00748511>

CORNET,A., « L'approche intégrée du genre dans l'élaboration des politiques socio-économiques », in *La Découverte : « Regards croisés sur l'économie »*,2014/2, n° 15, p. 52-68.

DURU-BELLAT, M.,« La raison des filles : choix d'orientation ou stratégies de compromis ? », in *L'orientation scolaire et professionnelle*, vol. 20, n° 3,1991, p. 257-267.

DURU-BELLAT,M.,« L'école, premier vecteur de la ségrégation professionnelle ? », in *La Découverte : « Regards croisés sur l'économie »*, 2014/2, n° 15, p. 85-98.

FOURNIOL, J., *La formation professionnelle en Afrique francophone. Pour une évolution maîtrisée*, L'Harmattan, Paris, 2004.

GALLIOZ, S., « Force physique et féminisation des métiers du bâtiment », in *Travail, genre et sociétés* 2006/2 (n° 16), p. 97-114.

GALLIOZ, S., « La féminisation des entreprises du bâtiment : le jeu paradoxal des stéréotypes de sexe », in *Sociologies pratiques* 2007/1 (n° 14), p. 31-44.

GEHIN, J.P., *Attractivité des emplois dans le secteur du bâtiment,* Aract, Université de Poitiers, 2005.

GUIGBILE,D. et ERNY, P., *Vie, mort et ancestralité chez les Moba du Nord du Togo*, L'Harmattan, Paris, 2002.

HARDY, M., *Le secteur du bâtiment mauritanien : enjeux, orientations et potentiel de réforme. Architectures et matériaux durables, formations adaptées et emplois décents,* Organisation internationale du travail, Bureau de pays de l'OIT pour l'Algérie, la Libye, le Maroc, la Tunisie et la Mauritanie– Nouakchott : OIT, 2017.

IMDORF, C., « Lorsque les entreprises formatrices sélectionnent en fonction du genre. Le recrutement des apprenti(e)s dans le secteur de la réparation automobile en Suisse », *Revue française de pédagogie*. Recherches en éducation, n° 183, avril-mai-juin 2013, *Les formations par apprentissage*, p. 59-69.

JOUNIN, N., « Loyautés incertaines. Les travailleurs du bâtiment entre discrimination et précarité », Thèse – Sociologie, Université Paris-Diderot – Paris VII, 2006.

KAMBASU KASULA, F., *Écrire pour exister. Il m'a dit... les suites illogiques de la logique*, Mon Petit Éditeur, Paris, 2016.

KATEMBO VIKANZA, P., « Aires protégées, espaces disputés et développement au nord-est de la R.D. Congo. », thèse, Presses universitaires de Louvain/ Diffusion Ciaco, Louvain-la-Neuve, 2011.

NIVYINTIZO, S., « Déterminants de performance dans le secteur du bâtiment et travaux publics : le cas des entreprises de construction du Burundi », mémoire, Université du Québec, 1995.

ONISEP, *Les métiers du bâtiment*, ministère de l'Éducation nationale, ministère de l'Enseignement supérieur et de la Recherche – Office national d'information sur les enseignements et les professions, 12 mail Barthélemy Thimonnier, Lognes, 77437 Marne-la-Vallée, Cedex 2, 2009.

PARODI, M., « De la discrimination statistique à la discrimination positive. Remarques sur l'interférence probabiliste », in *Revue de l'OFCE*, n° 112, janvier 2010, p. 63-86.

RAEYMAEKERS, T., « L'économie politique de Beni-Lubero », *in* VLASSENROOT K. et RAEYMAEKERS T., *Conflit et transformation sociale à l'est de la RDC*, Gand, Academia Press, 2004.

REDDAF, « La démographie », disponible surwww.tifawt.com

LEMIERE,S., « Le partage entre emploi et famille et entre femmes et hommes : une question de politiques… », in*La Découverte : « Regards croisés sur l'économie »*,2014/2, n° 15, p. 230-244.

LEMIERE,S. et SILVERA,R.,« Où en est-on de la ségrégation professionnelle ? », in *La Découverte : « Regards croisés sur l'économie »*, 2014/2, n° 15, p. 121-136.

THOMAS, J., « Le corps des filles à l'épreuve des filières scolaires masculines. Le rôle des socialisations primaires et des contextes scolaires dans la manière de "faire le genre" », in *Sociétés contemporaines* 2013/2 (n° 90), p. 53-79.

Les déterminants d'octroi de crédit dans un environnement dérégulé et fortement concurrentiel : Cas de la ville de BUTEMBO/RDC

Kamate Siviri Alfred

Résumé

Cette étude se propose d'analyser les facteurs d'octroi des crédits au sein des COOPEC et IMF de la ville de Butembo en République démocratique du Congo. Pour y parvenir, un modèle économétrique a été construit sur base de 11 variables. Le modèle théorique proposé a été testé à l'aide de 363 emprunteurs grâceà l'analyse en composantes principales d'abord et puis la régression multiple. Les résultats de cette étude nous ont permis de réaliser que l'octroi de crédit (montant octroyé) dans les structures de microfinance de la ville de Butembo dépend de la somme sollicitée, de la valeur de la garantie réelle et du montant des crédits dans les autres institutions de microfinance.En plus, pour atténuer le risque, les structures de microfinance recourent parfois aux prêts de groupe où chaque membre est solidairement responsable du prêt de l'autre.

Mots-clés : Déterminants d'octroi du crédit, composantes principales, risques, microfinance, RDC.

Abstract

This study aims to analyse the factors of credit granting within COOPECs and MFIs in the city of Butembo in the Democratic Republic of Congo. In order to do so, an econometric model has been constructed based on 11 variables. The proposed theoretical model was tested with 363 borrowers through principal component analysis first and then multiple regression. The results of this study allowed us to realize that the granting of credit (amount granted) in the microfinance structures of the City of Butembo depends on the sum requested, the value of the real guarantee and the amount of credit in other microfinance institutions.In addition, in order to mitigate risk, microfinance structures sometimes use group loans where each member is jointly and severally liable for the other's loan.

Keywords: Creditgrantingdeterminants, main components, risks, microfinance, DRC.

1. Introduction

Depuis ces trois décennies, le secteur de la Microfinance a pris de l'essor (Mayoukou & Kertous, 2015a) avec comme mission de rendre l'accès facile et rapide aux services financiers de proximité pour les pauvres, mieux les personnes à faibles revenus. En Europe, la grande majorité des Institutions de Microfinance (IMF) ont choisi l'inclusion financière (72 %) et la création d'emplois (70 %)(Botti, Dagradi & Torre, 2016 ; Inekwe, 2019).Leurs missions principales restent le suivi de la promotion des microentreprises (60 %) et de l'inclusion sociale en réduisant la pauvreté (59 %)(Botti *et al.*, 2016).Le nombre de familles bénéficiant des microcrédits est passé de 7,6 millions en 1997 à 137,5 millions en 2010(Botti *et al.*, 2016). Dans la même logique, les chiffres publiés par la *Microfinance Information Exchange*(Market, 2012) montrent que de 2002 à 2012, l'industrie a connu une croissance de plus de 1 300 % en Afrique subsaharienne(Essombe Edimo Nya Bonabebe, 2015). C'est le cas du secteur de la microfinance en République démocratique du Congo (RDC) où le nombre total de Coopératives d'épargne et de crédit (COOPEC) et Institutions de Microfinance (IMF) atteignaient déjà 111 institutions en 2009 (Banque centrale du Congo, 2009).

En même temps que le secteur croît, les difficultés de recouvrement apparaissent graduellement. Le taux d'impayés, qui s'élevait en moyenne à 2 % du portefeuille en 2004, s'était envolé à 7 % en Bosnie-Herzégovine, 10 % au Maroc, 12 % au Nicaragua et 13 % au Pakistan en 2009(Chen, Rasmussen, Reille & Rozas, 2010). Par-dessus le marché, les recouvrements se sont effondrés dans beaucoup de pays,et c'est le cas dans l'État indien de l'Andhra Pradesh(Michel *et al.*, 2011). Au cours de l'année 2009, les 111 institutions de microcrédit en République démocratique du Congo présentent l'encours de crédit de USD 34 298 872,00 dont la répartition par province fait ressortir une prédominance des structures financières de proximité dans le Nord-Kivu avec 31 COOPEC et 5 IMF, représentant USD18 864 744,00 en encours de crédit (Banque centrale du Congo, 2009). Toutes ces institutions se caractérisent par une mauvaise qualité de portefeuille des crédits (Banque centrale du Congo, 2009).

Dès les années 2012, la RDC connaît un repli en termes de nombre d'institutions agréées. La Banque centrale du Congo procède au retrait d'agrément des trente-cinq ISDF suite à la cessation d'activités et du paiement dû à la mauvaise gestion (Banque centrale du Congo, 2012). La même tendance continue les années 2015 et 2016. Les crédits nets octroyés par les ISDF à la clôture de l'exercice se sont établis à USD162 174 030,00,soit une hausse de 20,4 % par rapport à l'année 2014 (Banque centrale du Congo, 2015). L'analyse de la qualité du portefeuille de crédit par type d'ISDF a indiqué une détérioration au niveau des IMF qui ont enregistré un portefeuille à risque à plus de 30 jours (PAR30) de 18,6 % en 2015 contre 2,0 % en 2014. Le PAR30 passe à 28,6 % à la fin de l'an 2016(Banque centrale du Congo, 2016). En province du Nord-Kivu, l'encours de crédit et l'épargne ont connu des régressions dans les mêmes proportions, contrairement aux fonds propres qui se sont légèrement améliorés quoique demeurant négatifs (Banque centrale du Congo, 2016). On constate, par exemple, l'épargne de USD 43 159 382 en 2015 qui passe à USD 32 967 417 au cours de 2016, soit une variation de -23,6. Il en est de même pour les encours de crédit de 15 878 578 en 2015 qui passent à 12 136 637, soit une variation de -23,6 (Banque centrale du Congo, 2016).

Face à cette croissance vertigineuse et continuelle, la pérennité des COOPEC et IMF reste menacée. Cette hausse régulière constatée dans la dégradation de la qualité du portefeuille est justifiée par le fait que dans certaines régions, les remboursements se sont effondrés et continuent à s'effondrer, parfois temporairement, parfois de manière chronique (Imbert, 2014 ; Samat & Studies, 2019). Le portefeuille de crédit ainsi constitué doit être surveillé et entretenu afin de le conserver sain, dans le respect de tous les critères de qualité définis par la Banque centrale et les autorités de contrôle. À défaut de quoi, les retards et les défauts de remboursement menacent la viabilité et la pérennité des institutions de microcrédit mais aussi les emprunteurs seront surendettés(Baklouti, 2013 ; Schicks,P. 2011).

Bien que le secteur soit très sensible, il n'existe presque pas d'études menées dans le cadre de l'analyse de la pérennité et la viabilité des COOPEC et IMF de la RDC, plus particulièrement celles de la ville de Butembo en province du Nord-Kivu. C'est dans ce cadre que cette étude se propose d'analyser les facteurs d'octroi des crédits au sein des COOPEC et IMF de la ville de Butembo.Ainsi, durant cette investigation, nous essayons de répondre plus spécifiquement aux questions suivantes :

- ✓ Quels sont les déterminants d'octroi de crédit par les COOPEC et IMFen ville de Butembo ?
- ✓ Comment les risques liés à ces déterminants sont-ils gérés ?

À la suite de cette introduction, arrive le fondement théorique à la section deux (2) suivi de la méthodologie à la section trois (3). La section quatre (4) est consacrée aux résultats et leur discussion. Enfin, vient la conclusion à la section cinq (5).

2. Fondement théorique

Dans cette partie, nous présentons les théories et déterminants empiriques qui ont permis de construire le modèle théorique.

2.1.Revue de la littérature empirique

Plusieurs études ont déjà été menées dans le secteur financier sur les facteurs d'octroi ou de remboursement des microcrédits (Baklouti, 2013).Ces déterminants peuvent être regroupés en quatre éléments majeurs, à savoir les caractéristiques de l'emprunteur, les aspects de l'entreprise, les caractéristiques du prêt ainsi que les caractéristiques du prêteur (Baklouti, 2013 ; Inekwe, 2019 ; Nawai, Shariff & Science, 2010).

L'une des premières études sur les facteurs de remboursement a été menée au niveau de laCosta Rica (Wenner, 1995). Pour cette étude, l'asymétrie de l'information est un des facteurs quiaffectent les *marchés du crédit dans les pays en développement, et entraîne ainsi un rationnement sélectif et une segmentation du marché avec des conséquences défavorables sur la répartition des revenus pour les petits emprunteurs* (Columba Gambacorta & Mistrulli, 2010; Wenner, 1995). Son analyse portant sur 25 groupes de crédit indique que les performances de remboursement de ces groupes s'améliorent avec la sélection par les pairs, variable mesurant implicitement les activités de dépistage, de surveillance et d'application menées au sein de ces groupes (Baklouti, 2013). Au cours de la même analyse, il en ressort que les groupes situés dans des régions éloignées ont une meilleure performance de remboursement. En effet, le fait d'être éloigné réduit la possibilité d'accès à d'autres sources de crédit (Baklouti, 2013).

Par la suite,le modèle Tobit, dans une étude composée de 128 groupes de crédits au Bangladesh, a été développé pour déterminer les facteurs les plus importants qui influencentles taux de remboursement du groupe(Baklouti, 2013 ; Sharma & Zeller, 1997). Le résultat indique que le taux de remboursement augmente une fois que les emprunteurs ont plus de crédits rationnés, si les groupes de crédit sont formés à l'aide d'une auto-sélection du processus (dépistage) (Beaman, Karlan, Thuysbaert & Udry, 2014 ; Longhofer & Peters, 2005) et s'ils sont que principalement formés de femmes (Baklouti, 2013 ; Sharma & Zeller, 1997).

Une étude, qui a porté sur 1 234 institutions de microfinance dans 106 pays, a distingué des facteurs micro économiques et macroéconomiques de défaut de remboursement (Inekwe, 2019). L'étude aboutit à un modèle avec 42 variables. En utilisant la variante de l'analyse des limites extrêmes, qui teste systématiquement la fragilité des estimations de coefficients, l'étude examine l'importance de 42 variables pour expliquer le risque de défaut (Inekwe, 2019).

2.2. Modèle de recherche

Le modèle de recherche que nous proposons pour cette étude est composé de 11 variables considérées dans la littérature comme étant des facteurs pouvant affecter l'octroi des crédits au sein des institutions de microfinance.Le modèle est constitué des variables qui suivent :

2.2.1. Valeur des garanties (VG)

Les garanties sont généralement représentées par des actifs physiques ou des actions ; les garanties sont des obligations contractuelles des tiers à effectuer des paiements en cas de défaillance de l'emprunteur, tel un cautionnement. En raison d'absence d'informations sur le type de prêt sécurisé par des garanties, les relations bancaires impliquant des prêts autres que des lignes de crédit sont exclues (Pozzolo, 2004). Les garanties sonten général utilisées comme des incitations au remboursement pour se prémunir contre un manquement volontaire, augmentant ainsi les implications dans leremboursement(Inekwe, 2019).Elles ont été depuis longtemps considérées comme des moyens facilitant l'accès au crédit(Honlonkou, Acclassato, Quenum & Economics, 2006). Fournir des garanties à la banque peut atténuer ces asymétries d'information et résoudre ainsi le problème du rationnement du crédit(Mayoukou & Kertous, 2015a, 2015b ; Steijvers & Voordeckers, 2009).

2.2.2. Le nombre de comptes dans les autres IMF(NCAI)

Les emprunteurss'engagent non seulementà ne pas prendre plusieurs prêts mais aussi à ne pas adhérer àplusieurs institutions(J. Schicks & Rosenberg, 2011). Cette situation provoque petit à petit le risque de surendettement et d'augmentation d'impayés. Sans ignorer que les emprunteurs évaluent les avantages comparatifs d'offres de service des institutions de microfinance quelques fois au détriment de la réglementation.

2.2.3. Crédit antérieur (CRA)

Encore appelé prêt précédent, le crédit antérieur met en évidence l'historique de l'emprunteur dans ses relations avec la structure de microfinance(Baklouti, 2013 ; Schreiner, 2004a). Pour cette variable, trois cas de figure peuvent se présenter. Le premier est celui où le client en présence ne présente aucun prêt antérieur. Pour celui-ci, pas d'historique.Dans le second cas, le client est familier mais paie toujours ses dettes sans souci. Pour le troisième casde figure, l'emprunteur est familier mais présente une partie ou certaines parties de ses dettes en situation de non-paiement(Baklouti, 2013). L'historique d'emprunts d'un client est un bon indicateur pour évaluer la performance de paiements futurs(Schreiner, 2004b).

2.2.4. Crédit dans les autres IMF (CRAI)

Les caractéristiques des emprunteurs jouent un rôle important dans la performance de remboursement des prêts. Les risques de défaillance des clients ayant plusieurs sources de prêt sont plus élevés que les autres(Vogelgesang, 2003). Cette situation reste alimentée par l'asymétrie informationnelle qui règne entre institutions(Inekwe, 2019).À cet égard, il faut capturer dans cette variable le montant total des crédits provenant d'autres institutions de microfinance pour un emprunteur quelconque.

2.2.5. Le montant de crédit

Lavariablemontant de crédit estgénéralement définie comme étant une caractéristique de prêt résultant de la négociation entre l'emprunteur et l'institution de microfinance (Baklouti, 2013). Dans certaines situations, le moment où l'emprunteur sollicite peut ne pas être celui où on lui donne réellement. Pour mieux appréhender cette variable, il y a lieu de décliner cette variable en deux sous-variables, le montant demandé ou sollicité et le montant octroyé ou réellement perçu par l'emprunteur.

a. Montant demandé ou montant sollicité (MD)

Le montant sollicite est celui que le demandeur souhaiterait avoir lors de la demande d'un crédit.Il peut ne pas être forcément celui qu'on lui donne. Un montant inférieur à sa sollicitation peut lui être octroyé pour des raisons propres à la structure d'octroi.

b. Montant octroyé (MO)

Le montant octroyé estla somme réellement perçue par le demandeur du crédit, contrairement au montant qu'il sollicite (Schreiner, 2004a). Cette somme est toujours inférieure ou égale au montant sollicité.

2.2.6. Les mouvements dans le compte

Lesgaranties matérielles, mouvements de dépôts et retraits ontété pendant longtemps un moyen permettant de faciliter l'accès au crédit(Honlonkou *et al.*, 2006 ; Nzongang, Wamba, Nimpa & Development, 2014). Contrairement à la capacité de remboursement réelle, ces facteurs ont réduit l'octroi de crédit au seul respect des exigences de la politique de crédit d'une institution sans pour autant se renseigner davantage sur le comportement du client dans le secteur de la microfinance (Nzongang *et al.*, 2014). La variable reprend les mouvements dans le compte six mois avant la demande de crédit. C'est l'occasion de décomposer cette variable en deux autres variables, à savoir la moyenne des dépôts et la moyenne des retraits sur un même compte.

a. Moyenne des dépôts (MND)

Cette variable reprend la moyenne des dépôts des six derniers mois précédant l'emprunt.

b. Moyenne des retraits (MR)

Cette variable enregistre la moyenne des retraits des six derniers mois précédant l'emprunt.

2.2.7. Les facteurs liés au ménage

Les facteurs liés au ménage, tels que le revenu, la profession, l'âge, l'éducation, la taille, ses charges, sont supposés affecter la demande de microcrédit au sein des ménages etpeuvent directement influencerleur accessibilité au microcrédit (Ayamga, Sarpong &

Asuming-Brempong, 2006 ; Li, Gan & Hu, 2011 ; Schreiner, 2004a). En fait,l'accès des ménages à un certain type de crédit peut être conceptualisé comme une prise de décision séquentielle, processus qui est lancé du côté de la demande(Li *et al.*, 2011; M. J. W. d. Zeller, 1994). Parmi ces facteurs, on retient **la taille du ménage(TM)** (Tatham, Hair, Anderson & Black) et **ses charges (CHM)** (Setargie, 2013).

2.2.8. Taux d'intérêt (TI)

Le taux d'intérêt effectif estla somme des bénéfices réalisés plus les trois composantes principales des coûts d'une IMF, à savoir les frais d'exploitation, les frais financiers et les pertes liées à la dépréciation de prêts(Roberts, 2013). Le taux d'intérêtest une des caractéristiques macroéconomique de défaut de prêt de la catégorie financière (Inekwe, 2019), utilisé comme filtre permettant d'identifier les bons emprunteurs, évitant ainsi la sélection adverse (Nzongang *et al.*, 2014 ; Patten & Johnston, 2001).

À partir de tous ces facteurs pouvant affecter le prêt, l'on construit un modèle économétrique. Il s'agit pour ce modèle de pouvoir ainsi vérifier si tous les facteurs énumérés ci-dessus influencent le montant octroyé au sein des COOPEC et IMF de la ville de Butembo.
Le modèle est à formaliser comme suit :

$$\mathrm{MO}_i = \beta_0 + \beta_1 VG + \beta_2 NCAI + \beta_3\mathrm{MND} + \beta_4\mathrm{MR} + \beta_5\mathrm{CRA} + \beta_6\mathrm{CRAI}$$

$$+\beta_7\mathrm{MD} + \beta_8\mathrm{CHM} + \beta_9\mathrm{TM} + \beta_{10}\mathrm{TI} + \varepsilon_i (1).$$

La forme simplifiée est :$MO_i = \beta_0 + \sum_{i=1}^{n} B_k X_i + \varepsilon_i$ avec i Є [1, n] (2).

Comme vu dans la littérature, les variables ci-dessus décrites sont de loin suffisantes pour pouvoir justifier le montant octroyé à un client au sein d'une COOPEC ou d'une IMF. Plusieurs autres variables ne sont pas intégrées dans ce modèle, car il est très difficile de pouvoir les appréhender en termes des données. Elles se trouvent capturées par le terme d'erreur $\boldsymbol{\varepsilon_i}$. Ce terme synthétise donc tous les autres facteurs qui ne sont pas pris en compte dans ce modèle.

3. Méthodologie

Dans cette partie, apparaît le processus qui a permis de choisir l'échantillon et la technique de collecte des données. La partie se clôture par la présentation des différents outils d'analyse qui ont permis d'évaluer le modèle.

Cette étude se propose d'analyser les relations entre les variables du modèle de la recherche. Les variables ont été puisées dans la littérature et ont permis de construire un modèle tel que présenté dans la partie qui précède. Il existe une relation de causalité entre les variables indépendantes ou explicatives et la variable dépendante ou expliquée.

Dans cette étude, la population visée est constituée de l'ensemble des emprunteurs dans le secteur de la microfinance en ville de Butembo. Il n'y a pas eu d'autres possibilités d'extraire les sujets de recherche que de recourir à ce type d'échantillon, vu le caractère confidentiel des données sur les emprunteurs dans les institutions de microfinance. Il est connu que les résultats issus de ce type d'échantillonnage peuvent présenter des limites quant à leur généralisation sur la populationmère(Dépelteau, 2003). Même si la préoccupation ne s'étendait pas à une telle ambition, le soin mis dans le choix des sujets de cette étude permet d'obtenir des indications fiables, non seulement sur les sujets qui ont été contactés dans la récolte des données, mais aussi sur les autres sujets en raison des caractéristiques communes de ces emprunteurs.On a pu retenir un échantillon de 363 emprunteurs qui se sont montrés disponibles à répondre aux questions. Il faut cependant signaler qu'il est difficile de répartir les sujets selon les institutions de microfinance, car les emprunteurs ont des comptes dans plus d'une institution, en recherchant les avantages des unes et des autres.

Pour récolter les données, un questionnaire a été élaboré. Après le pré-test fait par six personnes, dont deux étudiants et quatre agents dans les IMF de la place, le questionnaire a été soumis aux deux bureaux des associations professionnelles dans le secteur de la microfinance (APROCEC et ANIMF). Compte tenu du caractère confidentiel des données financières, l'on n'a eu accès qu'aux données susceptibles d'être publiées dans les sites web des associations professionnelles et dans leurs rapports annuels. Pour compléter ces informations, il a été organisé un entretien avec le point focal de la « plateforme des microfinances en ville de Butembo », en constitution, pour montrer l'intérêt de cette recherche et le guide d'entretien à soumettre aux agents de crédit et aux clients indiqués. La réponse était favorable à condition de garder l'anonymat des emprunteurs. De ce fait, il a été réalisé un échantillon d'emprunteurs à boule de neige pour quelques entretiens semi-directifs. Dans ce contact, ont été menés trois entretiens avec le responsable de crédit des IMF en date du 27 janvier 2018, du 17 février 2018 et du 24 février 2018. Deux entretiens ont été faits avec les responsables des commissions de crédit des COOPEC en date du 31 janvier 2018 et du 21 février 2018. Grâce à ces outils, l'on a réussi à collecter des données numériques concernant l'année d'activités 2017 auprès de 363 individus emprunteurs sur un total d'emprunteurs inconnus. Les emprunteurs interrogés étaient retrouvés occasionnellement dans leur milieu d'activités grâce à la technique d'échantillonnage à boule de neige. Seules les informations de nature quantitative étaient accessibles.Les informations à caractère intime, tel que le nom de l'emprunteur, ont été omises.

Quant à l'analyse, il sied de condenser l'information contenue à l'intérieur d'un grand nombre de variables en un ensemble restreint de nouvelles dimensions composites. Ainsi, on recourt à la démarche multivariée en quatreétapes dont la dernière est le choix de la méthode d'extraction (Tatham *et al.*, 1998). Des deux méthodes d'extraction des facteurs qui existent, l'**analyse des facteurs communs**(analyse factorielle) et l'**analyse en composantes principales**(ACP), il a étéprivilégié l'analyse en composantes principales (*Principal component*) qui est basée sur la variance spécifique des variables et qui permet d'extraire unminimum de facteurs qui expliquent la plus grande partie possible de la variance spécifique (Tatham *et al.*, 1998).Cette démarche permet d'identifier les différents facteurs d'octroi de crédit sur base de leur corrélation avec les axes à retenir.Pour pouvoir ressortir le modèle économétrique, l'on a pu recourir, sur base des variables significatives de l'ACP, à la régression linéaire multiple sous l'estimateur des moindres carrés ordinaires (MCO). Pour les données obtenues, les traitements ont été réalisés grâce aux logiciels R 3.4.4 et SPSS 23.0.

4. Résultats et discussions

Cette partie est consacrée aux facteurs d'octroi et de risques de crédit dans les IMF de la ville de Butembo. Leur identification est effective grâce à l'analyse en composantes principales (ACP). Pour pouvoir atteindre un modèle économétrique, l'analyse des facteurs doit être complétée par la régression linéaire.

Avant toute étape d'analyse en composantes principales, l'on décrit d'abord les données tout en présentant une analyse de corrélation entre les variables. Par la suite, intervient la mesure de l'adéquation de l'échantillonnage (KMO) et du Test de sphéricité de Bartlett pour pouvoir décider de l'usage de la méthode choisie, à savoir l'analyse en composantes principales.

4.1 Mesure de l'adéquation de l'échantillonnage

La mesure de l'adéquation de l'échantillonnage donne un aperçu global de la qualité des corrélations inter-items. L'indice KMOvarie entre 0 et 1 tout en donnant une information complémentaire à l'examen de la matrice de corrélation.

Table 1. Test KMO et Bartlett

Kaiser-Meyer-Olkin Measure of Sampling Adequacy.		.735
Bartlett's Test of Sphericity	Approx. Chi-Square	2504.962
	Df	55
	Sig.	.000
a. Based on correlations		

Source : Auteur (logiciel SPSS 23.0)

L'indice KMO de 0, 735 peut être qualifié de bonne. Il indique que les corrélations entre les items sont bonnes. Il y a lieu donc de rejeter l'hypothèse nulle selon laquelle les données proviennent d'une population pour laquelle la matrice serait une matrice d'identité. Les corrélations ne sont donc pas toutes égales à zéro.

Le test de sphéricité de Bartlett indique quant à lui si la matrice de corrélation est une matrice identité à l'intérieur de laquelle toutes les corrélations sont égales à zéro. L'on attend que le test soit significatif ($p < 0{,}05$) pour pouvoir rejeter l'hypothèse nulle selon laquelle il s'agirait d'une matrice identité. Cela signifie que toutes les variables sont parfaitement indépendantes les unes des autres. Dans ce cas, le résultat du test de sphéricité de Bartlett est significatif ($p = 0.000 < 0{,}05$), l'on peut donc rejeter l'hypothèse nulle.

4.2 Examen de la matrice des composantes (sans rotation)

Cette matrice contient les poids des variables sur chaque composante. De manière générale, la première composante extraite est celle qui explique le plus de variances ; elle est donc la meilleure combinaison possible de variables. Les autres composantes ont moins de variances résiduelles à expliquer. Par conséquent, elles représentent des combinaisons de moins en moins optimales, jusqu'à l'extinction de la variance à expliquer.

Table 2. Total des Variances expliquées

Component	Initial Eigen values			Extraction Sums of Squared Loadings		
	Total	% of Variance	Cumulative %	Total	% of Variance	Cumulative %
1	1383275915	57.810	57.81	1383275915	57.81	57.81
2	831723985.	34.760	92.57	831723985	34.76	92.57
3	110645901.	4.624	97.19			
4	43462202	1.816	99.01			
5	10176341	.425	99.43			
6	7483279	.313	99.74			
7	6006268	.251	99.99			
8	12255	.001	100.00			
9	1.569	6.5E-8	100.00			
10	.582	2.4E-8	100.00			
11	.201	8.3E-9	100.00			

Sources : Auteur (logiciel SPSS 23.0)

Sur base du tableau ci-dessus, il en ressort clairement que les deux premiers axes sont à retenir parce qu'ils représentent déjà 92,570 % de l'information de départ après projection.

4.3 . Représentation des variables sur les axes retenus

Puisqu'il a été retenu seulement deux axes, il faut refaire l'analyse en spécifiant l'intention de conserver ce même nombre de facteurs. Ce qui donne le tableau des corrélations à la première rotation ci-dessous.

Table 3. Corrélations à la première rotation

	Raw		Rescaled	
	Component		Component	
	1	2	1	2
MR	19006.811	-12477.029	.831	-.546**
MND	20591.090	-13944.145	.824	-.558**
VG	22859.818	21698.525	.723	.686**
MO	5023.936	1726.084	.591	.203**
MD	5207.574	1914.939	.562	.207**
CRA	4613.990	2024.057	.525	.230**
CRAI	1343.272	198.087	.401	.059**
CHM	27.479	13.690	.216	.107*
NCAI	.099	-.033	.122	-.040*
TM	-.059	.000	-.047	.000*
TI	.024	.036	.052	.079*

Source : Auteur (logiciel SPSS 23.0 : ** variables bien représentées sur l'axe et donc analysables, * variables mal représentées sur l'axe et non analysables).

Toute valeur supérieure à 0,25 (25 %) en valeur absolue est significative.Il ressort clairement que les sept premières variables sont significatives sur l'un ou l'autre axe. Dans le but de pouvoir faciliter l'interprétation sur les axes retenus, SPSS prévoit lui-même des valeurs nulles pour les variables non significatives sur ces axes. Cette situation est visible dans le tableau qui suit.

Table 4. Variables significatives

	Component	
	1	2
NCAI	.000	.000*
MD	.035	.021**
CRA	.029	.021**
MO	.031	.018**
MND	.372	-.419**
MR	.314	-.343**
VG	.522	.825**
CHM	.000	.000*
TM	.000	.000*
TI	.000	.000*
CRAI	.003	.001**

Source : Auteur (logiciel SPSS 23.0 : ** variables bien représentées sur l'axe et donc analysables, * variables mal représentées sur l'axe et non analysables)[1].

Le tableau ci-dessus montre que les variables Nombre des comptes dans les autres IMF (NCAI), Charges de ménage (CHM), Taille de ménage (TM) et Taux d'intérêt (TI) ne sont pas significatives sur les deux axes retenus. Elles ne seront pas interprétées. Elles sont donc à rejeter. Cependant, les variables montant demandé ou montant sollicité (MD), crédit antérieur (CRA), montant octroyé (MO), moyenne des dépôts (MND), moyenne des retraits (MR), valeur de la garantie (VG) et crédit dans les autres IMF(CRAI) sont significatives sur l'un ou l'autre axe. Elles sont par la suite analysées et font l'objet de la régression linéaire multiple dans la section qui suit.

Sur l'axe numéro 1, il ressort une forte corrélation du montant octroyé (MO) et le montant demandé (MD).Ces deux variables sont presque confondues. Ces deux informations évoluent pratiquement dans le même sens, car elles sont positivement corrélées sur cet axe. Sur ce même axe, les variables valeur de la garantie (VG), crédit antérieur (CRA), crédit dans les autres IMF (CRAI) sont également positivement corrélées. Il s'agit donc d'un axe de rapprochement entre toutes ces variables. Cela revient à dire que le mouvement de l'une de

[1] Pour l'ACP, toute corrélation supérieure à .25 indique que la variable est bien représentée sur l'axe.

ces variables entraîne la modification des autres dans le même sens, mais en des proportions différentes. L'augmentation des crédits antérieurs accroît le volume du montant à solliciter ; il en est de même de la somme des crédits dans les autres IMF.

Sur l'axe numéro 2, un rapprochement s'observe entre les dépôts et les retraits sur cet axe. Les deux variables sont corrélées négativement par rapport à l'axe. On observe une opposition sur le même axe entre les deux groupes de variables retraits et dépôts et la valeur de la garantie.Ces deux groupes de variables évoluent dans le sens contraire. Cela revient à dire que lorsque les mouvements sont fréquents dans un compte, la valeur de la garantie a tendance à être minimisée. Cependant, pour un client dont les mouvements ne sont pas trop fréquents, l'IMF est trop exigeante en termes de valeur de garantie. Du côté de l'actif, l'encours de crédit se rapproche de celui de dépôt, voire le dépasse.Mais il n'est pas fondamentalement un problème. Le risque émerge du côté passif et affecte l'actif, car la nature des dépôts sur lesquels sont adossés les prêts est souvent inadaptée. Beaucoup d'IMF utilisent des dépôts journaliers pour accorder des prêts. Il y a là une inadéquation actif-passif(Mayoukou, C., 2014). Le mouvement fréquent et important dans un compte à terme fait que, lors de l'évaluation de la garantie-caution du prêt, le pourcentage accordé à la garantie matérielle dans les IMF de Butembo soit revu à la baisse, au détriment de l'importance des liquidités dans le compte épargne du client débiteur. En revanche, une situation régulière peut être observée dans le même sens que les dépôts. Toute chose restant égale par ailleurs, la garantie matérielle doit être plus exigible que les dépôts suivis des retraits. C'est ce qui explique le signe négatif du modèle économétrique de prédiction pour signifier une corrélation négative entre ces deux variables. Ce dernier cas est illustré par Célestin Mayoukou (2014) en ce sens : le contrat de dépôts journalier étant très liquide, puisque le retrait peut se faire à tout moment, il soumet l'IMF à un risque certain de liquidité. Au niveau de l'Afrique centrale, plusieurs IMF ont été mises en faillite par des *runs* déclenchés par la clientèle des déposants journaliers, qui mènent souvent des activités à rotation rapide, etdans cecas, l'IMF ne joue, pour eux, qu'un rôle de coffre-fort (Mayoukou, C., 2014).

4.4 Composantes principales et le MCO

Après l'analyse factorielle, il est difficile de sortir un modèle économétrique. Ainsi, il convient de recourir à la régression linéaire multiple pour y arriver et ainsi tester le modèle théorique présenté au niveau de la méthodologie. La régression porte sur les variables bien représentées sur les axes retenus par l'ACP. En estimant les coefficients de la régression pour les variables retenues, on a le résultat suivant :

Table 5. Estimation des paramètres du modèle

Model		Unstandardized Coefficients		Standardized Coefficients	T	Sig.	95,0 % Confidence Interval for B	
		B	Std. Error	Beta			Lower Bound	Upper Bound
1	(Constant)	-89,588	227,786		-.393	.694	-537,565	358,388
	MD	.735	.026	.801	27,918	**.000**	.683	.787**
	CRA	.031	.025	.032	1,237	.217	-.018	.080*
	MND	-.052	.037	-.152	-1,414	.158	-.124	.020*
	MR	.072	.040	.194	1,794	.074	-.007	.151*
	VG	.017	.007	.062	2,552	**.011**	.004	.030**
	CRAI	.246	.062	.097	3,973	**.000**	.124	.367**
a. Dépendent Variable : MO								

Source : L'auteur (logiciel SPSS 23 :* non significatifs et ** significatifs au seuil de signification de 5 %)

À la lecture du tableau qui précède, seules les variablesvaleur de la garantie matérielle (VG), montant sollicité ou demandé par le client (MD) etmontant de crédit dans les autres institutions (CRAI) sont significatives au seuil de signification de 5 %. Ainsi, le résultat ci-dessus montre que le montant octroyé dépend principalement de ces trois variables précitées et rejoint partiellement ou complètement les conclusions des études (Baklouti, 2013 ; Honlonkou *et al.*, 2006 ; Inekwe, 2019 ; Nzongang *et al.*, 2014).Ceci se prouve à la fois par les valeurs de signification inférieure à 0,05 et aussi l'intervalle de confiance[1]. Il s'agit d'une signification individuelle des variables. Dans le même modèle, il en ressort que rien ne peut être octroyé à une personne qui n'a rien demandé ou sollicité au sein d'une IMF. Ceci se prouve par la valeur estimée de la constante nulle (significativité de la constante (Constant=.694> 0,05). La constante négative de -89,588 représente la perte que supporte l'institution lorsqu'elle accorde un crédit à un emprunteur qui ne remplit aucun critère.

Soient :

MD : le montant sollicité par le client
VG : le montant de la garantie matérielle

CRAI : montant de crédit dans les autres institutions

Ainsi, après estimation des paramètres, le modèle de départ devient :

$\mathbf{MO}_i = 0.801MD+0.062VG+0.097CRAI$

Sur base du modèle estimé ci-haut, il est très facile de pouvoir déterminer le montant à octroyer à un client qui vient solliciter un crédit dans une IMF. La condition est d'avoir des informations sur le montant qu'il sollicite, la valeur de la garantie qu'il présente et le montant de son crédit dans les autres IMF.

Ce résultat est en contradictionpartielle avec les idées de Baklouti (2013)selon lesquelles les anciens emprunteurs sont moins performantsen matière de performance de remboursement que les nouveaux emprunteurs(Baklouti, 2013). Cela se justifie par le rejet par la non-significativité de la variable crédit antérieur. Pour les COOPEC

---

[1]Pour la régression linéaire, sont significatives toutes les variables dont le seuil de signification < 0.05 ou zéro n'appartient pas à l'intervalle de confiance. Si zéro appartient à l'intervalle de confiance ou la significativité de la variable > 0.05, alors la variable est non significative.Elle est considérée comme statistiquement nulle.

et IMF de la ville de Butembo, les crédits antérieurs n'affectent pas la solvabilité ou la performance de remboursement d'un client. Les mêmes résultats contredisent partiellement les conclusions de Honlonkou, Acclassato& Quenum (2005), Inekwe (2019) selon lesquels les mouvements de dépôts et retraits, les taux d'intérêt, sont également un facteur d'accès au crédit (Honlonkou *et al.*, 2006). Les caractéristiques individuelles et du ménage telles que la taille du ménage et les charges de ménage n'ont pas d'impact significatif sur l'octroi de crédit. Ce qui rejoint etconfirme les conclusions de Zeller (1998) et celles de Marie Godquin (2004) selon lesquelles les préjugés traditionnels des familles nombreuses ne sont pas justifiés(Godquin, 2004 ; M. Zeller, 1998).

Il faut alors vérifier si les variables explicatives prises dans leur globalité ont une influence significative sur l'octroi de crédit dans les IMF de la ville de Butembo. En d'autres termes, l'on veut tester si le coefficient de détermination $R^2 \neq 0$. Comme la variable dépendante est quantitative, le coefficient de détermination R^2est interprétable en termes d'ajustement du modèle. Les détails sur la qualité du modèle sont fournis dans le tableau ci-dessous.

Table 6. Test de globalité

Model	R	R Square	Adjusted R Square	Std. Error of the Estimate	Change Statistics				
					R Square Change	F Change	df1	df2	Sig. F Change
1	.925[a]	.856	.853	3254.201832	.856	351.995	6	356	.000 **
a. Predictors : (Constant), montant sollicité, nombre des comptes, moyenne retraits, valeur de garantie, crédit autre IMF, credit antérieur, moyenne dépôts									

Source : Auteur sur base logiciel SPSS 23(** test global significatif).

Le coefficient de détermination est de 85,6 %. Toutefois, pour conserver la bonne qualité d'ajustement du modèle et éviter les fluctuations ou la sensibilité du modèle par ajout ou soustraction d'une variable en régression multiple, on doit calculer le coefficient de détermination ajusté. Celui-ci est moins sensible aux fluctuations. Comme on le voit dans la table 6, le R^2 ajusté est de 85,3 %.

Ce résultat est appuyé par la significativité du test global de Ficher. Il est bien visible qu'à partir du tableau 6 que H_O : β_1=β_2=…β_k=0, ou alors R^2=0, est rejetée au seuil de signification de 5 % car Sig. F Change= .000<0,05. Donc, ce test de globalité montre que R^2 est différent de zéro.

Bien que le coefficient R^2 soit passé de 85,6 % à 85,3 %, la qualité du modèle est très bonne, car il s'agit des données en coupe instantanée. Cela veut dire que les variables retenues dans notre modèle sont capables de justifier à 85,3 % le phénomène sous étude.
En considérant le modèle

$$\mathbf{MO_i = 0.801MD+0.062VG+0.097CRAI}$$

Cela étant, les contributions de chaque facteur se présentent de manière que le coefficient, à titre illustratif β1, s'interprète comme l'effet marginal de la valeur d'une garantie réelle VG sur le montant octroyé MO. Elle correspond à la variation de β1 unités du montant octroyé de l'emprunteur induite par la variation d'une unité de la valeur de garantie, toutes choses étant égales, par ailleurs, c'est-à-dire en prenant en compte les autres déterminants. Formellement, il s'agit de la dérivée partielle.

$$\frac{\partial MO}{\partial MDi} = 0,801$$

Les résultats des analyses montrent que le montant demandé MD que présente un emprunteur pour un crédit dans le secteur de la microfinance en ville de Butembo, pour les quelques données disponibles, intervient à 80,1 % dans la décision d'octroi de crédit. Cela peut se justifier par le fait qu'on analyse à partir de la demande du client. Il est clair que le montant demandé est le facteur le plus influent dans le modèle.

$$\frac{\partial MO}{\partial VGi} = 0,062$$

Cette équation montre que la valeur de la garantie réelle que présente un emprunteur pour un crédit dans le secteur de la microfinance en ville de Butembo, pour les quelques données recueillies, intervient à 6,2 % dans la décision d'octroi de crédit.

$$\frac{\partial M0}{\partial CRAIi} = 0,097$$

Cette équation montre que le montant de crédit dans les autres IMF d'un emprunteur pour un crédit dans le secteur de la microfinance en ville de Butembo, pour les quelques données analysées, intervient à 9,7 % dans la décision d'octroi de crédit.

En effet, les réponses aux questions relatives à la prospection dans l'analyse d'un dossier de crédit ont montré que les relevés des comptes de remboursement des crédits dans les autres IMF constituent un élément de confiance pour une nouvelle demande. Il est à noter que les clients affirment que la meilleure façon d'exposer sa capacité de remboursement, c'est de prouver des échéances respectées dans les autres IMF.

5 Implications

La section des implications permet d'évaluer le processus de gestion des risques au-delà des limites endogènes d'une institution et présente la place de la microfinance dans le développement de la ville de Butembo.

En tant que participants dans une nouvelle industrie, les COOPEC et les IMF ne peuvent pas se permettre de se laisser aller à l'autosatisfaction si elles veulent éviter d'être surprises par les innovations, la concurrence et les nouvelles réglementations et bien d'autres facteurs. Plusieurs mécanismes importants qui permettent aux institutions de microfinance de générer des taux deremboursement élevés sans exiger de garantie et sans recourir au crédit de groupe des contrats existent (Armendáriz de Aghion & Morduch, 2000 ; Idama, Asongo & Nyor, 2014). Ces mécanismes prennent en compte l'utilisation des menaces de non-refinancement, les calendriers de remboursement réguliers, les garanties de substitution et la fourniture de fonds non financiers en termes de prestations de services (Idama *et al.*, 2014). Pour atténuer le risque, les structures de microfinance recouraient aux prêts de groupe où chaque membre était solidairement responsable du prêt de l'autre (Idama *et al.*, 2014). Plusieurs études sur la microfinance ont démontré que la responsabilité conjointe dans les contrats de prêt de groupe renforce les mécanismes de responsabilité conjointe. Ce qui implique que les emprunteurs partagent des informations. La conséquence de cette communication est la réduction de l'information asymétrique (Baklouti, 2013 ; Idama *et al.*, 2014 ; Kono & Takahashi, 2010).

Les politiques, procédures, systèmes et contrôles de crédit (Idama *et al.*, 2014) ne suffisent pas toujours pour appréhender le risque. Une approche pratique est donc nécessaire pour une gestion efficace du portefeuille de prêts. Idama (2014)propose que les expertsde la recherche opérationnelle utilisent leur riche expérience en compétences de résolution de problèmes objectifs et quantitatifs pour mener en permanence des recherches sur les utilisations des défauts de paiement (Idama *et al.*, 2014). Au Nord-Kivu, la prolifération et la disparation d'une partie des organisations de microfinance, tous les 5 ans,suggèrent que leur regroupement soit conçu à deux niveaux (Tshimpaka, 2006). Le premier est celui de la conformité aux exigences de l'instruction n°01 de la BCC qui demande de constituerdes centrales d'institutions de microfinance parregroupement d'au moins dix institutions de la même catégorie (Tshimpaka, 2006). Une fois ce stade réussi, le deuxième niveau, celui de la constitution d'une centrale des risques peut facilement être mis en marche(Tshimpaka, 2006).

Dans la ville de Butembo, les institutions de microfinance se côtoient de façon informelle dans « la plateforme des microfinances de la ville de Butembo » sans pour autant formaliser l'échange d'informations sur le risque crédit. Ainsi, ces institutions se heurtentaux situations où un remboursement d'une dette dans la structure A se trouve financer par un emprunt dans la structure B. Le cercle devient vicieux parce que les emprunteurs remboursent les dettes par des nouveaux emprunts dans d'autres institutions. Pour finir, ce sont les structures de microfinance qui en sont victimes. Sur base des données récoltées lors des entretiens en ville de Butembo, plusieurs cas d'octroi de crédit à un même emprunteur dans la même période et par les institutions différentes de microfinance sont observés. Cela est dû, d'une part, à l'absence de la centralisation des informations de crédit et, d'autre part, à la pluralité des institutions concurrentes et de leurs produits alléchants dans une zone géographique offrant plusieurs potentialités.C'est le cas des opérateurs économiques ayant leurs points de vente à Butembo et appartenant à une association des taxis-motos ;d'une part, ils peuvent obtenir un crédit à la TID pour leur boutique, et d'autre part, un autre de la COOPEC SODAC pour l'activité de moto. Pour ces dernières institutions, l'emprunteur ne dit pas être en contact avec une autre institution de microfinance dans la région.

Avec le modèle d'octroi de crédit qui vient d'être mis sur pied, les structures doivent tenir compte non seulement du montant qu'un client sollicite et de sa garantie, mais aussi de sa situation dans les autres structures. Ce qui impose en quelque sorte de pouvoir instaurer les moyens d'échanges crédibles entre institutions.Cela peut permettre à ces institutions d'être un peu plus pérennes et participer effectivement au développement local (Mirembe, 2005). La microfinance en ville de Butembo entre effectivement dans cette logique de développement, car le crédit qu'elle offre est utilisé pour des activités nécessaires au développement et à la lutte contre la pauvreté de l'individu et de sa communauté : payer les frais de scolarité des enfants, les frais de santé ou même lancer un petit entrepreneuriat, etc.

6 Conclusion, limites et recommandations

Quelques études se sont concentrées sur les facteurs d'octroi de crédit dans les COOPEC et IMF de la RDC et la gestion du risque de ces facteurs incluant les expériences sur le terrain. Cette investigation fournit un aperçu sur les facteurs microéconomiques et un élément macroéconomique pouvant influer sur le montant de crédit octroyé dans les COOPEC et IMF de la ville de Butembo/RDC. Pour mener cette étude, il a fallu collecter des données auprès de 363 emprunteurs dans les institutions de microfinance de la ville. Sur base des onze variables quantitatives puisées dans la littérature, il a été construit un modèle économétrique. Pour tester ce modèle et ressortir les facteurs d'octroi de crédit, on a dans un premier temps appliqué l'analyse en composantes principales (ACP) et du résultat de l'ACP, l'on a fait recours à la régression linéaire multiple. Les résultats de l'analyse ont montré que seuls la valeur de la garantie matérielle (VG), le montant sollicité ou demandé par le client et le montant de crédit dans les autres institutions (CRAI) déterminent le montant octroyé dans les IMF et COOPEC de la ville de Butembo. Toutefois, ce modèle n'intègre pas le taux d'intérêt de pérennité et la capacité de l'institution à octroyer le crédit.

Pour pouvoir accéder aux informations provenant d'autres institutions et limiter l'asymétrie informationnelle, un certain nombre de mécanismes doit être mis sur pied. Parmi ces mécanismes, il y a lieu de citer la centrale des risques appuyée par les déterminants qualitatifs d'octroi de crédit, la conduite de changement et l'application des réglementations qui garantissent la santé et la sécurité financière.

Références

ARMENDÁRIZ DE AGHION, B.& MORDUCH, J. (2000). "Microfinance beyond group lending". *Economics of transition, 8*(2), 401-420.

AYAMGA, M., SARPONG, D. & ASUMING-BREMPONG, S. J. G. J. o. D. S. (2006). "Factors influencing the decision to participate in micro-credit programme: an illustration for Northern Ghana". *Ghana Journal of Development Studies, 3*(2), 57-65.

BAKLOUTI, I. J. A. D. R. (2013). "Determinants of microcredit repayment: The case of Tunisian Microfinance Bank". *African Development Review, 25*(3), 370-382.

BEAMAN, L., KARLAN, D., THUYSBAERT, B. & UDRY, C. (2014). *Self-selection into credit markets: Evidence from agriculture in mali* (0898-2937).Retrieved fromKinshasa.

BOTTI, F., DAGRADI, D. L. & TORRE, L. M. (2016). "Microfinance In Europe: A Survey Of Emn-Mfc Members". Report 2014/2015. In: *European Microfinance Network Brussels.*

CHEN, G., RASMUSSEN, S., REILLE, X. & ROZAS, D. J. F. N. (2010). "Indian microfinance goes public".*The SKS initial public offering.65.*

COLUMBA, F., GAMBACORTA, L. & MISTRULLI, P. E. J. J. o. F. s. (2010). Mutual Guarantee institutions and small business finance.*6*(1), 45-54.

CONGO, B. C. d. (2009). *Rapport sur la supervision des intermédiaires financiers 2009*. Retrieved from Kinshasa:

CONGO, B. C. d. (2012). *Rapport d'activités de la microfinance 2012*. Retrieved from Kinshasa.

CONGO, B. C. d. (2015). *Rapport d'activités de la microfinance 2015*. Retrieved from Kinshasa.

CONGO, B. C. d. (2016). *Rapport d'activités de la microfinance 2016.*Retrieved from Kinshasa.

DEPELTEAU, F. (2003). *Échantillonnage accidentel* (DeBoeck éd.).

ESSOMBE EDIMO NYA BONABEBE, J.-R. (2015). Douala et la répartition spatiale des entreprises : polarisation et fragmentation.

GODQUIN, M. (2004). "Microfinance repayment performance in Bangladesh: How to improve the allocation of loans by MFIs."*World Development, 32*(11), 1909-1926.

HONLONKOU, A. N., ACCLASSATO, D. H., QUENUM, C. V. C. J. A. o. P. & Economics, C. (2006). « Déterminants de la performance de remboursement dans les institutions de microfinance au Bénin. »*Annals of Public and Cooperative Economics, 77*(1), 53-81.

IDAMA, A., ASONGO, A. I. & NYOR, N. (2014). "Credit risk portfolio management in microfinance banks: Conceptual and practical insights". *Universal Journal of Applied Science, 2*(6), 111-119.

IMBERT, A. J. T. F. e. D. (2014). Le paysage bancaire africain : évolutions récentes et perspectives. (3), 9-15.

INEKWE, J. N. (2019). "Lending Risk in MFIs: The Extreme Bounds of Microeconomic and Macroeconomic Factors."*Journal of Small Business Management, 57*(2), 538-558. doi:10.1111/jsbm.12401

KONO, H. & TAKAHASHI, K. (2010). "Microfinance revolution: Its effects, innovations, and challenges."*The Developing Economies, 48*(1), 15-73.

LI, X., GAN, C. & HU, B. J. J. o. A. E. (2011). "Accessibility to microcredit by Chinese rural households."*Journal of Asian Economics, 22*(3), 235-246.

LONGHOFER, S. D. & PETERS, S. R. (2005). "Self-Selection and Discrimination in Credit Markets". *Real Estate Economics, 33*(2), 237-268.

MARKET, M. J. P. a. r. (2012). "Cross-market Analysis".*30.*

MAYOUKOU, C. (2014). « La montée des risques de crédit dans les établissements de microfinance : Le cas de l'Afrique centrale ». 20.

MAYOUKOU, C. & KERTOUS, M. J. M. e. d. (2015a). "Access to Individual Credit by Customers of Microfinance Institutions in the

Congo: An Analysis of the Determinants of Self-Exclusion and Obtaining Loans". (1), 121-138.

MAYOUKOU, C. & KERTOUS, M. J. M. e. d. (2015b). « L'accès au crédit individuel par les clients des institutions de microfinance du Congo : une analyse des déterminants de l'auto-exclusion et de l'obtention du prêt ». (1), 121-138.

MICHEL, J.-B., SHEN, Y. K., AIDEN, A. P., VERES, A., GRAY, M. K., PICKETT, J. P., ORWANT, J. J. S. (2011). "Quantitative analysis of culture using millions of digitized books".*331*(6014), 176-182.

MIREMBE, O. K. (2005). *Échanges transnationaux, réseaux informels et développement local* : Presses univ. de Louvain.

NAWAI, N., SHARIFF, M. N. M. J. I. J. O. B. & Science, S. (2010). "Determinants of repayment performance in microcredit programs".*A review of literature. 1*(2).

NZONGANG, J., WAMBA, L. D., NIMPA, A. T. J. S. & Development. (2014). "The determinants of loan delinquency in urban microfinance institutions in Cameroon". *Savings and Development, 38*, 69-88.

PATTEN, R. H. & JOHNSTON, D. E. (2001). "Microfinance success amidst macroeconomic failure: The experience of Bank Rakyat Indonesia during the East Asian crisis". *World Development, 29*(6), 1057-1069.

Pozzolo, A. F. (2004). "The role of guarantees in bank lending.

Roberts, P. W. (2013). "The profit orientation of microfinance institutions and effective interest rates". *World Development, 41*, 120-131.

Samat, A. J. I. J. o. I. & Studies, A. (2019). « La microfinance : Une profonde mutation (Cas du Maroc) ». *25*(2), 660.

SCHICKS, J. & ROSENBERG, R. J. U. e. s. l. r. d. s., Étude spéciale. (2011). Trop de microcrédits. (19).

SCHICKS, J. J. C. f. F. I. P. (2011). "Over-Indebtedness of Microborrowers in Ghana: An empirical study from a customer protection perspective". *15*.

SCHREINER, M. J. J. o. M. E. R. (2004a). "Scoring arrears at a microlender in Bolivia". *Journal of Microfinance/ESR Review, 6*(2), 5.

SCHREINER, M. J. J. o. M. E. R. (2004b). "Scoring arrears at a microlender in Bolivia". *Journal of Microfinance, 6*(2), 5.

SETARGIE, S. (2013). "Credit Default Risk and its Determinants of Microfinance Industry in Ethiopia". *Ethiopian Journal of Business and Economics (The), 3*(1), 1-21.

SHARMA, M. & ZELLER, M. J. W. d. (1997). "Repayment performance in group-based credit programs in Bangladesh".*An empirical analysis*. *25*(10), 1731-1742.

STEIJVERS, T. & VOORDECKERS, W. J. J. o. E. S. (2009). "Collateral and credit rationing: a review of recent empirical studies as a guide for future research". *23*(5), 924-946.

TATHAM, R. L., HAIR, J. F., ANDERSON, R. E. & Black, W. C. (1998). "Multivariate data analysis". *Prentice Hall, New Jersey. Titman, S. and R. Wessels, 1*(1988), 1-19.

TSHIMPAKA, F. K. (2006). *La restructuration de l'espace microfinancier du Kivu (Est RD Congo) : pistes d'une intermédiation efficace*.Presses univ. de Louvain.

VOGELGESANG, U. J. W. D. (2003). "Microfinance in times of crisis: The effects of competition, rising indebtedness, and economic crisis on repayment behavior". *World Development, 31*(12), 2085-2114.

WENNER, M. D. J. T. j. o. d. s. (1995). "Group credit: A means to improve information transfer and loan repayment performance". *32*(2), 263-281.

ZELLER, M. (1998). "Determinants of repayment performance in credit groups: The role of program design, intragroup risk pooling, and social cohesion". *Economic development and cultural change, 46*(3), 599-620.

ZELLER, M. J. W. d. (1994). "Determinants of credit rationing: A study of informal lenders and formal credit groups in Madagascar". *World Development, 22*(12), 1895-1907.

Annexe 1 : Statistiques descriptives

	Mean	Std. Deviation	Analysis N
NCAI	1.9063	.81223	363
MD	6442.5620	9264.99408	363
CRA	4730.0165	8781.41839	363
MO	5615.7493	8496.89016	363
MND	8479.7686	24977.79602	363
MR	8099.1267	22869.78431	363
VG	25134.5978	31614.26808	363
CHM	95.7713	127.39166	363
TM	6.7135	1.26819	363
TI	2.3755	.45642	363
CRAI	1054.1322	3352.62279	363

Annexe 2 :Graphique des résultats de l'ACP

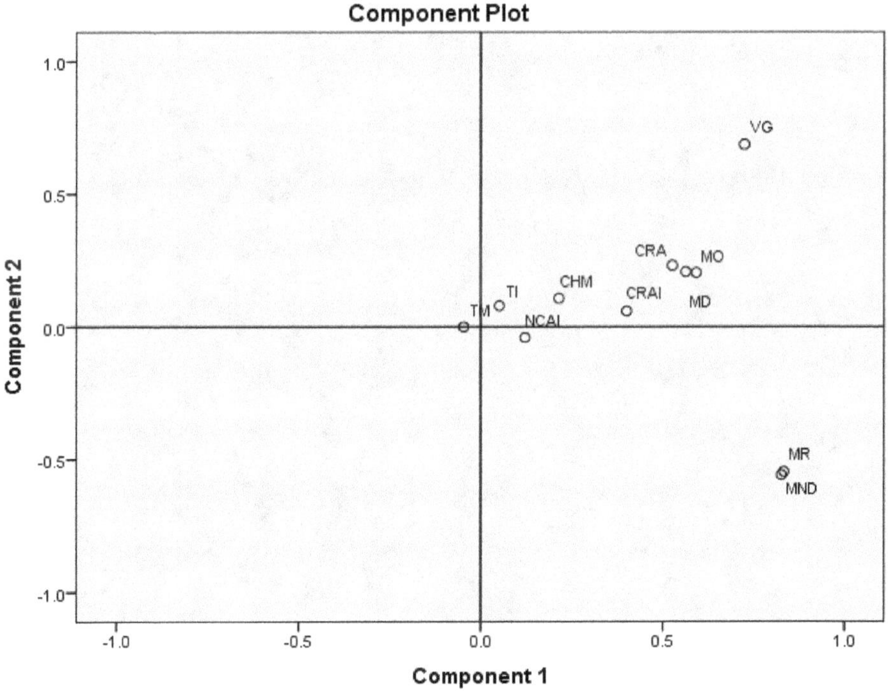

Analysis of informal economy production units in urban agglomerations: The case of Butembo in the Democratic Republic of Congo

Angelus Mafikiri Tsongo[1]

Abstract

The expansion of informal activities is important in Butembo region because of non-controlled urbanization, rural migrations towards cities, high joblessness rate, massive dismissal of workers linked to the organization of economic program of structural adjustment, generalized economic crisis, conflicts and war lived in the study region, failure of the State in its regalian functions and incapable to solve social demands of populations, anthropologic and cultural values. It is in this particular context that this article analyses the process of units creation of informal production, their functioning, their characteristics, their mode of production and trading of goods and services, their socio-economic practices, their governance, their interactions and their impact on the welfare of local populations. This study shoes clearly the importance of informal production units in the local economy in terms of creation on enterprise (micro enterprise) and the employment especially in the domain of business, transport, construction, popular restoration...They produce food goods. These activities require a weak capital resulting from a majority of self-financing (saving, salary...), family help (gifts, heritage, special family contribution...) or friendly circle, tontines.

This sector is dominated by the self-employment of young people and women. It is noticed that the ambiguity of the State position vis-à-vis the informal sector constitutes a source of incertitude that should be raised so that the productive effort of informal entrepreneurs can not be annoyed. To end with, the study proposes some measures that can improve the functioning of informal production units and ensure their integration in the formal economy.

Keywords: informal production units, micro enterprise, self-employment, capital, self-financing, alternative system, the employability.

Résumé

L'expansion des activités informelles est importante dans la région de Butembo suite à l'urbanisation non contrôlée, aux migrations des ruraux

[1]Dean and Professor in rural and development economy, Catholic University of Graben, Butembo, DR Congo.

vers les villes, au taux de chômage élevé, au licenciement massif des agents de l'État lié à la mise en œuvre d'un programme économique d'ajustement structurel, à la crise économique généralisée, aux conflits et guerre que connait la région d'étude, à la faillite de l'État dans ses fonctions régaliennes et incapable de répondre aux demandes sociales des populations, aux valeurs anthropologiques et culturelles locales. C'est dans ce contexte particulier que cet article analyse le processus de création des unités de production informelle, leur fonctionnement, leurs caractéristiques, leurs modes de production et de commercialisation des biens et services, leurs pratiques socio-économiques, leur gouvernance, leurs interactions et leur impact sur le bien-être des populations locales. Cette étude montre clairement l'importance des unités de production informelle dans l'économie locale en termes de création d'entreprise ou micro-entreprise et d'emploi spécialement dans les domaines de commerce, de transport, de construction, de restauration populaire, etc., et elles produisent des biens alimentaires. Ces activités exigent un faible capital provenant à majorité de l'autofinancement – épargne, salaire –, de l'aide familiale – dons, héritage, cotisation spéciale familiale – ou du cercle amical, des tontines.

Ce secteur est dominé par l'auto-emploi des jeunes et des femmes. On a constaté que l'ambigüité de la position de l'État vis-à-vis du secteur informel constitue une source d'incertitude qu'il convient de lever pour que l'effort productif des entrepreneurs informels ne soit sans cesse contrarié. Pour terminer, l'étude propose certaines mesures pouvant améliorer le fonctionnement des unités de production informelle et d'assurer leur intégration dans l'économie formelle.

Mots-clés : unité de production informelle, micro-entreprise, auto-emploi, capital, autofinancement, système alternatif, l'employabilité.

Introduction

During the last four decades, the economic history of the Democratic Republic of Congo has been marked by the development of the informal economy in the aftermath of the political and economic problems. This informal economy can be familial, domestic, individual or collective (organized in associative institutions) often illegal but legitimate (de Soto, 1994: 15-20). It is also heterogeneous (informal activities developed in several sectors) and sometimes vulnerable (no juridical and social protection to different actors working in this economy sector, does not oblige particular qualification, of market...). Their activities can be either occasional or continued. It represents in some regions a social problem with the risk of the duality growth of the economy. It could be complementary of the formal economy in the sense that these two economies can be in a quasi-logical and mechanical way indissociable one from another (Maldonado, C, 2001: 482-483). The informal economy can represent at the sometime an alternative or a palliative to solve the present problem in a very rigid formal economy, very taxed, very less welcomed for badly formed or badly integrated populations and sometimes slow in accordance with an innovation need. This population is principally composed of youth, women, migrants and displaced, ancient workers in jobless, and often working in stratified networks according to the activity domain (Vwakyanakazi, M., 1982: 115). Looking at the increasing importance of informal activities in the economic sector, we have asked ourselves several questions namely how was the informal economy developed in the urban agglomerations of the East of the democratic republic of Congo especially in Butembo city, how does this type of economy functions? What are its determinants? What are the measures to restructure and make it more efficient to the improvement of the welfare of the population?

The second half of the 1970s was characterized by a considerable expansion of informal activities following the bankruptcy of mismanaged public enterprises (breakdown of political structures and administrative collapse, failure of the political system to provide for the general welfare, disintegration of modern economic structures, ruin of public transport infrastructure, the massive redundancies in the public sector, leading to the collapse of activities in the formal sector) and nationalization (Zairianization) of private enterprises which were to vanish a few years later (Kalala, T. 1973: 42, Mpkesa, B. 1976: 295). This last measure was to have a disastrous effect on the Congolese economy and employment. Everyone who had been employed in those various organizations was driven to work in the informal economy (Mwanalessa, 1976: 91).

In the early 1980s, the public and national development policies in force in the majority of developing countries, notably the Democratic Republic of Congo, were judged to be ineffective and responsible for the slowdown in economic growth and to be encouraging corruption in state bodies. Added to that, it must be said, was the debt crisis experienced by countries like the Democratic Republic of Congo (former Zaïre) and the stagnation of domestic output. That is why structural adjustment programmes were recommended and applied with the aid of international organizations such as the International Monetary Fund and the World Bank. These programmes were essentially focused on liberalization of trade and foreign investment, privatization of public enterprises, deregulation of local industries, better protection of property rights, and more "prudent" macro-economic policies aimed at covering the public deficit. These neo-liberal policies, which consider that the State must confine itself to ensuring macro-economic stability and supply of public goods, had an enormous influence on Africa. The State, which was the country's biggest employer, was obliged to make massive redundancies to balance the public accounts. A great number of the people made redundant enter the informal economy, often working in less well-paid small businesses.

Since 1990, several businesses in the Democratic Republic of Congo, which had formerly provided sufficient job opportunities, ceased trading. The factors behind this situation included:

– Repeated looting in September 1991 and January 1993 in the main Congolese towns and cities destroyed a large part of the country's economic and social fabric (Devisch, R., 1998:427; Ndaywel, N. I., 1998: 448-451; Van Reybrouck, D. 2012: 428-431). The seizure of power over the economy to divert the profits for personal gain and the disorganization of the country was such that, in the early 1990s, the informal economy was estimated at three times the official figure for GDP;

– The collapse of the mining infrastructure and mining operations (Kamoto for copper mining) drove many workers into the informal economy, especially artisanal mining of copper and precious stones;

– The inter-ethnic conflicts unleashed from 1992 onwards in the East of the Democratic Republic of Congo, particularly affecting rural areas, drove a large part of the population to the towns, which offered a decrease of security and thus swelled the urban informal economy. This situation was aggravated with the mass influx of Rwandan refugees in the southern part of North Kivu in July 1994 (Mathieu, P. with Mafikiri Tsongo, A, 1998: 394-396). The share of the informal economy in job creation constantly grew, to the point where it became the "dominant sector" in the Democratic Republic of Congo.

– In 1996, the first war broke out in the East of the Republic, ending in May 1997, followed by the second war in August 1998. These wars destroyed the few remaining formal economic structures which still functioned in the country, and drove a large part of the rural population to urban centres and artisanal mining centres. In some regions, even agricultural activities, which employed the majority of the population, were permanently affected.

– The year 2002 was marked by the beginning of the search for peace with the signing of several agreements by the various belligerents, in particular:

1. the global and inclusive agreement on the transition in RDC signed in Pretoria on 17 December 2001 by the entire Congolese political class (Kinshasa Government, MLC, RCD and its allies, the unarmed political opposition and civil society;

2. the agreement concerning a transitional constitution, adopted in Sun City on 1 April 2003;

3. the memorandum on military questions and questions of security of 1 April 2003;

4. the 36 resolutions adopted by the participants to the inter-Congolese dialogue at Sun City in March and August 2002;

5. the promulgation of the transitional Constitution on 4 April 2003 followed by the swearing in of the President before the Supreme Court of Justice on 7 April 2003;

6. the transitional Government was explicitly charged with organizing elections, restoring the authority of the State in all the provinces, an authority frustrated by the belligerents who had shared administrative and military control of the country on the basis of their alliances and economic interests, and re-launching the economy which had become 80 % informal.

– Despite these various agreements and the organization of elections with the installation of new authorities, the persistent general insecurity continued in the East of the Democratic Republic of Congo, leading to the closure of farms and the development of artisanal mining;

– the development of cross-border trade in the provinces of the East and the informal work in the towns of the East (Beni, Butembo, Goma) led to the conduct of further in-depth studies to see how they contributed to the local economy (MacGaffey J., Vwakyanakazi, M., 1991: 110-123).

– The endogenous factors to local society will also favour the development of informal activities namely cultural homogeneity which creates confidence among the local populations and renders the social control very high, the strong relationships among the members (ethnic, clanic, familial, religious, social…) which favour the exchanges among the populations, customs and habits, linguistic elements, popular mimetism, the end of barter end the development of merchandization. This economy is developed on cultural and social values putting even the cultural profit over the monetary profit.
The income is not necessarily reinjected in the productive circuit but often affected the strengthening of social relations. It is an economy "without papers" where only relations guarantee the transactions.

All these political and social events had economic consequences which led impoverish populations (i.e. the poor and the destitute), left to their own devices, to fend for themselves, and seek other sources of additional income by devising independent activities to make up for the lack of formal income. The result was the development of the informal economy which now employs the majority of the country's active population.

1. General characteristics of the local informal economy

In general terms, the Congolese informal economy presents the following characteristics (Guevorkian, K., 1998: 17-45; Makabu, M. N., 2007, Charmes, J.; 2017):

- The diversity of activities and trades exercised by urban and rural dwellers involved in the informal economy. The activities are undertaken in all areas of the country's economic life: commerce, transport, urban agriculture, mining, transformation of basic products, etc. Informal production units may be involved in several activities and cover several trades;

- Access to the sector is very easy as there are no particular conditions or entry barriers;
- The precariousness of the activities of informal production units which face high levels of vulnerabilities. And in the majority of cases, the activities are exercised in the street;
- Growing feminization of informal work. This situation can find its explanation in the generalization of the crisis which obliges the Congolese woman to invest herself in diverse activities and in income generating activities to compensate the household revenue apart from its habitual role (education and the social in the household). It is moreover observed an increasing number of women living alone contrary to the local tradition.
- A certain specialization between the man and the woman nearer to the work division defined by the local custom. These activities of men are focused on handcraft, merchant trade, small kiosks, artisanal bakeries, automotives, serving, joinery, soap making, manufacturing of kitchen tools. Only women are mostly focusing on quick restaurant, cooking of doughnut that they sell before their compound, in the little business of food and vegetables.
- The reduced figure, the flexibility and adaptation to any kind of conditions of activities undertaken in the informal sector taking into account the available means and risks to take.

- The contribution to employment. The informal economy employs the majority of active persons in the Democratic Republic of Congo. It is dominated by self-employment (the majority of production units consists of people working for themselves);
- The weakness of capital engaged in informal activities. This capital comes in majority from self-financing (individual savings), family help (gifts, heritage, family special contribution…) or friendly circle, tontines. The access to classic borrowing (bank, financial non-bank institution, structured institutions…) is difficult for these types of activities. The capital amount determines the type of activity which can be done by the unity of informal production.

The people working in the informal economy are generally young people and women with little education. For Butembo city, other categories of people work in this sector: refugees, displaced, exmilitias, orphans and windows, ancient State workers having not capacity to entertake a formal trade…

- Working time in the sector is very high (long hours of work to earn almost nothing which is reflected under-employment in the sector).
- There is no reliable system of social protection for people working in informal production units.

In general, the complexity and expansion of the activities of informal production units in the economic and social life of precarious urban and rural populations, demands a new, more realistic vision, to prevent the people concerned remaining in an economy of "survival" and "despair", in favour of a more formal and productive form of economy which can promote economic growth and synergy between the State and the market.

The various characteristics will be examined and analysed for the sample data.

2. Methodology and context of the study

2.1. Place of the study

The study was carried out in the city of Butembo, situated in North Kivu Province in the East of the Democratic Republic of Congo. The choice of Butembo is justified by the scale and dynamic of informal activities, the economic influence on other urban centres of the Democratic Republic of Congo, the similarity of the city to the urban agglomerations of the East of the Democratic Republic of Congo (Kaparay, K.C. 2006:12-15, Raeymaekers, T., 2004: 60-61). It is a new city in the province which has undergone a huge demographic explosion characterized by the predominance of informal activities as a result of the absence of State regulation between 1991 and 2007. It is a city where the economic activity is dominated by small family shops, production units or informal small and medium-sized enterprises (over 60 % of the economic activities are carried on by these informal production units). Whole segments of the local economy are dominated by informal activities in which there are numerous informal job.

The trade occupies more than 50 % of the economy of Butembo city in which the units of informal production play an important role (more than 60 % of activities in the domain of trade are informal: trade of street is very present, transfrontier informal trade of goods of traitor is blooming, trade of food products with the expansion of street restaurant…) (Vwakyanakazi, 1991, 42-60). Presently, it is observed a development of this informal economy with a growth of a number of unities of informal production linked to the demographic explosion (massive rural exodus explained by insecurity in the rural regions attacked by the arms groups…), to the facility of access to the sector in terms of qualification, capital, to the activities that could be organized in small scale and often temporal, to the social control very developed, to the possibilities of operating on the non-regulated market but open and competitive.

Preliminary exploratory surveys in the town of Butembo show that informal activities are concentrated in several sectors, in particular popular catering, commerce, transport, construction (brick-making, carpentry, ironmongers, bricklayers…), street traders, local finance, agri-food processing (bakery, soap making,

Created in 1928 by the General Mining of Great Lakes to facilitate the supplying and distribution of material in the North-East of the Democratic republic of Congo, Butembo is an ancient administrative centre and of business which has allowed to indigenous people who worked in the mines and with the colonists (traders, planters…) to familiarize themselves with the activities of market economy.

Butembo is a city located in the North-Kivu province at the East of the Democratic Republic of Congo and 120 kilometers from Ugandan border. It has superficies of 190,5 km^2 with a population of about 1.100,000 inhabitants (in 2018). The city has known a strong demographic explosion especially these fifteen last years linked to a strong natality and especially to rural exodus provoked by the insecurity which is lived in the rural regions (Vyakuno, K. 1988: 177-183, Kambale Mirembe, O. 2005: 101). Butembo city is inhabited in majority by “Nande” ethny. This homogeneity of the population has favoured the development of an economy based on confidence and local, frontier and transfrontier informal exchanges. The economy of this city, in gravid construction, is dominated by trade, agriculture and development of artisanal activities and small agro-industries. The informal trade is the most visible and most important activity.

Map of territories of North-Kivu and Butembo

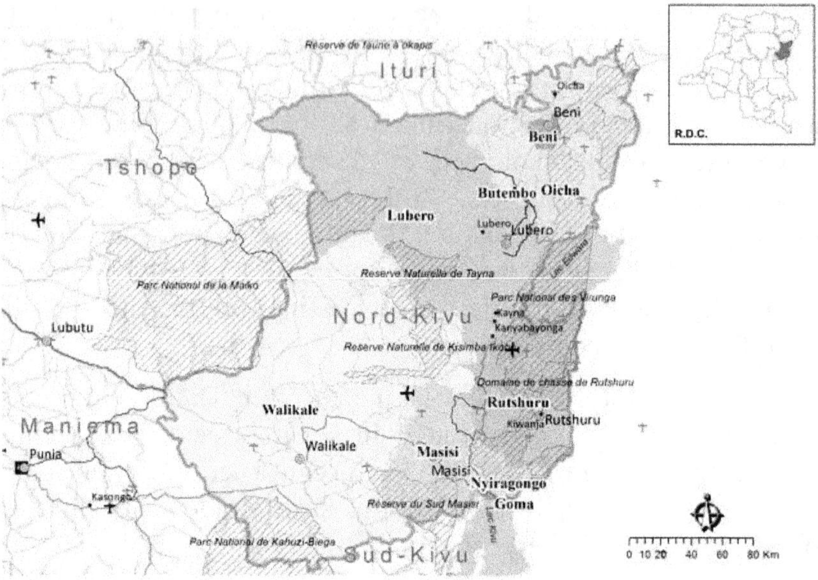

2.2. Choice of sectors

In this study, we consider an “informal production unit” to be any individual enterprise which is not registered and which cannot benefit from support provided by state institutions. The study focuses primarily on three sectors: popular catering, commerce and construction (the various trades related to construction: brick and tile-making, carpentry, ironmongers, porters, etc. The choice of these three sectors is motivated by the fact that they represent more than 80% of informal activities in Butembo city (in terms of employment, capital, visibility) and which are in connection with the formal activities (acquisition of a part of raw materials, relation with the outside…).

2.2.1. Popular catering

The choice of catering is justified by the following elements:

- The fact that the sector encompasses a large number of informal production units and mobilizes a large proportion of informal labour. It can also be explained by the importance of women who work in the catering sector as employers or individual entrepreneurs (existence of several micro-enterprises),

- The diversified character of the activities undertaken in this sector (street catering, mobile catering, traditional catering, modern catering),

- The existence of a potential market accessible to populations of different categories (strong demand in towns, whole range of catering prices…),

- Its potential to absorb a large proportion of unskilled, unemployed labour and to create micro-enterprises which do not require huge capital,

- The small size of units and easy access to labour,

- No particular requirement in terms of specialization of advanced studies to exercise an activity in the catering field which contributes to the survival of the most disadvantaged sections of the population,

- The activities do not require the use of an accounting system,

- The utilization of local resources and employment of family and unskilled help.

2.2.2. Commerce

This sector was chosen for the importance of the informal activities carried on (street trading informal commerce, semi-informal activities), the people involved (many women work in this field) and its dynamism in the city of Butembo. It represents more than 45 % of local labour and more than 60 % of funds engaged in the informal sector.

It is of particular interest for the study because of its popular character in the city of Butembo and the fact that it is exercised in an informal manner at several levels: local, national and international.

2.2.3. Construction sector

This sector is the principal source of new jobs and new production units in the towns which are being built in the East of the Democratic Republic of Congo. It involves brick production units which are the micro-enterprises most commonly encountered in the towns of Butembo. The units vary in size and structure, and they do not require much in the way of material and financial resources. It is a popular activity practised by both men and women. It is a multi-purpose activity: commercial purpose (sale of bricks to third parties) and internal purpose (for construction of one's own house or hut).

In the same sector, there are micro-enterprises of ironmongers and metalworkers, who work on construction sites from start to finish. They carry out activities individually or collectively in associative forms.

2.3. Methodology

To carry out this study, a questionnaire-based survey (Albarello, L., 2011:16-18) in informal production units in the town of Butembo was prepared. This survey has allowed us to understand how these production units function. For this purpose, a random sample of 60 production units was selected, based on parameters such as location in the town or municipality, size, type of product, gender, turnover, and principal activity.

The questionnaire takes into account the different forms of informal production units: individual production units, collective production units (in the form of an association), micro-enterprises, etc.

The interviews were conducted using open questions. Given that the informal phenomenon has a social dimension, the anthropological-sociological approach based on "life stories" of informal production units will allow us to identify the factors in the evolution and in formalization of these units (Dépelteau, F., 2010: 319-335; Berteaux, D., 2016: 57-70).

Hearing the life experiences of the actors involved in the production units will tell us about the way informal production units function, the reasons behind them, their past and their motivations, and help us to understand them.

Four assistant researchers (for the four municipalities in the town) were responsible for the administration of the survey questionnaire in informal production units. They are people who have experience in the organization of surveys.

Initially, the various researchers had received two days training on the administration of the questions and the methods of analysing them. The researchers (master's degree in economics and sociology), with experience and knowledge of qualitative research methods (Cefai, D., 2010 : 33-38, Fortin, M.-F. with Gagnon, J. 2016 : 190-203), were required to deliver the processed questionnaires to the coordinator so that corrections can be made as the survey unfolds. At the end of each week, a harmonization session on the understanding of the questions was held so that errors are corrected and adjustments to the reality of the situation are made. The survey was supplemented by information obtained from local documentation on production units in the informal economy.

3 – Main results of the surveys

3.1. History of the informal economy units (IPUs)

In recent years, the informal economy has both expanded and diversified, as a result of the economic crisis which has continued to hit developing countries and especially the Democratic Republic of Congo. All sectors of the economy are now affected by informality. The profile and dynamic of the informal economy varies from one field to another depending on certain factors, in particular, the type of activities that can be exercised, the degree of urbanization, ease of access to the sector, degree of poverty or populations, level of remuneration and distribution of work, economic forces present, gender, etc. Each informal production unit always has special characteristics related to its origin, the level of education of its head, the size of the household, the degree of informality, sources of capital utilized to start up its activities, the sector of activity, etc. Workers in the informal economy work independently or in a family business, engaging in activities which yield low and irregular incomes in poor conditions of work, and which, in the main, are not included in official statistics and are outside the scope of current regulation.

In the majority of cases, informal activities are the child of necessity. The principal objective is the survival of individuals or households. That is why these activities develop in sectors which are easy of access and demand relatively few specific qualifications, such as informal trading without a shop, popular and street catering, construction, transport (motorcycle taxis in the towns due to the poor state of the roads). The analysis of the history of informal production units is centred on two points: study of the profile of the production unit and description of the mechanism for its creation, or origin.

3.2. Profile of Informal Production Units

The investigation was realized in fifty-seven households (480 persons working in the informal sector).Several criteria are used to analyse the profile of different informal production units in the three sectors covered by the study (commerce, popular catering and construction trades). They are age, sex and marital status of the head of the unit, size of household, socio-occupational situation, status of the unit and lifespan.

Table 1. Gender characteristics of IPUs

Head of IPUs	Catering	Commerce	Construction	Total	%
Woman	16	16	1	33	58
Man	2	6	16	24	42
Total	18	22	17	57	100
%	31.6	38.6	29.8	100	

The results of the survey show that the majority of informal production units are owned by women (58%) while 42% of units are run by men. However, the result point out very important gender dimension of informal income generating activities within the informal economy. Some activities like popular catering are mostly managed by women, given the ease of access and minimal capital requirements. The same is true of street trading, where married women account for 41%, unmarried women 32%, married men 23% and women living alone 4%. Meanwhile, the construction sector has a totally different structure: 76% married men, 18% unmarried men and 6% married women. Targeted and sectoral policies to facilitate transition to decent work in the informal economy should carefully consider such gender issues.

Table 2. Marital status of IPUs

	Catering	Commerce	Construction	Total	%
Unmarried	4	7	3	14	24.6
Married	7	14	11	32	56.1
Living alone	1	1	1	3	5.2
Divorced	4	0	1	5	8.8
Widowed	2	0	1	3	5.2
Total	18	22	17	57	100
%	31.6	38.6	29.8	100	

It is chiefly married people who are involved in informal activities, because of their considerable family responsibilities. They account for 56.1% of those surveyed, while unmarried people account for 24.6%, divorced people – 8.8% and people living alone and widowed each represent only 5.2%. The popular catering sector is dominated by women living alone and unmarried women (59%) and the rest are divided between married women (23%), divorced women (12%) and widows/widowers (6%). Women are very strongly represented in this sector because it is easy for them to enter.

Finally, the people involved in the informal economy are young: 82% are aged under 40 in mobile or street trading compared to 70% in the construction sector and 67% in the popular catering sector.

The size of the household is also a very important factor in the analysis of this informal economy. It shows up the various possibilities available in this sphere. In the majority of cases, people working in informal activities use certain family members for certain street activities (young members of the household sell certain IPU goods in the street, children are used as waiters in family restaurants, children are used to collect and stack bricks in a brickworks, etc.). The size varies from 6 to 8 according to the sector.

The same applies to the average age of the head of the informal production unit, which ranges from 35 to 38 years. In general, people very quickly become involved in informal activities. Even under the age of 20 years, one finds several people working in the informal economy, often as an employee. Catering business are the longest established, reflecting the modest investment required and the type of people involved in the activities (women) for whom it is hard to find work in other sectors.

Table 3. Other characteristics of the IPUs

	Catering	Commerce	Construction
Size (number of) persons in the IPU	7	6	8
Average age (years)	38	35	36
Average age of IPUs (years)	10	6	8

3.3 Status of informal production units

The majority of informal production units are run by self-employed people. Some engage in both formal and informal activities and others are entirely in the informal economy.

Table 4. Degree of informality

Degree of informality	Catering	Commerce	Construction	Total	%
Entirely informal	15	11	8	34	59.6
Partially informal	3	11	9	23	40.4
TOTAL	18	22	17	57	100

Almost 60 % of the informal production units surveyed consider themselves as entirely informal (i.e. they only engage in informal activities with a very large proportion in the popular catering sector) while 40 are partially informal. It is interesting to note that the survey highlights the fact that a large number of head of IPUs don't see themselves as completely informal as they consider that they demonstrate a partial compliance with the regulations and taxation systems (especially local/town trade taxes and regulation). In the urban African context, totally informal enterprises are very rare, and are mainly mobile vendors who do not have fixed premises. Some informal activities have a high degree of formality because they take place in public space and they must face some controls from local administration. These are chiefly artisanal and commercial activities. The majority of artisans and traders have a professional card, are registered in the commercial register or the register of occupations, and also pay some duties. Their principal problem is non-compliance with social and fiscal regulations. These hybrid enterprises could easily move into the formal sector as a result of more appropriate economic and social policies.

3.4. Process of creation of IPUs

Each informal production unit has its own story which is generally atypical. Several accounts can be evoked in this process of creation of IPUs. A woman owner of a small restaurant told us the following story: "*during the 1997 war, her little shop was ransacked several times by soldiers, local militia and some of the villagers. A few days later, her husband was murdered and was unable to support his family. She was therefore forced to split up her land and sell part of it. The proceeds of the sale served as capital to start up a popular catering business in the main street of Butembo. At the beginning, she sold food in the street, but later she bought a small premise where some people eat today*".

There are several stories for each sector of activity and each operator. In all cases, it is as a result of difficulty in dealing with a crisis, loss of a job, death of a husband or wife, lack of resources that people get involved in informal activities. A man selling water and sweets in the street told us the following story: "*Five years ago, I was a beer-seller in partnership with a friend. We rented a vehicle and it was by an accident and we lost 80% of the load. The business went bust. Two years later, I was employed as an assistant to the independent electoral commission and was given a bonus. I used the bonus to start my present street business.*"

The heads of the majority of informal production units come from different backgrounds as shown in the following table.

Table 5. Background of the head of the IPUs

	Catering	Commerce	Construction	Total	%
Teaching	1	5	3	9	15,8
Public Administration	0	1	1	2	3,5
Associations (NGO)	0	2	0	2	3,5
Private sector management	1	1	1	3	5,2
Popular urban environment	12	8	7	27	47,3
Rural environment	3	2	3	8	14
Student	1	3	2	6	5,5
TOTAL	18	22	17	57	100

Informal production units are owned largely by people from popular urban environments where unemployment and underployment rates are very high. These people account for over 47.3% of units surveyed, followed by 15.8% of former teachers and 14% from a rural environment. Informal activities remain the preserve of people from poor backgrounds (popular urban environment and rural environment). It is catering, primarily, which is dominated by people from a popular urban environment while one can find that teatchers are active in the commerce sector to improve their livelihood.

3.5. Sources of capital and business risks

The informal economy is characterized by the shortage of capital in informal production units. These units are micro-enterprises which operate in areas which do not require holding a high level of capital. The following sources of capital were mentioned during the survey: family, personnel assets, assets of spouse (husband or wife), borrowing, sale of products from the business or work (wages), loans in kind.

Table 6. Sources of capital to launch an IPU

Sources of capital	Catering	Commerce	Construction	total	%
Personal (own production)	5	10	5	20	35
Borrowing	1	1	3	5	8.8
Wages	1	3	4	8	14
Family	10	7	4	21	36.8
Loans in kind	1	1	2	4	5.4
Total	18	22	17	57	100

In general, the capital utilized in informal activities comes from two main sources: the family (36.8%) and personal assets (35%), and the remaining 30% of the capital invested in these types of activity comes from other sources (borrowings from small micro-finance institutions or through an informal system of financing such as tontines, wages and loans in kind, suppliers, etc.)

To finance informal capital in informal production units, people resort to personal savings (59% of cases) and help from the family. This shows the paramount importance of the family and self-financing in the dynamic of accumulation in the informal economy. It should be emphasized that informal production units have virtually no access to the formal financial sector (such as banks or non-banking financial institutions). Only certain financial cooperatives and small micro-finance institutions can provide relatively small amounts of credit (some 7% in the sectors studied).

Loans are often utilized to finance the activities of informal production units (operation of the IPU, working capital, cash needs). In this survey, it was found that loans represent barely 12.8% of available capital for the informal production unit.

The survey shows also that all informal production units face high levels of vulnerabilities and they are often affected by certain events that may lead to the cessation of all activities. These include:
– Hospitalization of a family member, whether or not an income earner
– Decease of a household member with an income

– Temporary or permanent incapacity
– Loss of job or position
– Lost or destruction of goods (pillage, thief)
– Financial crisis
– Lost of production equipment

Among these various events, hospitalization of a family member, whether or not an income earner, seriously affects IPUs, since it is necessary to pay hospital costs, other costs and lose part of the income. The survey results show that over 51% of heads of informal production units confirm the seriousness of such an event for informal activities. People are the centre of the activities of the informal production unit.

To cope with such events, IPUs have had different strategies: either the sale of the units products, or diversifying their activities so as to limit the risk, depending on the area of activity, or they resort to informal loans, or they received support from parents and other family members (63% of cases), or they use up their savings or run up debts.

3.6. The determining factors of informality

The decision to work in the informal economy is motivated by several reasons, in particular the many constraints related to the formalization of a production unit, the country's public policies on enterprise, the effects of recurring financial crises and the many procedures necessary to formalize a production unit.

3.6.1. Constraints on the formalization of IPUs

Several factors limit the formalization of informal production units and are a disincentive to IPUS to integrate in the formal system. These include:

- Regulation of labour or enterprise (difficulty of rapidly creating enterprises because of the many steps that have to be followed);
- The lack of available capital pushes the head of the informal production unit to embark on informal activities which are easy to do;
- The types of activities to be undertaken are also a major factor in the formalization or otherwise of an enterprise;
- Other reasons (income tax and administrative burdens, death of the head of the enterprise, etc.).

The results of the survey of the three informal economy sectors (popular catering, commerce and construction) in Butembo are summarized in the following table.

Table 7. Main drivers of informalization

	Catering	Commerce	Construction	Total	%
Lack of capital	12	12	10	34	59.6
Regulation	0	2	1	3	5.3
Type of activities	3	3	3	9	15.8
Burdensome tax	3	4	2	9	15.8
Others	0	1	1	2	3.5
Total	18	22	17	57	100

The chief constraint on the formalization of informal activities remains lack of capital (in 59.6% of cases) which can be explained by difficult access to any form of formal credit, given that the majority of people involved in these activities come from poor popular environments. The second constraint is burdensome tax procedures (15.8% of cases can be explained by this) which constitute an obstacle to the formalization of informal activities. This constraint blocks all formalization mechanisms. One entrepreneur in the informal economy told us: "*To start a small food store or sweet stall, or even a small mobile telephone booth, you have to pay 9 taxes before you start operating, and that can cost 5 times the initial capital, and it can take over a month to get the permit*". The type of activity to be exercised is also a critical factor in the informal economy (more than 15.8% of cases can be explained by this constraint). These are small-scale activities carried on by informal production units.

In general, it appears that the majority of informal production units are not taking any steps to enter the formal system. The distrust of the formal system can be explained by the fact that there are no positive government measures to provide incentives to shift form the informal economy to the formal economy. That sector is completely ignored in all social and political measures. The sector is only affected by taxation, itself often informal.

3.6.2. Recent public policies related to the informal economy

There are practically no active public policies to encourage IPUs to formalize their activities, but a few measures may be mentioned, notably:

- Raising awareness among actors in the informal economy that they should register their small businesses for the benefit of the economy. This message is often relayed by certain associations in which informal economy workers are involved
- Raising awareness among IPUs of the need to join business associations which can inform them of the benefits of formalizing their activities
- Carrying out a census of street stalls which employ many of the people involved in informal activities
- Inculcating a tax culture
- Prohibition of the sale of certain dangerous products by informal production units. These include petrol and perishable food products
- Financing of informal production units involved in the formalization process, which present a credible plan which can be financed from the Industrial Promotion Fund (IPF)
- Authorization to micro-finance institutions to finance informal activities by using undemanding guarantees.

The various surveys carried out in the areas covered by the study produced the following results:

Table 8. Recent public measures affecting IPUs

Recent public measures	Catering	Commerce	Construction	Total	%
Financing by IPF	4	0	0	4	7
Awareness raising for registration of IPU	4	2	3	9	15.8
Prohibition of sale of dangerous products	0	2	0	2	3.5
Census of shops	0	2	0	2	3.5
Control of IPUs	0	0	3	3	5.2
No policy	10	16	11	37	65

It must be observed that in the Province and more generally in DRC, there is no real public policy aimed at formalizing the country's over three million informal production units. This observation emerges from the various results: 65% of IPU observe the lack of a genuine public policy in this sphere and the other 35% only identify a few measures which are primarily aimed at crushing IPUs or increasing the burden of costs, by imposing taxes or making it difficult to obtain certain permits to exercise a formal trade.

3.6.3. Effects of financial crises on IPUs

The various financial crises have had impacts on the activities of informal production units. The surveys show some direct effects on informal activity, notably:

- The rise in the number of people involved in informal activities. The informal economy hosts everyone placed in a precarious position by the crisis because of ease of access and modest start-up capital and activities required,
- The bankruptcy of several small and medium-sized enterprise in the formal sector whose members swell the informal economy or seek to make part of their activity informal,

- Increased competition between informal production units due to the fact that the newcomers try to enter the sector with more aggressive strategies,
- Loss of savings, destruction of capital and employment.

The various effects of the financial crisis identified during the survey carried out in Butembo are shown in the following table.

Table 9. Main effects of the 2008-2010 global financial crisis

Effects of the crisis	Catering	Commerce	Construction	Total	%
Bankruptcy	4	2	4	10	17.6
Increased competition	5	7	3	15	26.3
New entrants to the sector	2	4	4	10	17.6
Destruction of employment and capital	5	7	3	15	26.3
Loss of savings	1	2	1	4	7
Change of activity	1	0	2	3	5.2
Total	18	22	17	57	100

The various financial crises had a major impact on informal activities. They increased competition in the informal economy (26.3% of cases), the arrival of new entrants into the sector (17.6%) and the bankruptcy of several informal production units (26.3% of cases).

3.6.4. Informal economy and the State

The relations between the informal economy and the State are a crucial challenge for the role played by the sector in the development process. The ambiguity of the State's position in relation to the informal economy is a source of uncertainty which needs to be removed if the productive endeavours of the informal economy are not to be constantly frustrated (Touré, A., 1985:268-270).

The majority of informal production units do not have a national identity/registration number. This situation shows that the nature of the institutional links between IPU and the State is still vague. Thus, in our study, we found that only 11% of production units surveyed are registered nationally in the Ministry of the Economy, 8% have a commercial registration, patent or professional card. All the rest have no real authorization to carry on their business.

There are several reasons for the non-registration of informal production units, including:

- Ignorance of the relevant regulations and the institution responsible for authorizing the exercise of an activity in its specific sphere (ignorance of legal obligations).
- Very complicated procedures: it takes a long time and involves going through several departments to obtain a permit. All these steps demand a great deal of money to bribe the various departments (the monetary cost associated with registration with the relevant administrations is very high).
- Refusal to cooperate with public institutions because of their incompetence and harassment by state services in all the registering institutions.
- The lack of interest of state services in the informal economy, operating a characteristics *laisser-faire* policy.

3.7. – Production of goods and services

3.7.1. Description of products and services

The informal economy produces several categories of goods and services depending on the sector of activity, as follows:

- In the catering sector: prepared food products, sale of prepared food products (vegetables, fish, meat), services to various customers and other products from the formal sector such as beer, sweets.

- For street trading, the products sold are various articles (manufactured goods) sale of various drinks (alcoholic beverages in cartons, soft drinks, iced water and other water), craft products manufactured locally, food products sold in the street or door-to-door in some districts. In this sector, the activities are simple and can be summarized as follows: purchase and resale of articles in general without any technological processing. Commercial IPU have the biggest turnover.

- In the construction sector, some products are manufactured directly by informal production units: bricks, sand, tiles and clay as raw material for brick-making. The services provided consists of work on mixed sites (where part of the workforce is declared and part on informal sites), often family businesses. In the majority of informal production units, the head of the unit plays a key role in the day-to-day management of the micro-enterprise.

3.7.2. IPUS Management

In the units of informal production, the unity chief plays a very crucial role in the daily management of the micro enterprise. He must define the objectives of the activity, the strategy to use on field to realize the maximum of result, the setting of disposal of necessary means and the resources mobilization, the organization and coordination of activities. He also manages the treasury of the unit of informal production. The following roles were observed in the field:

Table 10. Roles of the head of IPUs

Role of head of unit	Catering	Commerce	Construction	Total	%
Provision of supplies and funds	5	11	6	22	38.7
Coordination of activities	6	8	4	18	31.6
Mobilization of resources	3	1	3	7	12.3
Cash and sales	2	2	2	6	10.5
Involvement in other activities	2	0	2	4	6.9
Total	18	22	17	57	100

The results show that the head of the unit plays a real part in the management of the IPU. He is very active in provision of supplies and cash of the production unit (38.7% of cases). He is also an effective coordinator of the activities in 31.6% of cases observed in the various surveys. All these factors show that he is at the centre of the operation of the informal production unit. Although a reduced sampling related to fifty seven households (480 persons really working in the informal sector), these different results remain valid as the informal activities are similar in the informal production units of Butembo city.

In the various informal production units, it was observed that employees also play an important role. They are involved in the following activities:

- Supply of intermediate products and other basic inputs in the production
- Collecting debts of the enterprise
- Seeking customers for the unit's products and services
- Collecting funds and cash management
- Direct involvement in the sale of IPU products
- Involvement in other services such as catering, washing-up, serving customers, delivering products to customers' homes.

The results of the survey show that employees are involved in 68% of cases in the supply of intermediate products and the sale of the unit's products and various services which can be delivered.

3.7.3. Relations among IPU suppliers

The informal economy, for its part, is also by far the biggest supplier of IPUs. Some traditional factors of production are obtained from the primary sector (agricultural products, wood, etc). Some 59% of heads of IPUs say that they buy their raw materials from other suppliers in the informal economy while 62% of all inputs come from the informal economy, represented by small commercial enterprises. The ranking by type of supplier is preserved, even if the related weight of the modern sector is increasing, to the extent that the biggest informal entreprises are also those with the strongest links to the formal sector. And when they obtain supplies from the formal sector, they go to large commercial firms and manufacturing companies.

The relations between different suppliers are mostly of a commercial type. Over 72% of links between IPUs and suppliers are commercial. Other types of relations can be identified: friendship (10% of cases), socio-economic (4% of cases), family (8% of cases). IPU may also receive loans in kind or in cash (very rare) from suppliers (6% of cases observed).

Mobilization of resources in the informal production unit is primarily mobilizing one's own IPU's income and other personal resources, persuading IPU customers to buy the goods produced, setting competitive prices, control of certain operating areas, guarantee of supplies of IPU in certain strategic products used in production, contracting with certain suppliers (provision of credit on foods used in catering, acquisition on credit of certain manufactured goods and payment after sale). Resources are mobilized by both the heads and employees of informal production units.

3.8. Relations with other spheres of the economy

This section analyses the various relations which the informal production unit can have with the formal economy and the global economy. The analysis is focused on the source of the factors of production used in the informal economy, the various suppliers and the destination of its products.

3.8.1. *Informal and formal economy multidimensional links*

It should be emphasized that the links between the informal economy and the formal sector take many forms, bearing in mind the great diversity of informal activities and operating areas, both by their nature and the form of organization. Informal activities exist in all socio-economic sectors (agriculture, education, health, transport, commerce, craft industries and services). There are great variations of informality within sectors and the links between the fomal and informal economy are very different depending of sectors. However, some major areas emerge regarding links between the formal and the informal economy: supply, financial flows, labour flows, competition, and outsourcing. The survey points out the following links.

Table 11. Nature of the formal/informal economy relationship

Links with the informal economy	Catering	Commerce	Construction	Total	%
Supply (goods and services)	15	18	14	47	82.5
Demand for financing	1	2	2	5	8.8
Outsourcing (goods and services)	2	2	1	5	8.7
Total	18	22	17	57	100

The links between informal production units and the formal economy arise chiefly through the supply function (over 82.5% of cases say that they obtain part of their supplies from the formal economy or provide goods and services also to customers/clients in the formal economy). These involve production activities, catering, commerce, construction and services. As a consequence, there is also a special relationship in the sphere of competition. Actors in the formal economy regularly complain of unfair competition by informal mobile vendors in urban areas. Second-hand clothing and shoes, which can be considered rather as a semi-formal activity, has grown rapidly in recent years in the towns of the East of the Democratic Republic of Congo (regions emerging from the war) and also creates strong competition for the modern textiles sector. Moreover, in the financing sphere, relations between the formal sector and the informal economy are very important, even if it is the formal sector which gains the most, by mobilizing a considerable share of informal savings, while for their part, the informal economy actors only benefit from a small share of formal credit.

Another characteristic of the complex links between the formal and informal economy is that many people operate in both sectors: micro-entrepreneurs, public servants, parallel to their professional activities, and work in the informal economy in similar activities to make ends meet. This phenomenon can be explained by their low incomes which are not sufficient to satisfy their basic needs. This practice penalizes both the State and the public, because the majority of these public servants do not do their work properly and, worse, many of them make the State pay for the cost of their informal activities (use of logistical resources, official car) and facilities available to them.

Another category of actors consists of people (public servants or private employees) who invest in informal activities not necessarily related to their professional activities. These actors are also guided by the desire to increase their incomes. They finance these activities by savings or bank loans. They entrust the management to a parent or relative. The activities they target most are those where the demand is not yet saturated and which involved the new technologies (computer services, secretarial, cybercafés, call-centres).

Finally, many activities classified as formal conceal pockets of informality which develop through the widespread strategy of outsourcing and subcontracting adopted by some large companies, which contributes to the informalization of production and employment, with consequences for regulatory protection of workers, especially female workers. Mention can also be made of activities which are not totally informal. Some have a fixed place of business and pay the licence. Non-compliance with the regulations mainly concerns the social and fiscal aspects, and the conditions for exercise of an activity.

3.8.2. Relations with the global economy

The background of economic openness, especially in the East of the Democratic Republic of Congo encourages trade with the neighbouring countries (Uganda, Kenya, Tanzania, Rwanda, Burundi, and Sudan). This trade can have beneficial effects on the informal economy by allowing the development of certain informal activities which significantly complement the modern sector. In the context of our study, we found that informal production units have cross-border links with neighbouring countries through the supply function. Thus, they obtain a large part of their intermediate inputs from countries such as Uganda, Kenya, Tanzania, Rwanda, Burundi, Sudan, China, Europe, Japan, Thailand, Dubai. The countries which provide the most inputs remain the neighbouring countries such as Uganda (45% of cases) or China (12% of cases).

The rest of their inputs are supplied from the local economy. Foreign factors of production are used when they are not available in the local market (in 56% of cases) and because they are cheaper (in 11% of cases). All these intermediary factors are supplied by local distributors (68% of cases) or by direct imports (in 20% of cases) by the informal production unit. It was found that the output of informal production units was destined for the local market (80% of cases) and the national market (neighbouring Eastern Province: Ituri, Kisangani).

Informal activities certainly have specific advantages and greater adaptability to change and constraints in the economic and institutional environment stemming from globalization and macro-economic stabilization and economy recovery policies. Their integration in the economy is still difficult because the informal economy is highly diversified and its actors have weak financing capacity.

3.9. Employment, Competence, remuneration and health within the IPU

Almost all the informal production units consist of independent persons (more than 90%) who work for themselves. The focus on self-employment is an indicator of the lack of capacity for accumulation in an informal economy which seems to be developing mainly through a process of expansion characterized by the multiplication of production units. This fragmentation is even more marked in the urban environment, where self-employment is common. Due to the small size of informal units and the overwhelming proportion of self-employment, the rate of wage employment is low, evaluated at 8.3% in the informal production units surveyed. The intensity of the wage employment relationship distinguishes the informal from the formal economy, where wage employment is the norm.

Women are more numerous in informal activities but they are concentrated in some sectors of the informal economy. Indeed, they constitute 89% of workers involved in catering, 72% of those working in street trade but only 6% of those in construction activities. All micro-entrepreneurs have a fairly low level of education. Several have never attended school and others have undergone either vocational training or secondary school. The following results were obtained from various surveys:

Table 12. Level of education of micro-entrepreneurs

Level of education	Catering	Commerce	Construction	Total	%
No education	13	16	6	35	61.4
Vocational training	0	0	3	3	5.2
Primary	1	3	3	7	12.3
Secondary	3	3	5	11	21.1
Higher	0	0	0	0	0
Total	18	22	17	57	100

The majority of people who run IPU have never had any education (in 61.4% of cases). The remainder consist of people who have had vocational training, chiefly for a specialized trade such as construction, or primary or secondary education. All these elements show that the exercise of the activities does not require a very high level of education. It can be explained, in part, by the ease of access and exercise of informal activities. But the low level of education is also a binding constraint to sustainable micro-enterprises and higher productivity levels.

3.9.1. Jobs in the informal economy

In the informal economy, the majority of jobs are precarious and do not enjoy any guarantee or social protection. An examination of the jobs situation in informal production units shows that 95% of employees are part time and do not have a written contract of employment, 39% of employees have an oral contract and the remainder do not have any contract. There are informal relations between workers and the head of the production unit and the employee can easily be sacked without notice or compensation at any time. Social protection does not exist. The system of paid holidays or sick leave is not applied. Only the family or a professional association can help in the case of a problem. We should emphasize that the importance of personal relations, and especially those with the head of the informal production unit, allows the development of a solidarity and intervention in the event of a problem. Surveys show that 51% of the workforce in the informal economy is related to their employers, which indicates personal and family relations in hiring in the informal economy.

Several aspects identified during the survey show that the hiring of a worker in the informal economy is conditioned by several factors, such as:

- The worker's level of experience, which can enhance his added value to the IPU (in 42% of cases);
- Belonging to the family of the head of the informal production unit (in more than 53% of cases, especially in catering and street trading);
- Availability, integrity, courage, energy at work;
- Competence, pleasant personality, regular, can read and write.

Informal production units justify the hiring of workers under certain conditions, in particular:

- Workload in the IPU (reason given in 66% of cases);
- Capital increase (11% of cases);
- Holidays of certain employees (2% of cases);
- Intensity of activities in certain key periods of the year (end-of-year festivities, market days);
- Need for workers as a result of strong demand for products manufactured by the informal production unit (in 15% of cases).

3.9.2. New skills

To acquire new skills, the great majority of actors in the informal economy can only rely on apprenticeship schemes or programmes.

"On-the-job" learning through apprenticeship is the chief method of acquiring basic skills to carry on the trade. It is aimed at many young people who, for various reasons, are excluded from the existing school system and who, for that reason, make good use of "qualification" with a view to entering the labour market. It is an appropriate way of promoting self-employment, while at the same time it ensures regular replenishment of human resources in the artisanal sector.

Apart from apprenticeship, skills can also be acquired through formal and informal self-education, through vocational training or education often organized with the help of associations. The surveys carried out in Butembo produced the following results.

Table 13. Sources of skills acquisition

Skills acquisition	Catering	Commerce	Construction	Total	%
Informal apprenticeship	15	14	13	42	73.7
Self-education	1	4	2	7	12.3
On-the-job training	1	2	1	4	7
None	1	2	1	4	7

The table shows that informal apprenticeship is the route most used to acquire new skills in informal production units. This apprenticeship is often organized by professional associations. The great problem is that this type of training is in the main not suitable for the illiterate people who constitute most trainees. The emphasis on basic training favours a school type population, to the detriment of artisans engaged in a production process and, consequently, already working in the workplace with a greater need for further and continuous training. Moreover, informal apprenticeship does not lead to a diploma. For example, in artisanal trades, it is difficult to find master craftsmen with a certified qualification.

3.9.3. Working time

In general, the actors in informal production units work all day and all week. It may even happen that they work on Sundays, especially in the catering and street trading sectors. For example, a caterer starts work at five in the morning (buying supplies to be used in preparing certain dishes, preparation of breakfast for some customers) and finishes around 10 p.m. Given the small size, it is difficult to rotate workers. The average weekly working time exceeds 55 hours in urban centres. The high proportion of employees whose weekly working time far exceeds the legal limit can be a sign of very low hourly wages. However, these averages conceal considerable disparities between different types of work and different sectors. In the catering sector, the number of hours is very high compared to the construction sector where the number of hours is less high.

The great variability of working time can be interpreted as a positive element reflecting the flexibility of the informal economy and translating into several hours worked responding to demand. It also offers the possibility for those who work a small number of hours to combine other activities in parallel. This heterogeneity can also be considered as an indicator of under-employment of human resources in the informal sector, if it is found that people working part time do so against their wishes.

This heterogeneity of work arrangements demands special management in the informal production unit. And this management is subject to various constraints, notably rotation of personnel, wage levels in terms of hours worked, theft by workers, problems of motivation, very low wages, or the issue of unpaid family members in the informal production unit.

3.9.4. Remuneration

There is no single system of remuneration in IPUs. It varies depending on several factors, in particular, the form of remuneration (in cash or in kind), family relationship with the head of the IPU, the worker's skills and experience and type of activity. Thus, the measurement of incomes in the informal economy raises serious problems. Apart from the difficulty in obtaining a reliable evaluation, in the absence of written accounts or payslips, the diversity of status and variability of working hours make it difficult to select an appropriate indicator.

The income of independent workers in the informal economy is the entrepreneur's share of the added value of the informal production unit, after deduction of wages of employees and taxes. It corresponds to the gross operating profit in the national system of accounts. From this should be deducted co-financed investments, interest charges on loans taken out by the IPU and other charges (cost of subcontracted services, etc.).

In this survey, the average monthly income of the head of the informal production unit is evaluated at 161 dollars for a catering owner and 48 dollars for a regular employee, 126 dollars for a head of a small trading unit and 36 dollars for an employee. Remuneration may be in kind (meals, share of goods produced and sold, gifts (for ceremonies), etc.) which account for 28% of cases and cash income for the remaining 72% of cases.

The employment status determines the amount of remuneration. Bosses (and partners) are at the top of the scale, with an average income of more than 8 times the lowest wage. Self-employed workers take second place in this hierarchy, followed by wage workers and apprentices. Remuneration in the informal economy increases according to the level of human capital accumulated by the workers. It is correlated to the level of education, which shows that, even in the absence of formal wage scales, education and skills are still valued in the informal economy. The ratio of incomes of an individual without any education to an individual who has followed a course of study or vocational apprenticeship is 1 to 4, especially in the construction and catering sectors.

Inthe majority of cases, heads of informal production units and their employees state that their income is inadequate (65% of those interviewed). Within an informal production unit, several problems related to remuneration and incomes may be observed. These are problems of low income, motivation of employees, withholdings from wages, late payment of wages or of products and services, etc. The various problems related to remuneration are summarized in the table below.

Table 14. Main risks related to remuneration within an IPU

	Catering	Commerce	Construction	Total	%
Low wages	1	7	2	10	17.5
Payment based on work done	6	3	8	17	29.8
Late payment of wages	3	2	3	8	14
Worker solidarity	2	6	1	9	15.8
Withholding of wages	3	2	1	6	10.5
No wages	3	2	2	7	12.4
Total	18	22	17	57	100

This table shows that an important problem is the remuneration of workers in relation to hours worked due to very low margins and level of productivity. In the majority of cases, the fact of working long hours does not mean earning more. Other parameters can affect remuneration, notably the particular relations with the head of the IPU, family relationships, etc.

Thus they are obliged to resort to other mechanisms to top up their income from a mutual association, diversification of activities, deferred reciprocity, a working spouse, and livestock rearing. Our survey gave the following results:

Table 15. IPUs practices to secure household's livelihood

	Catering	Commerce	Construction	Total	%
Mutual association	7	11	5	23	40.3
Diversification of activities	4	2	3	9	15.8
Deferred reciprocity	3	1	2	6	10.5
Working spouse	2	1	1	4	7
Livestock rearing	1	2	1	4	7
Tontine	1	3	3	7	12.3
Urban agriculture	0	1	2	3	7.1
Total	18	22	17	57	100

Mutual associations are the primary source for topping up incomes (40.3% of cases), followed by a strategy of diversification of activities to minimise risks. Membership of a tontine also helps to provide additional income for the head of an informal production unit or IPU employee.

3.9.5 Child labour

The various regulations which prohibit child labour are not always respected, especially in the informal economy, where the phenomenon is much more common. The principal socio-economic causes are:

- Insufficient capacity in the traditional education system, means that the majority of children do not have the opportunity of attending school and thus find themselves in the informal economy, either as apprentices or as self-employed workers or employees of another actor in the informal economy;
- The aggravation of poverty, such that the majority of heads of household are not able to provide for their family's basic needs. That is why many children find themselves in the informal labour market (porters on the fringes of markets, car-washers, polishers, informal transport workers);
- The crisis in the modern sector, which drives many employers to look for low-skilled but cheap labour.

Working children live in exceptionally difficult social situations which have a negative influence on all aspects of their lives. They are thus systematically the victims of exploitation, carrying out work that is too heavy for their age, with very demanding hours for low and irregular wages. They do not have any social protection and are exposed to all kinds of risks (accident, disease). These children work in many informal activities such as crafts manufacture, repair services and mobile sales, catering, left to fend for themselves without a proper social framework. The survey results show that 36% of workers are children who have no chance of having a normal education.

3.9.6. Social protection of IPU members: health management in IPU: medical care

In general, it is found that heads of informal production units and employees (workers, apprentices and others) still do not have any form of social protection. The lack of a system of social protection is the principal characteristic of jobs offered to workers in the informal economy. With regard to sickness cover, the survey results show that the majority of people in informal production units are not covered.

Table 16. Social protection schemes

	Catering	Commerce	Construction	Total	%
Personal	9	10	8	27	47.3
Family/house hold	3	8	4	15	26.4
IPU	2	2	1	5	8.8
None	4	2	4	10	17.5
Total	18	22	17	57	100

Analysis of the results shows that only 8.8% of cases are covered by informal production units. The rest is covered by other arrangements: family/household (26.4%), self-cover by the person concerned (47.3%). For some people, there is no sickness protection at all because of the lack of savings. All these factors show that there is no reliable system to protect IPU workers in the event of illness. The same applies to the other components of social security. In the event that a worker has a problem outside his work, he is not covered and is supported either by the family or household, friends, an association or mutual society to which he belongs personally. The same associative network assists in the event of a death or birth or other family event.

3.10. Mechanism for distribution of profits and losses within IPUs

Informal production units take a variety of forms and the mechanism, by which they are created, in part, determines the system of distribution of any profits or losses. It all depends on the constitution of the initial capital: a contribution by individuals (or friends), contributions from members of the extended family, loan from an informal financial institution, personal capital. In all cases, the distribution of profits varies on the basis of shares in the capital, or left to the discretion of the head of the informal production unit. The timing of distributions of profits in the area covered by the survey differs according to the type of activity and the sector.

Table 17. Forms of profit distribution

Form of distribution	Catering	Commerce	Construction	Total	%
Daily	3	8	4	15	26.5
Weekly	1	2	3	6	10.5
Monthly	5	6	1	12	21
Quarterly	1	1	1	3	5.2
Annually	1	1	0	2	3.5
As needed	7	2	8	17	29.8
Mixed	0	2	0	2	3.5
Total	18	22	17	57	100

Profits are mostly distributed daily (26.5%) and especially in case of need (29.8%). This shows that incomes from informal activities are a direct response to the needs of members of the informal production unit. The immediate availability of income at the most difficult times leads many people to engage in informal activities.

3.10.1. Allocation of profits in IPUs

The various income earned is allocated to various applications, notably consumption, savings, investment, job creation or a combination (consumption and investment or savings at the same time).

Table 18. Types of allocation of profit

Allocation of profits	Catering	Commerce	Construction	Total	%
Consumption	5	3	1	9	15.9
Investment	2	4	0	6	10.5
Savings	3	3	4	10	17.5
Job creation	1	2	1	4	7
Combination	7	10	11	28	49.1
	18	22	17	57	100

In general, IPU profits are allocated to various purposes, especially in combination, in over 49.1% of cases. This combined use includes both use of the profit for consumption, saving and investment. Profits may also be allocated exclusively to saving (17.5% of cases), consumption (15.9%) and investment (10.5%).

3.10.2. Responsibility for losses

The informal production unit may also make losses. In that case, the loss must be borne by the members of the IPU jointly. Several measures can be taken such as re-financing by the head of the IPU, reduced remuneration for all members of the IPU, support from family, household members, etc. The survey points out the following main practices in the case of losses:

Table 19. Main IPUs' practices in the case of losses

Responsibility for bearing loss	Catering	Commerce	Construction	Total	%
Re-financing through equity	3	5	1	9	15.8
Call for funds from partners	1	1	2	4	7
Owner's income	2	2	4	8	14
Recourse to relatives	1	4	1	6	10.5
Borrowing	1	2	2	5	8.8
Drawing on savings	3	1	4	8	14
Family support	1	3	2	6	10.5
Recourse to tontines	1	1	0	2	3.5
Dismissing workers	1	1	1	3	5.4
Collective efforts	4	2	0	6	10.5
Total	18	22	17	57	100

To absorb the loss, the informal production unit often resorts to re-financing from its own capital, the owner's income (14%), savings (14%), relatives (10.5%) and the collective efforts of all members of the unit. It was found that members of the informal production unit worked together to cover losses and save the activities of the IPU.

3.11. Governance of IPUs

Informal production units are micro-enterprises in which the head of the unit plays a very important role in decision making and management of the enterprise. He/she is involved simultaneously in the management of personnel, equipment, supplies, marketing and sales of production or services, collection of revenues, contracting loans and seeking solutions to the various problems of the unit.

The other members of the unit may be associated with certain decisions. Thus, problems such as those related to job creation and investment require a collective decision after a dialogue between the different components of the enterprise. In 76% of cases, the members of production units belong to an association made up of informal economy workers. Regular meetings of members of a unit or several units can raise awareness of their rights and the importance of their enterprise. The question of gender is not a concern to the head of the production unit. Efficiency is the only thing that matters. The principal instruction is respect for customers which allows units to generate income. Units operate in the local market.

It should be noted that none of these production units have a risk management system, which makes these micro-enterprises vulnerable to economic fluctuations. There is no insurance system.

3.12. Vulnerabilities affecting IPUs

Certain events affect the management and performance of the informal production unit. They are many, and include the following:

- Illness of the head of unit who is responsible for the management of the unit;
- Loss of products due to natural or other disasters, loss of money;
- Bankruptcy and death of a member of the unit;
- Destruction or theft of goods;
- Various economic and financial crises;
- Disputes between members or with other units in the same sector;
- Shortage of inputs or theft of inputs or equipment;
- Death or frequent illness of a spouse;
- Insolvency of a unit or loss of money.

Among all these factors, the death or illness of the head of the informal production unit (in 55% of cases) is the problem which affected the most IPUs in the three sectors studied.

To resolve the various problems encountered by the unit and its members, several approaches to solutions can be envisaged by the head of the production unit or the members of the unit collectively. In the framework of this study, the following approaches were mentioned by heads of units in the three sectors studied:

- Taking out a loan from informal organizations (tontine, cooperative, professional association…);
- Utilization of economy measures or savings of the unit;
- Sale of additional production or services;
- Working more;
- Setting up a credit arrangements;
- Support from relations or friends;
- Recourse to savings in a tontine.

The approach chosen by informal production units will depend on how easy it is, the low level or risk and the type of problem to be solved.

3.13. Nature of mobilized resources

To work properly, informal production units must mobilize several types of resources: monetary resources, non-monetary resources and relational resources necessary to carry on certain informal activities.

Informal production units obtain most of their monetary resources by sale of their products and services, which vary according to the sector in which they operate. In catering, the sale of food and drinks is the principal source of income. In street trading, the sale of various manufactured articles, door-to-door sale of food products and mobile services are the chief source of financial resources of the informal production unit. In the construction field, the sale of materials and services (such as bricklayer, carpenter, and brick maker) are the chief sources of income.

But there are also available some resources derived from re-distribution mechanisms: subsidies, public aid (indicating the existence of possible links with public policies). To this must be added reciprocal services: (mutual) aid, originating in social links (community solidarity). The surveys carried out in the various informal production units identified a number of sources of resources non-directly linked to the activity of the IPU: family gifts, mutual solidarity societies, tontines, resources from solidarity between the members of informal production units.

Table 20. Non activity based sources of resources for IPUs

	Catering	Commerce	Construction	Total	%
Family gifts	7	8	5	20	35.1
Mutual solidarity societies	5	6	5	16	28.1
Tontines	2	3	2	7	12.3
Solidarity of IPU members	2	1	2	5	8.8
No resources	2	4	3	9	15.7
Total	18	22	17	57	100

Family gifts (35.1% of cases) constitute the principal source of non-monetary resources, followed by mutual solidarity societies which are very active in several districts and intervene in several fields. These latter are local neighbourhood institutions which intervene in several circumstances (death, marriage, imprisonment, baptism). It was found that informal production units do not receive subsidies from public bodies or foreign organizations (non-governmental organizations, international cooperation) or resources from official re-distribution mechanisms.

In the framework of family or friends solidarity, informal production units can also benefit from work done by people who belong to the household or the family.

In conclusion, informal production units only benefit from monetary resources from the sale of their production of services and certain non-monetary resources from families, mutual societies or tontines.

3.14. The associative dynamic and risk management

Several informal production units are members of associations. They belong to informal professional bodies in their sector of activity or associations (mutual societies, cooperatives, unions, tontines) involved in the development of their district or municipality. Units may be involved individually or collectively. The various associations assemble people faced with the same social challenges and the same occupational difficulties in daily life. In general, the surveys show that they have the following objectives:

- Promotion of their profession and defence of their members' interests;
- Training of members and sharing of professional experience;
- Mutual assistance (assistance to members in cases of illness, accident, deaths, births, etc.)
- Defence in the case of particular difficulties: disputes with public authorities, help with certain administrative procedures, help in the case of administrative harassment;
- Support for members in the grant of small loans;
- Settlement of disputes between members;
- Strengthening of members' activities or projects;
- Fixing the amount of mutual assistance;
- Collection and re-distribution of contributions.

3.14.1. Nature of associations

The majority of associations to which informal production units belong are professional bodies.

Table 21. Type of association

	Catering	Commerce	Construction	Total	%
Professional Body	8	13	8	29	50.9
Other types of association	3	4	4	11	19.3
None	7	5	5	17	29.8
Total	18	22	17	57	100

Informal production units are often affiliated to professional bodies (50.9% of cases) which properly protect their interests. The rate of affiliation to professional bodies is very high in street trading activities where units are in daily confrontations with the public authorities.

Membership of the various associations is subject to certain conditions:

- Belonging to the profession;

- Regular payment of contributions, at intervals which vary from one association to another (monthly in 58% of cases, weekly in 42% of cases);
- Having a source of income
- Having a residence and carrying on the business in the association's operating area;
- Being of good standing;
- Regular attendance at meetings and ability to get involved in the association's activities.

To enjoy the benefits offered by professional bodies or associations, the informal production unit must be in order with the association (up to date with contributions, participate in meetings, respect for the association's rules). Associations offer benefits to their members, notably social protection in the event of illness, death and may assist members in obtaining loans from informal micro-finance or other lending institutions.

3.14.2. Control mechanism

Theassociations to which informal production units belong have management and decision-making organs. They have simple structures with an executive board consisting of a president or director with a secretary or treasurer. It may also be a coordinating body consisting of elected members of the association. Decisions are either executive or taken by a general meeting or by the coordinating body.

Table 22. Nature of the governance in the associations

	Catering	Commerce	Construction	Total	%
Executive Board	5	3	4	12	21
General meeting	7	11	6	24	42.1
Coordinating body	1	5	3	9	15.8
Office	2	2	3	7	12.3
None	3	1	1	5	8.8
Total	18	22	17	57	100

In all these associations where the majority of members are informal production units, decisions are taken in general meetings of members

(42.1% of cases) and either by executive board or unanimity (in 21% of cases). Decisions are often taken after a discussion between the members and negotiation between the various positions in the association.

Within the various associations, self-regulation by the members plays an important role. It allows associations to function under the control of the members. Added to this, there are other control mechanisms mentioned in the survey:

Table 23. Mechanisms of social control in the associations

Control mechanism	Catering	Commerce	construction	Total	%
Mutual control	2	4	3	9	15.8
Mutual reminders between members	0	1	2	3	5.2
Reminder of contributions	4	2	1	7	12.3
Regularity of different meetings	1	2	2	5	8.8
Control committee	7	3	1	11	19.3
Mutual visits	0	1	1	2	3.5
None	4	9	7	20	35.1
Total	18	22	17	57	100

Certain associations do not have a control mechanism (over 35.1% of cases), others have a control committee (19.3% of cases) and mutual control by members, regularity of meetings, mutual visits or contribution reminders. All these aspects show that even informal associations have control arrangements which allow them to function properly.

3.15. The role of associations in social protection mechanisms

Informal production units do not have official social cover because the majority are not officially registered. Their employees are not known and cannot enjoy any of the benefits of the official system, especially as that system is almost non-existent. Moreover, with regard to public policies in this field, informal production units are unaware of them. No policy was identified. This situation shows total ignorance of all the State's social policies and confirms the regulation by people operating in the sector. It is also observed that there is no social policy on informal production units.

The various surveys carried out clearly show that informal productionunits resort to the alternative system: mutual societies, associations, family or tribal solidarity or friends.

Table 24. Social security coverage systems

Coverage system	Catering	Commerce	construction	Total	%
Mutual Health Society	8	9	8	25	43.9
Other association	6	8	7	21	36.8
None	4	5	2	11	19.3
Total	18	22	17	57	100

It is a very precarious system which does not cover many risks. In general, the following risks are covered by the associations to which informal production units are affiliated:

- Healthcare (a form of health insurance);
- Death of a member (funeral costs similar to life insurance, where the benefits comprise transport of the corpse, contribution in food and drink to receive mourners);
- Accidental bankruptcy of a member as a result of pillage or fire. The association or mutual society can help the person in distress to re-start his activities;
- Marriage expenses of a member of the IPU;
- Theft of a member's goods or travel accident;
- Imprisonment of a member;
- Pregnancy of a member's wife to contribute to the birth.

The various insurances can be individual or group (for a family or an informal production unit involving several families). The following results were obtained in our survey:

Table 25. Collective or individual coverage

Cover	Catering	Commerce	Construction	Total	%
Individual	4	8	5	17	29.8
Group or family	10	9	10	29	50.9
None	4	5	2	11	19.3
Total	18	22	17	57	100

In examining the average value of the benefits (which range from five to one hundred American dollars) for insured risks or events assisted, one realizes that they are merely symbolic, given the modest sums awarded. Assistance does indeed exist in all the associations to which the informal production units are affiliated and their forms of compensation or assistance differ in the value of the benefits and the number and types of risks or events covered. The largest benefit is granted for death (an average of 97.5 American dollars).

In general, it is found that social assistance to members of associations is still insufficient to satisfy the criterion of effectiveness. It still needs to be strengthened by other benefits, such as permanent incapacity (total or partial), disability, and survivors' pensions which remain real social problems for society and for informal production units.

3.16. Vision of the future of IPUs

Informal production units have a vision of the future which differs from one sector to another. They imagine a future which will be perhaps prosperous, perhaps promising, perhaps gloomy or better. The following results were obtained from the various surveys:

Table 26. View of their future by IPUs

View of the future	Catering	Commerce	Construction	Total	%
Prosperous	3	4	6	13	22.8
Promising	8	14	5	27	47.4
Gloomy	4	2	2	8	14
Better	3	2	4	9	15.8
Total	18	22	17	57	100

In general, informal production units are optimistic and consider that the future is promising, prosperous and better (86 % of cases). Those who considered that the future is gloomy are a small minority (14 % of cases). All members of IPU wish for certain changes, in particular:

- Expanding the market;
- Modernizing equipment;
- Becoming a wholesaler;
- Obtaining a bigger workplace;
- Diversification of activities or products;
- Increase in workforce;
- Becoming a depositary;
- Expansion of the informal production unit;
- Increase in capital and capacity of the IPU;
- Regular supplies;
- Improving management methods;
- Increasing customers.

The major challenges which informal production units seek to address are as follows:

- Increasing the capital of the IPU;
- Financial independence of the units;
- Maintaining market share;
- Heavy taxation;
- Insolvency of customers;
- Competition due to the crisis which drives many people into the informal economy;
- Tough regulation of informal production units;
- Proliferation of taxes;
- Shortage of inputs.

Informal production units identify several priorities with a view to formalizing their activities:

- Increase in capital;
- Acquisition of more modern equipment;
- Having larger premises or a group lease;
- Training of personnel, heads of informal production units;
- State subsidies and direct intervention in the informal economy;
- Specific legislation on informal activities.

4 – General Conclusion

This study shows that the informal economy is an important component of the economies of developing countries. Bringing this real economy into the fold is vital several reasons:

- it mobilizes the majority of employment in certain countries in the area covered by our study (over 75% of workers are employed in or have a direct or indirect link with the informal economy),
- it includes several micro-entrepreneurs who can be the spearhead of the local economy, and the informal is present in all sectors of the economy (diversity of activities and trades exercised),
- the growing feminization of work highlights the social and education role of women and their capacity of generate income even in a precarious context,
- it generates huge resources which are not controlled by the State thus depriving the State of a considerable part of its means,
- it provides social cover to several households through the associative or community solidarity mechanism,
- Consensual management of labour in the informal economy is an advantage for the sector. It is explained by very powerful social bonds (family, ethnic, etc.) which link employers and employees.

The surveys carried out in the various informal production units show that they also have a number of difficulties, including:

- The exercise of activities essential for their survival in difficult and precarious conditions;
- The lack of inclusion under the umbrella of the State or administrative authorities. It can even be argued that the State even encourages informal activities by certain measures which are a disincentive to conversion to the formal sector;
- The difficulty in accessing any credit from a formal institution (bank, financial cooperative, savings bank), which drives the majority of members of informal production units to turn to the informal economy (tontines, parallel banks, money-lenders, etc.);
- The increased competition in the informal economy linked to the increase in the number of people working in the sector (problems of outlets in certain sectors such as commerce and even local catering). Indeed, the informal economy seems to have perfectly absorbed the basics of the market economy. The fierce competition between informal producers is not only an objective

fact, but it is even claimed by the majority of IPU that the best way of fixing prices is the mechanisms of supply and demand;

- The problem of supply of informal production units in raw materials, the lack of customers and modern equipment impedes the proper functioning of the units and often cause stockouts and loss of customers;
- Excessive regulation, taxes and duties, the purpose of which informal production units do not seem to understand. They are often ill-informed about the mechanism of formalization;
- The problem of organization, management, recruitment of skilled workers which makes the operation of informal production units difficult.

All these aspects show clearly that the informal economy is part of the economic environment in several countries. This raises a number of questions: should the informal economy be formalized? What is the best way forward? What are the current aspects which can encourage such formalization.

It rapidly becomes apparent that the informal economy has a relationship with the State as an instrument of regulation. This situation places the majority of informal production units in a position of illegality, bearing in mind the ignorance of the regulations which could allow them to take their place in the formal economy. Some entrepreneurs in the sector are often ready to register (26% of cases) provided that they know the procedure to be followed.

To partly integrate the informal economy in the formal economic environment, certain measures must be taken in several areas:

- Develop an awareness raising policy aimed at the informal economy. This means informing informal production units about legislation concerning the registration of small and medium-sized enterprises with the various state services depending on the sector of activity (economy, finance, environment, tourism, etc.).

- Adopt measures to improve the human capital by education, vocational training or further training of workers in the informal economy who are often illiterate or, at best, little educated, which limits their capacity to improve production and marketing methods, or the quality of products and services. The very low educational level prevents production units from realizing the importance of official registration and makes it difficult to raise their awareness. Informing them coupled with training can improve the situation of IPU. The training must, above all, be suited to needs and thus constitute one means of solving technical problems relating to the management or development of micro-enterprises. In general, the training must be focused on strengthening knowhow and the acquisition of new skills and new behaviours in order to improve the productivity and competitiveness of micro and small enterprises in the informal economy.

- Develop a simplified tax system for the informal economy which encourages the legalization of the informal economy and its integration in the official sphere and ensuring that it respects its obligations to the public authorities by paying its taxes. To achieve this, it is necessary to launch a system of registration which does not require complicated procedures over a long period and a single tax system.

- The current policy on the development of micro-finance could allow some mixed informal production units to integrate in formal activities by favouring their access to credit. It needs to be improved so as to increase the capacity of micro-finance institutions to grant micro-credits to informal production units which will allow development of the potential of the informal economy.

- The promotion of social protection of informal production units by relying on alternative measures which are currently used by the majority of workers in the informal economy. There are cultural reasons related to the tradition of family and community solidarity which can justify the development of the parallel system of protection. Added to this is the succession of financial crises experienced by the country, the demands of the official system of protection, and the proximity and flexibility of local systems. The alternative system linked to associative environments (formal and informal) is still imperfect, due to the modest levels of intervention in the domain of social assistance. It is essential to examine how to reform the entire system of protection by measures which must consolidate the following aspects:

1. Extension of social insurance to the informal economy, which will include healthcare cover, maternity, death, retirement, disability and occupational risks, survivors, payment of certain allowances.

2. Strengthening of alternative insurance systems which is developing around mutual societies and formal or informal associations. Particular attention should be paid to mutual health organizations (MHO) which are increasingly becoming proper social security systems both in the operating principle (contribution and benefit) and the risks covered. National policy to support mutual health organizations should be maintained.

- The involvement of associations in seeking solutions to the problems of production units must be strengthened. The associations to which informal production units belong may be used as channels of information and training of workers in the informal economy. They are the institutions which intervene in social protection and securitization of informal production units through the various services which they are able to offer (social insurance, loans, providing a breathing space, etc.). There are often also associations (*de facto* associations) created by production units. These are places for discussion and dialogue between workers in the informal economy and can be used to introduce innovations into the sector.

- The promotion of decent work by regularizing the informal economy which creates the majority of jobs in developing countries. This assumes that the State must take measures to encourage workers in the informal economy to identify themselves to the official services.

Despite the limited productivity and lack of competitiveness of micro-enterprises, operating problems and lack of social protection of workers, informal production units have advantages, in particular, the low level of investment per job created, the mobilization of internal resources to start up or develop the enterprise, flexibility in adapting to the demands of the market, recourse, in the main, to inputs and equipment of local origin.

In conclusion, it can be said that the promotion of informal initiatives is a pillar on which new development policies can be constructed, bearing in mind the importance of the sector in developing economies.

The current institutional and regulatory framework must be adapted to the dynamic of informal production units, increase their efficiency and productivity and their incomes, and improve the quality of jobs and the level of social protection of workers.

A policy must be elaborated which is adapted to the informal economy, which first requires the collection of relevant and reliable data which can provide knowledge of its operation and potential. So long as informal micro-enterprises are not the beneficiaries of a promotion policy, offering them new perspectives of insertion in the economic and institutional framework, it is unrealistic to seek to impose on them a system of legislation and taxation which is restrictive, onerous and, in many ways, inappropriate to the way they operate.

Reform of the legal system to limit current restrictions and cumbersome registration procedures, in order to integrate all workers in the framework of a new legality is yet to be defined, in the framework of on-going social dialogue which involves organizations formed by actors in the informal economy themselves or which they have chosen to represent them. This will make it possible to improve the productivity and employability of workers, in order to progressively convert informal activities with a view to providing decent work.

Bibliography

ALBARELLO, L., *Choisir l'étude de cas comme méthode de recherche*, édition De Boeck, Bruxelles, 2011, 144 p.

BENNAFLA, K., *Le commerce frontalier en Afrique Centrale. Acteurs, espaces et pratiques*, Éditions Karthala, Paris, 2002, 368 p.

BERTAUX, D., *Le récit de vie*, 4e édition Armand Colin, Paris, 2016, 128 p.

BRUNO L., *L'économie informelle dans le tiers-monde*, Paris, Éd. La Découverte, 1994.

CEFAI, D.,« Une perspective pragmatiste sur l'enquête de terrain »*in* PAILLE, P.,*La méthodologie qualitative. Postures de recherche et travail de terrain*, Armand Colin, Paris, 2010, p. 33-62.

CHARMES J., « Mesurer le non-enregistré », *Le courrier* ACP UE n° 178 décembre 1999-janvier 2000.

De Soto, H., *L'autre sentier, la révolution informelle dans le tiers-monde*, 1994, 244 p.

DÉPELTEAU, F., *La démarche d'une recherche en sciences humaines. De la question de départ à la communication des résultats*, De Boeck, Bruxelles, 2010, 417 p.

DEVISCH, R., « La violence à Kinshasa ou l'institution en négatif », in *Cahier d'Études africaines*, Disciplines et déchirures. Les formes de la violence. Édition de l'école des hautes études en sciences sociales, Paris, numéro 150-152, XXXVIII-2-4, 1998, p. 441-469.

DIEHDIOU, L., « Économie informelle en Afrique, la tradition contre pénurie », *Possible et ATTAC*, vol. 27, n°' Automne 2003.

GUEVORKIAN, K., *L'économie « non enregistrée »*,L'Harmattan, logiques économiques, Paris, Montréal, 1998, 181 p.

HEIM, J., ISCHER, P., HAINARD, F. (2011), *Le travail au noir. Pourquoi on y entre, comment on en sort ?* L'Harmattan, Paris.

HOERNER, J. M., *Le tiers-monde entre la survie et l'informel*, L'Harmattan, avec la participation des Presses Universitaires de Perpignan, Paris, 1995.

KALALA, T., « Possibilités et moyens financiers du secteur privé national face aux mesures du 30 novembre 1973 », in *Revue Africaine de Développement*, vol. I, n° 2, Kinshasa, UNAZA, 1974, p. 41-44.

KAMBALE MIREMBE, O., *Échanges transnationaux, réseaux informels et développement local. Une étude au nord-est de la République démocratique du Congo*, Thèse de doctorat, Université catholique de Louvain, Presses universitaires de Louvain, 2005, 281 p.

KANE, A.,*Tontines, caisses de solidarité et banquiers ambulants. Univers des pratiques financières informelles en Afrique et en milieu immigré africain en France*, L'Harmattan, Études africaines, 2010, 250 p.

KANTE, S., « Le secteur informel en Afrique subsaharienne francophone : vers la promotion d'un travail décent », Document de travail, n° 15, BIT, Genève, 2002.

KOMI, D., *L'économie informelle en Afrique subsaharienne*, L'Harmattan, Paris, 2011, 249 pages.

LACHAUD J.-P., « Les activités informelles et l'emploi au Bénin. Analyse et stratégie de développement », Document de travail, 2-19, 39, 1987.

LACHAUD, J.-P., « Le secteur informel urbain et le marché de travail en Afrique au sud du Sahara », Genève, institut international d'études sociales, 1988.

LECLERQ, H., « L'économie populaire informelle de Kinshasa : approche macro-économique », in *Économie populaire et phénomènes informels au Zaïre et en Afrique*, sous la dir.de G. de Villers, Les cahiers du CEDAF/ASDOC, n°s 3-4 ; 1992 ; p. 139-160.

LECRUZE, P., *Économie générale*, éd. Dunod, Paris, 1989.

MACGAFFEY, J.,"Initiatives from Below: Zaïre's Others path to Social and Economic Restructuring"*in* Hyden G. & Bratton M.(eds), *Gouvernance and politics in Africa*, Lynne Rienner Publishers-Boulder&London,1992, p. 243-263.

MACGAFFEY, J., with VWAKYANAKAZI Mukohya... [*et al.*], *The real economy of Zaire: the contribution of smuggling & other unofficial activities to national wealth.* London: James Currey Philadelphia: University of Pennsylvania Press, 1991, 175 p.

MACGAFFEY, J., *Entrepreneurs and Parasites. The struggle of Indigenous Capitalism in Zaïre*, Cambridge University Press, 1987, 241 p.

MAKABU MA NKENDA, T. *et alii*, Le Secteur informel en milieu urbain en République démocratique du Congo : Performances, insertion, perspectives. Principaux résultats de la phase 2 de l'enquête 1-2-3 2004-2005, Document de travail DIAL, Paris, 2007.

MALDONADO, C., *L'économie informelle en Afrique francophone : structure, dynamique et politique*, Genève, International Labour Organization, 2001, 503 pages.

MATHIEU, P. & MAFIKIRI TSONGO, A., « Guerres paysannes au Nord-Kivu (République démocratique du Congo), 1937-1994 », in *Cahier d'Études africaines, Disciplines et déchirures. Les formes de la violence*, Édition de l'école des hautes études en sciences sociales, Paris, numéros 150-152, XXXVIII-2-4, 1998, p. 385-416.

MATHURIN B., « Comprendre l'économie informelle en Côte d'Ivoire, Étude des cas à travers les "Maquis" à Abidjan », Sainte-Foy, thèse le doctorat, Université LAVAL, 1999.

MPKESA BONGOY, « Politique économique au Zaïre, Kinshasa, Zaïre-Afrique » (Économie et culture-Vie sociale), n° 85, p. 287-302.

MUHEME, G., « L'économie informelle face à l'évolution du dualisme, conceptualisme théorique et illustration par l'étude de l'itinéraire agro-économique de la filière mboga », Québec, thèse, Université Laval, 1995.

MUNDONYO, J., *Économie non observée, emploi informel. Méthodes de mesure et d'estimation appliquées aux économies de transition*, édition De Boeck Université, Bruxelles, 2009.

MWANALESSA, K., « Stabilisation des entreprises zaïrianisées et radicalisées », Kinshasa, in *Zaïre Afrique* (Économie-Culture-Vie sociale), 1976, n° 102, p. 89-98.

NDAYWEL, N. I., « Du Congo des rébellions au Zaïre des pillages » in *Cahier d'Études africaines, Disciplines et déchirures. Les formes de la violence*, Édition de l'école des hautes études en sciences sociales, Paris, numéros 150-152, XXXVIII-2-4, 1998, p. 417-439.

PAILLE, P., *La méthodologie qualitative. Postures de recherche et travail de terrain*, Édition Armand colin, Paris, 2010, 239 p.

OCDE, *Études du Centre de développement : Informal Institutions: How Social Norms Help or HinderDevelopment*, 2007, 174 p.

OIT : Organisation Internationale du Travail, L'économie informelle, Fiche technique, Organisation internationale du travail, 2004.

PAILLE, P.,*La méthodologie qualitative. Postures de recherche et travail de terrain*, Armand Colin, 2010, 239 p.

SALAHDINE, M.,*Les petits métiers clandestins. Le business populaire*, Éditions Eddif Maroc, Casablanca, 1988, 270 p.

SIMARD, G., *Petites commerçantes de Mauritanie. Voiles, perles et hemé*, Éditions Karthala, Paris, 1996, 240 p.

TOURE, A., *Les petits métiers à Abidjan. L'imagination au secours de la conjoncture*, Éditions Karthala, 1985, 290 p.

VAN REYBROUCK, D., 2012, *Congo. Une histoire*, Actes Sud, 711 p.

VLASSENROOT, K., et RAEYMAAEKERS, T., *Conflit et transformation sociale à l'est de la République démocratique du Congo*, Gent, Academia Press, 2004, 231p.

VWAKYANAKAZI, M., "African traders in Butembo, Eastern Zaire (1960-1980): a case study of informal entrepreneurship in a cultural context of Central Africa", Ph. D. University of Wisconsin at Madison, 1982.

VWAKYANAKAZI, M.,"Import and export in Second Economy in North Kivu"*in* MACGAFFEY,*The real economy of Zaire: the contribution of smuggling & other unofficial activities to national wealth.* London: James Currey Philadelphia: University of PennsylvaniaPress, 1991, p. 43-71.

Incidence des pratiques solidaires funéraires sur le développement local dans la région de Butembo, à l'est de la République démocratique du Congo

Mukirania Kahambu*

Résumé

Le regard sur l'évolution des sociétés modernes met ànu diverses formes de précarité porteuses de crises et d'exclusion. Pour faire face à cette insécurité économique et sociale, les populations construisent des réseaux de pratiques de solidarité dans les sociétés, spécialement en République démocratique du Congo (RDC) où les activités informelles couvrent les besoins de plus de 85 % de la population active. Cette construction est le reflet des relations entre les membres de la communauté et requiert la participation des acteurs locaux. Elle se matérialise sous forme de services rendus, des biens acquis, de nouvelles connaissances, du capital relationnel, des actions collectives de lutte contre la pauvreté, etc.

Quelques études de terrain dans la région de Butembo – l'est de la RDC – révèlent que les effets des pratiques solidaires mobilisées lors des funérailles sont observés dans plusieurs secteurs : administration et entités publiques, confessions religieuses, domaines culturels et sociaux. Elles ont également une influence sur le secteur économique – transport, commerce local, foncier – et politique – gouvernance, société civile, démocratie et l'autogestion locale. Dans l'ensemble, on constate que les effets relevés auprès des institutions solidaires ne sont que des manifestations d'une prise en charge locale des besoins sociaux et des leviers pour l'amélioration du bien-être des populations locales.

---

*Mukirania Kahambu est économiste et titulaire d'un diplôme de docteur en Sciences politiques et sociales à l'Université catholique de Louvain (UCLouvain) en Belgique. Elle est chercheure dans les domaines de l'économie rurale, de l'économie sociale et solidaire, de l'anthropologie du développement ; membre du Centre de Recherche en Économie de Développement (CRED)et du Laboratoire d'Anthropologie Prospective (LAAP) de l'UCLouvain ; enseignante à l'Université catholique du Graben (UCG) en RDC. Mail : mukiraniawavangu@gmail.com

Mots-clés : pratique solidaire, funérailles, liens, relations sociales, développement local.

Abstract

A quick look at the evolution of modern societies reveals various forms of unsteadiness that bring crises and exclusion. To cope with this economic and social insecurity, populations are building networks of solidarity practices in their societies especially in the Democratic Republic of Congo (DRC) where informal activities cover the needs of more than 85 % of active populations. This conception is an image of relationships between members of a community and allows the participation of local actors. It takes the form of services offered, goods acquired, new knowledge, relational capital, collective actions against poverty...

Some field studies conducted in the Butembo region (eastern DRC) reveal that the effects of solidarity practices mobilized during funerals were observed in several sectors: administrations and public entities, religious confessions, cultural and social domains. They also influenced the economic sector (transport, local trade, land, etc.), and political sector (governance, civil society, democracy, and local self-management, etc.). Overall, we noted that the revealed effects of solidarity-based institutions were only manifestations of local support for social needs and levers for improving the well-being of local populations.

Keywords: solidarity practice, funerals, social links and relationships, local development.

Introduction

Le développement local, comme concept, entre dans le vocabulaire en République démocratique du Congo (RDC) et dans la majorité des pays en voie de développement après le constat d'échec des différents programmes d'ajustements structurels. Divers auteurs adoptent cette ligne de réflexion de la sociogenèse à partir du mouvement solidaire. (Mughendi, N., 2010 : 149) en situe la percée dans les années 1980, avec l'éclipse de l'État congolais se révélant fragile. Les États fragiles se caractérisent par l'incapacité d'accomplir les fonctions essentielles ou missions principales à cause des crises multidimensionnelles que connaissent les pays africains depuis les années 1990 (Serre, J., 2016).

La République démocratique du Congo connait alors une émergence de l'informel et de l'auto-prise en charge. De nouvelles formes de solidarités apparaissent autour des Églises, des organisations non gouvernementales, de petites organisations privées ou familiales, etc. Il s'ensuit l'identification de nouveaux acteurs à travers l'expérience sur le développement participatif et de la société civile (Kabarhuza, B. *et al.*, 2003). Cette situation détermine les réalisations en matière de développement socio-économique des populations locales. Et, l'engouement au tiers secteur qui n'est ni capitaliste ni public trouverait son éclosion dans un contexte d'absence d'une politique efficace du pouvoir public.

C'est pendant la même période que les effets se manifestent avec la multiplication des crises notamment économique, politique et sociale avec la mise en mal du jeune système de protection sociale congolaise. Le pluralisme juridique accompagne ces crises. Dans la région de Butembo[1], notre terrain de recherche, ce passage favorise l'appropriation et l'attribution foncières aux élites politiques et hommes d'affaires qui usent de leur position pour leur propre bénéfice. Des entrepreneurs nande entrent dans la danse et se servent des contrats avec les officiels de l'État zaïrois pour acquérir de grandes concessions dans leur région natale de Butembo, base de leur accumulation. Les élites locales se servent également de l'instrument politique à leur disposition et occupent de grandes superficies de terre, autant que les hommes d'affaires. Ces derniers, pour Mafikiri, T.-A. (1994, 1996), sont en complicité avec les politiciens afin de concentrer le pouvoir économique. Cette appropriation engendre et accroît massivement la marginalisation, voire l'appauvrissement, de petits agriculteurs spoliés.

En 1998, des rébellions sont déclenchées, suivies d'une guerre civile et d'une insécurité grandissante, plus en milieux ruraux qu'en milieux urbains à Butembo. Beaucoup sont victimes de la guerre, notamment

---

1 Pour ce travail, la région de Butembo couvre administrativement la ville de Butembo, la Ville de Beni et une grande partie des territoires de Beni et Lubero dans la province du Nord-Kivu. Bien plus, le choix de l'ethnie nande comme population de recherche est guidé par plusieurs éléments, notamment des règles coutumières communes, des rites et étapes similaires organisant globalement les funérailles. Leur esprit d'initiative est accompagné d'un arrangement collectif poussé, compte tenu des transformations sociales et une intervention étatique très limitée dans la prise en charge sociale locale.

les commerçants exploitant le café, le cacao, etc., auxquels s'ajoutent les petits agriculteurs et d'autres opérateurs économiques des produits divers. L'insécurité dure et entraine d'autres conséquences, notamment le délabrement des routes de desserte agricole à cause du manque d'entretien, des difficultés de conditionnement des produits de consommation, des champs occupés par les milices, des difficultés d'accès aux nouvelles terres arables, des pillages, des coupeurs de routes, des enlèvements individuels et collectifs, des massacres, etc. L'agriculture est en crise. La pauvreté et l'insécurité alimentaire s'accentuent pendant que les guerres se multiplient et contraignent des milliers de personnes à se déplacer à cause des affrontements répétitifs entre groupes armés[2].

Malheureusement, l'adaptation paraît difficile étant donné l'emprise de l'insécurité socio-économique, de la peur, de la violence, de la méfiance et du faible poids du pouvoir local au sein de l'instance de décision et de construction des règles générales : soit plus 85 % de la population n'est pas couvert par la protection sociale nationale[3]. L'État est fragile et quasi absent, lui qui, pourtant, est censé trouver les voies et moyens d'assurer correctement la protection des personnes et leurs biens au niveau local. Plusieurs auteurs et institutions définissent un État fragile comme un État géré par un gouvernement qui ne peut ou ne veut remplir ses fonctions essentielles : réduction de la pauvreté, contrôle territorial, sécurité, capacité de gérer les ressources publiques, fourniture de services de base et capacité de protéger et de soutenir les plus pauvres (Serre, J., 2016, Gaulme, F., 2011 ; Châtaigner, J.-M.& Magro, H., 2007 ; OCDE 2009, 2014, Observatoire de l'Afrique 2008, le Department for International Development 2006 et la Banque mondiale 2012). À la suite de cette

2 L'insécurité a occasionné plusieurs mouvements de populations dans les territoires de Beni (en 2016, plus de 3 095 déplacés (ménages) à cause de la traque des ADF/NALU par les forces loyalistes (Opération Sokola II) selon le rapport de la Coordination d'Aide aux Déplacés d'Oïcha) et Lubero (de novembre 2016 à janvier 2017, plus d'une trentaine de villages se sont vidés à cause des affrontements des groupes armés FDRL Nyatura et Mazembe soit 6 649 déplacés (ménages) selon les statistiques fournies par les présidents des comités locaux de développement CLPD de Kirumba, Kayna, Miriki, Luofu et Kanyabayonga).

3 Cf. An., *République démocratique du Congo. « Notre » Protection sociale. Politique nationale de protection sociale*, volume 1, Texte discuté et validé lors de la Table Ronde Nationale du 7 septembre au 11 septembre 2015, Kinshasa, décembre 2016, p. 17.

fragilité, les civils sont exposés aux enlèvements et aux massacres dans les villes et dans les régions rurales. Des agriculteurs sont régulièrement enlevés ou massacrés pendant que l'État ne parvient pas à éradiquer le problème. En 2017, plusieurs prisons qui abritaient les criminels les plus violents, des rebelles et d'autres condamnés de droit commun, ont été attaquées dans les villes de Butembo – la prison de Kakwangura, et de Beni – la prison de Kangbayi[4]. De nombreux prisonniers se sont évadés et n'ont jamais été repris.

Il s'ensuit un accroissement des inégalités sociales aggravant la pauvreté et la vulnérabilité des familles les plus pauvres. Mwasana, J.-C. (2018) montre que l'interdépendance finit par s'établir entre l'économie de la guerre, la sécurité et la violence et qu'une telle économie trouve ses performances en brouillant la réalité par la corruption, l'extorsion, l'inégalité et la pauvreté. La sécurité devenant un casse-tête et la prise en charge sociale un réel problème, la solidarité prend de l'élan. Elle se développe chez les membres de la famille – descendants, conjoints, collatéraux – et s'étend à la communauté locale en faveur des personnes dans des besoins spécifiques non satisfaits ou satisfaits insuffisamment qui ne sont plus capables de répondre correctement aux différents besoins sociaux.

La proximité et le capital social jouent un rôle dans la recherche d'une protection sociale privée. Ils constituent un atout pour l'insertion et la protection sociale et économique, non seulement dans la transformation des solidarités, mais aussi dans leur applicabilité. Le recours aux pratiques solidaires dans la société contemporaine nande se présente comme une alternative pour répondre aux besoins sociaux, indispensable pour le développement local. Cette démarche part des services de proximité. Ces derniers trouvent leurs fondements dans les pratiques quotidiennes des populations, dans les relations qu'elles entretiennent, dans les opérations d'échange, dans leurs aspirations, dans leurs valeurs et désirs qui tissent la trame journalière de la vie locale. Cette vision du « vécu commun » se sert des arrangements collectifs. Elle propose de nouvelles pistes d'une négociation entre les acteurs locaux dans le but de la co-construction de réponses aux problèmes de leur société.

[4] L'attaque spectaculaire de la prison de Kangbayi à Beni par un commando lourdement armé d'une coalition de miliciens du Mouvement National des Révolutionnaires (MNR) et des ADF-NALU a entraîné l'évasion de 935 détenus sur un total de 966.

L'organisation des funérailles chez les Nande dans la région de Butembo en est un exemple concret. Divers services de proximité sont offerts lors des cérémonies des funérailles, comme signe de cohésion sociale. Elle se manifeste à travers des pratiques de solidarité entre les acteurs qui sont membres de la communauté. Cette protection sociale funéraire contribue à l'accomplissement des activités liées aux étapes et rites funéraires lors du dernier adieu au mort, celui-ci ayant traditionnellement droit à des funérailles dignes.

C'est dans ce contexte particulier qu'est écrit cet article dont l'objectif est d'analyser l'incidence des pratiques solidaires sur le développement local dans la région de Butembo. L'organisation des funérailles est une entrée à partir de laquelle on parvient, grâce à l'enquête de terrain (Beaud, S., Weber, F. 2010 : 128) et à l'observation participante (Laurent, P.-J. 2011 : 54), à déceler diverses solidarités dans une dynamique sociale et revitalisante qui garantit la protection sociale à la population locale. Des entretiens ont nourri ce voyage sur un long terrain ethnographique (Cefaï, D. 2003). Au-delà des séjours intensifs de recherche de terrain (d'un à trois mois d'affilée de 2014-2018), il y a lieu de préciser que d'autres enquêtes complémentaires se faisaient selon le cas et la nécessité de l'étude.

Les informations ont été recueillies auprès des acteurs de terrain, notamment les responsables, les propriétaires et les gardiens des cimetières publics– Comité diocésain de développement pour l'action jumelée / Coddaj –, familial, clérical, associatif et communautaire – ; les sages et les spécialistes des rituels funéraires ; les fournisseurs de biens et services ; les prêtres et des pasteurs ; les entreprises des pompes funèbres ; les hôpitaux et les morgues ; les mairies de Butembo et Beni et leurs entités –communes, quartiers, cellules, Nyumbakumi (dix maisons) ; l'Administration des territoires de Beni et Lubero –collectivités ou chefferies, groupements, villages et localités – ; les services (affaires sociales, état-civil, cadastre, etc., des groupes de solidarité – des associations, mutuelles, unions, clubs, cercles, groupes, chorales – et d'autres institutions – paroisses, secteurs, sous-secteurs, baraza, kijiji, etc.

Par la suite, nous avons recouru à l'analyse du contenu de ces informations (Mucchielli, R., 2006 : 24) pour décrire le phénomène étudié dont l'objet est défini comme étant ce qui parvient à être séparé de la connaissance commune et de la perception subjective du sujet grâce à des procédures scientifiques d'objectivation (Kaufmann, J.-C.,

2011 : 21). Enfin, la revue de la littérature a permis de porter un éclairage théorique sur certaines notions clés de cette étude.

Deux points importants, hormis l'introduction et la conclusion, structurent cet article. D'abord, une note conceptuelle sur les « pratiques solidaires ». Cet éclairage théorique, couplé à l'application empirique sur le système de protection sociale funéraire, donne une appréhension au concept de « développement local ». Ensuite, il est question de l'analyse des effets que génèrent les pratiques solidaires sur le développement local à travers leur apport au bien-être de la population.

1. Explication des concepts de base

Malgré plusieurs écrits, on constate que la littérature sur le développement local manque encore une unicité de référence. Pour cette raison, l'étude empirique semble nécessaire pour mieux appréhender cette notion dans un contexte comme celui de la région de Butembo. Des pratiques solidaires mobilisées lors de l'organisation des funérailles offrent un cadre important des dynamiques sociales. Elles sont au carrefour de la modernité, de la dramatisation et de l'hyper-ritualisation de la mort. Ces aspects empiriques seront mis en dialogue avec différents points de vue théoriques pour étoffer cette section.

Pour les « pratiques de solidarité », il faut s'accrocher aux analyses théoriques de Defourny et Develtere, 1999, Mauss, Perretti, 2014, Guy Le Boterf, 2013, 2018. Du côté des usagers, ces pratiques constituent du « capital social » (Coleman 1988, Putnam 1993, 2000) et sont produites par les « liens de proximité » (Bellet *et al.*, 1993, Bellet *et al.*, 1998, Gilly et Torre, 2000, Pecqueur et Zimmerman, 2004, Glon et Pecqueur, 2016) pour contribuer au « développement local » (Olivier de Sardan, 1995, Pecqueur, 2000, Greffe, 2002, Teisserenc, 2002, Joyal, 2002, Laurent, 2008). Ces travaux vont conduire cette démarche explicative des notions clés telle que suggérée.

1.1. Expression « pratiques solidaires »

Aujourd'hui, la solidarité implique un concept, un fait, un processus, une doctrine, une éthique ou un idéal. Son expression revêt plusieurs formes : mise en commun des efforts dans l'atteinte d'un objectif, travail communautaire ou échanges dans la division du travail, soutiens psychologiques et moraux, dons, entraides individuelles ou collectives. On peut citer également la solidarité organisée à des échelles plus larges : assurance mutuelle ou assurance entre clients d'une entreprise permettant aux membres malchanceux ou imprudents de bénéficier de l'aide des autres. Enfin, il existe des formes diverses de solidarité en faveur des malades, des chômeurs, des personnes âgées, des handicapés, des décédés et de leurs familles ou de leurs communautés. Toutes ces formes constituent des pratiques solidaires. Cependant, quoi dire de l'explication de cette expression ? Une des possibilités est de définir d'abord séparément les termes « pratique » et « solidaire » et, ensuite, de tenter d'éclairer l'ensemble « pratique solidaire ».

1.1.1. Pratique, quid ?

Le dictionnaire Petit Robert définit une pratique comme une manière habituelle et concrète d'agir, propre à une personne ou à un groupe, une démarche, une action efficace pour faire face à une situation donnée, à un problème facilement généralisable dans le même secteur d'activité (Rey-Debove, J. ; Rey, A., 2016 : 1993). Elle est également une manière concrète d'exercer une activité quelconque. Guy Le Boterf (2013 : 112-123) définit une pratique comme une façon de s'y prendre pour résoudre un type de problème, pour réaliser une série d'activités, pour faire face à une catégorie d'événements, pour conduire un type de projet. Elle est sous-tendue par des schèmes opératoires composés de gestes, de postures, de raisonnements, de séquences, de priorités, d'indicateurs, d'éléments, de méthodes, d'outils intellectuels qui sont organisés dans des structures d'actions et de pensée.

Dans chaque pratique, on rencontre deux types de composantes : les éléments invariants et ceux qui changent avec l'environnement de l'intervention selon la diversification des contextes. Guy Le Boterf (2013 : 112-123) ajoute que les invariants sont nombreux, notamment les types de problèmes à résoudre, les conditions préalables à respecter, le mode de raisonnement à mettre en œuvre, la création des conditions communes de réussite de l'action, les règles d'action à utiliser, des alternatives à prévoir, etc. Et il précise que les invariants doivent être des éléments communs acceptés par les différents acteurs à la base d'une création de la pratique et qui concourent à sa réussite. L'objectif poursuivi par la création de la pratique permet d'identifier et de préciser le contour de ces invariants. C'est en comparant les manières dont les personnes impliquées dans la pratique s'y sont prises pour agir et les résultats obtenus que les invariants et leurs particularités peuvent être dégagés.

Étant donné leurs aspects communautaires, les pratiques favorisent le partage des idées, la mutualisation des actions qui permettent le développement des échanges et de la capacité à raisonner dans des contextes diversifiés. Les invariants symbolisent également tout ce qui reste stable dans une pratique malgré la diversité des contextes. La participation à une pratique offre plusieurs avantages aux personnes directement impliquées comme l'échange de savoir-faire entre les membres, l'assurance sur la façon d'agir collectivement et individuellement, le développement des liens de solidarités et d'entraide entre les participants, l'intégration des points de vue différents. Il s'agit des reflets de la richesse et de la diversité. Ces pratiques peuvent également stimuler l'innovation, améliorer la qualité de service rendu par le groupe impliqué, développer une culture commune, disposer d'un langage commun entre les différents acteurs.

Les pratiques présentent ainsi la particularité de favoriser l'articulation des compétences individuelles aux compétences collectives (Guy Le Boterf, 2018). Ceci permet la promotion du progrès au sein de la communauté. Toute pratique fonctionne sur le mode de don et de contre-don entre les personnes directement impliquées dans l'action. Chaque membre doit à la fois apporter et recevoir suivant le principe de réciprocité résumé dans l'expression « donner, recevoir, rendre » (Mauss, M., 2012). Les différents échanges réciproques créent et maintiennent le lien social qui est le fondement de la création des pratiques. C'est ainsi que les pratiques nécessitent des règles de communication très claires afin de faciliter l'expression et l'écoute des participants. Il s'agit d'exposer des points faibles et de faire part des problèmes qu'on n'a pas su traiter, de rendre compte des situations qu'on n'a pas réussi à gérer, de procéder à l'analyse des raisons des échecs éventuels. Dans une communauté d'échange, les pratiques ne fonctionnent correctement que sur la base d'une relation de confiance fondée sur un engagement mutuel, lequel est négocié entre les participants (Wenger, E., 1998).

Pour ce travail, la pratique n'est rien d'autre que les différentes façons de faire des acteurs locaux pour résoudre leurs problèmes. C'est une actionsocialement transmissible, réalisée dans un contexte particulier. Il s'agit des différents modes opératoires ou des arrangements souvent informels mis en place par les populations pour faire face au problème commun ou pour atteindre certains objectifs. Ces arrangements communautaires sont multiformes et sans règles communes. Ces pratiques se rencontrent dans tous les secteurs de la vie socio-économique et permettent d'apporter une solution aux problèmes communautaires.

1.1.2. Solidaire

L'adjectif « solidaire » se dit en général *de personnes dont chacune bénéficie de la prospérité ou souffre du malheur des autres* (Quillet, 1934), *d'un individu lié à d'autres par des intérêts communs* (Petit Larousse illustré 1984), *de personnes qui sont ou se sentent liées par une responsabilité et des intérêts communs* (Le Robert pour tous 1994), *de personnes liées entre elles par une obligation commune ou une dépendance mutuelle d'intérêts* (Peretti, J.-M., 2014 : 15). Ces définitions se rapportent aux notions d'intérêt commun, de dépendance mutuelle, de responsabilité commune. Ces notions constituent, en fait, les racines de tout sentiment de solidarité. C'est pourquoi, être solidaire ou se rendre solidaire ou encore se solidariser veut dire s'unir, faire cause ensemble pour trouver satisfaction aux besoins élémentaires de la personne, en un moment donné et dans un contexte spécifique.

Trois appuis essentiels du « solidaire » peuvent être distingués : la condition de nécessité, le destin commun et la conscience collective (Develtere, J. et Defourny, P., 1999). En effet, la prolifération et l'émergence des initiatives de solidarité dans la région de Butembo prouvent de leur nécessité, compte tenu des besoins sociaux qui ne sont pas satisfaits ou le sont peu. Toujours vivace, la solidarité – individuelle et collective – reprend de l'élan. Tout d'abord, elle passe comme un principe déjà intériorisé dans les habitudes et les manières de faire des populations lors des investissements sociaux et des groupes ou réseaux de soutien. Et ensuite, elle reste la seule forme de recours, en cas de dégradation des conditions de vie. Des personnes partageant le même sort se regroupent autour de cette condition qui devient leur nécessité – à titre d'exemple de l'organisation des funérailles chez les Nande qui mobilise la communauté entière : le village, la Cellule, le quartier, etc. Ensuite, le poids de la pression sociale et des contraintes économiques incite et favorise le rassemblement des gens autour des initiatives solidaires ou autres formes associatives dans un destin commun. Le destin commun est *l'appartenance à un groupe social soudé par une identité collective ou par un destin commun* (Defourny et Develtere 1999 : 23). Enfin, l'élément qui stimule les pratiques d'entraide et l'esprit de solidarité, c'est l'intérêt commun (Kropotkine, P., 2010). Dès que ce destin est tracé, partagé et acté au sein d'un groupe, la solidarité présente ainsi une forme de sécurité sociale où tous accèdent en temps voulu et, assouvissent ainsi tant soit peu besoins élémentaires communs dans une communauté.

La confiance régit ce partage et devient comme une nouvelle monnaie de l'économie. Elle permet aux personnes en contact de tisser progressivement les liens et de bâtir au fil du temps des transactions (De Salle, C., 2016 : 107). Cette vision, une fois développée dans un groupe, parvient au résultat qu'est l'utilité sociale. Plus la conscience collective[5] est forte, plus la confiance soude les membres du groupe et la réalisation de leurs actions collectives est plus redoutable pour servir de couverture sociale et faire face aux différents risques sociaux.

Lors de l'organisation des funérailles chez les Nande, la mobilisation communautaire se fait spontanément, sans aucune invitation particulière, si ce n'est le rappel de la morale qui oblige à la participation aux cérémonies funéraires. Étant collectivement conscients que la mort peut frapper tout le monde « Silwamughuma », les membres de la communauté jugent nécessaire de participer tous à l'organisation des funérailles car leur intérêt est de rendre hommage à leur défunt.

1.1.3. Pratiques solidaires

À la suite des travaux de Fontaine Édouard (2004 : 2), cet article considère que les pratiques solidaires sont des *pratiques participatives et qualifiantes ancrées sur un espace ou un territoire et combinant*

---

[5] La conscience collective est « l'ensemble des croyances et des sentiments communs à la moyenne des membres d'une même société. » (Paugam, S. et Douvoux, N., 2008 : 14) Elle fait référence à la vision de la solidarité et constitue un de ses aspects centraux se référant au partage des comportements différents des individus afin de trouver une source de complémentarité et ainsi répondre aux questions sociales.

l'engagement social à l'initiative économique. Car elles sont le résultat des actions des organisations et des institutions multiformes. Elles influencent la gouvernance locale et obligent les acteurs de la base à inventer d'autres modalités d'exercice de leur autorité. Outre leur impact économique sur la dynamique spatiale, elles ont aussi un rôle social et politique déterminant dans l'organisation locale ; tel est le cas des « Mouvements vérandistes » et des « Parlements debout »[6] en villes de Butembo et de Beni intervenant dans la traque des bandits, dans les travaux communautaires « salongo », etc.

Vers l'année 2012, le groupe de pression Véranda Mutsanga a été créé par Tembos Yotama, habitant de Furu. Ce groupe de pression en collaboration avec les habitants de la ville de Butembo et les services de sécurité traque les bandits armés, voleurs, vendeurs de chanvre, vendeurs de boissons fortement alcoolisées dans la commune de Bulengera. Les jeunes de la Véranda Mutsanga s'activent aussi dans les travaux communautaires (salongo). Vu que certaines artères routières étaient des poches de l'insécurité, la population juge utile d'entretenir ces axes pour faciliter la circulation. Les efforts de ce groupe de pression, des agents de l'ordre et des habitants de Bulengera ne sont pas vains étant donné que certains endroits jadis impraticables la nuit, la circulation y est facile maintenant. [Nguru Wasingya Anselme : septembre 2014].

Les pratiques solidaires jouent le rôle de renforcement des rapports de proximité et des rapports sociaux. Elles redonnent ainsi au concept de solidarité tout son sens dans son acception étymologique, « tenir ensemble » « *in solidum* ». Ces pratiques ne sont pas loin des initiatives solidaires considérées comme un ensemble d'actions collectives développées par des citoyens pour créer ou restaurer des liens sociaux (Dacheux, E. et Goujon, D., 2011 : 11).

Nous constituons un grand groupe à l'intérieur duquel il y a des sous-groupes, notamment des mutualités des jeunes, Caritas locale – pour offre du cercueil –, Union pour le Corbillard et d'autres associations des Cellules du quartier Vutara. Ce groupe s'appelle « Umoja wa wakaajiwa wa Vutara » (UWAWAVU), ce qui se traduit par Union des habitants de Vutara. Sont membres toutes les mutuelles et associations exprimant la libre adhésion, partageant le même principe qui régit leur réseau. Notre objectif est de nous entraider en cas de deuil au quartier en coordonnant l'accès au

---

[6] Il s'agit des structures citoyennes essentiellement des jeunes des quartiers qui s'organisent pour s'impliquer dans la situation sécuritaire des personnes et de leurs biens en collaboration avec les structures spécialisées et pour faire des travaux communautaires (salongo).

cercueil, corbillard et en contribuant aux frais de premières dépenses de deuil. Au-delà, ce regroupement nous permet de nous connaitre au quartier et de garder ainsi des relations avec les autres. Nous activons aussi des travaux communautaires, et chaque groupe s'organise pour d'autres assistances sociales inscrites dans son projet social en faveur de ses membres (Françoise : mars 2017).

Ce récit montre qu'il s'agit d'entreprendre des actions collectives visant surtout l'intérêt général ; le cas des initiatives locales. Elles cherchent à résoudre un problème général dans un milieu – par exemple, le manque d'eau dans un quartier, l'encadrement des jeunes, des veuves, des orphelins, la promotion du développement, la protection solidaire funéraire –. Uwawavu est une plateforme née du souci des habitants du milieu de renforcer des liens développés dans les Cellules et les étendre dans tout le quartier à la suite d'une fréquence des deuils. L'objectif c'est de mettre les efforts ensemble pour relever le défi de la mort qui dépasse toutes les autres formes d'assistance sociale comme la maladie, le mariage. Sont membres toutes les associations et mutuelles du quartier. Elles ont des connotations solidaires, car elles permettent de retisser le lien social entre les membres d'une communauté, indispensable pour réaliser correctement l'action collective.

Le deuil chez les Nande est l'occasion de l'expression de toutes les formes de pratiques solidaires émanant de toutes catégories d'acteurs individuels et associatifs auxquelles la famille éprouvée adhère dans sa communauté. Il peut s'agir des micro-initiatives, des micro-associations, des groupements socioprofessionnels, religieux, etc.

Chez les Nande, la communauté rassemble deux ou plusieurs groupes de famille où l'ancêtre commun peut être homogène ou hétérogène, qui partagent une même entité politico-administrative. Cette communauté sociale rassemble tous les habitants du village. Elle est gouvernée par le principe d'entraide et de solidarité autant que dans le groupe familial. La communauté nande est donc une union d'individus considérés, dans ce contexte, comme une entité qui ne peut plus être divisée. D'où, ils s'appellent « les mêmes », avasa vasá. Leur uniformité se trouve dans un idéal de vie ancré sur leur identité qu'ils (ré)inventent autour de la vie communautaire dans des villages, et avec l'urbanisation, dans des quartiers en ville surtout lors de cérémonies heureuses et malheureuses, notamment des funérailles.

Les Nande, comme membres de la communauté, vivent du partage et de la participation *Ovughuma* ou union, car ils se considèrent comme *avasa vasa* ou les mêmes, les semblables. Être « les mêmes » *avasavasa* dans une communauté, c'est participer à une vie communautaire organisée autour d'une sociabilité quotidienne sur un territoire partagé. Elle exige l'adoption d'une attitude de réciprocité puisée dans des institutions et des structures coutumières pour participer à l'échange qui permet l'intégration des individus : l'entraide, les arrangements, l'entente, la coopération, etc. En effet, tous les membres de la communauté et toutes les structures relais participent à l'encadrement de la famille éprouvée à plusieurs niveaux matériel, moral : faire des démarches nécessaires liées à l'organisation du deuil, accueillir les visiteurs… Cette mobilisation est autant un reflet des relations très intenses entre les membres d'une communauté qu'un signe d'un développement local permettant la participation de tous les acteurs. Les échanges effectués dans cette circonstance visent à la fois la conservation des liens existants et la création de nouvelles relations qui doivent être entretenues pour produire des dons et des solidarités.

C'est aussi une occasion de montrer comment la communauté prend en charge tous les frais matériels et immatériels liés aux funérailles à travers plusieurs interventions individuelles, associatives, collectives et mixtes. Ces différentes institutions d'assistance ou d'entraide créent elles-mêmes des activités sociales et économiques. Elles peuvent générer des ressources mises au service des membres en cas de funérailles et améliorent d'une manière ou d'une autre le bien-être des populations locales. Il en résulte également un souci de cohésion sociale renforcé par l'application d'une mutualisation des moyens entre les personnes participant à une même pratique sociale. Ce qui constitue un ciment pour la solidarité intergénérationnelle, inter-familiale, inter-clanique et ethnique.

Ces différentes pratiques solidaires développées lors de funérailles sont une véritable alternative au système formel de protection sociale funéraire inexistant dans des circonstances actuelles. Les données empiriques relatives aux solidarités funéraires montrent qu'elles contribuent au développement local dans la mesure où elles favorisent un apprentissage collectif pour résoudre des problèmes auxquels les membres d'une communauté doivent faire face et pérennisent la production de lien social. Cette explication fait l'objet de la section suivante.

1.2. Le développement local entre les liens sociaux et relations solidaires

La mobilisation des populations locales dans les pratiques solidaires, et spécialement lors de l'organisation des funérailles dans la région de Butembo, trouve son ancrage dans leur appartenance à un même territoire. Elle permet d'établir des rapports sociaux dans les relations nouées dans la communauté – village, quartier, etc. Ces rapports sociaux se fondent sur le partage d'une conscience collective des besoins sociaux exprimés comme une condition de nécessité et un destin commun d'une auto-prise en charge locale. Il s'en dégage une complexité où l'on peut percevoir la solidarité comme un axe moteur. L'aptitude et la souplesse rendent la solidarité indispensable pour la satisfaction des besoins sociaux malgré quelques différences dans les manières de réaliser une action collective.

L'objectif du développement local se trace dans l'imagination des outils se servant des composantes économiques, sociales, culturelles, politiques et environnementales pour la résolution des problèmes locaux. Le développement local se conçoit ainsi comme un processus visant la participation de la communauté pour l'amélioration de sa qualité de vie et la garantie de son autonomisation et de son devenir. D'où, l'intérêt est d'expliciter le développement local en s'appuyant sur les liens sociaux – capital social – et les relations de proximité – capital de proximité – entre les acteurs et les pratiques de solidarité qu'ils entretiennent.

1.2.1. Capital social

Les valeurs traditionnelles de la solidarité et de l'entraide refont surface et se révèlent à la manière des réseaux encastrés dans des structures de socialisation collective préétablies (Ndayegamiye, A., 2007 : 147), tant dans les villages que dans les villes. Dans cette optique, les individus trouvent les moyens de sécurisation vis-à-vis de leur environnement grâce à l'insertion dans des relations sociales (Dembele, M., 2001 : 229-251). Ces liens sociaux qui tissent des relations à travers des réseaux interpersonnels constituent le capital social à partir duquel s'inventent et se réinventent les pratiques de solidarité dans la région d'étude.

En effet, le capital social est défini comme un ensemble d'« associations horizontales » entre les individus et les « réseaux d'engagement civique » (civicness) qui jouent un rôle de médiation entre les normes et les règles de fonctionnement de la société (Putnam, R., 1995). Elles produisent et renforcent la confiance dans la crédibilité de ces règles comme dans les relations sociales. Plus simplement, le capital social rassemble des réseaux sociaux et des normes de réciprocité qui y sont associées (O'connor, 1999). Elles se répandent et les populations y recourent pour dénoncer le caractère étouffant. Elles sont ainsi une voie pour valoriser leurs qualités.

Précisons que la valeur du capital social est nettement liée aux faits de l'existence et de l'efficacité de mécanismes informels de protection sociale. Pour rappel, plus de 85 % de la population congolaise sont en quelque sorte les excroissances d'un système social basé sur la confiance et la réciprocité. Il en résulte un renforcement de statut social de l'individu dans la communauté qui permet à ce dernier de compter sur les autres en temps de besoin. C'est le cas de la participation aux cérémonies des funérailles dans la région de Butembo, laquelle renforce la cohésion sociale. Car tous les membres de la famille, du lignage ou du clan, des amis et des voisins participent à cette organisation. Ces cérémonies se transforment souvent en rencontre entre les membres de la famille et permettent de partager et résoudre des problèmes communs. Bien plus, les dépenses pour les funérailles étant importantes, une aide sous forme de prêt peut également être sollicitée auprès des associations de crédit et d'épargne, ou une intervention est faite à partir des caisses et pratiques solidaires[7].

Toutes ces interventions proviennent du capital social pouvant être considéré comme une construction des relations entre les agents qui se définissent des droits et obligations ou des normes réciproques pour réguler l'environnement social. Sous cet angle d'idée, Coleman (1988) introduit la notion de rationalisation de l'action collective pour signifier de la nécessité de l'objectivité et/ou de l'effectivité des relations pour qu'elles produisent une ressource sociale. Cette ressource potentielle est, par la suite, incorporée dans la structure

7 Exemple des solidarités en cas de funérailles dans les familles des membres : Caritas locale pour l'assurance cercueil, Union Coddaj pour garantir la parcelle dans le cimetière, Union corbillard pour le transport du corps du défunt, Mutuelles des jeunes, des papas, des mamans, Silwamughuma, CEV, et plusieurs autres groupes de solidarité rencontrés sur terrain qui contribuent au banquet funèbre, au fossoyage, au rangement de la cour mortuaire, à l'installation et animation de la veillée…

sociale (Lin, N., 2001). Ce qui amène à une double considération du capital social comme une ressource existante et latente ou comme un réseau relationnel stable, plus activé, ou instable, moins activé. Ces considérations rejoignent également la réflexion de Pierre Bourdieu. Pour lui, le capital social est une étendue du réseau et du capital économique, culturel et symbolique que chacun mobilise selon ses liaisons sociales. Il définit ainsi le capital social comme un *réseau durable des relations plus ou moins institutionnalisées d'interconnaissance et d'inter-reconnaissance* (Bourdieu, P., 1980 : 2-3). D'où, le capital social est à la fois institutionnel et relationnel (Krishna 2002 : 71-79) et la durée détermine de la possession du réseau.

De cette mobilisation théorique, l'on peut dire que le capital social n'est pas une donnée en soi. Il constitue un capital à activer par les liens sociaux, et sa qualité dépend fortement du type des relations directes utiles soit indirectes ou potentiellement utiles. L'accumulation du capital social se fait à travers la mobilisation des relations sociales de maintien et activation du lien entre les agents et/ou entre leurs groupes solidaires. Les relations, en ces termes, portent des ressources pouvant générer du gain à l'individu ou à la communauté par la satisfaction du besoin social ou encore amélioration de la situation économique.

Accumuler du capital social dans les pratiques solidaires funéraires est à l'avantage direct des initiateurs, membres et premiers bénéficiaires et peut s'étendre à une communauté plus large et à d'autres domaines. L'objectivation de leurs relations sociales permet d'évaluer le système en termes d'utilité sociale et d'apporter des corrections en cas de nécessité. Les actions sociales ainsi réalisées peuvent varier en fonction de l'intervention d'acteurs différents. Tous cherchent, mine de rien, à répondre à des besoins particuliers, comme le cas de la protection sociale funéraire, dans une communauté.

Or, le développement local s'inscrit aussi comme un remède susceptible de répondre aux maux de crises socio-économiques à travers les actions sociales. Il exige, pour ce faire, le passage vers une dimension préventive afin de faciliter le tissu local à s'adapter aux divers enjeux de l'environnement interne et externe. Trois logiques importantes peuvent être distinguées pour produire localement ces actions collectives : le marchand via les unités d'autofinancement générant le profit économique, le non-marchand par la coopération pour valoriser les ressources sans profit, le social et le mixte avec profit et non-profit. Il s'agit des moyens mobilisés par les pratiques solidaires pour renforcer la cohérence au sein d'une entité territoriale : la commune, le quartier, la cellule, le village.

D'où une voie est d'appréhender le développement local en le considérant comme un *processus collectif de création et d'innovation territoriale* autour d'un projet commun à réaliser par les acteurs territoriaux (Angeon, V. ; Callois, J.-M., 2003 : 26). Le système de protection sociale funéraire actuel permet l'entretien des interrelations entre les acteurs locaux à l'intérieur des réseaux formels et/ou informels dans un espace où doit régner une confiance réciproque. Ces interrelations entre les populations d'une communauté structurent le capital social et favorisent le développement des pratiques solidaires. Elles constituent des facteurs de réussite de l'action collective à travers des nouvelles productions communes. Ce capital social se manifeste également à travers les réseaux, les normes sociales et les relations de confiance et permet la promotion de la coopération et de l'aide mutuelle à travers de nouveaux biens et des services sociaux.

L'information est donc importante et doit circuler parfaitement entre les acteurs pour leur développement local. Car leurs interactions sont des formes de coopération, mises en place et régulées par des règles qui sont finalement des normes orales ou écrites dans des statuts et règlements d'ordre intérieur, des valeurs essentiellement puisées dans des cultures ou traditions, des conventions, des habitudes, etc. C'est pourquoi la pluralité des liens et des relations interpersonnelles autour de laquelle se construisent les groupes solidaires reste un atout hors des échanges du marché. La transmission de l'information devrait être claire au nom de la confiance que se font les acteurs coopérants. Pour que cette construction solidaire soit de portée territoriale – deuxième dimension du développement local –, il se voudrait de l'engagement et de la participation des acteurs dans un cadre appelant à la proximité.

1.2.2. Capital de proximité

L'espace a toujours joué un rôle dans la production des liens. Cova Bernard (1995 : 52-59) soutient que dans la société traditionnelle, l'individu est inséré dans une communauté territoriale avec une série d'obligations qui restreignent considérablement sa liberté. Sa place ne se définit que par les liens qui l'attachent à d'autres hommes. Contrairement au capital social, l'économie de proximité met en avant-plan les différentes interactions entre divers acteurs au sein de la communauté comme entité territoriale.

On peut distinguer trois niveaux de réflexion pour expliquer le capital de proximité (Grossetti, M., 1998 : 83-100). D'abord, la proximité matérielle qui consiste en un espace socialement construit à travers des relations de proximité, des emplois ou services de proximité, de la justice de proximité et modelé par les actions humaines que posent les acteurs y habitant. Ensuite, la proximité sociale renvoie à un espace social plutôt fondé sur des positions identitaires, c'est-à-dire une ressemblance dégagée dans les échanges entre les acteurs par proximité géographique ou territoriale, matérielle ou organisationnelle. Enfin, la proximité relationnelle qui réfère aux échanges entretenus par les agents et englobe à son tour les deux ordres précédents : d'un côté, les positions sociales à cause des critères sociaux et, de l'autre, des positions matérielles, car les échanges doivent s'effectuer sur un espace physique.

En cas de deuil dans la région étudiée, tous les membres de la communauté se présentent et chaque membre a l'obligation de participer et de contribuer à un certain niveau – contribution matérielle, soutien moral, soutien en service –. C'est un moment où le partage obligatoire se réalise entre les habitants d'un village, d'une commune, d'un quartier. Dans cette circonstance, la compassion est basée sur le partage qui replace l'homme au centre d'un mieux-être dans la société (Madaule, S., 2014 : 12) et non sur la compétition. Dans ce cas, les espaces sont au service des obligations qui scandent le quotidien et garantissent le lien communautaire.

Deux niveaux de relations coexistent dans ces initiatives solidaires. Les relations secondaires sont liées directement au fonctionnement du marché. L'appartenance à la même territorialité ne suffit pas pour que les habitants bénéficient des actions collectives des pratiques solidaires. L'adhésion et le respect des règles octroient le droit d'en bénéficier. Sinon, les biens et services collectifs des pratiques solidaires sont vendus aux non-membres et servent des unités d'autofinancement comme d'autres activités génératrices de revenus. D'autres relations sont primaires ou interpersonnelles – liens sociaux – et communautaires – relations de proximité territoriale – basées sur la socialisation et gouvernées par la triple obligation maussienne de « donner, recevoir et rendre ».

1.2.3. Développement local

L'entrée explicative du développement local a été choisie à partir des pratiques solidaires, car l'ancrage territorial, c'est-à-dire des stratégies locales des acteurs, est indispensable aux deux à la fois. En plus, le « local » renvoie directement à la proximité, aux relations intenses de voisinage entre les acteurs du territoire restreint – village, cellule, quartier, commune – ainsi qu'au capital social, aux liens sociaux et activités inter reliées pour le bien-être de la population. Ces éléments sont au cœur des pratiques de solidarité entre les membres et entre leurs groupes qu'ils mobilisent ; par exemple, lors de l'organisation collective des funérailles.

La spécificité de ces pratiques, c'est qu'elles ne sont pas tracées sur des modèles institutionnels nationaux ou centraux de développement local. Elles naissent plutôt et émergent autour d'une prise de conscience collective d'un besoin social, comme celui de rendre au défunt des funérailles dignes. Les populations sont conscientes du besoin commun, mettent en place un projet collectif autour du destin et de la nécessité partagés par tous pour assurer leur protection sociale funéraire.

La transformation du capital social et du capital de proximité est rapide. Par exemple, si un individu obtient à partir de son réseau associatif une aide ou une assistance financière, celle-ci se transforme en capital économique. Ou encore s'il bénéficie d'une capacitation en participant à une formation, elle devient pour lui un capital humain[8]. Cette situation confirme davantage cette idée d'interdépendance du capital social et celui de proximité avec les autres formes du capital.

Ainsi, pour relever les effets des pratiques solidaires sur le développement local, il faut voir comment les deux types de capital affectent la situation socio-économique des acteurs, c'est-à-dire leur bien-être à travers l'usage des biens et services collectifs du groupe.

Le développement local peut être défini comme *un processus dynamique dans lequel les acteurs organisés et mobilisés initient et mettent en œuvre des activités sur un espace donné en vue de l'amélioration de leurs conditions de vie* (Joyal, A., 2002 : 29). Il

8 Précisons qu'il ne faut pas confondre le capital social au capital humain. Ce dernier renvoie plutôt aux caractéristiques de l'individu comme le niveau de qualification…

s'agit des actions qui impulsent, construisent et confortent les dynamiques locales et autorisent une amélioration substantielle du vivre ensemble et du bien-être de tous. Ainsi, le développement local dépasse l'idée de la croissance économique pour se placer dans la sphère d'un développement durable associant les dimensions économiques, sociales et culturelles, piliers de la durabilité du développement. C'est aussi un lieu de mise en action des initiatives individuelles ou collectives en fonction des ressources sur un territoire précis (Joyal, A., 2002 : 29). Il peut également être vu comme une stratégie dans laquelle les acteurs sont directement bénéficiaires.

Pour autant, il n'est pas à ignorer que les pratiques funéraires peuvent impacter l'environnement censé pourtant être protégé comme visé par le développement. Quelques observations de terrain en donnent des illustrations : le déboisement – l'aménagement des cimetières, la fabrique de cercueils entraînent généralement l'abattage des arbres et le maintien de grandes surfaces non boisées à la merci de l'érosion – ; l'émission des fumées au dioxyde de carbone lors des veillées funèbres et pour la cuisson de nombreux repas destinés aux visiteurs – plusieurs feux au bois sont entretenus pendant des jours consécutifs – et d'autres fumées toxiques émanent des groupes électrogènes fonctionnant toute la nuit pour l'éclairage et la sonorisation ; la pollution par des nombreux véhicules mobilisés pour le transport des personnes lors de l'enterrement ainsi que pour les nombreuses courses pendant le deuil. On peut également citer la pollution sonore : les voisins sont incommodés par le bruit des chorales et prédications amplifié par des appareils de sonorisation.

Cependant, cette étude évite de tels débats autour du développement comme un agrégat à long terme et parfois accroché à la croissance. Elle partage plutôt la position de De Sardan O. (1995 : 7) reprise en ces termes : *Que le développement « marche » ou ne « marche pas », qu'il soit positif ou négatif, intéressé ou désintéressé, il existe, au sens purement descriptif qui est le nôtre, car existe un ensemble de pratiques sociales que désigne ce mot.*

Dans la section suivante, vient l'analyse descriptive de la contribution des pratiques solidaires sur le développement local.

2. Pratiques solidaires funéraires et effets sur le développement local

Les différentes pratiques peuvent promouvoir un développement local considéré comme un processus utilisant les initiatives locales au sein des petites collectivités ou des communautés comme moteur pouvant améliorer le bien-être des populations. Cependant, plus la solidarité est unilatérale, plus elle devient défavorable et la circulation du don est hypothétique. Une fois réciproque, elle apparaît comme un outil de sécurité sociale par excellence, car elle assure la circulation des dons et ainsi répond aux besoins des populations à travers l'échange de diverses pratiques. Les liens communautaires considérés comme forts – affinité et relations affectives – tendent vers une « fermeture relationnelle », c'est-à-dire qu'ils excluent ceux qui ne partagent pas la même territorialité. Lors de l'organisation des funérailles, on voit des pratiques solidaires mobilisées selon le statut du défunt et de sa famille et son entité territoriale – village, quartier, cellule, commune –. Quant aux réseaux des pratiques solidaires, ils se forment plutôt dans une logique d'appartenance par les liens entre les individus et entre les différents groupes solidaires en liaison territorialisée.

Dans tous les cas, les liens sociaux nécessitent une « réactivation régulière » et la « fréquence des interactions » (Angeon, V. et Callois, J.-M., 2003 : 41). Ces auteurs veulent insister sans doute sur la réciprocité dans les transactions. Pour les pratiques solidaires, il s'agit des interventions en termes d'investissements sociaux, de conjugaison des efforts matériel et immatériel et de participation politique à travers la société civile. On peut constater ainsi une logique organisationnelle qui est à la base de ces interactions sans en exclure la logique institutionnelle. Ces deux logiques sont des préalables pour renforcer ou activer les relations autour de la solidarité entre les membres ou entre leurs pratiques solidaires.

Plus globalement, l'efficacité collective influence la production de l'action collective. Et les effets dépendent des internalités et des externalités qui entrent dans le processus même de production du « commun ». Les effets positifs deviennent un atout pour le développement local et laissent croire à la force interne des liens. Quant aux liens faibles, ils se présentent comme des externalités. Elles sont utiles afin d'appréhender l'environnement en dehors de la forte proximité où les agents s'échangent également des informations diversifiées. C'est ce que Granovetter (1973) qualifie de « la force des liens faibles » qui, pourtant, ont une influence sur le développement local.

À travers leurs différents effets dans plusieurs domaines, les pratiques funéraires ancrées dans les pratiques solidaires ont ainsi contribué à d'autres dynamiques notamment celles du développement des communautés locales, et des tentatives d'extension dans d'autres secteurs sont entreprises.

2.1. Pratiques solidaires comme initiatives locales de développement

Les pratiques solidaires mobilisées lors des funérailles sont des initiatives populaires créées par la population locale. Elles ont comme but de protéger contre le risque funéraire non couvert, ni par une assurance spécifique, ni par l'État. Elles ont la particularité de créer une synergie entre les objectifs des membres, de mobiliser des ressources nouvelles d'en bas, d'agir dans un esprit consensuel et démocratique et de mettre en avant l'esprit de solidarité et de réciprocité entre les membres. À travers ces pratiques, le capital social et celui de proximité jouent un rôle important. Les groupes solidaires l'accroissent considérablement, et la confiance entre les membres est une des conditions dans la réussite de leurs actions communautaires. La capacité de ces pratiques à prendre en considération plusieurs enjeux et attentes des membres pousse les populations à faire d'elles le mouillage des stratégies de développement local. Le fait que ces pratiques solidaires sont conçues pour avoir des effets pérennes rend perceptible leur action sur le développement.

La mise en place des caisses de solidarité comme instruments de financement est également une contribution au développement. Ces caisses ne sont que des outils d'épargne pour la promotion de la protection sociale. Elles reposent sur le principe de mutualisation des moyens financiers, et seules les personnes qui ont participé à la constitution des fonds de caisse peuvent bénéficier des prestations offertes. Les contributions sont égales entre les membres et permettent un partage égal de risques en cas de problème.

Les recherches empiriques dans la région de Butembo ont montré que les caisses de solidarité interviennent surtout en cas de maladie, d'accident, de naissance, de mariage, de cambriolage, de kidnapping, d'agression, d'incendie et de décès dans une famille affiliée.

Plusieurs membres de groupes solidaires dans la région de Butembo le confirment notamment en ces termes : *Nous participons régulièrement aux différentes réunions de notre association, car nous sommes convaincus qu'elle est notre secours en cas de problème imprévu et difficile à résoudre, comme en cas de mort pour intervenir dans les funérailles, en cas d'accident pour garantir les soins de base à l'hôpital, en cas d'emprisonnement pour aider dans la défense judiciaire ou le paiement des amendes, en cas de maternité non préparée pour aider dans le paiement de la facture des soins*[9].

La pratique solidaire constitue une véritable roue de secours en cas de besoins urgents – utilisation des caisses sociales et populaires –, et chaque membre y trouve son compte. Et dans ce milieu associatif, le problème le plus sérieux reste la mort d'un membre. Étant donné le caractère inattendu du décès, la famille ne dispose pas de moyens pour faire face à ce type de drame. La caisse sociale de solidarité reste le seul moyen de subvenir rapidement aux besoins d'organiser les funérailles dignes. Cet instrument contribue ainsi à l'amélioration du bien-être des personnes et au développement des communautés en les empêchant de beaucoup s'endetter. Ces caisses ont permis une certaine amplification de l'action de différentes pratiques solidaires.

Dans le domaine social, les pratiques solidaires ont en outre joué un rôle important dans le renouvellement local des pratiques sociales funéraires, dans l'extension du capital social comme celui de la proximité des membres, dans le règlement des conflits post-funéraires et dans le développement des infrastructures sociales. Elles ont eu des impacts sur les institutions. On peut signaler un changement dans des rites religieux funéraires où s'insèrent de plus en plus de groupes solidaires de danseurs locaux, de chorales pour animer les veillées mortuaires et les cérémonies d'enterrement, de témoignages et hommages des personnes qui ont connu et vécu avec le défunt, parfois appuyé d'un montage de vidéo sur la vie du disparu. Le rite de la mise sous terre diffère suivant les confessions religieuses, l'ethnie et le lieu. Le rôle particulier joué par les catholiques locaux est à souligner pour leur implication comme initiateurs ou sensibilisateurs de certaines pratiques solidaires ouvertes à toute la communauté à Butembo :

---

[9]Cf. Focus groupe tenu avec les groupes de jeunes et des mamans lors des activités de préparation du banquet funèbre du deuil de Muhindo Tchokwé dans le quartier Furu (entretien du 9 mars 2016).

Caritas pour le cercueil, Union pour le cimetière à travers le Comité diocésain de développement pour l'action jumelée / Coddaj, Union pour le corbillard.

Les pratiques solidaires ont influencé la structure de l'État et son comportement face aux problèmes communautaires funéraires. Elles sont à la base de la création des cimetières communautaires et de la prolifération des cimetières individuels et familiaux. Ces dernières années, on observe un accroissement du nombre des demandes d'ouverture des cimetières communautaires par les associations, les confessions religieuses, les réseaux associatifs et les autres organisations communautaires. Il a été constaté dans la région d'étude que les exigences des services de l'État sont moins restrictives pour ouvrir un cimetière communautaire. Les charges sont payées par la structure communautaire, et les membres n'interviennent que pour l'entretien des tombes.

Par ailleurs, les communes organisent parfois des formations aux mutuelles des jeunes. *La commune Kimemi organise une fois les trois mois une formation sur le développement intégral et l'épanouissement social ouverte aux jeunes de toute la ville de Butembo. Comme elle est payante, nous nous arrangeons au sein des mutuelles pour envoyer deux personnes pour qui la mutuelle assure la formation moyennant paiement de 10 $. En retour, ces deux membres formés restituent la formation à tout le groupe* (Matayo : décembre 2017).

Ces quelques éléments d'analyse des pratiques solidaires funéraires dans la région de Butembo montrent clairement leur contribution au développement des communautés locales dans un contexte où le rôle des acteurs principaux comme l'État est devenu périphérique.

Comme initiatives au développement local, elles ont contribué à la sécurité sociale solidaire en renforçant la cohésion sociale pour un vivre ensemble harmonieux, une mise en œuvre d'un système de protection sociale funéraire local basé sur l'entraide et une réciprocité des acteurs. Le renforcement des communautés et la promotion des valeurs culturelles ont toujours été au centre des actions des institutions solidaires.

2.2. Pratiques solidaires et activités génératrices de revenus

Les recherches empiriques montrent que plusieurs actions réalisées par les pratiques solidaires[10] induisent au développement des activités génératrices de revenus : l'apprentissage du travail communautaire, la création de l'emploi de proximité, l'organisation des caisses de solidarités, la maintenance des infrastructures sociales communautaires, l'apprentissage des métiers en coupe-couture, menuiserie, maçonnerie, art culinaire, tissage des paniers, tresse des cheveux, décoration lors des manifestations, etc. ainsi que la formation des adultes par l'alphabétisation, l'apprentissage des langues française et anglaise ou de l'informatique et de l'Internet, la formation du leadership, la formation en techniques d'agriculture et d'élevage, l'organisation des manifestations culturelles au théâtre, en football, au concert musical, la mise sur pied des unités d'autofinancement comme des moulins, des cabines de téléphonie, des champs pour agriculture et élevage, des cantine-alimentations, des salons de coiffure, des motos-taxis et voitures-taxis, la planification des activités de vente des briques, des cercueils, des cimetières, du bois de chauffe, de la location des corbillards et autres biens et services. À côté de ces activités génératrices de revenus, organisées par certains groupes solidaires, tous les membres interviennent dans la protection sociale funéraire. Leurs interventions rendent l'organisation des funérailles rapide et permettent à certaines familles endeuillées de ne pas s'endetter pour couvrir le coût exorbitant du deuil.

Dans les pratiques solidaires, les activités sont exécutées d'une manière collective par la communauté comme il est dit lors des interventions solidaires funéraires. Cette façon de faire accroît l'efficacité de l'action avec des résultats intéressants pour le bénéficiaire et la société. Bien plus, les membres des groupes solidaires font quelquefois un travail collectif pour des tiers : bétonnage en construction et travaux manuels de champs. Les produits sont communautaires et utilisés pour financer certaines activités de

---

[10] Cf. Nos enquêtes de terrain sur les activités génératrices de revenus effectuées par les pratiques solidaires : Mutuelles des jeunes de quartier,SilwamughumaVusenzera, Association des taximen, des motos et voitures (ATAMOV), Umojawamasanduku, Les copains, Cénacles, Caritas, Mutualité Étoile Jubilaire (MEJU), Groupe de 111, etc.

l'institution solidaire, tandis que l'intervention spéciale en cas de deuil vise l'assurance d'inhumation des indigents.

Pour bien réaliser les actions, les responsables des groupes sont obligés de former les membres de façon à disposer de personnes plus compétentes au service du développement de la communauté. Ils cherchent à promouvoir la qualité de la situation des hommes en alliant également la solidarité, la créativité, l'initiative et la responsabilité dans le souci communautaire. Cela vise à provoquer un développement communautaire libérant les capacités d'innovation individuelle et collective.

Le développement d'une fabrique des cercueils par une institution solidaire est stratégique.

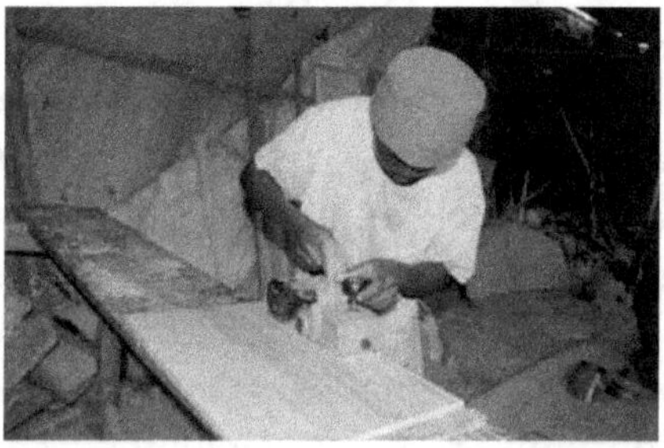

Figure 1 : Atelier de fabrique des cercueils

Figure 2 : Point de vente des cercueils

Un membre du Comité de Caritas Mutiri à Butembo corrobore en ces termes : *La fabrication du cercueil permet à Caritas d'atteindre son objectif d'assistance et d'entraide pour tous et d'être efficace auprès de ses affiliés. C'est le reflet d'une solidarité rapide et organisée. Les recettes de cette fabrique, générées par la vente aux non-membres, augmentent la capacité d'intervention de Caritas qui est au service du plus pauvre* (Musafiri : février 2018).

Cette fabrique permet d'avoir les moyens pour agir rapidement dans le cas des funérailles dans une région comme celle de Butembo qui ne dispose que de quatre morgues dotées des cellules réfrigérantes pour la conservation des corps. Dans les campagnes, il n'en existe pas. Par conséquent, les funérailles sont précipitées le jour du décès ou le lendemain. Les bénéfices générés par la vente des cercueils sont réinvestis dans des actions d'entraide et d'assistance ou dans les activités communautaires. Plusieurs mutualités ont également créé des fabriques de cercueils qui concurrencent directement les ateliers privés.

Le business des cimetières devient important, à la fois pour les institutions communautaires et pour les privés. Un représentant du cimetière « Les Copains » rapporte ces propos : *Le cimetière est le moyen le plus sûr de financement de notre association. Il génère des fonds importants qui nous permettent d'agir auprès des membres et d'étendre nos activités.* Certains entrepreneurs considérant la possession d'un cimetière comme une véritable activité génératrice de revenus achètent des concessions pour en faire des cimetières offerts à ceux qui ne veulent pas enterrer leurs morts dans des cimetières publics et qui sont prêts au paiement d'une somme importante d'argent, allant de 300 à 2 000 dollars américains[11].

Les pratiques solidaires ont favorisé le développement des activités particulières au moment de l'organisation des funérailles. Il s'agit des centres de production des tenues de deuil portées surtout le jour des funérailles : « tailleries » ou ateliers de couture des tissus et maisons d'impression des T-shirts et polos, de photos d'exposition du défunt, de macarons ou de pin's. Chacun dispose ainsi d'une tenue en surplus qu'il peut encore porter plus tard à la clôture du deuil. Certaines « tailleries » sont en voie de spécialisation dans la production des habits de deuil et l'habillage des défunts. Il existe également des pratiques relatives au commerce de gerbes de fleurs artificielles ou à la production locale des fleurs qui sont utilisées au moment des funérailles. Certaines institutions solidaires et privées se spécialisent dans la vente des fleurs aux familles et amis endeuillés qui veulent les offrir pour honorer la mémoire du défunt. Cette activité urbaine à Butembo et Beni génère également des revenus, sans oublier la décoration, l'installation des chapiteaux et de l'éclairage nocturne, la sonorisation, la construction des caveaux et mausolées ainsi que la location d'autres biens et services, etc.

[11] Cf. Dernières informations de terrain, avril 2018.

Figure 3 : Nouvelles tenues de deuil (pagne, veste et T-shirt, etc.) et gerbes de fleurs.

Figure4 : Autres services (matériels de construction de la tombe).

À part la création des revenus à travers ces différentes initiatives, les pratiques solidaires créent des emplois dans le milieu environnant. Certaines personnes sont employées dans des institutions solidaires et servent comme bénévoles dans des unités de production. Plusieurs autres travaillent temporairement dans plusieurs institutions solidaires intervenant dans l'organisation des funérailles et du deuil. L'expérience des pratiques solidaires dans le domaine funéraire a entraîné un développement du mimétisme institutionnel par la création de plusieurs pratiques solidaires comme les tontines, les mutuelles de solidarité pour le microcrédit rotatif ainsi que dans d'autres domaines comme le commerce, l'agriculture, le métier de la coiffure, la construction, les mutuelles de santé.

2.3. Interaction entre effets des pratiques solidaires funéraires et développement

Plusieurs effets ont été identifiés dans divers domaines lors des enquêtes de terrain.

Ces différents effets sont en interaction et alimentent la dynamique de développement des institutions solidaires et de leur impact sur le bien-être des membres, de leurs dépendants et de toutes les populations environnantes. Ces effets sont la production d'un lien social entre les membres d'une institution solidaire à travers une pratique déterminée et dans un climat de confiance au moment de la réalisation des activités communes funéraires. Le lien social qui se crée dans le cadre des pratiques solidaires communes s'alimente, circule et se recrée à travers les effets liés aux actions de ces pratiques. Le réconfort et la compassion sont considérés comme des produits du lien naturel familial ou communautaire lorsqu'ils sont exprimés au moment des funérailles. Ce sont des facteurs qui relèvent des relations de proximité et motivent le partage matériel ou immatériel avec l'autre, car on considère que le bénéficiaire se trouve dans un état émotionnel négatif et qu'il mérite d'être soutenu.

Structurés par les pratiques solidaires, ces effets peuvent entrer en interaction pour induire d'autres effets aussi nécessaires à l'amplification de l'impact des pratiques solidaires dans la communauté, voire dans la société. La mise en réseau de différentes pratiques amplifie encore leurs effets. Ces derniers restent la seule manifestation réelle de fonctionnement des pratiques solidaires dans une communauté et de niveau de la cohésion sociale au sein de la société.

2.3.1. Les effets sociaux

Les effets sociaux des pratiques solidaires sont : le règlement des contentieux sociaux pour se ressouder, la production de nouveaux liens, les mutations dans les pratiques solidaires communautaires, l'élargissement du capital et des infrastructures sociales, la consolidation de la sécurité sociale et solidaire, etc.

2.3.2. Les effets économiques

Les effets économiques comprennent une prise en charge des frais funéraires des membres, une amélioration du transport funéraire, un engouement d'investir dans de nouvelles activités génératrices de revenus. Celles-ci donnent naissance à des pratiques solidaires comme l'acquisition de nouveaux terrains pour des cimetières, la fabrique des cercueils, la location et la livraison des biens et services, l'impression des photos et T-shirts, la vente et la couture des tenues, la décoration en fleurs des chapiteaux, la sonorisation, le filmage et vidéo, etc.

2.3.3. Les effets politiques et culturels

Les effets politiques et culturels sont constitués de la promotion de la solidarité politique locale, de l'éducation politique populaire et la gouvernance locale, de la promotion des communautés et des valeurs culturelles locales, en termes de réinvention des solidarités coutumières et de création de nouveaux réseaux sociaux pour la promotion de la politique locale.

2.3.4. Les effets de protection sociale funéraire

La protection sociale funéraire axée sur le développement de l'assistance funéraire. Elle est portée directement aux membres endeuillés. Elle se fonde sur des caisses sociales funéraires, la promotion de l'équité et le système d'autoprotection.

Les interactions entre les différents effets des pratiques solidaires sont renseignées globalement à travers le schéma ci-après.

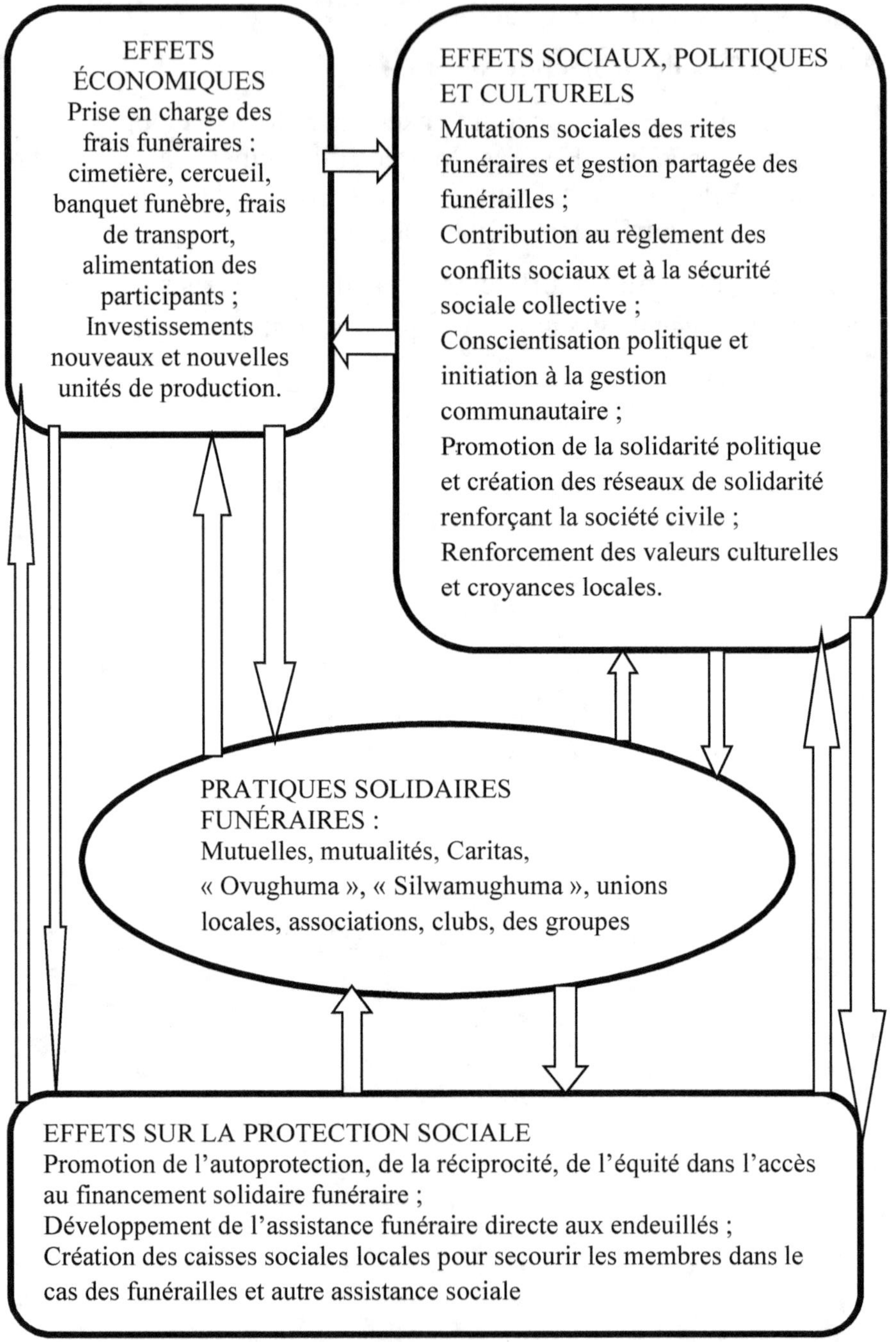

Schéma 1 : Interaction entre les différents effets des pratiques solidaires funéraires.

Ce schéma reprend les interactions qui peuvent exister entre les différents effets des pratiques solidaires funéraires. Les analyses des données empiriques montrent que les pratiques solidaires peuvent générer des effets économiques, sociaux, politiques et culturels. Dans ce même cadre, les pratiques mettent au point un système de protection sociale funéraire conçu à la base. Les premiers bénéficiaires en sont d'abord des personnes démunies. Ce système ne couvre que des risques funéraires. On peut le constater : les effets économiques jouent un rôle dans la pérennisation des actions des institutions solidaires entreprises dans le cadre de la mise en place d'un système embryonnaire de protection sociale funéraire. Ces effets économiques sont en interaction avec des effets sociaux.

La création de nouvelles unités de production et les autres activités génératrices de revenus engendrent l'amélioration des infrastructures sociales – ambulance, corbillard – tout en facilitant le transport funéraire et contribuent rapidement à la sécurité sociale collective. La majorité de ces nouvelles unités comme des fabriques de cercueil, de nouveaux cimetières, la location des biens et services, les activités d'autofinancement génèrent à la fois des ressources financières et répondent rapidement aux besoins des membres en cas de nécessité. Ces mêmes ressources financières facilitent les interventions des institutions solidaires dans la promotion des valeurs culturelles locales, notamment des groupes folkloriques. Il sied de signaler que les effets sociaux sont en relation avec des effets politiques. Le cas de la promotion de la solidarité politique locale accroît le capital social des membres et des hommes politiques qui peuvent intervenir dans le règlement des conflits sociaux entre individus ou communautés. Ces conflits éclatent souvent au moment des funérailles quand une personne d'une autre communauté est considérée comme sorcier responsable de la mort.

On peut également observer les interactions entre les effets politiques, sociaux et culturels. Par l'opération de conscientisation politique des populations et d'autres institutions associatives locales, on vise la circulation de l'information correcte entre des masses populaires sur les avantages offerts aux adhérents des pratiques solidaires et sur les obligations sociales et politiques en tant que citoyens. Cette éducation populaire peut entraîner une augmentation du nombre d'adhérents, une prise de conscience locale sur une autoproduction par le canal d'une communauté. Elle peut également déboucher sur le renforcement de la société civile locale et booster ses différentes actions.

Toutes les interactions qui se réalisent entre les effets des pratiques solidaires peuvent produire d'autres effets qui consolident à leur tour de nouvelles pratiques solidaires plus innovantes. Les pratiques solidaires funéraires constituent ainsi une véritable source d'innovation sociale dans la mesure où elles transforment les communautés et leurs pratiques traditionnelles en instituant des règles plus claires pour dynamiser les liens forts et redonner la force aux liens faibles. Ces nouvelles versions des pratiques sont fondées sur les aspirations réelles des populations, sur l'ouverture aux nouvelles communautés non liées à la proximité territoriale. C'est la participation qui permet l'appréciation de la contribution de l'individu aux activités de groupe et définit sa place au sein de la communauté. Ces pratiques cultivent de la confiance au sein des communautés grâce au développement des contacts directs entre les membres qui se considèrent comme égaux.

Cependant, à cause de l'absence de lien social du défunt comme de sa famille, on peut observer une faiblesse des effets des pratiques solidaires, qui peut être expliquée par plusieurs raisons, notamment la non-participation des membres qui ne trouvent pas leur intérêt immédiat ou futur dans le projet social à mener, le manque de réciprocité entre les membres adhérents et l'institution solidaire. La réciprocité ici se décline à travers quatre règles d'après Vienney C. (1997 : 323-328) : l'égalité des membres par équité dans le traitement des membres, la propriété collective, durable et inaliénable des résultats réinvestis, le non-accaparement des réserves par des acteurs externes et l'éventuelle redistribution des excédents en termes de services rendus ou autres formes. Cette même faiblesse peut également être expliquée par la désorganisation structurelle de l'institution solidaire dont la source peut être interne ou externe par insuffisance communicationnelle.

Les pratiques solidaires ne sont que la résultante des arrangements collectifs ou particuliers et originaux entre les membres des différents groupes afin qu'ils trouvent une réponse à leurs besoins. Ce sont plutôt des institutions qui respectent les règles démocratiques – égalité entre les membres et autonomie de chaque membre –fondées sur la réciprocité entre les membres et entre l'institution et les membres. Ces pratiques militent pour l'inclusion des membres, leur participation à la prise des décisions. Chacun peut apporter sa pierre à l'édifice dans le respect des règles. Cette organisation facilite l'interaction entre les membres par la collaboration et la coopération par recours à une communication suffisante. Elle génère des effets positifs pour la communauté et attire d'autres personnes qui constatent les avantages de la mutualisation des moyens à travers la solidarité et le lien social pour un mieux vivre ensemble. C'est de cette manière que les pratiques solidaires funéraires influencent les initiatives de développement local à Butembo.

Conclusion

Cette recherche a été menée dans un contexte particulier dans la région de Butembo où la population fait souvent recours aux pratiques solidaires, autant pour sa protection sociale funéraire que pour l'amélioration de ses besoins sociaux élémentaires. Cette façon d'assurer sa survie se fait à travers la mobilisation du capital social et du capital de proximité pour sondéveloppement local qui est à la fois un processus collectif et une voie d'innovation territoriale. Ces pratiques s'inventent quotidiennement et émergent dans la communauté locale – village, cellule, quartier, commune. Leurs effets s'étendent et s'enchevêtrent avec d'autres domaines économiques, politiques, sociaux, culturels. Ces pratiques se greffent aux initiatives de développement local et participent tant soit peu au bien-être même de la population locale.

La dynamique sociale par des liens sociaux et des relations territoriales dans un village, un quartier, etc. se construit autour d'une prise de conscience collective qui permet aux populations locales de s'unir ou de s'associer pour définir en commun des priorités de leurs besoins – condition de nécessité –, de s'approprier leur projet social et de promouvoir la prise en charge locale motivée par un destin commun. Tel est le fondement des pratiques de solidarité qui mobilisent le capital social et celui de proximité pour produire des actions collectives à utilité sociale et solidaire. Elles sont populaires dans la région de Butembo, car elles répondent aux attentes réelles locales dans des circonstances malheureuses comme celle de l'organisation des funérailles. Elles ont permis l'installation d'une démocratie associative à la base, liée à la souplesse de leur structure. Celle-ci facilite la diffusion de l'information, la communication entre les membres et l'extérieur, la réflexion collective sur des problèmes communs, le débat, le choix des orientations et la prise des décisions émanant d'un accord collectif.

L'efficacité des pratiques solidaires funéraires s'explique en partie par leurs différentes valeurs intrinsèques qui sont les piliers de leur organisation. Les pratiques solidaires ont légitimé les valeurs liées à la solidarité et à la réciprocité entre les membres dans un groupe et avec la communauté locale. Ces deux dernières valeurs expliquent une mobilisation locale au moment des funérailles. Elles ont permis l'expression de l'empathie que l'on peut éprouver envers les autres – et inversement – dans une situation difficile comme en cas de décès d'un proche.

Toujours dans le souci de trouver des solutions à leurs problèmes, les acteurs locaux mettent au point de nouvelles solidarités de proximité plus actives. C'est dans ce cadre qu'elles organisent des secours mutuels et réciproques, structurés et institutionnalisés à travers des actions collectives, parfois spontanées. Elles produisent des effets sur le territoire, notamment la prise en charge des frais funéraires, le développement de l'assistance, la création des caisses solidaires, les investissements nouveaux et les nouvelles unités de production, la promotion politico-culturelle et l'auto-protection. C'est à travers l'interaction de ces effets économiques, politiques, culturels et sociaux qu'est saisie la contribution des pratiques solidaires funéraires au développement local.

Les institutions solidaires ont également créé une nouvelle vision du lien social dans une communauté, considéré comme instrument au service des intérêts individuels et collectifs des membres. Une pratique n'a de succès qu'à partir du moment où chaque membre trouve réellement son compte : découvrir dans l'institution une ambiance agréable et détendue de discussion et de recherche des solutions à ses problèmes. Ces éléments peuvent stimuler le volontariat au sein de la communauté, favoriser l'autogestion sociale par une participation sincère des membres de la pratique solidaire.

Ce qui nous pousse à suggérer une nécessité de transformation ou de renforcement des pratiques solidaires pour qu'elles répondent mieux aux attentes des populations locales malgré leurs valeurs actuelles. Cette transformation concerne principalement le système de financement. Il doit être adapté de façon à attirer la structure organisationnelle et le processus décisionnel sur fond de démocratie interne avec la règle « d'une personne une voix », la gestion des biens, des liens et des relations et d'autres organismes à la collaboration sous forme de réseau ou de partenariat avec l'État, les fonds privés, des ONG, les confessions religieuses, etc. Il faut également renforcer la gestion des ressources humaines et des biens immatériels, la coopération inter-pratique ou la synergie entre les différentes initiatives solidaires, la gestion des rapports de force entre les acteurs en présence et la consolidation de capital social et de celui de proximité pour la réussite et améliorer les actions collectives de développement local.

Bibliographie

ANGEON, V. et CALLOIS, J.-M., « Fondements théoriques du développement local : quels apports du capital social et de l'économie de proximité ? », in *Économie et institutions*, n°s 6-7, « Proximité et institutions : nouveaux éclairages » ; [en ligne le 31 janvier 2013] URL : http://journals.openedition.org/ei/890 ; DOI : 10.4000/ei.890

BEAUD, S. ; WEBER, F., *Guide de l'enquête de terrain. Produire et analyser des données ethnographiques*, 4e édition augmentée, La Découverte, Paris, 2010.

BELLET, M. ; COLLETIS, G. et LUNG, Y., « Économie des proximités », in *Revue d'Économie régionale et urbaine*, numéro spécial n° 3, ADICUEER, 1993, p. 357-606.

BELLET, M. ; KIRAT, T. et LARGERON, C., *Approches multiformes de la proximité*, Éd. Hermès, Paris, 1998, 343 p.

BOURDIEU, P., « Le capital social : notes provisoires », in *Actes de la Recherche en sciences sociales*, 31, 1980.

CEFAÏ, D. (dir.), *L'enquête de terrain*, Collection « MAUSS », La Découverte, Paris, 2003.

CHÂTAIGNER, J.-M. et MAGRO, H. (dir.), *États et sociétés fragiles. Entre conflits, reconstruction et développement*, Karthala, Paris, 2007.

COLEMAN, J. S., "Social capital in the creation of human capital", in *American journal of Sociology*, vol. 94, 1988, p. S95-S120.

COVA, B., *Au-delà du marché : quand le lien importe plus que le bien. Dynamiques d'entreprises*, Éditions L'Harmattan, Paris, 1995, p. 52-59.

DACHEUX, E. ; GOUJON, D., *Principes d'économie solidaire*, Éditions Ellipse, Paris, 2011.

DE SALLE, C., *Libérer le potentiel de l'économique collaborative*, Éd. du Cep, Belgique, 2016.

DEFOURNY, P. ; DEVELTERE, J., *L'économie sociale au Nord et au Sud*, Éd. De Boeck, Bruxelles, 1999, 278 pages.

DEMBELE, D. M., « Le financement du développement et ses alternatives : le rôle des mouvements sociaux et politiques », in *Alternatives Sud*, vol. III, 3, Éditions Syllepse, Paris, 2001, p. 229-251.

FONTAINE, S. E., « Pratiques d'économie solidaire, développement local et proximité : les expériences des organisations d'insertion par l'activité économique en Picardie », in *Proximity, networks and Coordination*, The 4th Congress on Proximity Economics, 17-18, Marseille, juin 2004.

FONTAN, J.-M. ; LEBLANC, J. ; NOISEUX, Y. et SILVESTRO, M., « Pratiques économiques solidaires québécoises en contexte de développement durable », *in*Gendron, C. ; Vaillancourt, J.-G. et Audet, R., *Développement durable et responsabilité sociale. De la mobilisation à l'institutionnalisation*, Presses internationales polytechniques, Paris, 2010, p. 83-100.

GAULME, F., « "États faillis", "États fragiles" : concepts jumelés d'une nouvelle réflexion mondiale », in *Politique étrangère*, 2011, p. 17-29.

GILLY, J.-P. et TORRE, A., *Dynamiques de proximité*, Éd. L'Harmattan. Coll. « Emploi, industrie et territoire », Paris, 2000, 301 p.

GLON, E. et PECQUEUR, B. (dir.), *Au cœur des territoires créatifs : proximités et ressources territoriales*, Presses universitaires de Rennes, Rennes, 2016, 295 p.

GRANOVETTER, M., "The strenght of weak ties", in *American Journal of Sociology*, 78 (6), 1973, p. 1360-1380.

GREFFE, X., *Le développement local, Bibliothèque des territoires*, Éd. de l'aube DATAR, Paris, 2002.

GROSSETTI, M., « La proximité en sociologie : une réflexion à partir des systèmes locaux d'innovation », *in* Bellet, M. ; Kirat T. et

Largeron C. (coord.), *Approches multiformes de la proximité*, Éd. Hermès, Paris, 1998, p. 83-100.

HAKANSSON, H., *Industrial Technological Development: A Network Approach*, London, Croom Helm, London, 1987, 244 pages.

JOYAL, A., *Le développement local : Comment stimuler l'économie des régions en difficulté*, Éditions de l'IQRC, Presses de l'Université Laval, Canada, 2002.

KABARHUZA, B. H. ; MUSHI, M. B. ; YAMBAYAMBA, S. N., *La société civile congolaise. État des lieux et perspectives*, Colophon, Bruxelles, 2003, 127 pages.

KAUFMANN, J.-C., *L'enquête et ses méthodes. L'entretien compréhensif*, Éd. Armand Colin, Paris, 2011.

KOLM, S.-C., *La bonne économie : la réciprocité générale*, PUF, Paris, 1984, 472 p.

KOMI Djadé, *L'Économie informelle en Afrique subsaharienne*, Éditions L'Harmattan, Collections « Études africaines », Paris, 2011.

KRISHNA, A., "Creating and harnessing social capital", *in* DASCUPTA, P. et SERAGELDIN, I. (eds.), *Social Capital: A Multifacted Perspective*, World Bank, Washington DC, p. 71-93.

KROPOTKINE, P., *Mutual Aid, traduction française (1906), Entraide, un facteur de l'évolution*, Essai (broché) en français, Éd. Sextant, Paris, 2010, 64 p.

LAURENT, P.-J., « Observation participante et engagement méthodologique », *in* HERMESSE, J. ; SINGLETON, M. ; VUILLEMENOT, A.-M. (dir.), *Implication et explorations éthiques en anthropologie*, Academia, Louvain-La-Neuve, 2011, p. 54.

LAURENT, P.-J., Une association de développement en pays mossi : le don comme ruse, 2e édition, Karthala, Paris, 2008, 300 pages.

LE BOTERF, G., *Construire les compétences collectives. Coopérer efficacement dans les entreprises, les organisations et les réseaux de professionnels*, Éd. Eyrolles, Paris, 2018.

LE BOTERF, G., *Travailler en réseau et un partenariat. Comment en faire une compétence collective*, Éditions (3e) Eyrolles, Collection « Ressources humaines », Paris, 2013.

LIN, N., "Building a theory of social capital", *in* LIN, N.; COOK, K. S. et BURT, R. (Eds.), *Social Capital. Theory and research*, Eds., Paperback, 2001.

MADAULE, S., *Plaidoyer pour une nouvelle modernité. Théorie de partage par le socle de l'indépendance. Prospective du développement*, Édition L'Harmattan, 2014.

MAFIKIRI TSONGO, A., « Pratiques foncières, phénomènes informels et problèmes ethniques au Kivu (Zaïre) », *in*de VILLERS, G. (dir.), *Cahiers africains*, n°s 19-20, Cédaf-L'Hamattan, Paris, 1996, p. 47-63.

MAUSS, M., *Essai sur le don. Forme et raison de l'échange dans les sociétés archaïques*, deuxième édition, présentation de Florence Weber (Quadrige), PUF, Paris, 2012, 241 pages.

MAUSS, M., « Essai de don. Forme et raison de l'échange dans les sociétés archaïques », in *L'Année sociologique*, 1923, et rééditée in *Sociologie et Anthropologie*, 1950, t. 1, reéd. et présentation Weber Florence, Presses universitaires de France, Paris, 2012, 241 p.

MUCCHIELLI, R., *L'analyse de contenu. Des documents et des communications*, Éd. ESF (9e édition), Paris, 2006, p. 24.

MUGHENDI, N., *Guerres récurrentes en République démocratique du Congo. Entre faillite et responsabilité*, L'Harmattan, Paris, 2010, p. 149.

MULENDEVU, M.-R., *Pluralisme juridique et règlement des conflits fonciers en République démocratique du Congo*, Collection « Études africaines », L'Harmattan, Paris, 2013, 332 p.

MWASANA, J.-C., *Développement économique et sécurité en République démocratique du Congo*, L'Harmattan, Paris, 2018, 340 p.

NDAYEGAMIYE, A., « Élargir le champ de conception des indicateurs sociaux. Proposition d'une approche relationnelle à partir du contexte socio-économique des années 90. Cas du Burundi », thèse de doctorat en sciencessociales (population-environnement-développement), ESPO/UCL, Louvain-la-Neuve, 2007.

O'CONNOR, "The initiative on defining, monitoring and measuring social capital overview and program description", in "Social Capital Initiative", *Working paper* n° 1, "Social Development Department", *The World Bank*, USA, 1999, 45 pages.[En ligne] : http://www.worldbank.org/socialdevelopment.

OLIVIER DE SARDAN, J.-P., *Anthropologie de développement. Essai en socio-anthropologie du changement social*, Karthala, Paris, 1995, 221 pages.

PAUGAM, S. ; DOUVOUX, N., *La Régulation des pauvres. Du RMI au RSA*, Quadrige/PUF, Paris, 2008.

PECQUEUR, B. et ZIMMERMAN, J. B., *Économie de proximités*, Éd. Hermès, Paris, 2004.

PECQUEUR, B., *Le développement local : pour une économie des territoires*, Collection « Alternatives économiques », Syros, Paris, 2000.

PERETTI, J.-M. (dir.), *Tous solidaires. Les meilleures pratiques par 91 professionnels*, Eyrolles, Paris, 2014.

PERETTI, J.-M., « Tous solidaires, un impératif pour les organisations », *in* PERETTI, J.-M. (dir.), *Tous solidaires. Les meilleurs pratiques par 91 professionnels*, Eyrolles, Paris, 2014, p. 15-22.

POLANYI, K., « L'économie en tant que procès institutionnalisé », *in* POLANYI, K. et ARNSBERG, C., *Les systèmes économiques dans l'histoire et dans la théorie*, Larousse université, Paris, 1975, p. 239-260.

PUTNAM, R., *Making democracy work: civis traditions in modern Italy*, Princeton University Press, Princeton, 1993.

PUTNAM, R. D., *Bowling alone. The collapse and revival of American community*, Simon Schuster publishers, New York, 2000.

PUTNAM, R. D., "Bowling Alone: America's Declining Social Capital", in *Journal of Democracy*, vol. 6, n° 1, Cambrigde, janvier 1995, p. 65-78.

REY-DEBOVE, J. ; REY, A., *Le Petit Robert. Dictionnaire alphabétique et analogique de la langue française*, Nouvelle Édition du Petit Robert de Paul Robert, Éditions 2016, Paris.

SEN Armatya, *Éthique et économie et autres essais*, trad. S. Marnat, PUF (Quadrige), Paris, 2002.

SERRE, J., *Les États fragiles*. Manuel théorique et pratique, Groupe studyrama, France, 2016, 263 p.

SHALIN, D. N. “Pragmatism and Social Interactionism”, in *American Sociological Review*, vol. 51, n° 1, University of California Press, Californie, février 1986, p. 9-29.

TEISSERENC, P., *Les politiques de développement local*, Economica, Paris, 2002.

TOURNAND, J., *La bienveillance en action. Les outils pour déployer les forces de la coopération et créer des dream-teams innovantes*, Inter Éditions-Dunod, Paris, 2018.

VIENNEY, C., « Le maintien et le renforcement de la réciprocité entre l'entreprise et le mouvement » *in* LÉVESQUE, B., BOUCHARD, M. ; GRANT, M. ; DESROCHERS, L. ; JACQUES, F. (dir.), *Desjardins : Une entreprise et un mouvement ?*Sainte-Foy, Presses de l'université de Québec, Montréal, 1997, p. 323-328.

WENGER, E., *Communities of practices: learning, meaning, and identity*, Cambridge University Press, USA,1998, 318 pages.

WOOLCOK, M. et NARAYAN, D., “Social capital: implication for development theory, research and policy”, in *The World Bank Research*, *Observer*, 15(2), p. 225-249.

Création et reproduction du travail informel dans la région de Butemboà l'est de la République démocratique du Congo

Musubaho Kivuyirwa Kennedy

Résumé

Les crises économiques et politiques qui ont caractérisé la RDC depuis plusieurs décennies ont été le leitmotiv pour expliquer la détérioration des conditions sociales des populations de ce pays. Avec un taux de chômage qui avoisine près de 80 %, les jeunes éprouvent beaucoup de difficultés à accéder à l'emploi. L'absence d'une politique publique de création d'emplois formels à grande échelle a alimenté la création et la reproduction des emplois informels dans les milieux urbains. La facilité d'accès au marché du travail informel, le manque d'emplois formels, le chômage prolongé et le faible niveau de qualification..., sont, entre autres, les principaux facteurs de création du travail informel. Le marché du travail informel a connu un développement rapide par la mise en œuvre des mécanismes de reproduction et de pérennisation basés sur des pratiques solidaires au sein des familles des acteurs ou de toute la société.

Mots-clés : Travail informel, Emploi informel, Politique d'emploi, Marché du travail, chômage.

Summary

The economic and political crises that have characterized the DRC for severaldecades have been the leitmotif to explain the deterioration of the social conditions of the populations of this country. With an unemployment rate hoverinaround 80 %, young people finditverydifficult to accessemployment. The lack of a public policy to create large-scaleformal jobs has fueled the creation and reproduction of informal jobs in urban settings. The ease of access to the informallabormarket, the lack of formal jobs, prolongedunemployment and the lowlevel of qualification..., are amongothers the main factors of creation of informalwork. The informallabormarket has experiencedrapiddevelopmentthrough the implementation of reproduction and sustainabilitymechanismsbased on solidarity practices within the families of actors or the whole of society.

Keywords: Informal work, Informal employment, Employmentpolicy, Labor market, unemployment.

Introduction

L'émergence du travail informel n'est pas récente dans les pays en développement. Bien avant la fin du deuxième millénaire, comme l'avaient déjà précisé Jean-Yves Lesueur et Patrick Plane, plusieurs types de comportements ont pu être observés selon les pays et les secteurs. On a noté la participation à un secteur informel où les emplois à temps partiel proposés ne sont pas incompatibles avec le maintien du statut de fonctionnaire et la conservation des avantages non monétaires qui y sont attachés (Lesueur J.-Y. et Plane P., 1994 : 172). L'ampleur du chômage etla dégradation du pouvoir d'achat des travailleurs du secteur public ont conduit les chômeurs à entreprendre des activités de survie et les travailleurs à rechercher une compensation financière conforme à leur taux de salaire d'acceptation. Selon Mazumdar, cette démarche constitue la stratégie dominante adoptée par les travailleurs du secteur public dans plusieurs pays en développement (Lesueur J.-Y. et Plane P., 1994 : 172).

En moyenne, dans le monde, plus de la moitié des emplois du secteur non agricole peuvent être considérés comme informels. Dans les pays d'Afrique subsaharienne et d'Asie du Sud, ce taux est plus élevé et avoisine 80 %, voire 90 %. En Inde, 83 % des travailleurs non agricoles sont employés de manière informelle (Jütting J. P. & De Laiglesia J. R., 2009 : 11).

En République démocratique du Congo, le travail informel est omniprésent. Pour l'ensemble des agglomérations urbaines, le secteur informel est le principal employeur. En 2005, au niveau national, 91 % des actifs occupés étaient employés dans le secteur informel. Ce taux varie entre 70 % dans les milieux urbains et 95 % dans les zones rurales. Le taux de sous-emploi global atteint 72 % de la population active urbaine occupée (Makabu Ma Nkenda,T. *et al.*, 2007 : 9).Dans les villes, les travailleurs du secteur informel se recensent dans l'entreprenariat familial, le travail domestique, le petit commerce, la vente à la sauvette, l'artisanat, alors que dans les zones rurales, l'informel concerne plutôt l'agriculture de subsistance et l'élevage.

Dans la région de Butembo, au nord-est de la République démocratique du Congo, Kambale Mirembe Omer (2005) décrit l'ampleur du travail informel en se basant sur la contractualisation du marché du travail. En 1998, les actifs représentaient 49 % de la population, mais seuls 6 % étaient employés sous contrat. Par conséquent, on estimait à plus ou moins 80 % les actifs qui ne vivaient pas du salariat formel. La plupart s'adonnent à l'agriculture et aux activités marchandes.

Au-delà des débats théoriques sur les facteurs à la base de la croissance du secteur et de l'emploi informels, il s'avère aussi pertinent d'en analyser les différentes manifestations actuelles dans les économies sous-développées. Tel est l'objet de cet article qui s'articule autour de ***la création et la reproduction du travail informel dans la région de Butembo, à l'est de la République démocratique du Congo***. Plus spécifiquement, notre démarche entend identifier les facteurs qui expliquent la création et la prolifération du travail informel dans la région de Butembo.

Anticipativement et tenant compte des réalités socio-économiques de Butembo, cette réflexion part du présupposé que le travail informel se serait développé sous l'effet de facteurs socioculturels, économiques et administratifs. Sur le plan socioculturel, le travail informel résulterait de la consolidation des liens sociaux – réseaux familiaux, amicaux, religieux, etc. – dans le processus de création d'emplois et de recrutement de la main-d'œuvre dans les unités de production aussi bien formelles qu'informelles. Sur le plan socio-économique, la prolifération du travail informel serait la conséquence du manque d'opportunités d'insertion sur le marché du travail formel. Enfin, les facteurs liés à la situation administrative trouvent leur fondement dans la théorie de Hernando De Soto (1994). Ainsi, l'emploi informel résulterait d'un excès de lois et d'exigences administratives résultant d'un État omniprésent et tout-puissant.

En ce qui concerne les mécanismes de reproduction du travail informel dans la région de Butembo, celle-ci serait la conséquence des caractéristiques des populations locales animées par le dynamisme entrepreneurial, l'imitation des initiatives créatives et les effets de solidarité se traduisant par la mise en commun des moyens et la création de structures d'appui et/ou d'accompagnement des initiatives de création d'emplois informels.

Compte tenu de la complexité du marché du travail informel, il y a lieu d'adopter une démarche basée sur les approches analytique et socio-anthropologique. L'approche analytique est un outil de taille dans l'étude du marché du travail informel à Butembo, car elle conduit à sa décomposition en éléments constituants ou mieux à l'analyse des différents intervenants en déterminant leur nature ainsi que leur rôle dans la création et la reproduction du travail informel.

La mise à contribution de l'approche socio-anthropologique tient aux aspects qui caractérisent le fonctionnement du marché du travail informel dans la région de Butembo. Au moyen de cette démarche, il est opportun d'analyser l'importance accordée aux considérations socioculturelles dans le développement du marché du travail informel.

La production des informations nécessaires à la réalisation de cet article est le résultat d'une enquête réalisée entre juin et septembre 2019 sur base d'entretiens individuels et d'observations libres auprès d'un échantillon aléatoire constitué de 110 travailleurs informels dépendants et 76 travailleurs indépendants. Cet échantillon a été prélevé dans une population infinie de travailleurs informels œuvrant dans les secteurs du commerce et de l'artisanat, plus précisément dans la couture, la menuiserie et l'ajustage des pièces métalliques. Les principales variables d'étude retenues sont les facteurs de création et de pérennisation du travail informel et les formes de travail informel entrepris.

La présente étude couvre la région de Butembo, un vaste territoire qui regroupe plusieurs agglomérations urbaines et rurales au nord-est de la République démocratique du Congo, polarisées par les villes de Butembo et de Beni. Ce milieu est reconnu pour son dynamisme commercial et agricole. Le commerce, l'artisanat et les services sont les principales branches de l'économie qui emploient une bonne partie de la population dans les secteurs formel et informel. Le commerce et l'artisanat, à eux seuls, offrent respectivement environ 70 % et 14 % des emplois informels dans les milieux urbains. Cette situation justifie le choix de ces deux secteurs pour analyser les mécanismes de création et de reproduction du travail informel dans cette région.

Le dynamisme des populations locales dans le secteur informel ainsi que l'emprise commerciale de la région sur le nord-est du pays sont autant de facteurs ayant motivé le choix de la ville de Butembo comme notre terrain d'investigation. En outre, l'organisation des activités économiques en général et du marché du travail en particulier, dans la région de Butembo, reflète la physionomie de l'économie nationale de la RDC. Celle-ci est caractérisée par un taux élevé de chômage face à une faible capacité de création d'emplois formels, une forte réglementation des activités économiques, des conditions de travail inadéquates aussi bien dans les entreprises privées que dans les entreprises publiques, etc.

1. Le travail informel dans l'analyse du marché du travail

Comme toute analyse économique de marché, celle du marché du travail présente conjointement deux aspects : le prix et la quantité. La dimension prix concerne plus spécialement la détermination du salaire et la dimension quantité concerne davantage le volume de l'emploi, et donc le chômage.

L'aspect quantité du marché du travail intègre la confrontation de l'offre et de la demande qui, contrairement au marché des biens et services, ne donne pas nécessairement lieu à la formation du prix qui est le salaire. En effet, la structure du marché du travail étant du type oligopsone (quelques demandeurs face à plusieurs offreurs), les demandeurs de travail (entreprises) se comportent en pricemakers. Pour réguler la formation du prix, l'État fixe un salaire minimum, mais généralement, ce salaire n'est pas appliqué, surtout dans les économies sous-développées où le taux de chômage est plus élevé.

Après avoir situé le travail informel dans les théories fondamentales d'analyse du marché du travail, cette section est consacrée à la description théorique du travail informel avant d'en analyser les différentes approches.

1.1. Le travail informel dans les théories de base du marché du travail

Traditionnellement, le marché du travail est défini comme le lieu théorique où la confrontation d'une offre et d'une demande de travail permet de déterminer un taux de salaire et un niveau d'emploi d'équilibre (Frédéric C., 1990 : 350). L'analyse économique du marché du travail, tel qu'il est ici défini, est basée sur la confrontation des différentes théories qui ont marqué son évolution.

1.1.1. Dualisme du marché du travail et travail informel

La segmentation du marché du travail, telle qu'elle est décrite dans les travaux de Doeringer et Piore (1971), se schématise souvent par la coexistence de deux secteurs. Dans la forme minimale de cette segmentation coexistent ainsi un secteur primaire caractérisé par de hauts salaires, la stabilité de l'emploi, de bonnes conditions de travail et des possibilités de promotions et un secteur secondaire où les salaires sont faibles, le risque de chômage important et les promotions inexistantes(Zajdela H., 1990 : 31).Selon A. de Coulon et Y. Flückiger (2000), cette segmentation du marché du travail ne peut se perpétuer que s'il existe des barrières légales, institutionnelles ou économiques empêchant les travailleurs de changer de segment pour tirer profit des différences apparentes entre ces deux parties du marché.

Partant des caractéristiques du travail informel, on serait d'emblée tenté de classer ce dernier dans le secteur secondaire du marché du travail car, rappelons-le, la précarité, le faible niveau ou l'absence de rémunération, l'absence de contrat de travail, le travail non qualifié, le sous-équipement… sont, entre autres, des traits distinctifs du travail informel. Cependant, il s'avère que le dualisme du marché du travail est fondé sur d'autres facteurs, notamment les emplois eux-mêmes entendus comme modes de gestion distincts de la main-d'œuvre appliqués dans chaque secteur.

1.1.2. Approches du marché du travail et enjeu social

Il existe de nombreuses approches et explications théoriques du fonctionnement du marché du travail. Certaines ont un caractère général, mais d'autres sont limitées à certains aspects de ce marché. Mais de manière générale, toutes les explications théoriques ne font aucunement mention du travail informel ; elles portent essentiellement sur le travail dans son aspect formel.

Jusqu'aux années 70, la théorie dominante dans l'explication dumarché du travail était la théorie néoclassique que l'on qualifie d'approche orthodoxe. Elle se situait dans une perspective d'équilibre général où le marché du travail est un marché comme les autres, au même titre que le marché des biens et services, de la monnaie, des changes. L'objectif est de décrire le comportement des différents acteurs sur ce marché et de voir comment se détermine le salaire d'équilibre compatible avec la réalisation de l'optimum social. Dans ce cadre, si les conditions de concurrence pure et parfaite sont réalisées, il n'y a pas de place pour le chômage, à l'exception du chômage volontaire (Biales C., 2).

En parallèle, à partir des années 70, plusieurs travaux se démarquent de l'analyse orthodoxe en relâchant notamment l'hypothèse de rationalité des individus soutenue par ce courant. De toutes les approches alternatives du marché de travail, on note le modèle marxiste et le modèle keynésien qui sont les modèles de base. Ces deux théories remettent en cause la marchandisation du travail, tel que le prétendent les néoclassiques (Diemer A., 2008 : 9). Les marxistes dénoncent l'exploitation de la force de travail au nom de la maximisation des profits par les employeurs qui se créent une plus-value en proposant un salaire minimum de subsistance. Selon ce modèle, l'emploi est lié au processus d'accumulation du capital, au progrès de la productivité et à la concurrence ; ce qui entraine la dégradation des conditions de vie des travailleurs.

Pour les keynésiens, le marché du travail n'existe pas parce que le travail, à cause de ses aspects sociologiques très marqués, ne peut pas être considéré comme une marchandise. Le volume de l'emploi est déterminé par la demande effective. Par conséquent, en cas d'insuffisance de cette dernière, les entreprises demandent peu de travail, et ce, indépendamment du niveau des salaires. Le chômage qui en résulte est donc un chômage involontaire dans le sens oùil subsiste sur le marché du travail des employés disposés à prester même si le salaire était inférieur.

Toutes ces explications théoriques ne sont pas valables pour le travail informel, étant donné que ce dernier est atypique. Toutefois, le fonctionnement du marché du travail au sens des marxistes peut conduire aux manifestations des caractéristiques du travail informel : travail non protégé, travail faiblement rémunéré, travail non déclaré, etc., conduisant à la maximisation des profits du capitaliste.

1.2. Travail et emploi informels : entre sociologie et économie du travail

La sociologie du travail se présente comme une analyse des problèmes sociaux qui se produisent à l'occasion du travail (Caire G. et Rolle P., 1974 : 126). Mais si le travail est une réalité incontestable, c'est-à-dire une réalité confuse appréhendée par diverses disciplines qui négligent ou masquent le plus souvent la relation fondamentale du monde moderne au salariat ;si le domaine de la sociologie du travail est ainsi d'abord celui du salariat, cette discipline est alors un mode d'interprétation du système social dans son ensemble (Rolle P., 1971 : 200).

1.2.1. Coûts sociaux et économiques du travail informel

Pour les travailleurs non protégés, les inconvénients du travail dans l'économie informelle l'emportent largement sur les avantages : ils ne sont ni reconnus ni enregistrés, ni réglementés, ni protégés par la législation du travail et de la protection sociale et ne peuvent, par conséquent, ni exercer ni revendiquer leurs droits fondamentaux. Comme ils ne sont généralement pas syndiqués, ils ne sont pas, ou quasiment pas, représentés collectivement auprès des employeurs ou des autorités publiques (BIT, 2014 : 10).

Les travailleurs informels se caractérisent par des degrés divers de dépendance et de vulnérabilité. Les femmes, les jeunes et les travailleurs plus âgés sont les premières victimes des déficits de travail décent les plus criants de l'économie informelle. Ils sont exposés à la violence, y compris au harcèlement sexuel, et à d'autres formes d'exploitation et de mauvais traitements, dont l'extorsion et la corruption. C'est habituellement dans l'économie informelle que l'on trouve des enfants astreints au travail et des travailleurs en situation de servitude pour dettes.

Sur le plan économique, il arrive souvent que les entreprises non déclarées et non réglementées ne s'acquittent ni de leurs obligations fiscales ni de leurs obligations sociales vis-à-vis des travailleurs, faisant ainsi une concurrence déloyale aux autres entreprises. Le manque à gagner en versement d'impôts et de contributions, qui peut être très important, pénalise injustement les entreprises déclarées. En outre, lorsqu'ils sont privés de ressources fiscales, les gouvernements voient leur marge de manœuvre budgétaire réduite, de même que la capacité d'extension des régimes de protection sociale et d'autres systèmes essentiels au développement national, comme les infrastructures et les systèmes d'éducation et de santé.

1.2.2. Informalité du travail et accumulation capitaliste

La précarisation du monde du travail n'est plus envisagée comme un phénomène résiduel, et se répand de par le monde sous des formes les plus diverses. Les études du travail ont aujourd'hui comme objectif dans un premier temps l'identification, la définition et la ré-conceptualisation de ces transformations profondes qui reconfigurent non seulement l'ensemble du processus productif et la place du travailleur au sein de celui-ci, mais aussi les approches des formes de la surexploitation du travail et des potentialités politiques de la classe travailleuse en tant que telle.

Au regard des modalités différentielles d'accumulation dans le secteur informel, il est à noter que « la lutte pour la vie » est la préoccupation de la majorité des travailleurs informels et que la question de l'accumulation ne s'y pose pas vraiment. Cependant, pour les nantis de l'informel, la richesse accumulée est destinée à des investissements symboliques et sociologiques qui permettent à leurs dépendants de vivre, en même temps qu'ils fondent leur pouvoir local (Maurice A., 1982 : 56).

L'absence chronique de toute épargne productive dans un secteur numériquement en expansion mais qualitativement stagnant vient de la combinaison de deux phénomènes :

a) le surplus non réinvesti est redistribué par le canal des obligations sociales réciproques ;
b) cette socialisation de la reproduction s'effectue dans des conditions faisant que l'artisanat est l'objet d'une ponction telle que toute accumulation de type capitaliste est rendue impossible (Agier., M., 1981-83 : 251).

1.3. Le marché informel du travail, une composante de l'économie du travail

L'économie du travail analyse le fonctionnement du marché du travail défini comme la rencontre des employés et des employeurs. En situant le marché du travail dans le secteur informel, il est question d'analyser un nouveau concept : le « marché informel du travail ». Le concept de « marché informel » est difficile à définir. Certains auteurs utilisent le cadre légal comme ligne de démarcation : toute activité allant au-delà des limites fixées par la loi relève de l'économie informelle. Un marché peut être « informel » en ce sens que les caractéristiques de ses acteurs et les déterminants des échanges satisfont aux critères de définition du secteur informel.

1.3.1. Marché informel du travail : caractérisation et fonctionnement

Le marché informel du travail se distingue du marché formel par le fait que les pratiques de ses acteurs se conforment peu ou pas du tout au cadre formel de l'emploi ou à la réglementation. Le terme « réglementation » doit être entendu au sens large : ce marché ne respecte aucun cadre normatif ; ce marché s'écarte de la réglementation existante, c'est-à-dire il n'est ni contrôlé, ni mis en œuvre, ni enregistré dans les archives officielles. Dans la mesure où un marché informel jouit d'une liberté bien plus importante qu'une économie strictement organisée ou qu'un marché réglementé, c'est également un marché très instable et flexible.

L'idée principale est que les transactions informelles entre les acteurs du marché sont fondées sur la confiance. Par définition, dans toute transaction informelle, la valeur, la quantité et la qualité des biens sont difficilement saisissables. Dans l'exemple des marchés du travail informel, le demandeur n'est pas supposé pouvoir définir exactement la nature du travail dont il a besoin, ni même d'autres éléments tels que la durée nécessaire du travail demandé ; il n'est pas non plus supposé connaître la réponse exacte de son partenaire pendant ou après la conclusion de la transaction. Dans ces conditions, il est coûteux d'établir des accords formels (contrats écrits, etc.).

1.3.2. Marché informel du travail et travail informel

L'économie informelle est bel et bien une réalité, même s'il n'est pas toujours aisé de la définir ou de l'identifier. Le secteur informel prend une part de plus en plus considérable dans les économies des pays en développement et plus particulièrement en Afrique, en termes de production, de distribution de revenu ainsi que de création d'emplois(Nations Unies, Conseil économique et social, 2009 : 1).La plupart des emplois dans les pays en développement se trouvent dans l'économie informelle, qui joue un rôle prédominant au sein de l'économie. En outre, les concepts « travail » et « emploi » représentent les deux aspects relatifs à l'offre et la demande sur le marché du travail et le double rôle joué par les acteurs en présence. En effet, sur le marché du travail, employeur et employé jouent à la fois le rôle d'offreur et de demandeur. L'employeur demande le travail tout en offrant l'emploi, tandis que l'employé demande l'emploi en offrant son travail.

1.3.3. Informalité et illégalité sur le marché du travail informel

L'expression économie informelle est très courante dans tous les pays – dans certains depuis peu –, et sa signification varie d'un pays à l'autre. Par ailleurs, son emploi dans différentes langues peut induire des connotations ou des nuances différentes. D'autres termes apparemment similaires, comme travail illégal, travail occulte, emploi caché, travail au noir, travail non déclaré, travailleurs clandestins, entreprises souterraines, etc., dont l'usage est relativement répandu dans les pays développés, ne sont pas toujours interchangeables avec la notion d'informalité ; leur usage dépend dans une large mesure de leur signification propre dans chaque langue et, par-dessus tout, de leur éventuel contenu juridique (Daza J. L., 2005 : 8).

Du point de vue de l'OIT, l'emploi illégal est « celui qui ne satisfait pas aux exigences de la législation, de la réglementation et de la pratique nationales » (BIT, 2003). L'Organisation de coopération et de développement économique (OCDE), pour sa part, proposait en 1986 une définition de l'emploi occulte, qui s'énonce en substance comme « l'emploi qui, s'il n'est pas illégal en soi, n'a pas été déclaré auprès d'une ou de plusieurs autorités administratives » (OCDE, 2004).

Les descriptions relatives à l'informalité sont le plus souvent d'ordre sociologique ou économique, tandis que celles qui se rapportent à l'illégalité, à la dissimulation ou au défaut de déclaration ont un caractère juridique.Il convient par ailleurs d'éviter toute confusion entre, d'une part, informalité et illégalité et, de l'autre, activités délictueuses ou criminelles, ces dernières correspondant à toute forme d'acte illicite pénalement sanctionné.

L'OCDE considère comme « travail illégal » le processus impliquant des personnes qui ne sont pas légalement autorisées à travailler : c'est le cas notamment des travailleurs immigrés qui ne disposent pas de permis de travail ou des membres de la fonction publique occupant un second emploi incompatible avec leur qualité. Dans bon nombre de pays, est également considéré comme illégal, le travail des enfants si ces derniers n'ont pas l'âge prescrit par la loi, de même que l'activité productive des chômeurs percevant des prestations de chômage incompatibles avec tout emploi, salarié ou à son compte.

Par rapport au marché informel du travail, il convient de signaler que celui-ci porte essentiellement sur le travail informel qui peut être légal ou illégal. Cependant, le travail informel et/ou illégal peut aussi faire l'objet d'échange sur le marché formel de travail sous plusieurs formes : travail non déclaré, travail sans contrat, travail non autorisé, etc. Il en résulte donc que le travail/emploi informel se manifeste aussi bien sur le marché informel que sur le marché formel du travail.

1.4. Facteurs de création des marchés et du travail informels : approches basées sur les secteurs économiques

La littérature autour du secteur informel révèle que ce concept souffre d'une réelle fragilité théorique tant chacun s'est approprié le terme avec des ambitions différentes. Certains le considèrent comme un symptôme du dualisme ; d'autres y voient l'expression d'une exploitation fonctionnelle au sein du mode de production capitaliste. D'autres enfin préfèrent y reconnaître un « autre sentier » du développement dans un cadre institutionnel inadéquat. Face à ces divergences de vues, il convient d'analyser les différentes approches du travail informel, entre autres, les approches basées sur les secteurs économiques et sur le cadre d'analyse.

L'informalité du travail est l'une des catégories d'analyse qui a grandement contribué à la caractérisation des conditions de travail. Cling J.-P. *et al.* (2012 : 28) ont fait état des deux approches distinctes de l'informalité du travail, basées sur les secteurs formel et informel de l'économie avec différentes conceptualisations associées. Ils distinguent ainsi l'approche productive et l'approche du travail dont les explications sont résumées dans ce tableau.

Tableau 1. Les approches sectorielles de l'informalité du travail

	Secteur informel	**Secteur formel**
Approche productive	Emploi dans le secteur informel	Emploi dans le secteur formel
Approche du travail	Emploi informel, travailleurs informels	Emploi formel, travailleurs formels

Source. Emprunté de Jean-Pierre Cling, Stéphane Lagrée, Mireille Razafindrakoto et François Roubaud

Selon l'« approche productive », l'informalité reflète l'incapacité des économies concernées à générer suffisamment d'emplois dans le secteur formel au regard de la croissance de la main-d'œuvre. Cette explication est soutenue par l'approche dualiste du marché du travail développée dans les paragraphes qui suivent. Ainsi, le secteur informel est généralement associé à de petites unités de production avec de faibles niveaux de productivité dont le but est plus la survie que l'accumulation. Il en résulte la catégorie des emplois dans le secteur informel (ESI).

Parallèlement à cette conceptualisation basée sur l'« approche productive », l'emploi informel est un autre concept qui s'est développé ces dernières années, basé sur l'« approche du travail ». Selon cette dernière, l'emploi informel se réfère à une autre dimension de l'informalité en se concentrant directement sur les conditions de travail. Plus précisément, l'approche du travail fait le lien entre informalité et opacité de la réglementation du travail, définissant ainsi l'emploi informel comme l'ensemble des travailleurs non protégés par le droit du travail.

1.5. Les figures manifestes de l'informalité du travail

L'observation de l'informalité dans le domaine de l'emploi, avec une définition qui dépasse sa simple mesure statistique, permet d'y inclure davantage des situations et de constater des points habituellement ignorés par les études, notamment en ce qui concerne ses sources. Les caractéristiques du travail informel peuvent être ainsi étendues, car si l'emploi non déclaré est sa manifestation dominante, il n'est pas le seul. Il faut donc analyser respectivement l'informalité du travail dans les entreprises informelles et dans les entreprises formelles.

1.5.1. Le travail informel dans les entreprises du secteur informel

Le secteur informel représente une part importante de l'économie, et certainement du marché du travail dans de nombreux pays ; il joue un rôle majeur dans la création d'emplois, la production et la génération de revenus. Dans les pays où les taux de croissance de la population et de l'urbanisation sont élevés, le secteur informel tend à absorber la plus grande partie de la croissance de la main-d'œuvre dans les zones urbaines. L'emploi informel offre une stratégie de survie indispensable dans les pays où il n'existe pas de filets de sécurité, comme l'assurance chômage, où les salaires et les pensions sont faibles, notamment dans le secteur public.

La définition de l'emploi dans le secteur informel repose sur le concept d'entreprise du secteur informel ; ce qui inclut tous les emplois considérés comme étant liés à ce type d'entreprises. En d'autres termes, l'emploi dans le secteur informel comprend fondamentalement tous les emplois dans les entreprises non enregistrées et/ou les petites entreprises privées, sans personnalité juridique, produisant des biens ou services destinés à la vente ou au troc (BIT).Les travailleurs, quelle que soit leur situation d'emploi, sont inclus s'ils sont considérés comme étant engagés dans une entreprise informelle.

Les diverses modalités d'organisation de la production et de l'emploi dans le secteur informel correspondent à différents groupes d'acteurs et de travailleurs. Un colloque international consacré aux syndicats a classé en trois grands groupes les travailleurs dans les entreprises du secteur informel (BIT, 2000 : 4) : les propriétaires ou exploitants de micro-entreprises, occupant quelques salariés ; les personnes travaillant à leur compte, possédant et exploitant leur propre entreprise individuelle ; les travailleurs dépendants, rémunérés ou non.

Les deux premières catégories constituent la composante du travail indépendant à côté du travail dépendant sur le marché du travail informel. En règle générale, l'expression « emploi indépendant » désigne donc les « travailleurs à leur propre compte » et des « employeurs ».

1.5.2. Le travail informel dans les entreprises formelles

L'informalité recouvre plusieurs réalités sur le marché du travail. Elle est définie, le plus souvent, par référence au mode d'organisation des entreprises au sein desquelles sont considérées comme informelles les structures nondéclarées ou endeçà d'un certain seuil effectif de salariés, au même titre que les auto-entrepreneurs. L'informalité est souvent plus utilement décrite en référence au mode de contractualisation et au régime juridique des salariés : possession d'un contrat de travail écrit, droit à des congés payés, régime de couverture sociale et de protection en cas d'accident du travail, etc. Elle permet alors non seulement d'estimer la prévalence des phénomènes d'informalité au sein du secteur formel, mais surtout de mieux rendre compte de la nature des relations de travail (BIT, 2000 : 5).

Dans une entreprise formelle peuvent coexister des activités officielles et des opérations informelles, des travailleurs déclarés, des travailleurs non déclarés et des travailleurs rémunérés informellement qui produisent pour le marché officiel. Le travail et l'emploi informels ne sont donc pas l'apanage du secteur informel.On retient généralement, parmi les travailleurs informels des entreprises formelles, les composantes suivantes :

a) les employés non déclarés qui ne disposent pas de contrat écrit explicite ou ne sont pas soumis au droit du travail ;
b) les travailleurs qui ne bénéficient pas de congés annuels, ou de maladie, payés ou de régime de sécurité sociale ou de retraite ;
c) la plupart des travailleurs occasionnels, temporaires et saisonniers employés dans les entreprises formelles.

On note cependant que la mondialisation a également contribué à l'augmentation de la part de l'emploi informel dans les entreprises du secteur formel dans de nombreux pays en développement. La compétition mondiale érode les relations d'emploi en encourageant les entreprises formelles à engager des travailleurs à des salaires faibles avec peu de prestations, ou à sous-traiter – externaliser – la production des biens et des services (Bacchetta, M. *et al.*, 2009).

La classification des travailleurs selon les approches secteur formel/secteur informel, telles que décrites ci-haut, est résumée dans le tableau ci-dessous.

Tableau 2. Classification des travailleurs informels selon les secteurs

	Emploi formel	**Emploi informel**
Emplois du secteur formel	• Salariés formels ou salariés déclarés, du secteur formel • Travailleurs nonsalariés formels	• Salariés informels ou non déclarés, du secteur formel
Emploi du secteur informel	• Salariés formels ou salariés déclarés, du secteur informel	• Salariés informels ou salariés non déclarés, du secteur informel • Travailleurs nonsalariés informels • Travailleurs familiaux non rémunérés

Source. Emprunté de Roxana Maurizio (2012)

Les catégories d'employés informels, tel défini dans ce tableau, ont été élargies par la dix-septième CIST qui considère comme occupant des emplois informels les personnes dont l'emploi est, en pratique, non soumis à la législation nationale du travail, à la taxation du revenu, à la protection sociale ou au droit à certains avantages comme le préavis de renvoi, l'indemnité de licenciement, les congés payés ou les congés de maladie(Walther, R., 2013 : 26).

Les conséquences de cet élargissement sont que l'emploi informel peut exister aussi bien dans le secteur formel que dans le secteur informel de même que l'emploi formel peut exister dans les unités de production et de service du secteur informel. Il n'y a donc plus de frontière délimitée entre les deux types d'économie, mais des passerelles qui sont le signe de leur interpénétration réciproque et du fait que la précarité ou la non-protection de l'emploi peuvent relever des deux secteurs.

2. Création et prolifération du travail informelàButembo

Le processus de création du travail informel est tributaire de la nature ou du statut des acteurs en présence. Classiquement, la situation professionnelle des actifs présents sur le marché du travail informel se partage entre deux positions : les travailleurs dépendants d'un côté et les travailleurs indépendants de l'autre. Dans ce chapitre clé de cet article sont analysés, les différentes figures du travail informel dans la région de Butembo, avant de décrire le processus de sa création et de sa reproduction.

2.1. Manifestations et caractérisation du travail informel à Butembo

Avant d'analyser les mécanismes de création et de pérennisation du travail informel dans la région de Butembo, il est utile d'en déterminer les différentes formes ainsi que les caractéristiques générales en prenant en compte les deux grandes composantes du travail informel, notamment le travail dépendant et le travail indépendant.

2.1.1. Les principales formes du travail informel identifiées à Butembo

L'étude du marché du travail informel dans le milieu de Butembo révèle une diversité de formes qui se développent sous les deux grandes catégories de travailleurs dépendants et indépendants. On note cependant, à côté de ces deux catégories, les personnes autoemployées qui forment une catégorie hétérogèneregroupant des professions très variées comme les couturiers, les cordonniers, etc.

Selon Morin M.L., le concept d'auto-emploi est complexe, car il intègre des groupes de travailleursdont le statut n'est pas clair (Ketty B-B., 2010 : 4). On désigne généralement l'auto-emploi à travers les expressions de « travail indépendant » ou de « travail autonome ». Dans le cas précis de la région de Butembo, l'expression « emploi indépendant » désigne donc les « travailleurs à leur propre compte » et des travailleurs employant quelques autres personnes au sein de leurs unités de production informelles.Les travailleurs dits « auto-employés » ne sont ni salariés permanents, ni entrepreneurs employeurs. Dans le tableau ci-dessous, nous classons les travailleurs rencontrés selon leur catégorie et leur statut au sein des unités de production qui les emploient.

Tableau 3. Catégorie et statut des travailleurs informels à Butembo

Catégorie / Statut	**Dépendants**	**Indépendants**	**TOTAL**
Travailleur employeur	0	47	47
Travailleur familial	29	14	43
Apprenti/Stagiaire	18	5	23
Travailleur occasionnel	10	3	13
Salarié permanent	53	7	60
TOTAL	**110**	**76**	**186**

Source. Enquête réalisée à Butembo en août 2019

Dans le milieu de Butembo, les travailleurs informels sont regroupés en travailleurs dépendants et travailleurs indépendants. Dans ces deux grandes catégories, le travail est offert sous de formes différentes qui traduisent le statut des travailleurs au sein des unités de production. Dans la catégorie des travailleurs dépendants, les travailleurs permanents sont prédominants. À côté de ceux-ci, on retrouve des membres de la famille du patron, qui peuvent être des salariés ou non. Il en est de même pour les apprentis et/ou stagiaires qui sont pour la plupart nonsalariés.

Quant à la catégorie des travailleurs indépendants, elle est composée essentiellement des travailleurs employant quelques autres travailleurs dans leurs unités de production. En effet, 61,8 % des travailleurs indépendants rencontrés sont des travailleurs-employeurs, le reste étant des travailleurs auto-employés.

Par ailleurs, il y a lieu de noter sur le marché local du travail l'existence des formes atypiques de travail informel que l'on pourrait enregistrer dans la catégorie d'emploi « autonome » ou « auto-emploi » et d'emploi dépendant à contrat particulier. La première catégorie est constituée de personnes travaillant à leur propre compte sans travailleurs dépendants, tandis que la deuxième catégorie comprend des travailleurs rémunérés périodiquement par le surplus des recettes mobilisées à la fin de la période considérée après déduction d'un montant fixe qui doit revenir à l'employeur. C'est le cas de taxi-moto. Sur cette image, on retrouve certaines activités appartenant à ces deux catégories.

Figure 1. Exemples d'activités commerciales et de transports

Cette image illustre simultanément trois activités qui constituent le prototype du travail informel dans la région de Butembo. On peut y trouver une femme qui pratique le commerçant ambulant des bananes, un homme qui fait le taxi-moto et un autre qui pratique le commerce des cannes à sucre dans un point de vente fixe. Alors que le commerce pour les deux acteurs est une activité à compte propre, le taximan travaille pour une tierce personne.

2.1.2. Caractérisation du travail informel

Les travailleurs informels dépendants et indépendants présentent des caractéristiques très diverses, dont les plus récurrentes sont les suivantes :

a) absence de contrat de travail ;

b) faible rémunération, généralement située en dessous du salaire minimum légal ; certains travailleurs, tels que les membres de la famille de l'employeur et les apprentis/stagiaires n'ont généralement aucune rémunération ;
c) non-respect de la durée légale de travail : certains travailleurs passent plus de 12 heures au travail alors que la durée légale de travail est de 8 heures par jour en République démocratique du Congo ;
d) travailleurs non déclarés à la sécurité sociale et à l'administration fiscale ;
e) pas de primes, ni d'avantages sociaux.

Ces caractéristiques se manifestent différemment selon les catégories des travailleurs informels, dépendants et indépendants. Dans le tableau, voici les effectifs et pourcentages des travailleurs informels enquêtés selon qu'ils remplissent ou non les caractéristiques inventoriées.

Tableau 4. Caractéristiques générales des travailleurs informels

Catégories / Caractéristiques	Travailleurs dépendants			Travailleurs indépendants		
	Bénéficiaires	Non bénéficiaires	Pourcentage bénéficiaires	Bénéficiaires	Non bénéficiaires	Pourcentage bénéficiaires
Contrat de travail	22	88	20,0 %	15	65	19,7 %
Rémunération	95	15	86,4 %	29	47	38,2 %
Salaire légal	31	79	28,2 %	3	73	3,9 %
Durée de travail	11	99	10,0 %	8	68	10,5 %
Déclaration IPR	25	85	22,7 %	11	65	14,5 %
Affiliation CNSS	6	104	5,5 %	2	74	2,6 %
Avantages divers	63	47	57,3 %	58	18	76,3 %

Source. Enquêtes réalisées à Butembo en août 2019

Ce tableau révèle les réalités du marché du travail informel en milieu de Butembo : il apparaît des analyses précédentes que la seule caractéristique qui reflète un aspect positif pour les travailleurs est l'existence d'une rémunération pour les travailleurs dépendants.

Toutefois, bien que 86,4 % de travailleurs dépendants reçoivent une rémunération à contrepartie du travail offert, cette rémunération est bien en deçà du salaire minimum légal de la RDC, du moins pour la majorité des travailleurs, car seulement 28,2 % des travailleurs dépendants bénéficient d'un salaire supérieur au salaire minimum légal. Les différents avantages dont bénéficient les travailleurs sont généralement le repas de la journée, les frais de transport pour certains, l'assistance sociale en cas d'événements heureux – mariage, naissance, etc. – et malheureux – cérémonies funéraires pour un membre de famille très proche, maladie du travailleur, etc. Des avantages sociaux au sens de la législation du travail – différentes indemnités – n'existent pas sur le marché du travail informel.

2.2. Processus et facteurs de création du travail informel

Le travail informel est le résultat d'un long processus basé sur des réalités différentes et influencé par des facteurs de natures diverses. Dans cette section,il s'agit de décrire de manière succincte les mécanismes de mise en œuvre des unités de production informelles, porteuses du travail informel. Ensuite, vient l'analyse des facteurs à la base de la création des emplois informels ainsi que les principaux secteurs d'émergence du travail en cause.

2.2.1. Processus de création du travail informel

Le processus de création du travail informel peut être analysé aussi bien pour les offreurs que pour les demandeurs de travail. La demande du travail informel étant essentiellement exprimée par les entreprises informelles, il sied de décrire les expériences des travailleurs indépendants qui ont réussi à créer leurs propres unités de production informelles en vue de créer des emplois pour eux-mêmes et pour des tierces personnes. Ensuite, il y a lieu d'analyser la situation de l'offre du travail informel pour les employés des unités de production informelles, c'est-à-dire les travailleurs dépendants.

A. Mécanismes de création des emplois informels

Les enquêtes effectuées auprès des travailleurs indépendants ont révélé des mécanismes différents de création du travail informel dans la région deButembo. L'on découvre alors les phases de création et d'évolutiondes emplois informels pour quelques travailleurs indépendants rencontrés et ayant accepté de partager leur expérience.

Pour certains travailleurs indépendants, l'initiative de création de l'emploi informel a été influencée par des parents qui leur ont appris le métier. Ceci est le cas pour les travailleurs artisanaux, notamment les menuisiers du bois, les « menuisiers des métaux »ou ajusteurs, les couturiers,etc. Pour la plupart des personnes formées par les parents, elles bénéficient aussi d'un appui financier de ces derniers pour initier leurs propres ateliers de travail. Dans le cas où la personne formée est employée dans une unité de production familiale, l'initiative de créer une activité créatrice d'emploi est financée par le revenu de son travail informel.Dans d'autres cas, les travailleurs indépendants héritent d'une unité de production informelle créée par les parents ou les grands-parents. Les outils mécaniques utilisés à l'acquisition sont alors remplacés progressivement par des outils modernes tels que les machines électriques.

De manière générale, l'on remarque que la création des emplois informels est financée par la contribution des membres de la famille, qui mobilisent des moyens financiers en vendant des biens de valeur tels que parcelle familiale, animaux d'élevage, etc. Le financement initial obtenu des membres de la famille permet d'acquérir des matériels et des outils divers, nécessaires pour l'opérationnalisation de l'unité de production. Le témoignage d'un travailleur rencontré dans son atelier de couture à Butembo confirme l'implication active des membres de la famille dans la création de l'emploi informel :

Après avoir suivi la formation en coupe et couture, j'avais intéressé mes frères à soutenir mon projet de création d'un atelier de couture. Mes frères ont accepté de me soutenir et avaient décidé de vendre un terrain familial à 800 $ pour réunir le capital initial de l'unité de production. Avec ce capital, j'ai acquis une machine électrique et une machine mécanique ainsi que d'autres équipements de travail. Aujourd'hui, l'unité de production est déjà dotée de deux autres machines électriques pour augmenter la capacité productive des travailleurs. Cette unité de production informelle a permis de créer de l'emploi pour les membres de la famille intéressés par le secteur de la couture.

Par ailleurs, d'autres travailleurs parviennent à créer des unités de production informelles au moyen des revenus d'emplois formels ou informels. Ces revenus sont souvent épargnés à travers des organisations « tontinières » pour financer l'acquisition des équipements et matériels.

On note à partir des expériences précédentes que le travail informel est essentiellement le résultat d'un processus entrepreneurial familial ou individuel. Les principaux acteurs intervenant dans ce processus sont donc les membres de la famille ainsi que des amis qui apportent leur appui en capital et/ou en conseils et orientations. Toutefois, dans certains casbeaucoup moins fréquents, on observe une tendance associative dans le processus de création du travail informel. Il a été ainsi identifié quelques unités de production informelles créées par un groupe de quelques personnes physiques en vue de se répartir les différentes charges liées au fonctionnement de leur unité. Il s'agit, par exemple, de couturiers qui occupent un même atelier en vue de supporter collectivement les charges locatives ainsi que divers impôts et taxes. Dans cette condition, l'Unité de Production Informelle (UPI) s'engage dans le processus de formalisation collective tout en entretenant le travail informel en son sein sous des formes différentes : travail permanent non déclaré, apprentis ou stagiaires non rémunérés, travailleur familial non rémunéré, etc.

En dehors de cette logique associative, des individus se mobilisent pour réunir en commun un capital en vue de créer une activité créatrice d'emplois pour eux et pour les membres de leur famille. Dans ce cas, l'UPI est une société créée par des personnes physiques qui en ont le droit de propriété. Le capital initialement souscrit et libéré par ces associés est affecté à l'acquisition des équipements de travail et à l'acquisition des documents de fonctionnement.

Quelques témoignages ci-dessous, aident à comprendre le processus de création et l'évolution de l'emploi informel par la création des unités de production informelles.

Le premier témoignage est celui d'un travailleur qui avait commencé sa carrière comme apprentimenuisier pour enfin devenir travailleur indépendant. *J'avais commencé mon travail comme apprentimenuisier dans un atelier d'un ami. Après deux ans d'apprentissage, j'ai été engagé par mon formateur comme travailleur dépendant. Avec le revenu de mon travail réalisé pendant cinq ans, entant que travailleur dépendant, j'ai réussi à acquérir une parcelle à 400 $. Deux ans plus tard, j'ai décidé de revendre la parcelle en vue de créer mon propre atelier de menuiserie. Aujourd'hui, je suis aussi travailleur indépendant, avec deux travailleurs dépendants et quatre apprentis/stagiaires à ma charge.*

Un autre travailleur a créé son emploi informel à partir des revenus d'un travail formel. La création d'une unité de production informelle a fait de lui un travailleur indépendant employant une dizaine d'autres travailleurs dépendants. Son témoignage est le suivant : *Avant de créer mon emploi indépendant, j'étais enseignant. Ayant constitué une épargne avec le revenu de l'enseignement, j'ai demandé un appui financier de la famille pour réunir le capital nécessaire en vue de créer un atelier de menuiserie. Les activités ont commencé sur un terrain vide ; mais avec le temps, j'ai construit un hangar utilisé comme atelier. L'atelier a commencé avec deux travailleurs dépendants ; aujourd'hui, il compte 18 travailleurs. Au début, l'atelier a commencé avec des machines et outils mécaniques d'une valeur globale de 343,5$; ayant enregistré une croissance rapide, l'unité de production a acquis des machines et outils électriques et un abonnement au réseau électrique pour une valeur totale de 3 150 $.*

B. Facteurs de création des emplois informels

La création des emplois informels analysés précédemment a fait intervenir des acteurs aux motivations différentes. En effet, le choix d'occuper un emploi informel ou de créer du travail informel doit être l'aboutissement d'un processus plus ou moins rationnel, avec des raisons et des objectifs bien précis. Pourquoi alors bien des personnes préfèrent-elles créer des emplois informels indépendants ? Les différentes motivations annoncées par les travailleurs rencontrés sont reprises dans ce tableau.

Tableau 5.Motivations de création des emplois informels indépendants

Motivations	**Effectifs**	**Pourcentages**
Manque d'emplois formels	14	18,42 %
Facilité d'entrée sur le marché	25	32,89 %
Moins exigeant en capital	12	15,79 %
Influence des amis	7	9,21 %
Activité familiale	7	9,21 %
Faible qualification	11	14,47 %
Total	**76**	**100,00 %**

Source. Enquête effectuée auprès des travailleurs indépendants

Pour les travailleurs indépendants, le choix d'intégrer le marché de travail informel trouve sa justification dans la facilité d'entrée, le manque d'emplois formels, la moindre exigence en capital et le faible niveau de qualification des candidats à l'embauche. Il apparaît donc que l'incapacité de l'économie du pays à créer des emplois formels et les exigences administratives et normatives qui conditionnent l'accès au marché de travail formel sont les causes principales conduisant les travailleurs indépendants sur le marché du travail informel.

C. Principaux facteurs à la base du travail informel

L'analyse des facteurs de choix du travail informel porte sur la composante offre du marché du travail informel, celle-ci étant l'apanage des demandeurs d'emploi, notamment les travailleurs dépendants. Le choix des travailleurs dépendants à intégrer le marché de travail informel est justifié par des facteurs multiples, tel que repris dans le tableau suivant.

Tableau 6. Motivations de choix du travail informel

Facteurs de choix du TI	**Effectifs**	**Fréquences**
Faible qualification	55	50,00 %
Chômage prolongé	27	24,55 %
Entreprise familiale	12	10,91 %
Expérience antérieure	11	10,00 %
Pour acquérir de l'expérience	5	4,55 %
Total	**110**	**100,00 %**

Source. Données de l'enquête auprès des travailleurs dépendants

Le choix des travailleurs dépendants d'œuvrer dans l'informalité résulte d'une diversité de facteurs comme le montre ce tableau. On remarque en effet que ces facteurs sont essentiellement liés à la qualification des travailleurs et à l'impossibilité d'accès à l'emploi formel. Ainsi, la moitié des travailleurs dépendants rencontrés ont intégré le travail informel parce que ce dernier n'exige pas de qualification. Ceci revient à dire autrement que pour la moitié des travailleurs informels dépendants, leur niveau d'étude ne leur permet pas d'accéder au travail formel.

Pour des personnes ayant une certaine qualification, la longue durée duchômage est le principal facteur à la base du travail informel. Pour cettecatégorie de travailleurs, les unités de production informelles sont les seules susceptibles d'offrir des opportunités d'emplois. D'autres facteurs non moins importants ont aussi été identifiés, entre autres, l'entreprise familiale, l'expérience antérieure, la recherche de l'expérience, etc. En fait, certains individus choisissent de travailler dans une unité de production informelle parce que celle-ci appartient à leur famille et, par conséquent, ils sont sollicités par le responsable de la famille d'y travailler ou de participer à sa gestion. Aussi, pour avoir acquis de l'expérience dans un secteur spécifique de travail informel, on peut faire l'objet de sollicitations de la part des employeurs ou responsables des unités de production informelles ; ceci permet à ces derniers d'offrir des biens ou des services de qualité. Dans ce cas, la qualification du travailleur est acquise par expérience de travailler dans un même domaine pendant une longue période. Ce qui conduit certaines personnes à travailler d'abord comme stagiaire, puis comme travailleur dépendant et, enfin, comme travailleur indépendant.

D. Les contraintes d'accès au travail formel

L'une des raisons de recourir au travail informel par bien des personnes, c'est l'inaccessibilité du marché de travail formel. En effet, tout en ayant la volonté d'intégrer le marché du travail formel, les offreurs de travail se heurtent à des obstacles sérieux les empêchant d'y accéder. Face à cette réalité, il a fallu comprendre les obstacles exprimés par les travailleurs dépendants rencontrés en ville de Butembo. Les résultats de cette analyse sont contenus dans le tableau ci-après.

Tableau 7. Contraintes à l'accessibilité du marché du travail formel

Contraintes	Effectifs	Pourcentages
Faible niveau d'étude	49	44,50 %
Pas d'opportunités d'emplois formels	62	56,40 %
Manque de parrain	21	19,10 %
Pas d'obstacle (décision personnelle)	7	6,40 %
TOTAL	**110**	**100,00 %**

Source. Données de l'enquête auprès des travailleurs dépendants

Il se dégage de ce tableau trois principales contraintes d'accès à l'emploi formel : le manque d'opportunité d'emplois formels, le faible niveau d'étude pour les candidats à l'embauche et le manque de personnes susceptibles de faciliter ou parrainer l'accès au travail formel. Le manque d'opportunités d'emplois formels rejoint l'idée de chômage prolongé pour expliquer l'inaccessibilité du marché du travail formel. Le système de parrainage s'explique par l'ampleur du chômage face à une faible capacité de création d'emplois formels. Ainsi, pour aspirer à un emploi formel, il faut user des relations familiales ou amicales se traduisant par des recommandations des candidats à l'embauche. D'où la procédure normale d'embauche n'est pas souvent respectée.

2.2.2. Acteurs et secteurs de création du travail informel

Le travail informel est pratiqué dans tous les secteurs d'embauche dans la région de Butembo,alors que la structure de l'économie locale fait apparaître une prédominance des activités commerciales et artisanales. Le commerce, l'artisanat et les services sont les principaux secteurs qui emploient une bonne partie de la population. Le commerce et l'artisanat à eux seuls offrent respectivement environ 70 % et 14 % des empois informels dans les milieux urbains. Cette situation justifie le choix de ces deux secteurs pour analyser les mécanismes de création du travail informel. Ayant considéré deux grandes catégories de travailleurs – dépendants et indépendants –, leur répartition selon les deux principaux secteurs d'activité est présentée dans le tableau ci-après.

Tableau 8. Répartition des travailleurs informels selon les secteurs d'activité

	Dépendants		Indépendants		Total	
	Effectif	**Pourcentage**	**Effectif**	**Pourcentage**	**Effectif**	**Pourcentage**
Commerce	39	35,45 %	28	36,84 %	67	36,02 %
Artisanat	71	64,55 %	48	63,16 %	119	63,98 %
Totaux	**110**	**100,00 %**	**76**	**100,00 %**	**186**	**100,00 %**

Source : Données de l'enquête auprès des travailleurs dépendants et indépendants

La lecture de ce tableau révèle une forte accumulation du travail informel dans le secteur artisanal pour les deux catégories de travailleurs. Cette réalité peut avoir son explication dans le fait que le secteur artisanal est plus créateur d'emplois que le secteur commercial. En considérant les activités artisanales comme la menuiserie du bois et la « menuiserie métallique »ou ajustage, celles-ci fonctionnent avec une main-d'œuvre abondante pour l'exécution des multiples tâches prévues. Cependant, dans le secteur commercial, les unités de production emploient un petit nombre de personnes, compte tenu de la réduction des tâches à exécuter qui ne se limitent qu'à la vente, à une comptabilité élémentaire et à la gestion de stock.

Le test d'indépendance entre les secteurs d'activité et les catégories de travailleurs donne un Khi carré calculé inférieur au Khi carré théorique, soit 0,03754922 < 3,84145915 ; ce qui conduit à la conclusion que le choix du secteur d'activité ne dépend pas de la catégorie du travailleur, mais il est soumis plutôt à la loi du hasard.

En ce qui concerne les acteurs de création du travail informel, nous avons remarqué une implication considérable des membres de la famille et des amis proches qui contribuent par un appui financier ou en orientations diverses dans la création du travail indépendant. Ces mêmes acteurs interviennent également dans l'offre d'emplois dans le cadre des entreprises familiales ou par des recommandations des candidats à l'embauche auprès des employeurs potentiels.

2.3. Reproduction et pérennisation du travail informel

Dans la section de reproduction et de pérennisation du travail informel, il a été relevé les ambitions des travailleurs informels à court et moyen termes dans l'amélioration de leurs conditions de travail. S'en est suivie l'analyse des stratégies de pérennisation mises en œuvre avant d'examiner l'affectation des épargnes réalisées par les différents acteurs.

2.3.1. Perspectives à court et moyen termes des travailleurs informels

Les travailleurs du secteur informel ou travailleurs informels développent des visions différentes qui s'inscrivent dans la dynamique d'amélioration des conditions de leur travail. Les perspectives émises par les travailleurs dépendants et les travailleurs indépendants sont plus proches les unes des autres, à la seule différence que les travailleurs dépendants, soucieux de devenir autonomes, ambitionnent d'intégrer le travail indépendant. Le tableau ci-dessous résume les projections des travailleurs informels à court et moyen termes selon leurs catégories.

Tableau 9. Perspectives des travailleurs informels dépendants et indépendants

	Dépendant		Indépendant		Total	
	Effectif	**Pourc.**	**Effectif**	**Pourc.**	**Effectif**	**Pourc.**
Conserver le même emploi	16	14,55 %	36	47,37 %	52	27,96 %
Changer d'emploi informel	10	9,09 %	3	3,95 %	13	6,99 %
Améliorer la formation	17	15,45 %	8	10,53 %	25	13,44 %
Intégrer l'emploi formel	16	14,55 %	3	3,95 %	19	10,22 %
Créer un emploi indépendant	51	46,36 %	0	0,00 %	51	27,42 %
Formaliser l'UPI	0	0,00 %	26	34,21 %	26	13,98 %
Total	**110**	**100,00**	**76**	**100,00**	**186**	**100,00**

Source : Données de l'enquête auprès des travailleurs dépendants et indépendants

Les perspectives qui se dégagent de ce tableau font état de la création d'emplois indépendants pour les travailleurs dépendants et de la nécessité de conserver le même emploi et/ou de formaliser l'unité de production informelle pour les travailleurs indépendants. En outre, pour les deux catégories de travailleurs, on remarque un besoin manifeste d'amélioration de la qualification des travailleurs pour améliorer les conditions de leur travail dans un proche avenir. L'intégration au travail formel est plus souhaitée par les travailleurs dépendants que par les travailleurs indépendants. En effet, ces derniers étant autonomes, les conditions de leur travail sont plus ou moins proches de l'acceptable. Ce qui encourage beaucoup de travailleurs dépendants à vouloir intégrer le travail indépendant.

2.3.2. Mécanismes de pérennisation du travail informel

Face à l'ampleur du chômage en République démocratique du Congo en général et dans la région de Butembo en particulier, les rares personnes qui accèdent à l'emploi, formel ou informel, cherchent à tout prix à le conserver le plus longtemps possible. Ceci est d'autant vrai que l'insertion sur le marché du travail est tributaire de plusieurs conditions et fait face à une multitude de contraintes.

Partant des caractéristiques du travail informel, l'absence de contrat de travail place les travailleurs dans une situation de précarité et d'incertitude. En effet, pour le travail informel dépendant, l'employeur peut décider d'y mettre fin sans préavis. L'incertitude sur le marché du travail informel peut aussi résulter du fonctionnement du marché des biens et services. Dans certains secteurs, les biens et services issus du travail informel font face à la concurrence des biens et services importés. Le cas le plus remarquable est celui du secteur de la couture où l'afflux des habits moins chers en provenance des pays asiatiques, les couturiers se trouvent en difficulté, car l'emploi dans ce secteur est menacé.

Il se pose donc un réel problème de pérennisation du travail informel, conduisant les travailleurs à adopter des comportements visant à se maintenir longtemps dans leur profession. C'est dans ce cadre que les travailleurs informels ont mis en œuvre des stratégies visant à reproduire leur travail et à le maintenir le plus longtemps possible. Les stratégies adoptées diffèrent selon les catégories de travailleurs, car, pour les travailleurs dépendants, la création de leur propre UPI (58,2 %) et l'amélioration de leur qualification (21,8 %) sont les principales stratégies adoptées pour pérenniser leur travail.

Quant aux travailleurs indépendants, ils se contentent du renforcement de leurs unités de production en capital (38,16 %), mais aussi de la formation/apprentissage et emploi des membres de leur famille (30,26 %) et la multiplication des unités de production informelles (17,11 %).

Il apparaît donc que la reproduction du travail informel se développe sous des formes différentes pour les deux catégories de travailleurs. Pour les travailleurs dépendants, la création d'une unité de production informelle propre et l'amélioration de la formation sont les principales stratégies envisagées pour se maintenir sur le marché du travail informel, tandis que les travailleurs indépendants s'intéressent plus au renforcement de leur activité en augmentant le capital social. En outre, l'apprentissage et l'emploi des membres de la famille ainsi que la multiplication des unités de production informelles constituent un véritable facteur de pérennisation du travail informel indépendant. En effet, la formation des membres de la famille par le responsable de l'UPI peut déboucher sur deux faits générateurs du travail informel :

a) Soit, les personnes formées sont employées dans l'UPI où elles ont été formées comme travailleurs familiaux rémunérés ou non rémunérés ;
b) Soit, elles bénéficient de l'appui de leur famille pour créer leur propre UPI, en créant ainsi des emplois pour d'autres membres de la famille.

Dans les deux cas, les membres de la famille restent un facteur incontournable d'entretien et de pérennisation du travail informel par extension des unités de production informelles ou par extension d'emplois au sein des UPI familiales.

2.3.3. Épargne et reproduction du travail informel

En plus des stratégies de pérennisation du travail informel analysées précédemment, il convient de préciser l'existence d'autres facteurs importants à la base de la croissance du marché du travail informel. Parmi ces facteurs,l'on peut citer le niveau et la forme de l'épargne des travailleurs informels actuels. Dans cette section,il y a lieu de s'intéresser à la forme de l'épargne constituée avant d'analyser l'affectation de celle-ci.

A. Épargne des travailleurs informels

Bien que le travail informel soit caractérisé par un faible niveau de rémunération, il génère des revenus, si faibles soient-ils, qui assurent la survie de leurs détenteurs et qui leur permettent d'épargner. Seulement l'insuffisance de ces revenus permet d'adopter un mode d'épargne approprié en dehors des formes classiques économiquement recommandées. Loin d'analyser le niveau de revenu et d'épargne, ce paragraphe se limite à la nature de l'épargne des travailleurs informels selon les catégories de ceux-ci.

Tableau 10. Formes de l'épargne de travailleurs informels

	Dépendants		Indépendants		Total	
	Effectif	**Pourcentage**	**Effectif**	**Pourcentage**	**Effectif**	**Pourcentage**
Épargne en nature	4	3,64 %	8	10,53 %	12	6,45 %
Compte bancaire	15	13,64 %	7	9,21 %	22	11,83 %
Compte COOPEC/IMF	22	20,00 %	15	19,74 %	37	19,89 %

Thésaurisation	23	20,91 %	18	23,68 %	41	22,04 %
Tontine	46	41,82 %	28	36,84 %	74	39,78 %
Total	**110**	**100,00 %**	**76**	**100,00 %**	**186**	**100,00 %**

Source : Données de l'enquête auprès des travailleurs dépendants et indépendants

Les modalités de l'épargne restent les mêmes pour les deux catégories de travailleurs. En effet, il ressort de ce tableau que la tontine est la principale structure qui mobilise l'épargne des travailleurs informels dans la région de Butembo. Ce mode d'épargne, associé à la thésaurisation, caractérise une économie à faible revenu, ayant une culture bancaire moins développée. L'inconvénient de ces deux formes d'épargne, c'est que d'importantes sommes d'argent sont immobilisées en dehors du circuit économique formel avec le risque d'affecter le marché de la monnaie.

B. Épargne des travailleurs et reproduction du travail informel

Dans ce paragraphe,il faut essayer de comprendre la place accordée à la pérennisation du travail informel par les travailleurs dans l'affectation de leurs épargnes. L'analyse de la structure de l'affectation de l'épargne des travailleurs informels fait ressortir une tendance à la reproduction permanente du travail informel. Ceci est d'autant observé pour les travailleurs dépendants que pour les travailleurs indépendants. En effet, pour les travailleurs dépendants, près de la moitié, soit 47,3 %, ont affirmé que leur épargne est destinée à financer une activité informelle en vue de créer un emploi indépendant. Seuls 8,2 % des travailleurs dépendants voudraient initier une activité formelle avec leurs épargnes financières en vue de créer des emplois formels.

En ce qui concerne les travailleurs indépendants, la reproduction du travail informel est encore beaucoup plus remarquable, compte tenu de l'affectation de leurs épargnes. Ceux-ci ont fait remarquer à 52,6 % que leurs épargnes sont affectées au renforcement de l'activité actuelle par l'augmentation du capital, tandis que 14,5 % des travailleurs envisagent de créer une nouvelle activité informelle financée au moyen de leurs épargnes.

De ce qui précède, il se dégage que les travailleurs informels, qu'ils soient dépendants ou indépendants, cherchent à se maintenir dans l'informalité. Pour les premiers, le passage du travail dépendant au travail indépendant constitue un moyen d'améliorer les conditions de leur travail en se basant sur l'autonomie dans le travail. Pour les travailleurs indépendants, l'idéal est d'augmenter la capacité productive ou la productivité du travail informel en dotant les unités de production informelles des moyens matériels adaptés. C'est le cas pour les menuisiers et des couturiers qui cherchent à remplacer les équipements mécaniques par des machines électriques beaucoup plus productives.

Conclusion

L'étude sur la création et la reproduction du travail dans la région de Butembo permet de se faire une idée sur la physionomie du phénomène dans les milieux urbains à l'est de la République démocratique du Congo. L'identification des facteurs à la base de la création et la prolifération du travail informel à Butembo permet de vérifier les théories de base développées par les grandes écoles autour des facteurs de croissance du travail informel.

L'analyse des manifestations du travail informel fait état de l'existence d'une diversité de formes sous lesquelles il se présente dans la région de Butembo, avec des caractéristiques spécifiques. De manière générale, on retient deux grandes catégories de travailleurs informels – travailleurs dépendants et travailleurs indépendants – qui regorgent en leur sein des formes diversifiées : salariés permanents, travailleur-employeur, travailleur familial, stagiaire/apprenti, travailleur occasionnel, etc. Les travailleurs-employeurs appartiennent essentiellement à la catégorie des travailleurs indépendants employant d'autres personnes, salariées ou non salariées, dans leurs unités de production informelles.

Au-delà de ces différentes manifestations du travail informel, une caractérisation de celui-ci fait ressortir des faits marquants qui identifient les travailleurs informels par rapport aux travailleurs formels. Les plus récurrents de ces caractéristiques sont l'absence d'un contrat de travail, le non-respect de la durée légale de travail, le non-enregistrement à la sécurité sociale, la non-déclaration à l'administration fiscale et un salaire inférieur au salaire minimum légal.

Pour vérifier les hypothèses de départ, l'on a analysé le processus et les facteurs de création du travail informel ainsi que les mécanismes de sa pérennisation par les acteurs impliqués. Il apparaît ainsi que le travail informel est essentiellement le résultat d'un processus entrepreneurial familial ou individuel. Les principaux acteurs intervenant dans ce processus sont les membres de la famille ainsi que des amis qui apportent leur appui en capital et/ou en conseils et orientations. Toutefois, dans certains cas beaucoup moins fréquents, on observe une tendance associative dans le processus de création du travail informel visant à solidariser les efforts des travailleurs, surtout indépendants, face à certaines charges administratives ou structurelles. Des témoignages recueillis auprès des travailleurs indépendants confirment l'implication active des membres de la famille et l'exploitation des relations amicales dans le processus de création, d'évolution et de reproduction du travail informel.

Les facteurs qui expliquent la création du travail informel à Butembo entrent dans la logique de l'approche dualiste et l'approche légaliste. En effet, pour les travailleurs indépendants, la facilité d'entrer, le manque d'opportunité d'emplois formels, le faible niveau de capital nécessaire et le faible niveau de qualification sont les principales causes d'intégration du marché de travail informel. Il en est presque de même pour les travailleurs dépendants qui mettent en avant la faible qualification et le chômage prolongé. Ainsi, l'incapacité de l'économie nationale à créer suffisamment d'emplois formels, les contraintes administratives et fiscales ainsi que le faible niveau d'études constituent des contraintes majeures d'accès au travail formel ou, autrement, des facteurs de création du travail informel. L'on peut donc affirmer, à la suite de ce qui précède, que le travail informel est créé et évolue sous l'influence des facteurs socioculturels, administratifs et économiques.

Enfin, face à l'inaccessibilité des emplois formels qui, du reste, ne sont pas créés en nombre suffisant, la quasi-totalité de travailleurs informels cherchent à conserver leur emploi le plus longtemps possible. Des stratégies sont ainsi mises en œuvre par les travailleurs dépendants et les travailleurs indépendants pour la reproduction et la pérennisation du travail informel. Pour les travailleurs dépendants, la création de leur propre UPI et l'amélioration de leur qualification sont les principales stratégies adoptées pour pérenniser leur travail. Les travailleurs indépendants préfèrent renforcer leurs unités de production en capital, mais aussi la formation/apprentissage et emploi des membres de leur famille ainsi que la multiplication des unités de production informelles pour se maintenir longtemps sur le marché du travail informel. Ceci confirme l'idée que la reproduction du travail informel résulte du dynamisme entrepreneurial et de la solidarité des populations de la région de Butembo qui se soutiennent mutuellement à l'intérieur des cercles familiaux et/ou amicaux, voire professionnels en vue de mettre en œuvre des mécanismes d'extension des unités de production ou de création des emplois au sein des unités existantes.

En définitive, le pouvoir public doit prendre ses responsabilités en créant un environnement favorable aux investisseurs en vue de créer des opportunités d'emplois formels tout en veillant sur la nécessité des investissements sociaux et économiques publics, car dans la plupart des pays,l'État est le plus grand employeur qui soit. Et pour adapter l'offre de travail à la demande qui en résulterait, la mise en œuvre d'une politique de formation des jeunes s'impose aussi bien dans le système de formation classique que dans celui de formation professionnelle.

Bibliographie

AGIER, M.,« Étrangers, logeurs et patrons. L'improvisation sociale chez les commerçants soudanais de Lomé », in *Cahiers d'Études africaines,* vol. 21, n°s 81-83, 1981. Villes africaines au microscope. p. 251-265.

ARNAUD DIEMER, « Marché du travail », in *Journée de formation continue, SES, « Marché du travail »,* 10 juin 2008, MCF, Université Blaise Pascal, Clermont-Ferrand.

BACCHETTA M. *et alii.,Mondialisation et emploi informel dans les pays en développement*, in « L'économie informelle dans les pays en développement », AFD, décembre 2012.

BACCHETTA, M. *et al.,Mondialisation et emploi informel dans les pays en développement,* Genève, BIT et OMC, 2009.

BIT, « Mesure de l'économie informelle » ; in *Économie informelle et travail décent : guide de ressources sur les politiques, soutenir les transitions vers la formalité*, Département des politiques de l'emploi, en ligne, disponible sur http://www.ilo.org/emppolicy/lang-fr/index.htm, référence du 20/09/2019.

BIT, « Emploi et protection sociale dans le secteur informel », 277e session du Conseil d'administration, Genève, mars 2000.

BIT, « La transition de l'économie informelle vers l'économie formelle », Conférence Internationale du Travail, 103e session, 2014.

CAHUC, P. et ZYLBERBERG, A.,*Microéconomie du marché du travail*, La Découverte, Paris, 2003.

CAIRE, G. et ROLLE, P., « Introduction à la sociologie du travail »,in *Revue économique*, volume 25, n° 1, 1974.

CLING, J.-P. *et alii.,* « L'économie informelle dans les pays en développement », in Conférences et séminaires, n° 6, décembre 2012.

DAZA, J. L., *Économie informelle, travail non déclaré et administration du travail*, document n° 9, Bureau international du Travail – Genève, juin 2005.

DE COULON, A. et FLÜCKIGER, Y., « Analyse économique de l'intégration de la population étrangère sur le marché suisse du travail », in *Les défis migratoires*, sous la direction de P. CENTLIVRES et I. GIROD, SEISMO, Coll. Cohésion sociale et pluralisme culturel, Zurich, 2000.

DE SOTO, H., *L'autre sentier. La révolution informelle*, La découverte, Paris, 1994.

FRÉDÉRIC, C., « Évolution récente de l'analyse des marchés internes du travail ». In *Revue d'économie industrielle.* Vol. 51. 1er trimestre 1990.

JÜTTING, J. P. et DE LAIGLESIA J. R., *L'emploi informel dans les pays en développement. Une normalité indépassable ?,* Centre de Développement de l'Organisation de Coopération et de Développement économiques, OCDE, 2009.

KAMBALE MIREMBE, O., « Échanges transnationaux, réseaux informels et développement local. Une étude au nord-est de la République démocratique du Congo », Thèse de doctorat, Louvain-la-Neuve, juin 2005.

KETTY B.-B., « Les entrepreneurs en solo : différentes logiques de Création », in *Revue de l'Entrepreneuriat*, De Boeck Supérieur, 2010/1. Vol. 9.

LESUEUR J.-Y. et PLANE P.,*Les services publics africains à l'épreuve de l'assainissement : une évaluation économique et sociale*, édition L'Harmattan, Paris, 1994.

MAKABU MA NKENDA,T. *et al.,L'Emploi, le Chômage et les Conditions d'Activité en République démocratique du Congo : Principaux résultats de la phase 1 de l'Enquête 1-2-3 2004-2005*,

Document de travail, Développement, Institutions et Analyses de Long terme, décembre 2007.

MORICE, A., « Les Forgerons de Kaolack : Travail Non Salarié et Déploiement d'une Caste au Sénégal ». Thèse pour le Doctorat de Troisième Cycle. E.H.E.S.S., 1982.

MORIN, M.L., *Prestation de travail et activité de service*. Paris, La Documentation française, 1999.

NATIONS UNIES, CONSEIL ÉCONOMIQUE ET SOCIAL, « Étude sur la mesure du secteur informel et de l'emploi informel en Afrique », Commission Économique pour l'Afrique, Centre Africain pour la Statistique, juillet 2009.

OCDE, « Overview Data on informal employment and self-employment », March, Organisation de Coopération et de Développement Économique, Paris, 2009.

OCDE, « Perspectives de l'emploi de l'OCDE, 2004 ».

OUEDRAOGO, M. F., « Les déterminants du secteur informel dans les pays en voie de développement : réglementation, corruption, procédures administratives et mode de financement », mémoire de maîtrise en sciences, Faculté d'administration, Université de Sherbrooke, Québec, Canada, mai 2015.

PORTES, A., CASTELLS, M. et BENTON, L.A., "The Informal Economy: Studies in Advanced and Less Developed Countries", The Johns Hopkins University Press, Baltimore, MD, 1989.

ROLLE, P., *Introduction à la sociologie du travail,* Paris, 1971.

WALTHER, R., « Étude sur le développement des compétences dans l'économie informelle », DIRECTION GÉNÉRALE DÉVELOPPEMENT ET COOPÉRATION EUROPÉENNE, Contrat N° DCI-EDUC/2012/308-818, février 2013.

ZAJDELA, H., « Le dualisme du marché du travail : enjeux et fondements théoriques ». In *Économie & prévision*, n°s 92-93, 1990.

Obstacles juridiques et administratifs au recouvrement de l'impôt foncier par la DGR-NK, centres opérationnels des recettes de Butembo et Beni en République démocratique du Congo

Muyisa Musubao Moïse

Résumé

Avec l'avènement de la IIIe République, le constituant du 18 février 2006 a attribué de manière exclusive l'impôt foncier aux provinces afin de disposer des ressources financières en vue de la couverture des charges publiques et de l'amélioration de la qualité de vie des citoyens.

Pour mobiliser efficacement les ressources financières, le gouvernement provincial du Nord-Kivu a créé une régie dénommée Direction générale desrecettes du Nord-Kivu (DGR-NK). Cependant, en dépit de l'existence des dispositions légales relatives à la perception de l'impôt foncier, la réalité fiscale démontre que les centres opérationnels de recettes de Butembo et de Beni ne sont pas en mesure de maximiser les recettes d'imposition foncière.

C'est pourquoi le présent exposé examine dans un premier temps les obstacles juridiques au prélèvement de l'impôt foncier à travers une analyse critique du régime d'imposition foncière en droit fiscal congolais et aborde la controverse autour de la source législative de l'impôt foncier en République démocratique du Congo.

En second lieu, l'article aborde les obstacles administratifs à l'imposition foncière dans les centres opérationnels de recettes de Butembo et de Beni. Il s'agit, entre autres, de la corruption de certains agents lors du prélèvement de l'impôt foncier, la tolérance administrative en matière de recouvrement de l'impôt foncier, les transactions entre le personnel du fisc et les redevables sur le montant à payer ainsi que l'incidence du morcellement illégal sur la maximisation des revenus de l'impôt foncier. Au-delà de la démonstration du dysfonctionnement de l'appareil fiscal,cette étude suggère des stratégies appropriées pour sortir de l'impasse.

Mots clés :Impôt foncier, régime fiscal, obstacles, recouvrement, maximisation, recettes.

Abstract

With the advent of the 3rd Republic, the constituent of February 18, 2006 exclusively allocated the property tax to the provinces in order to have the financial resources to cover public charges and improve the quality of life citizens.

To effectively mobilize financial resources, the Provincial Government of North Kivu has created a management company called General Direction of Revenue of North Kivu (DGR-NK). However, despite the existence of legal provisions relating to the collection of property tax, the tax reality shows that the operational centers of revenue of Butembo and Beni are not able to maximize property tax revenue.

This is why, firstly, the present examines the legal obstacles to the levying of property tax through a critical analysis of the property taxation regime in Congolese tax law and addresses the controversy around the legislative source of the property tax in the Democratic Republic of Congo.

Second, the article discusses administrative obstacles to property taxation in the Butembo and Beni operational revenue centers. These include, among other things, the corruption of certain agents during the collection of property tax, the administrative tolerance in matters of property tax recovery, transactions between tax personnel and those liable for the amount to be paid, as well as the impact of the illegal fragmentation on maximizing property tax revenues. Beyond demonstrating the dysfunction of the tax system, suggests appropriate strategies to break the deadlock.

Keywords: Property tax, maximizing, revenues, obstacle, recovery.

Introduction

Si l'on observe les transformations de l'État congolais, il en ressort que celles-ci se font dans le cadre de la décentralisation des collectivités locales. D'où les finances publiques locales se trouvent au centre de cette transformation étatique. Les finances publiques locales occupentune place de choix dans le processus de transformation rapide de la société ayantcomme corollaire le développement économique local (Bouvier M.*et alii*,1985 :15).La gestion de cette ressource aurait pour objectif essentiel la recherche de l'efficacité et l'adaptation de l'entité territoriale décentralisée aux exigences nouvelles en vue de la mobilisation rentable pour l'utilisation judicieuse des ressources financières, moyens nécessaires pouvant lui permettre d'agir dans tel ou tel autre domaine de sa compétence (CruzelJ.,1985 :15).

C'est dans ce cadre précis que de nombreux auteurs destinent leur plume à l'amélioration de la performance des administrations fiscales en matière de prélèvement d'impôts locaux. Pour BuabuawaKayembe (2006 : 73), la terre a longtemps constitué la première base d'imposition. Par conséquent, parmi les principales sources de revenus de l'État, l'impôt foncier est le plus ancien des impôts. En principe, il doit figurer parmi ceux dont le rendement devrait être perceptible parmi les recettes réalisées par le service compétent.

Quant à Mumbere Lwanzo et KambereMuhiwa (2019 : 65-74), ils ont identifié au cours de leurs recherches les principaux facteurs qui expliquent la non-maximisation des assignations à la DGR-NK de Butembo et de Beni.

Contribuant à la réflexion, JosephComby écrit :« *L'impôt annuel sur les terres est l'un des impôts les plus anciens et les plus simples qui soient. Il a pourtant été longtemps négligé dans les pays ouest-africains où la propriété reste considérée comme un privilège.* »

Sur cette même lancée, Thierry Madiès, Sonia Paty et Yvon Rocaboy (2005 : 283-315), réfléchissant sur les stratégies fiscales des collectivités locales, s'interrogent sur les fondements théoriques, les conséquences en matière d'efficacité économique et la pertinence empirique des interactions fiscales stratégiques entre les gouvernements.

Abordant la question du recouvrement des recettes publiques dans les États africains, Salif Yonaba (2012 :1043-1051) démontre que le rapport des populations africaines à l'impôt n'a pas vraiment changé, en ce sens que les mentalités restent toujours majoritairement réfractaires au paiement de l'impôt, et ce, indépendamment des personnes assujetties, de la nature de l'activité professionnelle – commerciale, libérale ou autre– ou de leur lieu de résidence – centres urbains ou milieux ruraux.

À en croire Jean François Boudet (2013 : 367-379), des nouvelles technologies sur la fiscalité bouleversent l'impôt dans sa nature et dans son régime juridique, de telle sorte que se dessine une conception nouvelle de l'impôt formulée sur la méthode contractuelle.

À l'issue de ses analyses sur les prérogatives fiscales dans la phase administrative du contrôle,Khalil Haloui (2013 : 367-379) révèle que les garanties offertes au contribuable lors de la mise en œuvre des différentes opérations qui composent la procédure d'imposition sont lacunaires.

Bien plus, pour renchérir, CendrineLavoisier (2013 : 53-62) démontre combien certaines impositions frappent lourdement certains milieux naturels sans les protéger.

Et, à Marion Turrin (2011 : 14) d'ajouter que la fraude fiscale est au-delà d'un concept aux contours incertains,révélatrice d'unantagonisme latent entre les intérêts de l'État soucieux de percevoir l'impôt dans un but d'intérêt général et la volonté du contribuable de préserver son patrimoine.

Parlant des mesures d'amélioration de la fiscalité immobilière en République de Guinée, dans sa thèse de doctorat, M. Monemououo-ouoWaita(2015 :199) écrit : *les mesures d'amélioration de la fiscalité immobilière revient se penchent sur deux dimensions de mesures qui caractérisent ce phénomène c'est-à-dire : des mesures juridiques et de mesures administratives.*

À la différence des recherches antérieures, le présent article procède d'une part à une analyse critique du régime d'imposition foncière en droit fiscal congolais et démontre d'autre part l'impact négatif des incohérences législatives et du dysfonctionnement de l'appareil fiscal sur la perception de l'impôt foncier par la DGR-NK, centres opérationnels de recettes de Butembo et de Beni en province du Nord-Kivu.

En effet, dans le souci de doter les provinces de la République démocratique du Congo des ressources financières nécessaires les rendant capables de couvrir les charges publiques et d'améliorer les conditions de vie de leurs administrés, le Constituant de 2006 leur a attribué exclusivement l'impôt foncier.

Conscient que ce nouveau mode de gestion ne pouvait être opérationnel sans les moyens humains, financiers et matériels propres à chaque pôle d'impulsion du pouvoir, le Constituant a pris soin de les distinguer et de répartir clairement les compétences à chaque niveau de pouvoir à travers les articles 2, 3,171 et 202 à 204 de la Constitution congolaise.

En application des dispositions ci-haut citées, la Loi n° 08/012 du 31 juillet 2008 portant principes fondamentaux relatifs à la libre administration des provinces, tel que modifié et complété à ce jour, est venue préciser, en ses articles 7, 35 et 48, les ressources financières propres aux provinces et conférer à celles-ci la compétence de mettre en place, par voie d'édit, les mécanismes de leur recouvrement.

Fort de cela, la province du Nord-Kivu s'est dotée de l'Édit n° 001/2018 du 27 janvier 2018 fixant les règles de perception des impôts, droits, taxes et redevances en province du Nord-Kivu et dans ses entités territoriales et de l'Arrêté provincial n°MIN/FRSECOMP/NK /16 /2018 du 11 novembre2018 modifiant et complétant l'Arrêté du ministre provincial n° MIN/FRSECOMP/NK/011/2018 du 27 juin 2018 fixant les taux, impôts, droits, taxes et redevances en province du Nord-Kivu.

Au-delà du cadre légal, le gouvernement provincial du Nord-Kivu a également créé par l'Arrêté provincial n° 01/090/CAB/GP-NK/2009 du 29 octobre 2009 un service public provincial jouissant d'une autonomie administrative et financière placée sous la tutelle du ministère provincial des Finances ayant pour mission la mobilisation, l'encadrement, la perception et la maximisation des recettes provinciales et locales ainsi que des recettes de participation.

Bien plus, tenant compte des avancées ci-haut décrites, l'on serait tenté de penser que les centres opérationnels des recettes de Butembo et de Beni disposent déjà d'un cadre juridique approprié et d'une administration fiscale locale performante capable de maximiser les recettes d'imposition foncière. Cependant, tel n'est pas le cas. L'accroissement des recettes d'imposition foncière tant souhaité n'est toujours pas au rendez-vous.

Eu égard à ce qui précède, plusieurs questions nous viennent à l'esprit. Quelle est la production économique des règles impératives relatives à la perception de l'impôt foncier dans le ressort des centres opérationnels de recettes de Butembo et de Beni en province du Nord-Kivu ? Sous d'autres cieux, l'actuel cadre juridique relatif à la perception de l'impôt foncier permet-il encore à l'administration fiscale locale de maximiser les recettes ?

Quel est l'impact de l'inadaptation du régime fiscal d'imposition foncière au contexte socio-économique et du dysfonctionnement de l'appareil fiscal sur le recouvrement de l'impôt foncier et quels types de stratégies faut-il mettre en place pour les surmonter ?

Les questions ci-haut posées conduisent à des hypothèses dont l'essentiel est économisé dans les lignes ci-dessous.

Les imperfections juridiques en matière d'imposition foncière, le dysfonctionnement de l'administration fiscale locale, le manque d'intégrité, voire la concession dans le chef de certains agents des centres de recettes de Butembo et de Beni et les pratiques fiscales en marge de la loi auraient une incidence négative sur la maximisation des recettes d'imposition foncière dans les centres opérationnels de Butembo et Beni. Bien plus, la réforme du cadre légal de la perception de l'impôt foncier en province du Nord-Kivu, l'observation des règles éthiques et déontologiques par les agents des centres opérationnels des recettes de Butembo et Beni, l'éradication des pratiques fiscales qui s'écartent de l'esprit et de la lettre du cadre légal ayant traità la perception de l'impôt fonciercontribueraient dans une certaine mesureà redynamiserl'appareil fiscal et pourraient, parle fait même, contribuer àl'accroissement des recettes d'imposition foncière.

On ne peut procéder à une recherche scientifique sans méthode. En effet, la méthode est l'ensemble des démarches de l'esprit, pour découvrir et démontrer la vérité (MulumbatiNgasha., 2007 : 16).

Pour mener à bien cette investigation scientifique, il est fait usage des méthodes exégétique et sociologique. La méthode exégétiquea permis d'établir une cohérence interne et formelle des textes juridiques relatifs à la perception de l'impôt foncier en province du Nord-Kivu, de façon à fournir une seule réponse vraie à chaque question juridique, et à résoudre les antinomies éventuelles (M.Muhindo Malongaet M. Muyisa Musubao, 2010 : 211).

La méthode sociologique, quant à elle, a permis de déceler les difficultés d'ordre pratique auxquelles sont confrontés les agents de la Direction Générale des Recettes du Nord-Kivu, centres opérationnels de Butembo et de Beni lors de la mise en application des dispositions légales ayant trait à la perception de l'impôt foncier. Ce qui a abouti à des stratégies fructueuses qui tiennent compte de la réalité fiscale pour contourner les difficultés inventoriées (PindiMpesaKifu.,1995 : 2.).

Outre les méthodes évoquées, la technique documentaire et l'entretien libre ont été d'une grande contribution. En effet, la technique documentaire a facilité la lecture de certains ouvrages des doctrinaires, articles de revues spécialisées et travaux scientifiques en relation avec la thématique de cette recherche.L'entretien, quant à lui, a facilité l'accès à certaines informations auprès des personnes ressources travaillant dans les centres opérationnels de recette de Butembo et de Beni.

Il n'y a pas de travail scientifique sans heurts. En ce sens, il sied de signaler dans le cadre du présent article la rareté des ouvrages en droit fiscal congolais, d'une manière générale, et ceux relatifs à la thématique de recherche en particulier. En outre, l'accès aux données auprès des agents des centres opérationnels de recettes de Butembo et de Beni n'a pas été du tout aisé. En effet, compte tenu d'un volume de travail élevé ainsi qu'aux multiples sollicitations des redevables, le temps accordé à l'entretien était très limité. Aussi, faut-il faire remarquer que certains agents de l'administration fiscale étaient très réticents craignant à tort que les données divulguées seraient utilisées pour des fins autres que scientifiques.

Pour plus d'efficacité, le présent article est délimité aussi bien dans le temps que dans l'espace. Il couvre la période allant de la promulgation de la loi n° 69-006 du 10 février 1969jusqu'à la promulgation de l'Édit n° 001/2018 du 27 janvier 2018 fixant les règles de perception des impôts, droits, taxes et redevances de la province du Nord-Kivu et de ses Entités territoriales décentralisées. Dans l'espace, cette recherche a été menée dans les ressorts administratifs des centres opérationnels de recettes de Butembo et de Beni de la Direction Générale des Recettes du Nord-Kivu, à l'est de la République démocratique du Congo. Quant au fond, il est question d'abord d'examiner le régime juridique d'imposition foncière en droit fiscal congolais et accorder par la suite une attention particulière à l'analyse d'obstacles légaux et administratifs à la perception de l'impôt foncier ainsi qu'à la définition des stratégies appropriées susceptibles de permettre à l'administration fiscale locale de rectifier les tires mal parties.

1. Régime juridique d'imposition foncière en droit fiscal congolais

En remontant loin dans l'histoire, la terre fasse a fait l'objet d'un prélèvement obligatoire. En effet, comme il est décrit par Winfrey (1973), ainsi que par Buchanan et de Fleurs (1975), les impôts fonciers étaient l'une des premières formes de taxation à prendre en considération. Les économistes ont conclu que la propriété, et plus particulièrement la terre, était la seule base logique pour la taxation. Les physiocrates voyaient les terres agricoles comme le seul secteur productif. Aujourd'hui encore, il est admis que les impôts fonciers constituent la principale ressource financière importante pour les entités régionalisées et décentralisées.

La conception ancienne de l'impôt foncier est différente de l'actuelle au sens que dans le temps, ledit impôt ne concernait que les terres agricoles sous forme d'une taxe annuelle. La taxation annuelle des terres agricoles est l'un des impôts les plus anciens et les plus simples qui soient. Il a 4 000 ans d'existence en Égypte ou en Irak, et c'est lui qui a financé la construction des États européens. L'impôt sur les sols urbains est apparu dans un deuxième temps, mais son produit a progressivement dépassé le premier, au fur et à mesure que la création de richesses se déplaçait de la campagne vers la ville[1].

En droit fiscal congolais, l'impôt foncier a d'abord été prélevé au profit du gouvernement central de Kinshasa avant qu'il ne soit cédé aux provinces.

1.1. Impôt foncier en RDC avant la Constitution du 18 février 2006

En fonction de l'évolution du contexte socio-économique de la RDC, le système d'imposition foncière a connu quatre moments forts, dont, notamment,le régime d'imposition fiscale de 1969, celui de 1987, celui de 1997 et enfin, celui de 2006, caractérisés par le transfert de l'imposition foncière aux entités politiques régionalisées.

I.1.1. Le régime d'imposition foncière sous l'ordonnance-loi n° 69-006 du 10 février 1969

---

[1] J. Comby, des fiches pédagogiques, pour comprendre, se poser de bonnes questions et agir sur le foncier en Afrique de l'Ouest, avec l'appui du Comité technique « Foncier & développement » et du projet mobilisateur « Appui à l'élaboration des politiques foncières » financé par l'agence française de développement. www.foncier-developpement.org, p. 1.

L'ordonnance-loi n° 69/006 du 10 février 1969, telle que modifiée et complétée par l'ordonnance-loi n° 77/016 du 25 juillet 1977. Elle détermine la maîtrise de l'esprit de ce régime juridique fiscal qui implique la présentation du champ d'application matériel et personnel, le mode de détermination du montant à payer pour ledit impôt, la périodicité de paiement ainsi que les exonérations et exemptions.

A. champs d'application matériel et personnel de l'impôt foncier

Le champ d'application matériel de l'impôt foncier renvoie aux propriétés foncières faisant l'objet d'imposition alors que celui dit personnel sous-entendles personnes assujetties à l'impôt foncier.

1° Matières imposables à l'impôt foncier

L'ordonnance-loi du 10 février 1969, telle que modifiée et complétée par l'ordonnance-loi n° 77/016du 25 juillet 1977 à son article 1er dispose :*L'impôt foncier est prélevé sur la superficie des propriétés foncières bâties et non bâties situées en République démocratique du Congo.* Il en découle que deux bases sont retenues : les propriétés foncières bâties, d'une part, et celles non bâties, d'autre part. La loi sous examen parle explicitement des propriétés foncières bâties et non bâties, mais il apparaît à la lecture de ses dispositions qu'elle ne définit pas ce qu'elle entend par ces notions. Il serait possible de recourir au droit commun, en l'occurrence du droit foncier congolais, pour rechercher le contenu de ces notions : mais de prime abord, l'on sait que dans ce dernier, l'on parle plutôt de concessions foncières. Il y a lieu de soutenir que la notion de propriété foncière utilisée par la loi fiscale renvoie à celle de concession foncière en usage en droit foncier congolais, bien qu'avec quelques nuances. En effet, il ne faut pas perdre de vue que la loi fiscale est antérieure à celle de 1973 qui consacre notre Droit foncier.

Par ailleurs, si ce dernier consacre depuis lors l'unique propriété de l'État sur le sol et le sous-sol congolais, ne laissant au citoyen qu'un droit de concession sur ceux-ci ou de propriété sur le bâtiment y incorporé, autrefois, le citoyen avait aussi un droit de propriété sur la portion de sol lui attribuée. L'on devait donc aujourd'hui parler de concessions foncières bâties et non bâties (Mastaki Namegabe J., 2018 : 54).

Sous l'empire de l'ordonnance-loi n° 69-006 du 10 février 1969, le concept « propriété foncière » en appelle à deux matières imposables.

Il s'agit des propriétés foncières non bâties et celles bâties. Les propriétés foncières non bâties sont des terrains non pourvus d'une construction, d'un bâtiment. Il s'agit donc des concessions perpétuelles ou ordinaires sur lesquelles il n'y a pas du tout de bâtiment érigé ou alors sur lesquelles est construit un bâtiment dont les proportions sont inférieures à celles légalement requises[2]. En outre, la notion de bâtiment doit être appréhendée dans un sens large (Azama Lana, 1986 : 9). Il ne désigne pas seulement les maisons à usage résidentiel ou commercial mais aussi les usines, les réservoirs, les installations industrielles, les hangars, etc.

Au regard des dispositions de l'article 16 de l'ordonnance-loi n° 69-006 du 10 février 1969, le législateur assimile aux bâtiments les vérandas, les perrons, les galeries, les balcons, les terrasses, les piscines ainsi que toute autre construction érigée dans la concession. À l'opposé des concessions non bâties, la loi ne conditionne pas la taxation des concessions bâties par leur lieu de localisation. Il n'est pas fait ici de distinction entre les concessions bâties situées dans les circonscriptions urbaines ou celles situées dans les circonscriptions rurales. Sur cette même lancée, le législateur de 1969 n'a pas pris en considération la valeur des propriétés à assujettir à l'imposition foncière ou encore moins de la nature d'immeubles ou autres types de constructions construites.

2. Les personnes assujetties à l'imposition foncière

---

[2]En fait, toutes les constructions ne sont pas nécessairement admises comme permettant de considérer un terrain comme bâti. L'article 7 alinéa 2 de l'édit n° 0005/08 du 11 octobre 2008 relatif aux impôts, taxes et droits provinciaux et locaux dus à la ville de Kinshasa rappelle, à juste titre, une règle importante en ces termes :*« Toutefois, lorsque les constructions érigées représentent moins de ¼ de la superficie totale d'une concession, l'imposition est établie en tenant compte de la superficie non bâtie. »*Dans le cas d'espèce, le terrain est considéré comme non bâti si les constructions y érigées couvrent moins de 25 % de sa superficie totale. Il est également impératif de noter que les concessions foncières non bâties ou terrains ne sont soumis à l'impôt foncier que s'ils sont situés dans les circonscriptions urbaines, dans les villes. Ainsi, sont donc exclus de l'imposition les terrains non bâtis situés en milieux ruraux. L'article 18 de l'ordonnance-loi sous examen stipule en effet que « *sont seuls imposables, les terrains non bâtis sis dans les circonscriptions urbaines* », soit les entités auxquelles la loi confère ce statut. Par propriétés foncières bâties, l'on fait allusion aux terrains sur lesquels ont été érigés des bâtiments ou immeubles, au sens courant du terme. Il s'agit donc des concessions dont la destination est la construction des bâtiments et qui ont été mises en valeur conformément à cette destination.

En vertu des dispositions de l'article 8 de l'ordonnance-loi précitée, le propriétaire ou le concessionnaire est redevable de l'imposition foncière[3].

Le concept *propriétaire* est applicable au bâtiment et concessionnaire renvoi au terrain. Dans certaines situations, la substitution du *propriétaire* ou *concessionnaire* par le *possesseur* ou le *cessionnaire* reste admise. Cependant, quant à ce qui est des concessions ordinaires, le titulaire du droit d'emphytéose ou de superficie est redevable de l'impôt foncier. Par contre, lorsqu'il est question de procéder au démembrement de la propriété, il ne revient pas à l'usufruitier de s'acquitter du paiement de la dette fiscale.

C'est, en effet, dans cette optique que l'article 9 de l'ordonnance-loi n° 69-1969 du 10 février 2019 dispose : *Le locataire ne peut pas être redevable de l'impôt foncier même s'il s'est engagé, par une clause contractuelle, à en assurer le paiement. Le redevable est toujours le propriétaire, et tout paiement doit donc être fait à son nom.*

Pour renchérir, l'article 10 précise :« *Le paiement intégral de l'impôt foncier incombe au propriétaire* ».

Toutefois, en matière de bail portant sur les biens immobiliers qui font partie du domaine privé de l'État et ses démembrements – provinces, entités régionalisées ainsi que d'autres Entités territoriales décentralisées appelées circonscriptions – lorsque les biens immobiliers précités sont occupés en vertu d'un contrat de bail, les locataires sont d'une manière exceptionnelle assujettis à l'imposition foncière[4].Le changement du propriétaire résultant de la vente, donation ou décès produit des effets juridiques. En conformité avec les dispositions de l'article 21 de l'ordonnance – loi n° 69-006 du 10 février 1969, c'est le propriétaire au 1er janvier de l'année civile qui est certes débiteur de l'impôt et il ne saurait en demander dégrèvement

[3]À la suite de l'article 8,les articles 21 et 35 de l'ordonnance-loi du n° 69-006 du 10 février 1969 réaffirment l'assujettissement du propriétaire ou concessionnaire à l'impôt foncier. En effet, l'impôt foncier est dû pour l'année entière sur la superficie imposable existant au 1er janvier de l'année qui donne son nom à l'exercice fiscal, sans que la mutation de propriété dans le cours de ladite année puisse donner lieu à un dégrèvement. Toutefois, la déclaration doit être remise avant le 1er avril de l'année de l'exercice, pour les éléments dont le redevable est propriétaire au 1er janvier. Ce qui implique qu'en principe, le propriétaire ou concessionnaire reste toujours redevable de l'impôt foncier.

[4] Article 8 de la loi n° 69-006 du 10 février 1969.

en cas de mutation intervenue en cours d'année. Sous d'autres cieux, lorsque le propriétaire transfère le droit de propriété qu'il détient sur l'immeuble en cours d'année, il ne peut exiger au nouvel acquéreur de lui restituer la totalité de la somme jadis acquittée en guise d'impôt, moins encore le prorata de la période écoulée lorsqu'il était propriétaire.

De ce qui précède, le nouveau propriétaire ou concessionnaire n'est redevable de l'impôt foncier qu'à partir de l'année civile suivante. Il est, par conséquent, recommandé au cédant ainsi qu'au concessionnaire de régler à l'amiable le sort réservé à l'impôt déjà supporté par l'ancien propriétaire.

L'article 11 stipule par ailleurs en son paragraphe 1er que le nouveau propriétaire est tenu de faire à l'administration des impôts une déclaration relative à cette mutation, et ce, dans un délai d'un mois prenant cours à la date de ladite mutation. En principe, ce n'est qu'à partir de la déclaration de mutation de l'immeuble que le cessionnaire peut être considéré comme le nouveau propriétaire et,par voie de conséquence, être tenu pour redevable de l'impôt foncier pour les prochaines années. À défaut de cette déclaration, le nouveau propriétaire est solidairement tenu responsable avec l'ancien du paiement de tous les impôts fonciers restants dus relatifs à l'immeuble en cause.

À partir du moment où les formalités administratives exigées par l'article 11 ont été accomplies, c'est-à-dire lorsque la mutation et la déclaration ont eu lieu avant le 1er avril de l'année civile, rien ne saurait empêcher au nouveau propriétaire de procéder à l'acquittement par déclaration et paiement de son impôt foncier.

B. Exonérations et exemptions à l'impôt foncier selon le régime de 1969

Les exonérations et exemptions susmentionnées sont aussi bien d'ordre matériel que personnel.

1°Les exonérations d'ordre matériel à l'imposition foncière

Le législateur exonère les propriétés foncières bâties en fonction de leur destination ou usage. Il s'agit des concessions affectées à l'agriculture et/ou à l'élevage, à l'exercice d'un culte public, de l'enseignement, de la recherche scientifique, aux activités médicales, à celles des chambres de commerce et des sociétés mutualistes ainsi qu'à des unions professionnelles. En vertu des dispositions de l'article 3 de l'ordonnance-loi n° 69-006 du 10 février 1969, l'exonération de l'impôt foncier est consentie aux immeubles ou parties d'immeubles :

a) affectés par le propriétaire, exclusivement à l'agriculture ou à l'élevage, y compris les bâtiments ou parties de bâtiments qui servent à la préparation des produits agricoles ou d'élevage, à la condition que ceux-ci proviennent de l'exploitation du contribuable dans une proportion au moins égale à 80 % de l'ensemble des produits traités ;

b) qu'un propriétaire, ne poursuivant aucun but de lucre, aura affecté : à l'exercice d'un culte public, à l'enseignement, à la recherche scientifique, à l'installation d'hôpitaux, d'hospices, de cliniques, de dispensaires ou d'autres œuvres analogues de bienfaisance ; à l'activité normale des chambres de commerce qui ont obtenu la personnalité civile ; à l'activité sociale des sociétés mutualistes et des unions professionnelles qui ont obtenu la personnalité civile à l'exception des locaux servant au logement, à un débit de boissons ou à un commerce quelconque. Le ministère, ayant les finances dans ses attributions, détermine les conditions auxquelles lesdites sociétés ou associations doivent se soumettre.

S'agissant de l'exonération en faveur des activités agricoles ou pastorales, il est requis que la concession soit exclusivement affectée à l'exercice desdites activités et non partiellement. Dans le même sens, il faut que les produits traités dans les bâtiments y érigés proviennent au moins à 80 % de cette exploitation pour que ces derniers bénéficient de l'exonération.Quant aux activités visées au point 2 de cet article, il est requis qu'il n'y ait pas de but lucratif et que dans certains cas l'institution en cause comme la chambre de commerce, la société mutualiste et l'union professionnelle se soit vue reconnaître la personnalité juridique.

L'exonération de l'impôt foncier pourra aussi être consentie aux concessions foncières affectées aux activités d'entreprises bénéficiaires des avantages fiscaux édictés par le Code des investissements ou par des conventions spéciales en application du prescrit de l'article 5 de l'ordonnance-loi sous examen.

2° L'exemption d'ordre personnel à l'impôt foncier

La qualité de la personne du propriétaire ou concessionnaire ou ses capacités contributives justifient l'exemption à l'imposition foncière, renseignent les dispositions de l'article 2 et 2 bis de l'ordonnance-loi sus-citée. Tenant compte de la qualité de la personne, en vertu de l'article 2 de l'ordonnance-loi, sont exemptées de l'impôt foncier les propriétés appartenant :

a) *à l'État, aux provinces, aux villes, aux territoires, aux communes, aux circonscriptions administratives, ainsi qu'aux offices et autres établissements publics de droit congolais n'ayant d'autres ressources que celles provenant de subventions budgétaires ;*

b) *aux institutions religieuses, scientifiques ou philanthropiques satisfaisant aux conditions requises par le décret-loi du 18 septembre 1965 ;*

c) *aux associations privées ayant pour but de s'occuper d'œuvres religieuses, scientifiques ou philanthropiques qui ont reçu la personnalité civile par application de l'article 2 du décret du 28 décembre 1888, et visées à l'article 5 du décret-loi du 18 septembre 1965 ;*

d) *aux établissements d'utilité publique créés par application du décret du 19 juillet 1926 ;*

e) *aux associations sans but lucratif ayant pour fin de s'occuper d'œuvres religieuses, sociales, scientifiques ou philanthropiques qui ont reçu la personnalité civile en vertu de décrets spéciaux ;*

f) *auxÉtats étrangers et affectés exclusivement à l'usage de bureaux d'ambassades ou de consulats, ou au logement d'agents ayant le statut d'agents diplomatiques ou consulaires. Cette exemption n'est consentie que sous réserve de réciprocité.*

Un regard critique des dispositions de l'article précité amène à dire que l'exemption accordée aux différentes catégories de personnes n'est pas automatique. Les bénéficiaires sont tenus de satisfaire préalablement à certaines exigences légales. Pour les personnes morales de droit public, dont notamment les États et établissements publics, celles-ci ne bénéficient pas de l'exemption lorsque leurs budgets n'ont pas besoin d'être subventionnés pour fonctionner,étant entendu qu'elles disposent des ressources propres. La société commerciale est l'un des exemples illustrant mieux cette réalité. Quant à ce qui est des États étrangers, seuls leurs immeubles situés en RDC et dont ils sont propriétaires[5]et qui sontaffectés exclusivement aux besoins de leurs activités diplomatiquesbénéficient de l'exemption.Les institutions s'occupant d'œuvres religieuses, scientifiques ou philanthropiques comme les églises, les écoles, les universités et autres œuvres de bienfaisance, ne sont exemptées à l'impôt foncier que si et seulement si la personnalité civile leur a été attribuée conformément à la loi[6]. En plus, en vertu des dispositions des articles 15 et 67 de la loi n° 004-2001 du 20 juillet 2001 portant dispositions générales applicables aux associations sans but lucratif et aux établissements d'utilité publique, l'exemption ne porte que sur les immeubles servant à la réalisation de l'objet social.

Pour des raisons de justice sociale, le législateur a tenu compte des capacités du propriétaire ou du concessionnaire. En effet, il accorde une exemption *aux personnes physiques dont les revenus nets imposables annuels sont égaux ou inférieurs au plafond de la huitième tranche de revenus du barème visé à l'article 84 de l'ordonnance-loi n° 69-009 du 10 février 1969 relative aux impôts cédulaires sur les revenus [...], ou à toute somme proportionnellement équivalente pour les périodes inférieures à un an à condition de faire la preuve du paiement de l'impôt professionnel sur les rémunérations ou de l'impôt personnel minimum.*

Dans le cas contraire, la personne physique propriétaire d'un bâtiment ou terrain, dont les revenus professionnels annuels sont taxés au maximum dans la tranche de 35 % soit un montant plafond de 1 686 000 FC, est exemptée de l'impôt foncier à condition d'avoir payé l'IPR ou l'IPM[7].

Abondant dans le même sens, l'article 2 bis accorde l'exemption à l'immeuble affecté à l'habitation principale « *des personnes qui, au 1er janvier de l'année d'imposition, sont âgées de plus de 55 ans et les veuves, à condition :*

---

[5]Ne bénéficient pas de l'exemption les immeubles que l'État prend en location sur le territoire congolais.

[6] Voir loi n° 004-2001 du 20 juillet 2001 portant dispositions générales applicables aux associations sans but lucratif et aux établissements d'utilité publique.

[7] Lire à ce sujet les dispositions des articles 2, 4 et 2 bis de la loi n° 69-009 du 10 février 1969 relative aux impôts cédulaires sur les revenus.

a) qu'elles occupent leur habitation principale soit seule, soit avec des personnes considérées comme à leur charge au sens de l'article 90 de l'ordonnance-loi n° 69-009 du 10 février 1969, soit avec toute autre personne de même condition d'âge ou de situation ;

b) que leurs revenus imposables à l'impôt cédulaire sur les revenus soient égaux ou inférieurs au plafond de la huitième tranche du barème visé à l'article 84 de l'ordonnance-loi n° 69-009 du 10 février 1969[...] ;

c) qu'elles se conforment aux dispositions des articles 28 et 36 de l'ordonnance-loi n° 69-009 du 10 février 1969.

Sans limite d'âge, le législateur consent à une exemption à l'impôt foncier sur l'habitation principale de la veuve. Aussi, la maison occupée effectivement comme habitation principale par une personne âgée de 55 ans et plus est *ipso facto* exemptée, étant entendu que les 55 ans correspondent à l'âge légal de la retraite[8].

C. Modes détermination de l'impôt foncier et périodicité de paiement

Le législateur de 1969 a retenu un système d'imposition mixte. En effet, il recourt à un système forfaitaire qui n'exige pas que soit déterminée la base imposable. Le taux forfaitaireannuel ne tient pas compte de la superficie effective du terrain. Dans d'autres cas, il détermine la superficie taxable avant d'appliquer un taux. C'est le cas d'un tarif par mètre carré de superficie pour les villas[9].

Par ailleurs, durant cette époque, la base imposable de l'impôt foncier était obtenue par le calcul de la superficie légalement définie. Les agents de l'administration fiscale devraient connaître par mesurage la superficie initiale et celle des modifications éventuelles. Le taux variait en fonction du rang de la localité où se trouvaient les biens immobiliers imposés, et était fixé en monnaie nationale au mètre carré. Cet impôt était supposé être payé au 1er janvier de l'année.

---

8 Faisons cependant remarquer que les exemptions découlant de l'ordonnance-loi n° 69-006 n'ont pas été reconduites dans tous les édits provinciaux. Si le législateur de la ville province de Kinshasa les a reconduites dans son édit, tel n'a pas été le cas en province du Nord-Kivu où le Parlement provincial les a carrément supprimées.

9 Lire à ce propos les prescrits de l'article 13 de l'Ordonnance-loi n° 69-006 du 10 février 1969.

L'impôt foncier était recouvré par voie de rôle nominatif sur avis de mise en recouvrement et s'obtenait sur base de régime déclaratif suivi d'une vérification de la conformité de la déclaration. À cette époque, l'impôt foncier reposait sur une base objective : la superficie de la construction ou de la parcelle et la localisation géographique ou encore le degré d'urbanisation du lieu déterminé en fonction des infrastructures routières, des équipements de téléphone…[10]

I.1.2. Les réformes de 1987, 1997 et de 2006

À la différence du régime de 1969, l'ordonnance-loi n° 87/75 du 4 octobre 1987 a instauré un système d'imposition forfaitaire. Laréforme de 1987 a permis un passage entre l'imposition fondée sur mesurage par mètre carré au système d'imposition forfaitaire. Cependant, il faut préciser que l'administration fiscale a, pour ce fait, tenu compte de tous les modes et institué un système mixte d'imposition. En 1997, l'arrêté ministériel n° 020 du 8/octobre/1997 est intervenu dans le but de modifier certaines dispositions relatives à l'imposition réelle. L'arrêté évoqué a été confirmé par le décret-loi n° 111/2000 du 19 juillet 2000 ; le système fiscal du 8 octobre 1997 prévoyait une imposition mixte. Certes, les villas ont été imposées par mètre carré et l'imposition forfaitaire reste maintenue pour d'autres types de constructions. Toutefois, l'administration fiscale a continué à appliquer le taux en fonction du rang des différentes localités fiscales[11].

L'institution de deux pôles d'impulsion de pouvoir par la Constitution de 2006 a impliqué la consécration d'une autonomie financière aux nouvelles entités. Pour ce faire, la perception de certains impôts et taxes a été conférée à la province à l'instar de l'impôt foncier. Ainsi, le pouvoir législatif provincial dispose du pouvoir de réglementation dudit impôt en termes de la détermination de la matière imposable du taux d'application, des modes de perception, etc.

---

[10] Depuis 2006, les provinces ont été transformées en entités régionalisées. En effet, celles-ci jouissent de l'autonomie organique et financière. Il revient donc à chacune des provinces de déterminer le taux en fonction de ses propres réalités économico-sociales. D'où la difficulté de donner les taux qui sont applicables sur toute l'étendue de la RDC. Par ailleurs, il est reconnu au gouverneur de province le pouvoir de modifier le taux par voie d'édit.

[11] Ordonnance-loi n° 69-006 du 10 février 1969,*op. cit.*, article 13 tel que modifié par le décret-loi n° 111/2000 modifiant et complétant l'O.-L. n° 69-006 du 10 février 1969 relative à l'impôt réel, art. 1er.

Il faut d'avance préciser que la matière imposable à l'impôt foncier, telle que déterminée par l'ordonnance-loi n° 69-006 du 10 février 1969, n'est pas différente de celle faite par les édits provinciaux.

Une attention particulière est susceptible d'être faite à l'égard du taux de l'impôt foncier au sens que l'édit dans son autonomie fixe un taux différent de celui établi par le législateur national et supprime certaines exonérations et exemptions. Pourtant, les dispositions y relatives contenues dans l'ordonnance-loi n° 69-006 du 10 février 1969 sont encore en vigueur. D'où une confusion dans le choix de la disposition à appliquer.

1.2. La perception de l'impôt foncier en province du Nord-Kivu

La reconnaissance d'une autonomie à la province en matière d'impôt relevant de leur compétence exclusive implique que les autorités provinciales disposent de la prérogative de légiférer sur la matière imposable, le taux d'application, les modes de recouvrement, les exonérations et les exemptions. En ce sens, le pouvoir législatif provincial adopte les édits y relatifs tels que les édits de 2009, 2013, 2015 et 2018. En conformité avec les dispositions de l'article 174 de la Constitution congolaise du 18 février 2006, la contribution aux charges publiques constitue un devoir pour toute personne vivant en République démocratique du Congo.

L'impôt foncier est celui qui frappe la détention ou la jouissance des propriétés –superficie – foncières bâties et les propriétés foncières non bâties suivant l'usage, la nature des constructions et le rang des localités[12]. Est redevable de l'impôt foncier tout titulaire de droit de propriété, de possession, d'emphytéose, de superficie, de cession, de concession ou d'usufruit des biens imposables ainsi que toute

---

[12] Le concept *propriété foncière bâtie* renvoie aux bâtiments dans le sens large, c'est-à-dire comprenant aussi les maisons d'habitation, les appartements, les dépôts, les usines, les installations industrielles, les réservoirs, les pompes à essence, les palissades, les abris préfabriqués, allusion faite à une villa, un étage, un immeuble, un appartement, un autre immeuble. C'est-à-dire un immeuble qui n'est ni villa, ni étage, encore moins un appartement situé dans un des quatre rangs qui composent les localités de chaque province. Cependant, par *propriétés foncières non bâties*, on fait allusion aux terrains sur lesquels il n'y a aucune construction, et, enfin, la*concession foncière* se conçoit comme tout terrain non construit, allusion faite aux fermes, plantations et autres réserves privées.

personne occupant, en vertu d'un bail, des biens immobiliers faisant partie soit du domaine privé de l'État, soit du patrimoine de la province du Nord-Kivu ou de ses Entités territoriales décentralisées[13].

Le fait générateur de l'impôt foncier est le titre foncier ou immobilier. Le taux de l'impôt foncier est fixé en fonction de la localisation de la matière imposable dans les localités qui sont subdivisées en 1er jusqu'au 4erang. En dépit du fait qu'on soit en présence d'une même matière imposable comme villas, hôtels, usines et industries, étage et chalet, appartements, station-service. La personne morale est imposée à un taux supérieur par rapport à la personne physique. Aussi, faut-il déplorer le fait que la fixation des rangs dans les ressorts des centres opérationnels de recettes de Butembo et de Beni ne reflète pas l'évolution socio-économique des différents quartiers ou agglomérations de ces centres. En sus, l'arrêté fixant les taux des impôts, droits,taxes et redevances de la province du Nord-Kivu n'est pas annuellement misà jour. L'arrêté du ministre provincial y relatif et qui est encore en vigueur est vieux, car à sa deuxième année déjà[14].

Le cas le plus frappant est celui du quartier Musimba, rangé au 4erang bien qu'on y trouve de nos jours des maisons de haut standing[15].

Par-dessus le marché, le prélèvement de l'impôt foncier en appelle à une collaboration entre centres opérationnels des recettes de Butembo et Beni et les services techniques du cadastre et de l'urbanisme au sujet de la détermination des superficies bâties et non bâties. Le concours de la Conservation des titres immobiliers est aussi requis pour connaître le nombre des parcelles couvertes des titres fonciers sur concessions perpétuelles ou ordinaires et les mutations immobilières opérées. Tel n'est pourtant pas le cas sur terrain. C'est ce que déplore Muyisa Musubao (2010 :103) lorsqu'il écrit :*Le manque de*

---

[13] Article 12 de l'édit n° 001/27 janvier 2018, fixant les règles de perception des impôts, droits, taxes et redevances de la province du Nord-Kivu et de ses entités territoriales décentralisées, dispose ce qui suit en ces termes.

[14] Il s'agit de l'arrêté du ministre provincial n°MIN/FRSECOMP/16/2018 du 11 nov. 2018 modifiant et complétant l'arrêté du ministre provincial n° MIN/FRSECOMP/NK/011/2018 du 27 juin 2018 fixant le taux des impôts, droits, taxes et redevances de la province du Nord-Kivu.

[15] Arrêté du ministre provincial n° MIN/FRSECOMP/NK/16/2018 du 14/11/2018 modifiant et complétant l'arrêté provincial n°MIN/FRESCOMP/NK/011/2018 du 27 juin 2018 fixant les taux des impôts, droits, taxes et redevances de la province du Nord-Kivu.

collaboration entre les services spécialisés en matière foncière en ville de Butembo a un impact négatif sur le processus de recouvrement de l'impôt foncier. La direction générale des recettes du Nord-Kivu, centre opérationnel de Butembo, les services du cadastre, de l'urbanisme et celui de la Conservation des titres immobiliers restentsouvent cloisonnés sur eux-mêmes. Ainsi, les informations entre les services précités circulent difficilement. Or, ce manque d'échangedes données rend difficile l'identification des redevables à l'impôt foncier.

Au-delà des horizons, vers le début des années 2000, à Niamey, la capitale du Niger, on a démontré le potentiel d'une collaboration entre les agences gouvernementales existantes. On y a créé des équipes mixtes d'officiers municipaux, d'arpenteurs et de représentants des compagnies étatiques de l'eau et de l'électricité pour permettre au gouvernement municipal de faire concorder en temps réel son registre foncier avec les données sur les rues et les adresses. Une fois créées, les bases de données facilitent la tenue d'un registre foncier, l'émission de factures et la résolution des cas d'appel (Nara Monkamet Mick Moore,2015 :11).

En sus, pourF. Deruel : *L'exemption est une dispense d'une obligationtelle que le dépôt d'un document, alors que l'exonération est une dispense d'impôt sous certaines conditions fixées par la loi*(F. Deruel, p. 7).Les propriétésappartenant aux collectivités publiques :État, provinces, communes, circonscriptionsadministratives,ainsi qu'aux offices et autres établissements publics de droit congolais n'ayant d'autres ressources que celles provenant de subvention budgétaire aux institutions religieuses, scientifiques ou philanthropiques, A.S.B.L., ambassades ou consulats,sous réserve de réciprocité, sont d'imposition foncière en province du Nord-Kivu.

Les exonérations sont accordées aux propriétés foncières affectées par le propriétaire exclusivement à l'agriculture ou l'élevage, propriétés affectées à l'exercice d'un culte public, à l'enseignement, à la recherche scientifique, à l'installation d'hôpitaux ou autres œuvres analogues de bienfaisance ainsi que celles qui peuvent être accordées en vertu du Code des investissements ou par des conventions spéciales[16].

Pour créer un régime d'imposition foncière qui soit efficace, prévisible et lucratif, il est essentiel de s'attaquer au déficit administratif au niveau de la Direction générale des recettes du Nord-Kivu, centres opérationnels de recettes de Butembo et de Beni.

2.Obstacles juridiques et administratifs à la perception de l'impôt foncier : quelles stratégies à mettre en place pour efficacité

Après la définition de l'examen du régime juridique dans la première partie de cet article, il est opportun d'entamer la seconde portant sur les obstacles juridiques et administratifs à la perception de l'impôt foncier par la DGR-NK, centres opérationnels de recettes de Butembo et de Beni et de réfléchir sur les mécanismes à mettre en place par les parties prenantes afin de réajuster les tires mal parties.

Ainsi, il y a lieu d'aborder les obstacles juridiques et de procéder à l'examen d'obstacles administratifs par la suite.

2.1.Obstacles juridiques à la perception de l'impôt foncier par la DGR-NK, centres opérationnels de recettes de Butembo et de Beni en RDC

Parler des obstacles juridiques revient à critiquer dans un premier temps le prélèvement de l'impôt foncier sur les terrains non couverts des titres par la DGR-NK, centres opérationnels de recettes de Butembo et de Beni (2.1.1) ensuite, contribuer au débat sur la controverse autour de la primauté de la source législative en matière d'imposition foncière en droit fiscal congolais (2.1.2).

2.1.1. Prélèvement de l'impôt foncier sur des fonds non couverts des titres par la DGR-NK, centres opérationnels des recettes de Butembo et de Beni

La lecture minutieuse de l'arrêté du ministre provincial n° MIN/FRSECOMP/NK/16/2018 du 11 novembre 2018 modifiant et complétant l'arrêté du ministre provincial n°MIN/FRSECOMP/NK/011/2018 du 27 juillet 2018 fixant les taux

[16] Le législateur du Nord-Kivu a exclu et n'a pas exempté certaines personnes du paiement de l'impôt foncier. L'exemple de la veuve et de la personne âgée de 55 ans est éloquent quant à cela. Nous pensons qu'en agissant de la sorte, le souci du législateur est d'élargir l'assiette fiscale.

des impôts, droits et redevances de la province du Nord-Kivu considère le « titre foncier » ou « immobilier » comme le fait générateur d'impôt foncier. Sur cette même lancée, l'ordonnance-loi du 10 février 1969, telle que modifiée et complétée par l'ordonnance-loi n° 77/016du 25 juillet 1977 à son article 1er dispose que« *l'impôt foncier est prélevé sur la superficie des propriétés foncières bâties et non bâties situées en République démocratique du Congo* ». Il en découle que deux bases sont retenues,les propriétés foncières bâties d'une part, et celles non bâties d'autre part. La loi sous examen parle explicitement des propriétés foncières bâties et non bâties, mais il apparaît à la lecture de ses dispositions qu'elle ne nous définit pas ce qu'elle entend par ces notions. Il serait possible de recourir au droit commun, en l'occurrence le droit foncier congolais, pour rechercher le contenu de ces notions, mais de prime abord, l'on sait que dans ce dernier cas, l'on parle plutôt de concessions foncières. Ya-t-il une identité de vue entre ces deux notions, et que vise précisément celle de propriétés foncières offerte par la loi fiscale ? Il y a lieu de soutenir que la notion de propriété foncière utilisée par la loi fiscale renvoie à celle de concession foncière en usage en droit foncier congolais bien qu'avec quelques nuances. En effet, il ne faut pas perdre de vue que la loi fiscale est antérieure à celle de 1973 qui consacre notre droit au foncier.

Toutefois, ce droit au foncier consacre depuis longtemps l'unique propriété de l'État sur le sol et le sous-sol congolais, ne laissant au citoyen qu'un droit de concession sur ceux-ci, ou de propriété sur le bâtiment y incorporé, comme le citoyen détient le droit de propriété sur la portion de sol lui attribuée, l'on devrait donc aujourd'hui parler de concessions foncières bâties et non bâties(Mastaki Namegabe, 2017-2018 : 54).

Et l'article 10 précise : *« Le paiement intégral de l'impôt foncier incombe au propriétaire ».*

En République démocratique du Congo, le droit écrit coexiste avec le droit coutumier. L'on applique les dispositions n° 80/008du 18 juillet 1980 modifiant et complétant la loi n° 73-027 du 20 juillet 1973 portant régime général des biens fonciers et immobiliers et du régime des sûretés. En effet, le législateur de l'époque a converti le droit des anciens propriétaires terriens en simple droit de jouissance. En effet, la terre est la propriété exclusive, inaliénable et imprescriptible de l'État, stipule l'article 53 de la loi foncière. Les travaux préparatoires de la loi foncière disent clairement qu'il est reconnu à l'État un droit de propriété foncière exclusive de tout autre, et ce droit de propriété n'a pas l'ensemble des attributs reconnus traditionnellement à la propriété, car l'État n'a pas la faculté d'aliéner, laquelle est la prérogative la plus importante reconnue au droit de propriété[17].

Abondant dans le même sens, l'article 12 de l'édit n° 001/2018, du 27 janvier 2018, fixant les règles de perception des impôts, droits, taxes et redevances de la province du Nord-Kivu et de ses Entités territoriales décentralisées, renchérit : *Est redevable de l'impôt foncier tout titulaire de droit de propriété, de possession, d'emphytéose, de superficie, de cession, de concession ou d'usufruit des biens imposables ainsi que toute personne occupant, en vertu d'un bail, des biens immobiliers faisant partie soit du domaine privé de l'État, soit du patrimoine de la province du Nord-Kivu ou de ses Entités territoriales décentralisées.*

Il ressort des dispositions ci-haut évoquées que seul le propriétaire de l'immeuble ou le concessionnaire est assujetti au paiement de l'impôt foncier. Cette façon de voir les choses n'est pas universellement admise. En effet, dans certains contextes, comme celui des bidonvilles en Amérique latine, les citoyens ont demandé une régularisation de leur domicile et de leurs droits à la terre afin d'avoir finalement accès à une sécurité d'existence et de paiement. Dans d'autres contextes, comme au Rwanda, les titres étaient donnés sans qu'aucun effort ne soit fait pour évaluer le bien immobilier, car il était ressenti que les gens ne coopèreraient pas par peur d'être imposables par la suite. Dans certains endroits, les gens ont envie de payer les taxes foncières parce que cela est vu comme une preuve de propriété, alors que dans d'autres, les gouvernements ont du mal à expliquer que payer la taxe ne donne pas droit au titre foncier.À la fois, les titres de propriété peuvent être très compliqués et difficiles. À travers l'Afrique, il existe différentes sortes de revendications de possessions de terres : possessions de l'État, titres formels et droits coutumiers. Les legs compliquent également le sujet, comme les terres se retrouvent divisées en de plus en plus petites parcelles où les différents membres d'une famille portent tous leur intérêt sur le même bien. Autant le risque de lier les titres et la taxe ensemble peut pousser les gens à ne pas coopérer (Rhiannon Mccluskey,2018 : 6).

---

[17]Lire à ce propos le document du conseil législatif national n° 33/2.

Dans les pays où le processus d'enregistrement des mutations foncières est rigoureux et où la liste des propriétaires de chaque localité est tenue à jour, il est plus commode de taxer les propriétaires, car il est possible de récupérer les taxes impayées lors de la prochaine mutation, voire de saisir le bien et de le mettre en vente pour récupérer les impayés. Au contraire, dans un pays où les processus d'appropriation et de mutation des biens fonciers sont encore incertains, il est beaucoup plus simple de s'en tenir à une taxation de l'occupant apparent avec comme outil de contrainte la seule saisie des biens meubles et des récoltes qui se trouvent en possession de cet occupant.

Théoriquement et dans la mesure où le loyer du terrain est librement négocié entre le propriétaire et le locataire le plus offrant, il est indifférent de taxer le propriétaire – qu'il exploite lui-même ou non son terrain – ou l'occupant présumé locataire –. Dans les deux cas, la charge de l'impôt va finalement peser sur le propriétaire, au moins sous forme de manque à gagner car il ne peut pas réclamer un loyer aussi élevé si le locataire paie déjà une taxe. En langage économique, on dit alors que la *rente foncière* est partagée entre le *loyer* versé au propriétaire et l'*impôt* versé à la collectivité publique. C'est donc pour des raisons de commodité administrative que l'on choisit de taxer soit le propriétaire, soit l'occupant. La grande majorité de la population manque de moyens pour acquérir le Certificat formel d'occupation qui est la référence absolue en termes de sécurité de jouissance foncière fournie par le gouvernement (Goodfellowet Olly Owen, 2018 : 2).

Pareillement, dans le ressort des centres opérationnels de recettes de Butembo et de Beni, les responsables des administrations municipales locales interviennent sur le champ foncier en tant qu'institutions relais de l'État central. Ils règlementent les transactions foncières conclues entre vendeurs et acheteurs. Les documents délivrés par ces administrations constituent une base de l'officialisation des transactions foncières privées par les services fonciers du cadastre et des titres fonciers et immobiliers. Plusieurs acheteurs à revenu modeste se contentent des documents délivrés par les représentants des municipalités locales. De surcroît, certains administrés cherchent à acquérir les documents officiels de propriété foncière, auprès de l'administration et des services fonciers. Mais ils sont limités financièrement. Plusieurs d'entre eux ignorent la loi foncière et n'ont pas les informations relatives à la procédure d'acquisition des titres fonciers (PalukuKitakya, A., 2007 : 223).

La propriété coutumière des terres et ressources communautaires doit être reconnue, respectée et protégée par les États (Pritchard Lesniewska Lomax, Ozinga et Morel, 2013 : 26).En droit international et régional, la possession traditionnelle des terres par les peuples autochtones et tribaux et les communautés locales a des effets juridiques équivalents à ceux d'un titre de propriété octroyé par l'État[18].Eu égard à ce qui précède, nous pensons que dans le souci de maximiser les recettes d'imposition foncière, le législateur du Nord-Kivu ferait mieux de fonder le prélèvement de l'impôt foncier sur la possession et l'occupation d'un fonds ou d'une parcelle. Il aurait par ce fait même rapprocher les textes légaux relatifs à la perception de l'impôt foncier aux pratiques fiscales.

2.1.2. De la controverse autour de la source législative de l'imposition foncière en droit fiscal congolais

Il ressort de l'article 174 alinéa 1er de la Constitution de la République démocratique du Congo, modifié par la loi n° 11/002 du 20 janvier 2011 portant révision de certains articles de la Constitution de la République démocratique du Congo du 18 février 2006qu'il ne peut être établi d'impôts que par la loi. Il sied de rappeler que non seulement le constituant de 2006 a conféré la personnalité juridique aux provinces et Entités territoriales décentralisées avec lesquelles il a accepté de partager certaines compétences. C'est dans cette même optique que l'article 204 point 16 reconnaît aux provinces la compétence exclusive de prélever les taxes, les droits provinciaux et locaux, notamment l'impôt foncier, l'impôt sur les revenus locatifs et l'impôt sur les véhicules automoteurs.

De ce qui précède, il y a lieu d'affirmer que le législateur a institué deux pôles de pouvoir – l'État et les provinces –, chacun jouissant en plus de la personnalité juridique, d'une administration autonome et d'une autonomie dans la gestion des ressources. Pour ce qui est des impôts transférés aux provinces dont notamment l'impôt foncier, ils sont de la compétence exclusive des Assemblées provinciales. Cette exclusivité est interprétée de diverses manières. D'aucuns soutiennent que les provinces sont dotées du pouvoir étendu de légiférer sans

[18] Voir en ce sens la Décision relative aux *Endorois* de la Commission africaine des droits de l'homme et des peuples.

limitation. D'autres, en revanche, ne leur reconnaissent uniquement que la détermination du champ personnel de l'impôt,étant entendu que les dispositions de l'article 174 alinéa 3 précise qu'il ne peut être établi d'exemption ou d'allégement fiscal qu'en vertu de la loi. Parvoie de conséquence, le régime juridique relatif au prélèvement de l'impôt foncier en République démocratique du Congo reste ambigu et qu'il s'avère impérieux de prendre position et de commenter juridiquement.

A. De la suprématie de la loi nationale pour régir la perception de l'impôt foncier

Justin Mastaki Namegabe écrit : *En vertu du principe constitutionnel de la régionalisation de la gestion des finances publiques, l'impôt foncier a fait l'objet d'une attribution aux provinces devenant ainsi des impôts provinciaux et/ou locaux. La conséquence immédiate de cette attribution se situe sur le plan législatif. C'est que dorénavant, les provinces sont compétentes pour légiférer, par voie d'édits, sur ces trois impôts. Ce que certaines n'ont pas tardé de faire avec ce résultat que nombreuses dispositions de l'ordonnance-loi susvisée ne sont plus d'application sur les territoires respectifs desdites provinces, notamment celles afférentes aux taux d'imposition. Dès lors, pour connaître les dispositions applicables, il devient impératif de rechercher lesquelles sont en vigueur partant de cette ordonnance-loi et lesquelles le sont en vertu de l'édit provincial, d'où une certaine dualité de source législative*(Mastaki, J., 2017-2018 : p. 53-54).

L'impôt, comme invoqué ci-avant, répond au principe de la légalité. Par la légalité de l'impôt, il est indiqué d'entendre le fait que tous les impôts sont des sources législatives,étant entendu qu'ils ne peuvent être institués que par la loi, c'est-à-dire un acte législatif voté par le Parlement et promulgué par le président de la République conformément aux procédures ad hoc. L'article 122 point 10 de la Constitution affirme sans ambages que la loi fixe les règles concernant l'assiette, le taux et les modalités de recouvrement des impositions de toute nature. Il en est de même de l'article 174 qui, de manière encore plus explicite, précise en son alinéa 1er qu'il ne peut être établi d'impôts que par la loi. Partant, même des impôts transférés aux provinces sont créés par la loi. Dans la démocratie représentative, le Parlement représente le peuple et la loiqui est son émanationest, selon l'expression chère à Jean-Jacques Rousseau et ses disciples, l'expression de la volonté générale (Muhindo Malonga, T., 2010 :

517). Le principe de la légalité des impôts traduit l'idée du consentement à l'impôt, c'est-à-dire l'acceptation par les représentants du peuple qu'une charge pécuniaire soit imposée à ce dernier.

De ce qui précède, deux principaux arguments révèlent la suprématie de la loi nationale pour régir le domaine des compétences des provinces en ce qui concerne les impôts transférés à ces entités. Il s'agit, d'une part, du fait qu'aucun n'impôt ne peut être créé en dehors de la volonté du législateur. Ce qui signifie que même les impôts transférés aux provinces sont institués tels par le Parlement national. D'autre part, la suprématie de la loi sur les édits en matière d'impôts provinciaux transparaît du fait que le cadre des compétences provinciales est déterminé par la loi qui « *fixe les règles concernant l'assiette, le taux et les modalités de recouvrement des impositions de toute nature* ». C'est l'économie du point 10 de l'article 122 de la Constitution précitée. Néanmoins, l'article 35 de la loi n° 35 de la loi n° 08/012 du 31 juillet 2008 portant principes fondamentaux relatifs à la libre administration des provinces consacre la régularité de la régulation des impôts provinciaux par les provinces. Il apparaît cependant que cette compétence devrait être limitée à la détermination du champ d'application personnel desdits impôts étant entendu que le champ d'application matériel doit être limité à celui défini par le pouvoir central afin d'éviter toute confusion sur les matières fiscales non cédées aux provinces. Dans cette optique, il y a lieu d'observer que leur recouvrement doit être effectué dans le respect des procédures fixées par la législation nationale en vertu du prescrit de l'article 48 alinéa 2 de la loi susmentionnée.

Somme toute, ce débat vaut son pesant d'or pour autant que la limitation du pouvoir du législateur provincial soit posée pendant que le même constituant de 2006 a déjà souligné que les impôts transférés aux provinces sont de leur compétence exclusive.

B. De la compétence exclusive des provinces en matière d'impôts transférés aux provinces

Le constituant congolais de 2006 dispose :« Sans préjudice des autres dispositions de la présente Constitution, les matières suivantes sont de la compétence exclusive des provinces : …les impôts, les taxes et les droits provinciaux et locaux, notamment sur les véhicules automoteurs » (article 204 point 16). Dans cet ordre d'idées, certains juristes parmi lesquels Télésphore Muhindo Malonga[19]opinent que la compétence exclusive des provinces en matière d'impôts renvoie au fait que les provinces détiennent le pouvoir souverain d'en déterminer l'assiette, le taux et les modalités de recouvrement ainsi que le champ d'application matériel[20]. En effet, l'adjectif *exclusif* est relatif, à en croire Gérard Cornu, à « ce qui ne tolère ni ne partage, ni adjonction, ni mélange » (Cornu, G.(dir.), 2014 : p 438).

Ainsi, la compétence exclusive en matière fiscale pour les impôts provinciaux habilite les provinces à en déterminer même le champ d'application matériel, car c'est aux provinces de les régir intégralement, sans laisser un seul élément essentiel de ces impôts lui échapper.

En outre, l'article 197 de la Constitution de la République démocratique du Congo modifié par la loi n° 11/002 du 20 janvier 2011 portant révision de certains articles de la Constitution de la République démocratique du Congo du 18 février 2006 dispose :*« L'Assemblée provinciale légifère, selon la Constitution ».*Les édits des Assemblées provinciales sont aussi des actes à caractère législatif au même titre que la loi, bien que leur sphère de compétence soit illimitée tant matériellement quegéographiquement. C'est dans ce sens que la loi précitée relative à la libre administration des provinces admet, en son article 47, que l'impôt est établi conformément à la législation fiscale provinciale. Ce qui est par ailleurs affirmé par les prescrits des articles 35 point 9 et 36 point 3 de la même loi.

De la sorte, l'édit provincial est habilité à règlementer les matières fiscales au même titre que la loi nationale. Il peut donc être admis que le principe de la légalité des impôts peut aussi s'entendre en se référant à l'édit en tant que loi provinciale. Dans cette optique, la compétence exclusive des provinces au sujet des impôts provinciaux invite à ne plus les soumettre à la conformité de la loi nationale car l'article 174 se rapporte communément à la loi nationale que provinciale.

---

[19]Opinion exprimée par Télésphore Muhindo Malonga lors de la présentation de l'état d'avancement de nos recherches doctorales dans la salle FIUC de l'Université catholique du Graben en date du 21 juillet 2019.

[20]Opinion exprimée et soutenue par Télésphore Muhindo Malonga lors de la présentation de l'état d'avancement des recherches doctorales dans la salle FIUC de l'Université catholique du Graben en date du 25 juillet 2019.

C. De l'ambiguïté des textes régissant la perception de l'impôt foncier en RDC

En interprétant des règles fiscales, il est posé le principe de l'interprétation stricte. Lorsqu'il est nécessaire de procéder à l'interprétation de la loi fiscale,c'est-à-dire à l'explicitation de son sens ou de son contenu, l'on suppose qu'elle contient des zones d'ombre nécessitant une clarification (Odent, R., 1978 : 444, Muhindo Malonga, T. et Muyisa Musubao, M., 2010 : 66)[21].

L'auteur de l'interprétation, fonctionnaire ou juge fiscal, doit veiller à ne pas ajouter et à ne pas soustraire des éléments contenus dans celle-ci. L'interprétation ne doit pas être l'occasion de dénaturer le champ d'application par voie de restriction ou d'extension aux matières non visées. Le recours à l'analogie est ici proscrit. Ce recours sera fait aux moyens d'interprétation admis juridiquement tels que les travaux parlementaires ou les interprétations admises dans les autres branches du droit pour autant que le particularisme du droit fiscal s'en accommode[22].

L'article 204 point 16 de la Constitution, citant les impôts transférés aux provinces, donne une liste exemplative et cela est exprimé par l'emploi de l'adverbe *notamment*. Il s'agit, entre autres, des impôts fonciers, impôts sur les revenus locatifs et impôts sur les véhicules automoteurs.Cette énumération non exhaustive ouvre une brèche à plusieurs impôts nationaux qui peuvent être interprétés impôts provinciaux. Il serait, ainsi, judicieux d'ajouter à cette liste l'impôt personnel minimum(IPM), qui, jusqu'à ce jour, demeure attribué aux collectivités locales et communes par des diverses dispositions législatives antérieures à notre Constitution actuelle. Il en est ainsi dans la pratique en dépit du prescrit de l'article 202 susvisé de notre

---

[21]« De claris, non fit interprétation ». Ce principe d'interprétation résume en lui seul la théorie de l'acte clair. En effet, d'après celle-ci, toute nécessité d'interprétation est exclue lorsqu'un texte est clair, c'est-à-dire, précis et non équivoque ; en d'autres termes, lorsque, compte tenu de la grammaire, de la sémantique et de la syntaxe, son sens ne peut prêter le flanc à aucune discussion. Et dans ce cas, à en croire Raymond Odent, le juge ne se livre à aucune fantaisie interprétative, il applique strictement le texte clair.

[22]Et si le recours aux différents moyens d'interprétation ne permet pas de clarifier le contenu de la loi fiscale, face à la persistance du doute, la position la plus favorable au contribuable sera retenue. En effet, si droit en droit pénal, il est de principe que « le doute profite au prévenu » autant en droit fiscal,le doute profite au redevable en vertu de l'adage « in dubio contra fiscum ».

Constitution qui attribue les impôts personnels au gouvernement central. Par ailleurs, les dispositions des articles 202 et 204 de la Constitution susvisée traitent des compétences exclusives du pouvoir central et des provinces, notamment dans les matières fiscales.

Cependant, l'article 203 détermine les compétences qui peuvent être exercées conjointement par ces deux niveaux de pouvoir. Ainsi, sur le plan fiscal, il est indiqué que l'établissement de l'impôt, y compris les droits d'accise et de consommation, constitue une compétence concurrente de deux niveaux de pouvoir (article 203 point 7). Sur le plan terminologique, il y a lieu de signifier que les impôts en cause sont les droits de consommation, à savoir les droits d'accise eux-mêmes n'étant qu'impôt spécifique de consommation et la taxe sur la valeur ajoutée – TVA en tant qu'impôt général de consommation) – adoptée en remplacement de l'impôt sur chiffre d'affaires(ICA).

De ce qui précède, la question est de savoir si ces droits de consommation sont à classer dans l'une ou l'autre des deux catégories précitées, à savoir les impôts nationaux et les impôts provinciaux. Au regard de la disposition constitutionnelle y relative, cette question de catégorisation ne saurait être tranchée. Dans la pratique actuelle, cependant, tant le droit d'accise que la TVA sont régis par la législation nationale et perçus par le pouvoir central bien que les recettes en résultant soient concernées par la retenue à la source de 40 %. Il peut ainsi être permis d'affirmer qu'il s'agit plus d'impôts nationaux, mais à caractère conjoint pour reprendre l'expression de Jacques Malherbe (Malherbe, J. (dir.),1995-1996 : 3). Toutefois, il existe au niveau provincial une taxe de consommation perçue sur le tabac et l'alcool mais qui pourrait être une imposition additionnelle aux droits d'accise.

En sus, l'article 203 point 7 de la Constitution évoque la compétence concurrente du pouvoir central et des provinces, en matière fiscale en ces termes : « L'établissement des impôts, y compris les droits d'accise et de consommation, à l'exclusion des impôts visés à l'article 174 ». Celui-ci compte 3 alinéas ainsi libellés :*« Il ne peut être établi d'impôt que par la loi ». La contribution aux charges publiques constitue un devoir pour toute personne vivant en RDC. Il ne peut être établi d'exemption ou d'allégement fiscal qu'en vertu de la loi* ». Cet article 174 de la Constitution ne présente, pourtant, aucune liste d'impôts que viserait l'article 203 point 7 de la même Constitution.

D. Prise de position et commentaires juridiques

L'ordonnancement juridique de la République démocratique du Congo prévoit, en matière fiscale, les impôts nationaux collectés par le gouvernement central, les impôts transférés aux provinces et les impôts et compétences concurrentes aux provinces et gouvernement central.

Cette étude aboutit à la suprématie de la loi sur les édits d'impôts provinciaux. En effet, le cadre de compétences provinciales est déterminé par les règles concernant l'assiette, le taux et les modalités de recouvrement des impôts de toute nature. De l'autre, le cadre de compétences provinciales est déterminé par la loi. Pour autant que ce soit la loi inférieure qui se conforme à la loi supérieure, en matière fiscale, l'édit provincial légifèrera dans les limites que lui fixe la loi nationale. Dans une autre optique, les compétences exclusives dont disposent les provinces, en ce qui concerne les impôts transférés aux provinces rendant celles-ci souveraines pour légiférer sans rester dans le carcan fixé par la loi nationale. De ce fait, les provinces peuvent légiférer sur le champ d'application matérielle des impôts provinciaux. Il peut, par ailleurs, être argué que l'édit est un texte à caractère législatif et rentre dans l'interprétation selon laquelle il ne peut être établi d'impôts que par la loi. Consacrés d'interprétation stricte, les textes fiscaux congolais entretiennent un flou. En effet, le régime juridique relatif au prélèvement de l'impôt foncier est imprécis étant donné qu'il institue une énumération exemplative des impôts provinciaux à l'article 204 point 16 de la Constitution.

En définitive, à la question de savoir si l'impôt foncier doit être de la responsabilité de l'administration locale ou être géré au niveau national selon le point de vue de Rhiannon McCluskey. Au vu de considérables barrières techniques et politiques au niveau de l'administration locale, certains gouvernements ont centralisé la taxe foncière, accordant aux autorités nationales du service fiscal la responsabilité du recouvrement. En Éthiopie, l'ERCA s'occupe du recouvrement de la taxe foncière à Addis-Ababa, et au Rwanda, le RRA, l'ensemble des taxes foncières. Le raisonnement derrière cela met au centre les plus fortes capacités des autorités fiscales et leur aptitude à recouvrir les fonds accrus de manière plus efficace et peut-être avec la moindre corruption. Cependant, il existe peu de preuves que les autorités fiscales ont augmenté les recouvrements de taxe foncière, plus que ne l'ont fait les administrations locales, et il y a beaucoup de désavantages.

Centraliser le recouvrement va à l'encontre des efforts mis en place pour développer les capacités au niveau des administrations locales dans le contexte de la décentralisation. Cela remet également en compte le fait que la taxe foncière puisse aider à établir une relation positive entre les administrations locales et les contribuables. De plus, les agences centrales ont peut-être réussi à recouvrir les impôts fonciers dans les capitales, mais il reste incertain qu'elles puissent évaluer et recouvrir les impôts fonciers de manière efficace dans les campagnes, que les administrations locales connaissent minutieusement et sont plus à même de toucher les populations (RhiannonMcCluskey, 2018 : 7). Comme l'affirme C. Debbasch, les difficultés financières des collectivités locales ne sont pas toujours ajustées à leurs attributions. Ce terrain financier est celui où la défaite de la décentralisation s'est marquée le plus nettement (C. Debbasch, 1989 : 234). Par la décentralisation, le législateur a voulu que la province se dote des ressources financières et les gère personnellement et librement. Ces ressources devront comprendre les ressources propres de la commune, les ressources provenant des recettes à caractère national allouées aux provinces, les ressources de la Caisse nationale de péréquation ainsi que les ressources exceptionnelles (JORDC, 2008, 49e année : 13) pouvant l'aider à subvenir aux besoins de développement au niveau local. En outre, l'autonomie financière traduit la capacité d'une personne physique ou morale à générer, à disposer des ressources financières suffisantes et à les administrer en toute liberté de manière à faire face à ses besoins. Elle est la véritable mesure de la décentralisation. Les collectivités territoriales possèdent leur patrimoine et leurs finances propres(Fanfan, E.,1987 : 31).

Eu égard à tout ce qui précède, l'attribution exclusive de l'impôt foncier aux provinces par le constituant de 2006 confère au législateur provincial du Nord-Kivu le pouvoir de légiférer sur la perception de l'impôt foncier sans subir aucune limitation de la part du pouvoir de Kinshasa étant entendu que la décentralisation des pouvoirs doit être accompagnée de recettes suffisantes pour garantir le financement adéquat des nouvelles responsabilités de gouvernance locale.

2.2. Obstacles administratifs au recouvrement de l'impôt foncier

Au-delà des obstacles purement juridiques, il sied de préciser que la Direction générale des recettes du Nord-Kivu, centres opérationnels de recettes de Butembo et de Beni, est également confrontée aux obstacles administratifs.

Il s'agit, entre autres, de la corruption reprochée aux agents de l'administration fiscale locale, la tolérance administrative impactant négativement sur le prélèvement de l'impôt foncier et justificative de l'existence des redevables non recouvrés, la transaction entre les agents du fisc et les redevables sur le montant à payer lors du prélèvement de l'impôt foncier, l'impact du morcellement illégal sur les revenus d'imposition foncière.

2.2.1. La corruption en matière de prélèvement de l'impôt foncier en province du Nord-Kivu

La corruption,c'est l'apport d'argent, de cadeaux ou de faveurs pour persuader quelqu'un d'agir de façon malhonnête ou d'influencer indûment une décision. La corruption est un crime dans de nombreux pays et est également une violation des codes de comportement du personnel de la plupart des organisations[23].Tolérée, encouragée par le système socioculturel du tiers-monde, la corruption entraîne des effets nocifs sur le fisc et la fiscalité(P. Ngosyvathn, 1974 :74).Il n'est pas encourageant de libérer de l'argent pour enrichir certains individus au détriment du Trésor public. Le manque de culture fiscale brandi par l'administration fiscale trouve d'une part son origine dans le comportement de ses agents qui présentent des indices d'enrichissement indu, alors que dans la conjoncture actuelle, on sait que les agents de la fonction publique réclament encore du gouvernement l'amélioration des conditions salariales.

Si tout ce que les redevables paient était canalisé au compte du Trésor public, le gouvernement provincial aurait assez de moyens pour faire face aux exigences financières auxquelles il est appelé à répondre aux fins de couvrir les dépenses d'intérêt général et améliorer le vécu quotidien de ses administrés. Dans cette optique, il est fort évident que la population prendrait beaucoup plus conscience de son devoir fiscal et l'adhésion à l'impôt foncier serait grande.

Cependant, certaines pratiques rétrogrades réduisent à néant les efforts consentis par certains agents consciencieux de l'administration fiscale

---

[23] Norwegian Refugee council, SOP corruption et extorsion.

locale qui accomplissent la mission qui leur a été confiée en toute honnêteté. Il s'agit,entre autres, de l'établissement de faux documents, à savoir les pièces justificatives dont la valeur est inférieure au montant réellement perçu, l'application du taux d'un rang fiscal inférieur à celui où la matière imposable – immeubles ou fonds–est réellement localisée, le fait d'accorder à certains redevables d'accorder à certaines personnes assujetties à l'impôt foncier des avantages illégaux et indus moyennant une contrepartie[24]. Pour plus de détails, ce système consiste à exiger du redevable un montant donné dont une partie est à payer entre les mains des agents du fisc et une autre partie faisant l'objet d'établissement d'une note de perception qui est versée au compte du Trésor public. Le redevable n'a pas de choix car s'il oppose une résistance à l'agent recouvreur, celui-ci risque de revoir à la hausse sa dette fiscale par rapport au tarif qui lui a été initialement appliqué[25]. Cette façon de faire dénote une certaine complaisance dans la liquidation de l'impôt foncier.

Dans une certaine mesure, on serait tenté de penser que ce système est toléré, autorisé au sein de l'administration fiscale en voyant la façon dont certaines autorités hiérarchiques soutiennent leurs agents dans cette façon d'agir[26]. En dépit des conditions difficiles dans lesquelles vivent les agents de l'administration fiscale locale et autres fonctionnaires et agents de l'État, MuhindoMalonga opineque la délinquance de l'État ne peut en aucun casentraîner celle des agents percepteurs des impôts et taxes.Ceux-ci sont en principeappelés à se conformerau Code d'éthique et déontologie des agents de l'État (UCG/CEJA, février 2008 : 43).

---

[24] Selon le cas, à titre purement illustratif, il peut s'agir de la fourniture des soins médicaux, de la réparation gratuite des véhicules dans des garages des redevables de l'impôt foncier, la fourniture à titre gratuit de certains biens dans des alimentations, boutiques et magasins à l'agent chargé du recouvrement de l'impôt foncier ou ses dépendants.

[25] Le redevable de l'impôt foncier de Butembo et de Beni, même s'il lui arrivait d'être abusé par un agent de l'administration fiscale, n'a pas accès aux mécanismes de dénonciation et gestion des plaintes. Il n'existe pas de numéro vert remis aux redevables de l'impôt foncier pour dénoncer les abus auxquels ils sont exposés. Cet état de choses maintient les redevables à l'impôt foncier dans un climat de frustration et consacre dans une certaine mesure l'impunité.

[26] Un agent qui est soupçonné d'avoir détourné et démasqué par le service de la lutte pour la bonne gouvernance et la lutte contre la corruption.

Dans le souci d'atténuer la corruption au sein de la Direction générale des recettes du Nord-Kivu, centres opérationnels des recettes de Butembo et de Beni en matière de prélèvement de l'impôt foncier, voici des suggestions :

a) que les redevables à l'impôt foncier soient formés et sensibilisés en matière d'imposition foncière étant donné que l'ignorance renforce la tracasserie dont ils sont souvent victimes ;

b) qu'on rende publics et accessibles aux redevables de l'impôt foncier l'éditn° 001/2018, du 27 janvier 2018, fixant les règles de perception des impôts, droits, taxes et redevances de la province du Nord-Kivu et de ses Entités territoriales décentralisées, ainsi que l'arrêté n° MIN/FRSECOMP/NK/16/2018 du 11 novembre 2018 fixant le taux de prélèvement des impôts, droits, taxes et redevances de la province du Nord-Kivu ;

c) qu'on mette fin à l'impunité par l'application des sanctions disciplinaires et pénales prévues, en vue de faire respecter la loi ;

d) que le législateur tienne compte, dans la fixation des taux applicables, de la réalité des conditions de vie en milieu rural et de la capacité contributive réduite de la population appauvrie, meurtrie par des guerres qui ont complètement ruiné ses économies ;

e) que l'État paie un salaire décent au personnel fiscal en vue de le mettre à l'abri de toute tentative de fraude et de détournement.

À l'instar de la corruption reprochée aux agents de l'administration fiscale, la tolérance administrative ne facilite pas la maximisation des recettes d'imposition foncière.

2.2.2. La tolérance administrative en matière de prélèvement de l'impôt foncier par la DGR-NK, centres opérationnels des recettes de Butembo et de Beni

Avant de démontrer l'impact de la tolérance administrative sur les revenus d'imposition foncière par la Direction générale des recettes du Nord-Kivu, centres opérationnels de Butembo et Beni, il nous paraît bien méthodique de cerner préalablement le contenu et la portée du concept précité.

A. Contenu et portée juridique du concept« Tolérance administrative »

La tolérance administrative a fait son nid dans les Administrations fiscales africaines, et prend ainsi plusieurs formes. En prenant quelques échantillons, l'on réalise que la tolérance administrative s'exprime en termes de corruption et de non-reversement de l'impôt collecté comme au Nigeria (*Alternatives Sud*, vol. 14, 2007 : 7), négociation entre le vérificateur ou le collecteur et le contribuable au Cameroun, l'attestation de fausses déclarations en Côte d'Ivoire (J.M. Gastellu *et al.*, sd : 11), enrichissement personnel des agents des impôts au détriment de l'État au Cameroun et au Nigeria, ou contrôles fiscaux mous en Afrique du Sud.

L'incapacité des autorités fiscales s'observe aussi, ajoute l'auteur, sur le recouvrement *a minima* de l'impôt(LogmoMbelek, A., 2010 : 16).

À en croire Henri Yav[27],**l'étroitesse** *de l'assiette fiscale qui fait peser le fardeau sur une catégorie de personnes. Sur une population de plus de 80 millions d'habitants, la RDC ne compte que quelque 170 000 assujettis au système fiscal possédant un numéro fiscal d'impôts*[28].

De ce qui précède, la tolérance administrative n'est rien d'autre que l'abstention coupable, mieux, l'inaction consciente et délibérée reprochée à la Direction générale des recettes, centres opérationnels des recettes de Butembo et Beni. C'est le laissez-faire et le laisser-aller caractérisés par une insouciance notoire dans le chef du personnel fiscal. Mieux, il nous semble superfétatoire que les agents de l'administration publique revendiquent l'amélioration de leurs conditions de vie sans fournir suffisamment d'efforts pour maximiser les recettes.

Que peut être l'impact de la tolérance administrative sur le prélèvement des impôts fonciers par la Direction générale des recettes, centres opérationnels de Butembo et Beni ?

B. Contribuables non recouvrés dans les centres opérationnels des recettes de Butembo et Beni en matière de prélèvement de l'impôt foncier

[27] Mot de circonstance du ministre de la RDC des Finances Henri Yav Mulang à l'occasion de l'ouverture du Forum national sur la réforme du système fiscal de la RDC du 11 au 17 septembre 2018.

[28] Les 170 000 assujettis au système fiscal possédant un numéro fiscal d'impôts sur une population de plus de 80 000 000 d'habitants représentent environ 0,021 %.

Les déclarations spontanées des contribuables sont utiles à l'établissement comme au paiement de l'impôt dans le régime déclaratif et sont le résultat d'une obligation légale « générale et sanctionnée ». En province du Nord-Kivu, toute personne physique ou morale, exemptée, exonérée ou non de l'impôt foncier est tenue de faire la déclaration auprès de la Direction provinciale des recettes dans les quatorze jours qui suivent l'acquisition d'un fonds auprès de l'administration des recettes provinciales ou locales. En cas de vente, cession ou échange d'un immeuble, il est recommandé au cédant ainsi qu'au cessionnaire d'en faire également la déclaration auprès de l'administration fiscale.En cas de non-conformité à cette exigence, le cessionnaire est tenu solidairement avec le cédant d'acquitter les impôts fonciers non payés par le cédant. Aussi, faut-il ajouter que toutes les modifications relatives à l'identité, à la direction, à l'adresse *physique ou électronique, au numéro de téléphone* ou affectant un bien ou une activité imposable ou y mettant un terme font l'objet d'une déclaration[29].

Lorsqu'un redevable ne s'est pas acquitté de ses obligations fiscales relatives au paiement de l'impôt foncier dans le délai légal ou carrément n'a pas reversé des fonds perçus, il est fait recours aux mécanismes de recouvrement par voie, soit de mise en demeure, soit de mise en recouvrement[30]. Dans le cas de figure, l'assujetti dispose d'un délai de quatorze jours pour payer ses dettes. Les notes de perception ainsi que les avis de mise en recouvrement non suivis des paiements dans les délais font l'objet de poursuites en recouvrement. Les poursuites s'exercent en vertu des contraintes décernées par le receveur des recettes à un huissier du Trésor. En cas de taxation d'office, d'avis de redressement, d'astreintes et d'amendes non suivie de paiement ainsi qu'en cas de non-reversement des fonds perçus des assujettis par l'intervenant dans les délais, le redevable fait l'objet

[29] Articles 4 et 14 de l'édit provincial n° 001/2018 du 27 janvier 2018 fixant les règles de perception des impôts, droits et redevances de la province du Nord-Kivu et de ses entités territoriales décentralisées.

[30]La mise en demeure et l'avis de mise en recouvrement sont envoyés au redevable avec accusé de réception ou remis en mains propres sous bordereau de décharge. Ces actes contiennent l'identité complète du redevable ; la nature des impôts, droits, taxes et/ou redevances dus ; la base imposable ; le montant en principal des droits mis à sa charge ; le montant des pénalités ; le délai de paiement ; et, le cas échéant, le numéro de la note de perception.

d'un avis de mise en recouvrement l'invitant à payer dans un délai de quatorze jours. En cas de déclaration sans paiement de la note de perception ou de non-respect de l'échéancier de la procédure de paiement échelonné, le redevable fait l'objet d'une mise en demeure l'invitant à payer dans un délai de quatorze jours.

À l'expiration des délais prévus par l'édit, selon le cas, un commandement est signifié au redevable lui enjoignant de payer dans les quatorze jours francs sous peine d'exécution des mesures de poursuite[31].Le commandement est signifié par l'agent de l'administration des recettes provinciales ou locales commissionné en qualité d'huissier du Trésor par arrêté du ministre provincial ou par décision de l'Échevin ayant les Finances dans ses attributions et porteur de contraintes à la requête du receveur des impôts. Il ressort de ce qui précède que le législateur provincial du Nord-Kivu a conféré àl'administration fiscale des larges pouvoirs pour contraindre les assujettis par voie de force au paiement de l'impôt foncier. Il va de l'intérêt général. En effet, l'un des rôles de la DGR-NK est de doter la province du Nord-Kivu des moyens suffisants pour satisfaire les besoins d'intérêt général exprimé par la base.

Ironie du sort, dans les centres des recettes de Butembo et Beni, il existe des contribuables non recouvrés. À part les rares assujettis qui s'acquittent volontairement de leurs obligations fiscales, l'administration fiscale locale ne déclenche pas le mécanisme de recouvrement forcé. Pour s'en rendre compte, voici la déclaration de M.MMT : *Je suis propriétaire d'une parcelle à Tamende, cellule Bas-Congo, commune Mulekera en ville de Beni. Bien qu'elle soit couverte d'un titre foncier« Certificat d'enregistrement », je n'ai jamais été inquiété pour n'avoir pas payé l'impôt foncier. D'ailleurs, je ne réalise même pas si son paiement est obligatoire. Avec cette guerre et tueries en cascade en territoire de Beni, l'État est mort. Il n'y a que ceux-là qui ont l'argent à perdre qui s'acquittent de son paiement*[32].

[31]Les mesures de poursuite comprennent les avis à tiers détenteurs ; la fermeture provisoire d'établissements par apposition des scellés ; les saisies mobilières et immobilières et les ventes publiques. À cet effet, les huissiers font les commandements, la fermeture provisoire d'établissements par apposition des scellés, les saisies et les ventes publiques.

[32] Entretien avec M. KSE, commerçant ambulant et résident au quartier Tamende, cellule Bas-Congo, ville de Beni en date du 19 août 2019.

Eu égard à ce qui précède, la Direction générale des recettes du Nord-Kivu, centres opérationnels des recettes de Butembo et de Beni, sont appelés à appliquer les textes légaux à la lettre. La croissance socio-économique de la province en dépend. Et pour faire face au nombre insuffisant de son staff, les chefs des centres opérationnels de recettes feraient mieux de collaborer avec les autorités politico-administratives les plus proches. Dans ce cadre précis, une somme de 5 % leur serait allouée en guise de prime d'encouragement. En réalité, les chefs locaux connaissent bien leurs administrés et sont capables de fournir des renseignements utiles à l'administration locale pour décourager les pratiques.

Pour tout dire, l'absence d'une base des données de tous les contribuables à l'impôt foncier et l'insuffisance des ressources attendues par la province du Nord-Kivu selon ses prévisions budgétaires poussent généralement les agents de l'administration fiscale à exiger le paiement dudit impôt à certains contribuables et ignorent d'autres qui, pourtant au regard de la disposition légale y relative, sont concessionnaires ou ont droit de propriété sur les fonds faisant objet de la matière imposable.Une telle attitude est constitutive d'une injustice fiscale fustigée par tant de contribuables. Certes, ces assujettis sont défaillants et doivent faire objet d'une procédure de relance comme tant d'autres. Néanmoins, cela devrait se faire de manière systématique et sans distinction aucune contre toute personne ayant le droit de jouissance sur une propriété foncière bâtie et nonbâtie.

2.2.3. Transaction lors du prélèvement de l'impôt foncier par l'administration fiscale locale

Il est en principe interdit de transiger sur l'impôt comme on le ferait pour d'autres secteurs en droit commercial. En effet, s'il est reconnu à un commerçant de pouvoir transiger avec son client lors de la vente des biens et services, tel n'est pas le cas en droit fiscal. Le ministre des Finances congolais n'est autorisé de transiger en matière fiscale que pour la réduction des pénalités de recouvrement ou intérêts moratoires[33].

---

[33] Article 176 de l'édit n° 001/2018 du 27 janvier 2018 fixant les règles de perception des impôts, droits, taxes et redevances de la province du Nord-Kivu et de ses entités territoriales décentralisées.

Cependant, la réalité fiscale dans le ressort des centres opérationnels de Butembo et de Beni renseigne que le personnel fiscal commis au recouvrement de l'impôt foncier dans le ressort des centres opérationnels des recettes de Butembo et de Beni, afin de s'enrichir malhonnêtement, transige avec le redevable à l'impôt foncier sur le montant principal devant être payé et canalisé dans la caisse du Trésor public. C'est pourquoi, avant de parler de la transaction commise par certains agents de la DGR-NK, centres opérationnels de recettes de Butembo et de Beni en matière de prélèvement de l'impôt foncier (C), il sied de faire remarquer que le caractère contractuel de la transaction a d'abord été reconnu aux personnes publiques (A) avant qu'il ne soit consacré en droit fiscal moyennant certains aménagements(B).

A. La reconnaissance du caractère contractuel de la transaction

Le droit à la transaction par les personnes publiques a été reconnu de manière très précoce par la jurisprudence, même si le législateur s'est montré très prudent à l'égard de son utilisation[34].Comme le rappelle M. de Guillenchmidt à ce titre, la transaction fiscale aurait été appelée autrement si le législateur n'avait pas voulu « *précisément lui conférer les caractèresqu'elle possède en droit civil* ». Cette singularité n'empêche cependant pas de la rattacher à la procédure fiscale comme l'a rappelé le Conseil d'État dans une décision du 28 septembre 1983[35] par laquelle il a sanctionné une faute « *inexcusable* » de l'administration en s'en tenant à l'esprit de transaction civile « *établie il y a longtemps dans l'intérêt général* » (M. de Guillenchmidt, RFF1/84 : 2 et s.).

La conclusion de la transaction dépend *in fine* de l'accord donné par l'administration. Cette dernière reste libre de la suite qu'elle va donner. Il faut remarquer que les conséquences attachées au caractère définitif de la transaction concernent tant le contribuable que l'administration fiscale. En ce sens, elle fait obstacle à ce qu'il conteste par voie contentieuse le montant des droits et des pénalités, mais elle empêche également l'administration de mettre une imposition supplémentaire à sa charge excédant le montant prévu par la transaction, quand bien même la différence résulterait d'une erreur

[34] La controverse entourant la transaction avait conduit à l'interdire par une loi du 4 germinal an II jusqu'à ce qu'un décret du 18 octobre 1810 vienne à la réintroduire tout en limitant son champ d'application.

[35] CE, sect., 28 septembre 1983, *Sté Établissement Prévost*, req. n° 11513, *RJF* 11/83, n° 1398.

commise par le service[36].Cette forme de justice a vocation d'influer sur la perception de la sanction par le contribuable. En consentant à la transaction, celui-ci, confronté à la réalité de ses agissements, à la sanction légale mais aussi à la clémence de l'administration, prête à trouver un compromis pour répondre à sa demande de conciliation. Une sanction se doit, en plus de présenter un caractère dissuasif, de comporter une vertu pédagogique, et son acceptation est alors un gage d'efficacité supplémentaire. Cette considération, qui n'est pas propre au droit fiscal, s'étend également à la matière pénale en s'appliquant à la peine (M. Turin, 2010 : 374).La loi se contractualise dans sa réception1030 et participe à responsabiliser ses destinataires. La transaction sert donc de modèle pour désamorcer les rapports conflictuels tout en accélérant et en facilitant le règlement des litiges (R. Cabrillac, 2008 : 153 et s.).

B. Consécration d'une pratique contractuelle en droit fiscal

La qualification de la transaction fiscale comme contrat ne pose pas de difficultés, notamment après la reconnaissance qui en est faite par le Conseil d'État. Après avoir mis en avant ses modalités de formation[37] et l'existence d'un agrément entre les deux parties quant à leurs engagements respectifs[38], les juges ont procédé à la consécration de cette pratique contractuelle en droit fiscal tout en tirant comme conclusion première l'effet extinctif du droit de recours. La conventionalité de la transaction ressort du fait que l'administration fiscale renonce à toute poursuite juridictionnelle sous réserve du versement d'une « *indemnité transactionnelle* » correspondant à la réparation du préjudice subi. En ce qui concerne le contribuable, il ne peut non plus remettre en cause une transaction devenue définitive, et ce, même en soutenant, par exemple, que la procédure d'imposition, à la suite de laquelle les droits et les pénalités ont été établis, n'a pas été régulière[39].Le particularisme juridique de ce contrat ressort du fait qu'il n'existe « qu'un instant de raison » et se voit « définitivement formé lorsque le contribuable et l'administration ont exécuté les obligations réciproquement consenties et ont, par ce fait même, éteint

---

[36] CE, 7e et 8e sous-sect., 4 mai 1988, req. n° 59198, *RJF* 6/88, n° 793.

[37] CE, sect., 28 septembre 1983 préc.cit.

[38] CE, 12 décembre 1990, *Dumas*, req. n° 112316, *Dr. fisc.*, 1991, n° 27, comm. 1388.

[39] CE, 7e et 8e sous-sect., 9 février 1983, req. n° 29314 et n° 29313, *RJF* 4/83, n° 564.

ces mêmes obligations (J. Lamarque, O. Negrin et L. Ayralt, 2009 : 369).

L'affirmation de l'existence de rapport contractuel au sein de la matière fiscale peut surprendre notamment par le fait que ni l'administration et encore moins le contribuable ne sauraient se soustraire à l'application de la loi fiscale. Apparemment réfractaire à l'idée de contrat, cette pratique se généralise pourtant en droit fiscal et « *tire sa force de l'engouement actuel pour le contrat dans la sphère publique*(C. Peres, 2009 : 17).

L'introduction du contrat se voit ainsi justifiée et légitimerait ainsi des aspects déjà présents de la nature contractuelle de certains accords. En effet, si le Conseil d'État a mis fin à la polémique de la nature de la transaction en droit administratif en se reconnaissant compétent pour son homologation en dehors de tout litige pendant devant la juridiction administrative, cette solution ne met pas fin aux différents doutes concernant la nature de la transaction fiscale[40].Bien qu'il soit légitime de transiger en matière fiscale, il faut préciser que c'est moyennant certaines limitations. Bien que la transaction sur le montant principal devant être payé par l'assujetti soit interdite, certains agents de la Direction générale des recettes du Nord-Kivu, centres opérationnels des recettes de Butembo et de Beni s'arrogent le pouvoir de transiger avec les redevables lors du prélèvement de l'impôt foncier.

C. Transaction en matière d'imposition foncière par la DGR-NK, centre opérationnel des recettes de Butembo et de Beni

Il sied de rappeler qu'il ne peut être établi d'impôts que par la loi. La contribution aux charges publiques constitue un devoir pour toute personne vivant en République démocratique du Congo et qu'il ne peutêtreétabli, conformément à l'article 174 de la Constitution, d'exemption ou d'allègement fiscal qu'en vertu de la loi (JORDC), Kinshasa, 5 février 2011, 52e année, numéro spécial, 2011 : 56). L'article 65 de la Constitution, modifié par la loi n° 11/002 du 20 janvier 2011 portant révision de certains articles de la Constitution, de la République démocratique du Congo du 18 février 2006, précise que tout Congolais est tenu de remplir loyalement ses obligations vis-à-vis de l'État et qu'en outre, il a le devoir de s'acquitter de ses impôts

[40] CE, Ass., 6 décembre 2002, *Syndicat intercommunal des établissements du second degré du second cycle du district de L'Haÿ-les-Roses*, req. n° 249153, *Rec. Lebon*,p. 433.

et taxes ((JORDC), Kinshasa, 5 février 2011, 52e année, numéro spécial, 2011 : 22). Le pouvoir exécutif, y compris l'administration fiscale, ne saurait renoncer à un impôt légalement établi. C'est dans ce sens que les législations fiscales modernes n'admettent généralement pas de transaction sur l'impôt lui-même. Nous verrons en effet, parlant du droit fiscal congolais, que le ministre des Finances n'est habilité à accorder des allégements ou remises que sur les pénalités fiscales (article 105 ter de la loi des procédures fiscales) régulièrement établies par l'administration fiscale.

À la question de savoir combien il payait au Trésor public en guise d'impôt foncier, M. Kwa répondit : *Lorsque les agents de l'administration fiscale viennent pour recouvrer l'impôt foncier, je leur ai toujours réservé un bon accueil. En effet, je ne panique pas et je garde mon calme. Plutôt que de prélever l'impôt dû, eux-mêmes me proposent des possibilités pour diminuer le montant de l'impôt foncier. Pour être concret, pour ce qui est de mon cas, par exemple, bien que ma maison soit localisée dans un quartier de 2erang,on l'a imposée comme si elle était construite dans le 4e rang. Par ailleurs, la superficie de ma parcelle a été réduite de moitié. Au lieu de payer 120 USD $, je leur ai remis 60 $ en contrepartie d'une note de perception de 10 $, somme qui a été réellement versée dans la caisse du Trésor public. Avec ce mécanisme, je n'hésite pas de collaborer avec l'agent de l'administration foncière. C'est gagnant gagnant et nous gagnons tous*[41].

Le principe de l'égalité des citoyens devant la loi est généralement admis par tous les États modernes. En droit congolais, il est affirmé par le prescrit de l'article 12 de la Constitution qui stipule ce qui suit :*Tous les Congolais sont égaux devant la loi et ont droit à une égale protection des lois*. Ce qui implique que la loi doit s'appliquer de manière uniforme à toutes les personnes qui y sont assujetties sans qu'il n'y ait des privilèges illégaux.

Appliqué en matières fiscales, ce principe signifie que tous les contribuables situés dans les mêmes conditions doivent supporter l'impôt de manière égale sans considération des classes sociales ou politiques. Autrement dit, à situations égales, traitement fiscal égal. Ne sont donc pas admis des privilèges particuliers autres que ceux

[41] Témoignages recueillis de CKM, propriétaire de l'immeuble sis au quartier de l'Évêché, commune Bulengera, Butembo ville en date du 13

issus de la loi, ces derniers étant du reste accessibles à tous ceux qui remplissent les conditions de leur application. C'est aussi là une des conséquences du principe susvisé de l'interdiction des exemptions ou allégements fiscaux illégaux.

Cependant, les enquêtes menées par Mumbere Lwanzo et Kambale MuhiwaKamuha (2019 : 9) alertent sur des cas d'arrangements entre agents de fisc et contribuables. En effet, tout en requérant l'anonymat, l'un des chefs de bureau de la Direction générale des recettes, centres opérationnels des recettes de Beni nous a déclaré : *...En quête des intérêts égoïstes, de nos jours, l'on reproche aux agents de l'administration fiscale d'accorder aux personnes assujetties à l'impôt foncier des avantages illégaux. Il s'agit, entre autres, de la diminution du montant de l'impôt lui-même. Ceci s'opère à travers des déclarations mensongères consistant à la diminution délibérée de la superficie de la matière imposable dans le but de minorer la dette fiscale, la localisation d'un fonds ou d'une parcelle dans un quartier fiscal d'un rang inférieur à celui dans lequel il se trouve réellement, l'exclusion délibérée de certaines personnes dans les catégories des redevables à l'impôt foncier en leur plaçant à tort dans des conditions d'exonération ou d'exemption*[42].

Il ressort de ce qui précède que certains agents de l'administration fiscale locale ont transigé et continuent à transiger avec les redevables lors du prélèvement de l'impôt foncier dans les centres opérationnels de recettes de Butembo et de Beni. Ce système persiste étant donné que, de part et d'autre, les parties tirent profit. Ne disposant pas de bases des données des redevables d'impôt foncier qui soient à jour et n'étant pas en mesure de contrôler les mutations immobilières à des intervalles réguliers,la hiérarchie a la difficulté de détecter des cas de transactions intervenues entre le personnel de l'administration fiscale et les redevables de l'impôt foncier.

Le bon fonctionnement d'une unité de production dépend, entre autres, de la volonté de faire des agents qui y travaillent. L'application d'un taux bas qui tient compte de la vulnérabilité des redevables, la sensibilisation au civisme fiscal, l'incitation du personnel fiscal au respect des règles déontologiques et éthiques à travers l'amélioration de leurs conditions de vie sont là autant de stratégies de nature à

[42]Propos recueillis auprès de FMN, chef de bureau à la Direction générale des recettes, centres opérationnels de Butembo.

décourager les pratiques transactionnelles lors du prélèvement de l'impôt foncier dans les centres opérationnels de recettes de Butembo et de Beni.

Autant que la corruption, la tolérance administrative et les pratiques transactionnelles qui ont élu domicile en matière de prélèvement de l'impôt foncier dans les ressorts des centres opérationnels des recettes de Butembo et Beni, le non-respect des normes urbanistiques lors du morcellement illégal a une incidence sur les revenus d'imposition foncière.

2.2.4. L'incidence du morcellement illégal sur les revenus d'imposition foncière

Est nul tout contrat contraire aux impositions impératives d'ordre urbanistique. Par ailleurs, sera passible d'une peine de 6 mois à 5 ans et d'une amende de 50 à 300 zaïres ou d'une de ces peines seulement le fonctionnaire qui aura dressé un Certificat d'enregistrement en vertu d'un tel contrat. Nul ne peut construire ou réaliser n'importe quelle autre entreprise sur une terre concédée en vertu d'un contrat frappé de nullité[43].

Pour rappel, la perception de l'impôt foncier est conditionnée parla détention d'un titre dont la nature a été discutée ci-haut. Plusieurs Congolais recourent au morcellement de leurs parcelles d'habitation pour les revendre en deux ou trois morceaux sans pour autant se conformer impositions impératives d'ordre urbanistique. Le phénomène s'observe surtout dans les grandes agglomérations de la province du Nord-Kivu. Comme l'avait si bien constaté Pierre de Quirini, les centres urbains se développent rapidement. Régulièrement, le ministre des Affaires foncières procède à l'extension des terres urbaines. Il charge le service du cadastre de procéder à la délimitation des surfaces à lotir, à leur division en parcelles et à la numérotation de celle-ci. Ces parcelles sont ainsi prêtes à être mises à la disposition des particuliers, mais elles sont encore à l'état de friche. Il faut donc prévoir une clause de mise en

[43] Combinaison des articles 204 al. 2, 205 al. 2 et 206 al. 1 de la loi n° 73-021 du 20 juillet 1973 portant régime général des biens, régime foncier et immobilier et régime des sûretés, telle que modifiée et complétée par la loi n° 80-008 du 18 juillet 1980.

valeur. C'est ce que l'État ferait par un contrat de location préparant le contrat de concession.

Est nul tout contrat contraire aux impositions impératives d'ordre urbanistique. Par ailleurs, sera passible d'une peine de 6 mois à 5 ans et d'une amende de 50 à 300 zaïres ou d'une de ces peines seulement le fonctionnaire qui aura dressé un Certificat d'enregistrement en vertu d'un tel contrat. Nul ne peut construire ou réaliser n'importe quelle autre entreprise sur une terre concédée en vertu d'un contrat frappé de nullité[44].

Il faut insister sur le fait que pour les parcelles nouvellement loties, les Congolais doivent traiter uniquement avec le Ministère des Affaires foncières. Il n'est pas légal de s'adresser directement aux chefs coutumiers pour tenter de leur acheter une terre. Le contrat passé entre une personne privée et un Chef de terre est nul aux yeux de la loi depuis 1973 (Quirini, P.S.J., 1998 : p. 28). Mais ironie du sort, des nouveaux quartiers se créent et se développent dans notre région de Beni-Butembo en violation flagrante des normes urbanistiques. Tel est le cas du morcellement des parcelles en quarts.

De fait, dans ce milieu, l'on a créé des villes, des communes à partir des agglomérations déjà existantes et qui, de surcroît, n'avaient pas forcément de plan d'aménagement et d'urbanisme.

Cette situation n'est pas sans incidence sur le recouvrement de l'impôt foncier. Conformément aux dispositions relatives à l'urbanisme, il est strictement interdit de construire dans ou sur une superficie inférieure à trois ares. Consécutivement, l'on ne peut pas envisager avoir des droits fonciers sur pareille concession foncière dès lors qu'on n'a aucun titre. Or, la plupart des parcelles résidentielles du milieu sont de dimensions de 25 mètres sur 30 mètres ou 25 mètres sur 25 mètres.

En morcelant à quatre une parcelle de cette superficie, la dimension résultante en ares est inéluctablement très inférieure à trois ares pour chacune des quatre nouvelles parcelles. Cette pratique se trouve en marge des prescrits légaux et restreint les pouvoirs de l'administration

---

[44] Combinaison des articles 204 al. 2, 205 al. 2 et 206 al. 1 de la loi n° 73-021 du 20 juillet 1973 portant régime général des biens, régime foncier et immobilier et régime des sûretés, telle que modifiée et complétée par la loi n° 80-008 du 18 juillet 1980.

fiscale dans la mesure où celle-ci est d'ores et déjà dépouillée de l'assiette imposable. L'administration fiscale a, pour ainsi dire, beaucoup de mal – ce qui n'est que normal– à recouvrer l'impôt foncier sur des superficies frappées d'interdiction.

C'est justement pour cette raison que cette pratique de morcellement des parcelles en quarts constitue un réel frein à la maximisation des recettes fiscales provenant de l'impôt foncier. La question qu'il sied de se poser alors est celle de savoir pourquoi l'administration fiscale n'imposerait pas les propriétaires de ces quarts de parcelle alors qu'en pratique, déjà elle le fait pour des parcelles sans titres. Rapidement, l'on comprend qu'elle se heurte *in concreto* au problème de dimension qu'à celui de titre.

Sociologiquement, les habitants de Beni et de Butembo ont tendance chacun à habiter dans sa parcelle. Ce qui explique en partie ce type de morcellement àoutrance. La motivation économique n'est pas à écarter puisqu'en divisant une parcelle en quatre, elle accroît sa plus-value et les preneurs s'y intéressent nombreux en considération du pouvoir d'achat adapté au besoin ressenti.

En réalité, ce genre de morcellement minoré affecte également le Service des titres immobiliers qui, pour des parcelles couvertes de titres, ne saurait effectuer des mutations. En conséquence, l'ancien propriétaire reste ostensiblement présumé toujours comme propriétaire. L'ancien propriétaire demande juste l'annulation de son titre sans que celui-ci ne soit remplacé. Cela créerait une insécurité juridique à l'endroit de nouveaux acquéreurs. Ce qui fait affirmer qu'en principe, l'administration fiscale ne se trouverait pas en difficulté de recouvrement tout en connaissant le détenteur du titre. Il en serait ainsi de même pour les parcelles sans titre mais dont le concessionnaire est connu par l'administration fiscale. Dans les deux cas, la seule difficulté repose sur le « comment » prendre contact physiquement avec la personne redevable. Pire encore, cette dernière ne saurait pas s'acquitter sachant qu'elle n'a plus de droit réel foncier sur le fonds dont on réclame le paiement de l'impôt. En somme, il apparaît très clairement que le morcellement en moins de trois ares des

Conclusion

Ce travail a porté sur les obstacles juridiques et administratifs au recouvrement de l'impôt foncier par la DGR-NK précisément au niveau des centres opérationnels des recettes de Butembo et Beni à l'est de la République démocratique du Congo.

La première partie de cet articleconstitue l'examen du régime juridique d'imposition foncière en droit fiscal congolais où il est passé tour à tour en revue le champ d'application matériel et personnel, le mode de détermination du montant à payer au titre d'impôt foncierainsi que l'exonération et l'exemption en matière d'imposition foncièresous l'ordonnance-loi n° 006/1969 du 10 février 1969, telle que modifiée et complétée par l'ordonnance-loi n° 77 /016 du 25 juillet 1977.Il s'ensuit l'analyse des réformes fiscales de 1987,1997 et de 2006. En effet, celles de 1987 et 1997 ont consacré le passage d'imposition fondée par mètre carré au système d'imposition forfaitaire. Non seulement le mode d'imposition était mixte mais aussi et surtout le taux d'imposition était fixé en fonction du rang des différentes localités.

À la différence des précédentes reformes, le constituant de 2006 a, au nom du principe d'autonomie financière, attribué exclusivement l'impôt foncier aux provinces. À ce titre, le gouvernement provincial a déterminé la matière imposable à l'impôt foncier, réglementé le taux et les modes de perception de l'impôt foncier à travers l'édit n° 001/2018 du 27 janvier 2018 fixant les règles de perception des impôts, droits, taxes et redevances de la province du Nord-Kivu et de ses Entités territoriales décentralisées et a pris l'arrêté n° MIN/FRSECOMP/NK/16/2018 du 11 novembre 2018 fixant le taux de prélèvement des impôts, droits, taxes et redevances de la province du Nord-Kivu. Cependant, il sied de signaler qu'en dépit de la règlementation de l'impôt foncier par l'édit provincial ci-haut, les dispositions relatives à la perception de l'impôt foncier dans l'ordonnance-loi n° 006 /1969 du 10 février 1969 sont encore en vigueur. D'où une controverse autour de la primauté de source législative entre le parlement national et le parlement provincial en matière d'imposition foncière en droit fiscal congolais.

La deuxième partie de cet article fait ressortir les obstacles juridiques et administratifs à la perception de l'impôt foncier par la DGR-NK aux centres opérationnels de Butembo et de Beni. Un effort particulier a été fourni en vue de proposer des stratégies appropriées de nature à permettre à l'administration fiscale locale de surmonter les obstacles auxquels elle est confrontée. Du point de vue juridique, l'on a reproché à la DGR-NK, l'administration foncière, de prélever l'impôt foncier sur des fonds non couverts des titres en dépit du fait que le législateur du Nord-Kivu considère le titre foncier et immobilier comme des faits générateurs de l'impôt foncier. En sus, une attention particulière a été accordée à la controverse autour de la source législative de l'impôt foncier en droit fiscal congolais. Prenant position, cette étude est rangée du côté de ceux qui pensent que le constituant de 2006 a conféré aux provinces une compétence exclusive en matière de prélèvement de l'impôt foncier pour garantir le financement adéquat des nouvelles responsabilités de gouvernance locale.

Outre les obstacles juridiques, des critiques d'ordre administratif sont également émises à l'encontre de la DGR-NK, centres opérationnels de recettes de Butembo et Beni. En effet, la corruption ainsi que la tolérance administrative décelée chez certains agents de l'administration ont été confirmées dans le chef de quelques brebis galeuses de l'administration fiscale qui réduisent à néant les efforts consentis par leurs collègues. Pareillement,les agents de l'administration fiscale commis au recouvrement de l'impôt foncier transigent avec les redevables à l'impôt foncier malgré qu'il soit strictement interdit d'agir ainsi.

Enfin, un regard critique a été jeté sur l'impact qu'a le morcellement illégal sur les revenus d'imposition foncière. En guise de stratégies, il a été recommandé au législateur congolais,pour ce qui est des provinces qui ont déjà promulgué des édits provinciaux en matière d'imposition foncière, que les dispositions relatives à l'imposition foncière contenues dans l'ordonnance-loi n° 69-006 du 10 février 1969 ne leur soient pas opposables en vue de mettre fin à l'insécurité juridique qui naît du fait qu'une même matière fait l'objet de règlementation par deux textes juridiques de différente source. Pour les provinces, qui n'ont pas encore d'édit provincial quant à la perception de l'impôt foncier, de se référer à l'ordonnance-loi n° 69-006 du 10 février 1969 pour combler le vide juridique. À partir du moment où toutes les provinces seront déjà dotées d'édits provinciaux, devra l'abrogation pure et simple des dispositions légales en lien avec l'imposition foncière, se trouvant dans la loi n° 69-006 du 10 février 1969.

Par-dessus le marché, il faut décourager la corruption dans le chef du personnel fiscal ainsi que les transactions lors du prélèvement de l'impôt foncier et d'inciter les agents de l'administration fiscale au recouvrement sans faille de l'impôt foncier afin de doter au gouvernement provincial des moyens financiers nécessaires pour satisfaire les besoins d'intérêt général et les multiples besoins exprimés par la base. L'État doit améliorer les conditions de vie des agents de l'administration fiscale locale, mettre à la disposition des redevables un numéro vert pour dénoncer les abus dont ils sont victimes et appliquer des sanctions exemplaires à l'égard des contrevenants.

Quoiqu'il en soit et partant de l'adage selon lequel « le fait précède le droit », il faut que le législateur congolais, de *lege ferenda*, se prononce sur le sort du ¼ de parcelle, étant entendu que ce phénomène est déjà répandu dans la plupart des villes de la RDC. Somme toute, l'octroi des titres fonciers sur le ¼ de parcelle violerait le principe relatif au respect des conditions minimales de vie tel que recommandé par les normes urbanistiques.

Bibliographie

Textes légaux

Loi n° 73-021 du 29 juillet 1973 portant régime général des biens, régime foncier et immobilier et régime des sûretés, telle que modifiée et complétée par la loi n° 80-008 du 15 juillet 1980.

JORDC, Constitution de la République démocratique du Congo modifiée par la loi n° 11/002 du 20 janvier 2011 portant révision de certains articles de la Constitution de la République démocratique du Congo du 18 février 2006, Kinshasa, 5 février 2011, 52e année, numéro spécial, 2011, 86 p.

Édit n° 001/2018 du 27 janvier 2018 fixant les règles de perception des impôts, droits et redevances de la province du Nord-Kivu et de ses Entités territoriales décentralisées.

Arrêté du ministre provincial n° MIN/FRSECOMP/16/2018 du 11 nov. 2018modifiant et complétant l'arrêté du ministre provincial n° MIN/FRSECOMP/NK/011/2018 du 27 juin 2018 fixant le taux des impôts, droits, taxes et redevances de la province du Nord-Kivu.

JORDC, loi n° 08/012 du 31 juillet 2008 portant principes fondamentaux relatifs à la libre administration des provinces, Kinshasa, 10 octobre 2008, 49e année, numéro spécial, 2008, 14 p.

Loi n° 004-2003 portant restauration du terme « impôt »in *JORDC* n° spécial du 13 mars 2003.

Ordonnance-loi n° 69-006 du 10 février 1969.

Ouvrages

AZAMA LANA, *Droit fiscal zaïrois, Exposé, commentaires et analyse critique des dispositions légales et réglementaires,*Cadicec, janvier 1986, p. 380.

BARBARA SINDIC, « Le contrat de transaction », in *Droit des contrats*, Anthémis, 2007.

BOUVIER, M.*et alii.*, *Manuel des finances publiques*, Éd. LGDJ, Paris, 1985.

BUABUA WA KAYEMBE, M., *Droit fiscal congolais, la législation fiscale et douanière en vigueur en RDC,* Kinshasa, Éditions universitaires africaines, 2006.

CRUZEL, J., *Les finances publiques décentralisées*, Éd.Odile Jacob, Paris, 1985.

MONEMOU OUO-OUO WAITA, M., « La contribution à l'amélioration de la performance en matière d'imposition sur le revenu en République de Guinée »,thèse de doctorat en Droit fiscal, Dauphiné Université Paris, École doctorale de droit, Année universitaire,2014-2015, p. 400.

MUHINDO MALONGA, T. et MUYISA MUSUBAO, M., *Méthodologie juridique. Le législateur, le juge et le chercheur*, Butembo, PUG-CRIG, 2010.

MULUMBATI NGASHA, A., *Manuel de Sociologie générale*, Éd. Africa, Lubumbashi, 2007.

NGOSYVATHN, P., *Le rôle de l'impôt dans les pays en voie de développement*, Paris, L.G.D.G.,1974.

PINDI MPESA KIFU, *Droit de la consommation,* Éd. Cadicec, Kinshasa, 1995.

Thèses et mémoires

FANFAN, E., « Les enjeux de l'autonomie des Collectivités territoriales au regard de la Constitution de 29 mars 1987(Haïti) », travail de mémoire, Faculté de droit et des sciences économiques des Gonaïves, inédit, 1987.

KHALIL HALOUI, « Les garanties du contribuable dans le cadre du contrôle fiscal en droit marocain », thèse de doctorat en droit privé, Université de Grenoble, 2006.

TURRIN, M., « Légitime répression de la fraude fiscale », thèse de doctorat, Faculté de droit et des sciences politiques, Université Paul Cézanne Aix-Marseille III,2011.

PALUKU KITAKYA, A., « Interactions entre la gestion foncière et l'économie locale en région de Butembo, Nord-Kivu,République démocratique du Congo », UCL, novembre 2007, p. 290.

MUYISA MUSUBAO, *De la perception de l'impôt foncier en ville de Butembo : analyse critique*, mémoire de DEA, UCG, inédit, 2010, p. 147.

Articles de revues scientifiques

BOUDET, J. F., « Nouvelles technologies et fiscalité. Vers un « E-Contrat fiscal » ? »École nationale d'administration, *Revue française d'administration publique*, 2013/2 n° 146 | p. 367-379.

BOUVIER, M., « Nouveau civisme fiscal et légitimité du recouvrement de l'impôt », in *Revue française de finances publiques,* novembre, n° 112, 2010, p. 25-46.

BUABUA WA KAYEMBE, M., « Droit fiscal congolais, législation fiscale et douanière en vigueur en RDC », *Nouvelles éditions africaines*, Kinshasa, 2006.

DELIVRE, C., « Fiscalité territoires, environnement », Lavoisier, *Revue juridique de l'environnement*, 2013/5, n° spécial, p. 53-62.

GASTELLU, J. M., MOISSEROU, J.Y., POURCET, G., « Fiscalité,développement et mondialisation », in Présentation de l'ouvrage *Fiscalité, développement et mondialisation*, Maisonneuve et Larose, Paris, 1999.

XXX, *Évasion et pauvreté*, Alternatives Sud, vol. 14, 2007.

GOODFELLOW, T. et OLLY OWEN,« Taxation, droits de propriété et le contrat social à Lagos », *ICTD*, n° 16, janvier 2018.

LOGMO MBELEK, A., « La réforme des politiques fiscales axées sur l'innovation et la modernisation des institutions en charge de la collecte et de la gestion du patrimoine public »,*CAFRAD*, 29 novembre-1er décembre 2010, p. 16.

MADIES, T., PATY, S. et ROCABOY, Y., « Les stratégies fiscales des collectivités locales : De la théorie à la réalité, Finances locales et concurrence fiscale en Europe », OFCE,*Revue de l'OFCE*, 2005/3, n° 94, p. 283-315.

MUMBERE LWANZO, S. et KAMBERE MUHIWA, B., « Les défis de recouvrement des impôts fonciers et impôts sur les véhicules par la Direction générale des recettes du Nord-Kivu (DGR-NK), dans les villes de Beni et de Butembo, en RDC », *IOSR Journal of Business and Management (IOSR-JBM)*, août 2019, p. 65-74.

NARA MONKAM et MICK MOORE,« Les avantages de l'impôt foncier pour l'Afrique », *AfricaResearch Institute*, janvier 2015, p. 1-20.

YONOBA, S., « Le recouvrement des recettes publiques dans les États africains : un état de lieux préoccupant », École nationale d'administration,*Revue française d'administration publique*, 2012/4, n° 144, p. 1043-1051.

RHIANNON MCCLUSKEY, « 5 questions sur la taxe foncière en Afrique », un aperçu de la table ronde de l'*ICTD*, vendredi 18 mai 2018, p. 18.

Notes de cours

MASTAKI NAMEGABE, J., « Notes de cours de droit fiscal », UCG, Faculté de droit, L1, 2017-2018, p. 289.

Autres sources

COMBY, J., « L'impôt foncier, des fichiers pédagogiques, pour comprendre, se poser de bonnes questions et agir sur le foncier en Afrique de l'Ouest& développement »,Comité technique et développement, pour plus de détails, allez sur le site »**www.comby-foncier.com**

RHIANNON MCCLUSKEY,« 5 questions sur la taxe foncière en Afrique », un aperçu de la table ronde de l'*ICTD*, vendredi18 mai 2018, p. 8.

COMBY, J., L'*impôt foncier*,Fonds documentaire dynamique sur la gouvernance des ressources naturelles de la planète, document de vulgarisation, février 2011.

Structures éditoriales du groupe L'Harmattan

L'Harmattan Italie
Via degli Artisti, 15
10124 Torino
harmattan.italia@gmail.com

L'Harmattan Hongrie
Kossuth l. u. 14-16.
1053 Budapest
harmattan@harmattan.hu

L'Harmattan Sénégal
10 VDN en face Mermoz
BP 45034 Dakar-Fann
senharmattan@gmail.com

L'Harmattan Cameroun
TSINGA/FECAFOOT
BP 11486 Yaoundé
inkoukam@gmail.com

L'Harmattan Burkina Faso
Achille Somé – tengnule@hotmail.fr

L'Harmattan Guinée
Almamya, rue KA 028 OKB Agency
BP 3470 Conakry
harmattanguinee@yahoo.fr

L'Harmattan RDC
185, avenue Nyangwe
Commune de Lingwala – Kinshasa
matangilamusadila@yahoo.fr

L'Harmattan Congo
67, boulevard Denis-Sassou-N'Guesso
BP 2874 Brazzaville
harmattan.congo@yahoo.fr

L'Harmattan Mali
Sirakoro-Meguetana V31
Bamako
syllaka@yahoo.fr

L'Harmattan Togo
Djidjole – Lomé
Maison Amela
face EPP BATOME
ddamela@aol.com

L'Harmattan Côte d'Ivoire
Résidence Karl – Cité des Arts
Abidjan-Cocody
03 BP 1588 Abidjan
espace_harmattan.ci@hotmail.fr

L'Harmattan Algérie
22, rue Moulay-Mohamed
31000 Oran
info2@harmattan-algerie.com

L'Harmattan Maroc
5, rue Ferrane-Kouicha, Talaâ-Elkbira
Chrableyine, Fès-Médine
30000 Fès
harmattan.maroc@gmail.com

Nos librairies en France

Librairie internationale
16, rue des Écoles – 75005 Paris
librairie.internationale@harmattan.fr
01 40 46 79 11
www.librairieharmattan.com

Librairie l'Espace Harmattan
21 bis, rue des Écoles – 75005 Paris
librairie.espace@harmattan.fr
01 43 29 49 42

Lib. sciences humaines & histoire
21, rue des Écoles – 75005 Paris
librairie.sh@harmattan.fr
01 46 34 13 71
www.librairieharmattansh.com

Lib. Méditerranée & Moyen-Orient
7, rue des Carmes – 75005 Paris
librairie.mediterranee@harmattan.fr
01 43 29 71 15

Librairie Le Lucernaire
53, rue Notre-Dame-des-Champs – 75006 Paris
librairie@lucernaire.fr
01 42 22 67 13

www.ingramcontent.com/pod-product-compliance
Lightning Source LLC
LaVergne TN
LVHW011153061026
849535LV00003B/708
* 9 7 8 2 3 4 3 2 2 3 7 8 0 *